Rowohlts Klassiker der Literatur und der Wissenschaft

Herausgegeben von Ernesto Grassi

Philosophie der Neuzeit · Politik und Gesellschaft
Band 40

TEXTE DES SOZIALISMUS UND ANARCHISMUS

HERAUSGEGEBEN VON LELIO BASSO UND ERNESTO GRASSI

Die vorliegende Friedrich-Engels-Studienausgabe (Textbände 1–4, Debatte um Engels 1–2) stellt sich einmal das Ziel einer handlichen und preiswerten Zusammenstellung von – gerade in der gegenwärtigen Diskussion – politisch besonders relevanten Schriften und Artikeln von Engels, die sonst nur über die Marx-Engels-Werkausgabe (MEW) oder in Einzelausgaben zugänglich sind; zum anderen geht es um eine politische Interpretation der theoretischen und politischen Persönlichkeit Friedrich Engels' sowie um eine Einschätzung der historischen Bedingungen, unter denen die theoretischen und praktisch-politischen Aussagen und Handlungsanweisungen von Engels in der Geschichte der Arbeiterbewegung aufgenommen, rezipiert, befolgt, verändert, erweitert, revidiert, übertragen und unter neuen historischen Umständen im Richtungskampf der internationalen Arbeiterbewegung zu bestimmten Zwecken verwendet wurden. Dieses Ziel wird vor allem in den beiden Bänden «Debatte um Engels 1–2» verfolgt.

Die Herausgabe der Textbände konnte sich nicht – und das nicht nur aus technischen, sondern gerade aus methodischen Gründen – die Aufgabe einer neuen Engels-Forschung mit dem Ziel der Publikation noch unbekannter Resultate stellen; hier verließen sich die Herausgeber auf die Ergebnisse und den Forschungsstand, von denen aus die Redaktion der MEW-Ausgabe die Edition durchgeführt hat, zu welcher die vorliegende Studienausgabe weder methodisch noch dem Anspruch auf Vollständigkeit nach in Konkurrenz treten kann und will.

Bei den Bänden «Debatte um Engels 1–2» ging es besonders darum, in einer Art politischer Rezeptionsgeschichte historische Nahtstellen aufzuzeigen, an denen Fraktionierungsprozesse unter beständigem, allerdings sehr unterschiedlichem methodischem und inhaltlichem Rückgriff auf Marx und Engels einsetzten bzw. vollzogen wurden. Deshalb wurde versucht, bestimmte unter diesem Aspekt besonders wichtige Schriften verschiedener Theoretiker, die in diesem Prozeß Kristallisationspunkte bildeten, herauszugreifen und bei möglichst breiter Zitierung darzustellen. Die Teilung der beiden Debattenbände hat keine methodischen und auch nur zum Teil chronologische Gründe; sie erfolgte nach technischen Gesichtspunkten.

Friedrich Engels

Studienausgabe 3

Herausgegeben und eingeleitet
von Hartmut Mehringer
und Gottfried Mergner

Rowohlt

Redaktion: Eginhard Hora, München
Umschlagentwurf: Werner Rebhuhn

Veröffentlicht im Rowohlt Taschenbuch Verlag GmbH,
Reinbek bei Hamburg, März 1973

Satz Aldus (Linofilm-Super-Quick)
Gesamtherstellung Clausen & Bosse, Leck/Schleswig
Printed in Germany
ISBN 3 499 45295 2

I

Band 3 der vorliegenden ENGELS-Studienausgabe enthält zwei der bedeutendsten historisch-politischen Arbeiten ENGELS' von größerem Umfang: «Der Ursprung der Familie, des Privateigentums und des Staats» von 1884 und «Der deutsche Bauernkrieg» von 1850.

«Der deutsche Bauernkrieg», verfaßt im englischen Exil noch während der Nachwehen der deutschen «Revolution» von 1848–1850, erschien in dem von MARX und ENGELS allein getragenen Nachfolgeorgan der «Neuen Rheinischen Zeitung», der «Neuen Rheinischen Zeitung. Politisch-Ökonomische Revue». Diese Tatsache bezeichnet bereits den Stellenwert, den ENGELS selbst seiner Arbeit über den deutschen Bauernkrieg zumaß: Sie war weder das Ergebnis eigener Quellenforschungen, noch hatte sie in erster Linie das Ziel, die damalige – bürgerliche – deutsche Öffentlichkeit mit Hilfe der Methode historisch-materialistischer Analyse über einen Teil der eigenen Vergangenheit aufzuklären. Ein solches Unternehmen hätte zwar sehr viel zu tun gehabt mit der Frage der Veränderung eines objektiv vorhandenen politischen Bewußtseins dieser Öffentlichkeit; doch muß dabei das Problem deutlich werden, daß eben diese Öffentlichkeit, an die die Schrift gerichtet war, mit einem Teil des revolutionären Subjekts schon der sogenannten Revolution von 1848 in Deutschland, nämlich dem Proletariat, wie es der Schlußabschnitt des «Kommunistischen Manifests» benennt, nicht identisch war.

Die primäre Fragestellung dieser Arbeit zielte nicht auf eine historische Richtigstellung ab, sondern, wie auch das Vorwort von 1870 bzw. 1875 deutlich zeigt, auf eine aktuelle, auf die damalige Gegenwart von 1850 bezogene politische Aussage; deshalb konnte ENGELS sich auch bei seiner Arbeit mit der Interpretation und Richtigstellung eines durchaus bereits aufbereiteten Materials begnügen, nämlich der damals – und vermutlich auch heute noch – klassischen Untersuchung WILHELM ZIMMERMANNS, «Allgemeine Geschichte des deutschen Bauernkriegs», Stuttgart 1841–43, wobei er versuchte, aus der ungeheuren Fülle des dort gebotenen Materials die sozioökonomischen und ideologisch-politischen Triebkräfte der gesellschaftlichen Krise herauszuarbeiten, die sich als Bauernkrieg darstellt. Primär ging es ENGELS um eine Bewältigung der jüngsten revolutionären Vergangenheit, an der MARX und ENGELS ja aktiv beteiligt waren, also um eine politische Fragestellung, wobei der deutsche Bauernkrieg nur als historische Verwandte der Bewegung von 1848–1850 dargestellt wurde; die Beziehung zwischen der «Revolution von 1848» und der «Revolution von 1525» wird von ENGELS ja auch durchaus explizit hergestellt; und zwar, indem in beiden Fällen die mangelnde Zentralisierung und Koordinierung der revolutionären Aktionen im zersplitterten Deutschland für ihr Scheitern verantwortlich gemacht werden.

Wir sind der Meinung, daß diese ausdrückliche Beziehung, die zumindest auf den ersten Blick reichlich voluntaristisch erscheint, die Bedeutung der historischen Analyse, die ENGELS hier geleistet hat, keineswegs mindert; über das Subjekt–Objekt-Verhältnis (ENGELS – deutsche Öffentlichkeit) wird an anderer Stelle noch zu diskutieren sein.

II

ENGELS' zeitlich wesentlich später entstandene, im vorliegenden Band aus thematisch-systematischen Gründen gleichwohl vorangestellte Arbeit «Der Ursprung der Familie, des Privateigentums und des Staats» erscheint, was ihren spezifischen Ansatz betrifft, auf den ersten Blick hin wesentlich eindeutiger. Ausgehend von den Forschungen des von DARWIN stark beeinflußten Anthropologen L. H. MORGAN zur Urgeschichte der menschlichen Familien- und Gesellschaftsorganisation und vor allem von einem – uns leider unbekannten – Konspekt von MARX zu MORGANS Buch «Ancient society»[1] «bereicherte» ENGELS «die Schatzkammer des Marxismus»[2], wie die Herausgeber von Band 21 der Werke von MARX und ENGELS sich auszudrücken belieben, mit einer materialistischen Analyse der Gesamtgeschichte der Menschheit; diese Analyse, die sich keineswegs eng auf die im Titel genannten Untersuchungsgegenstände beschränkt, reicht von den frühesten, prähistorischen Anfängen letztlich bis in die ferne geschichtliche Zukunft der Menschen und der menschlichen Gesellschaft hinein.

Bedeutung und Problematik dieser Arbeit, die sicherlich «eines der grundlegenden Werke des Sozialismus»[3] (LENIN) darstellt, liegen vornehmlich in dem methodischen Ansatz, der einer solchen Zeitspanne gerecht werden muß, sowie in der politischen Wirkungsgeschichte innerhalb der Arbeiterbewegung. In der bereits zitierten Einleitung zu Band 21 der MEW heißt es weiter: «Mit diesem klassischen Werk gab ENGELS den Führern [!] der Arbeiterbewegung das wissenschaftliche Rüstzeug für ihren Kampf gegen die Apologeten des Kapitalismus, die Kathedersozialisten und anderen Feinde des Marxismus, die bestrebt waren, die Unerschütterlichkeit des Privateigentums, des bürgerlichen Staates und anderer Institutionen der kapitalistischen Gesellschaft nachzuweisen.»[4] ENGELS versuchte in «Der Ursprung der Familie ...» die Aufhebung von Familie, Privateigentum und Staat als übergeschichtliche, übergesell-

1 Genaue Angabe siehe S. 15.
2 MARX/ENGELS-Werke Bd. 21, Berlin 1962, S. VI.
3 V. I. LENIN, Werke Bd. 29, Berlin 1961, S. 463.
4 MEW Bd. 21, op. cit. S. VII.

schaftliche Phänomene, d. h. als Phänomene, die als allgemeinmenschliche Prinzipien von der historischen Entwicklung nicht betroffen seien; diese Aufhebung besitzt auch heute noch durchaus ihre volle Aktualität, betrachtet man das hilflos ahistorische und senile Abwehrgestammel der bürgerlichen – inklusive der revisionistischen – Öffentlichkeit gegenüber der Rebellion der Jugend und dem Neubeginn einer kämpferischen Arbeiterbewegung in Europa. Das politische Prinzip, sich nicht mit erlebten staatlichen und gesellschaftlichen Systemen, Institutionen und Zwängen, die den gesamten Lebensbereich des Individuums und «Staatsbürgers» umfassen, abzufinden, sondern sie als historische Kategorie historisch einzuordnen und somit revolutionäre Alternativen ganz praktisch vorstellbar zu machen und antizipieren zu können – das ist eine «Waffe» der Arbeiterbewegung und der revolutionären Bewegungen innerhalb der heutigen Gesellschaften (und nicht nur ihrer «Führer», wie die Herausgeber von Band 21 der MEW in der oben zitierten Passage ganz offensichtlich glauben, wobei sie in bezeichnender sprachlicher Fehlleistung die Massen von der Auseinandersetzung mit bürgerlichen Ideologien ausschließen und diese Auseinandersetzungen auf Vorhutgeplänkel zwischen Intellektuellen verschiedener Couleur innerhalb des gegebenen bürgerlichen Rahmens reduzieren). Und so behält diese Methodik in der Aufhebung ihre Bedeutung nach wie vor gerade gegenüber scheinbar so «allgemeingültigen» Phänomenen, wie sie der bürgerliche Staat als westliche Demokratie oder auch als sogenannte Volksdemokratie in den Staaten des sozialistischen Lagers darstellt.

Aber auch die Problematik von ENGELS' «Ursprung der Familie ...» (die sich deutlich vor allem in der Wirkungsgeschichte dieser Arbeit zeigt) liegen in jenem methodischen Ansatz, der einer Zeitspanne gerecht werden muß, die letztlich die Menschheitsgeschichte in ihrer Gesamtheit umfaßt. Die Untersuchung wird hier notwendigerweise von einem Standpunkt aus geführt, der sich in gewisser Weise hoch «über» der jeweils konkret vorhandenen historischen Realität befindet. Das ist einerseits notwendig, um einen so knappen «Über»blick über ein so umfangreiches und komplexes Thema geben zu können, wie es die Geschichte der sozialen Organisation der Menschheit von den frühesten Anfängen an bildet; auf der anderen Seite liegt hier aber auch die Gefahr, die jeweils konkrete historische Realität in ihrer ganzen Widersprüchlichkeit und Komplexität zu «über»sehen: Alles ergibt sich ungeheuer logisch und geradlinig, der Übergang vom Mutterrecht zum Vaterrecht, von der Punaluafamilie zur bürgerlichen Kleinfamilie und bis zur – in Zukunft notwendig bevorstehenden – Aufhebung dieser Kleinfamilie und der bürgerlichen Ehe, vom Kollektivbesitz der mutterrechtlich bestimmten Gens zum Privatbesitz des Familienvaters der bürgerlichen Familie und schließlich zur Aufhebung des Privatbesitzes in der sozialistischen Gesellschaft, von der demokratischen Selbstverwaltung der Gentes bzw. der aus ihnen gebildeten Stämme und Völkerschaften zum Staat als solchem, der schließlich zum Repressionsinstrument und zum Garanten der Macht der bürgerlichen Klasse wird, und zum Absterben des Staates in der sozialistischen Gesellschaft. All das wird konsequent und unwiderlegbar «richtig» abgeleitet aus jeweils eingetretenen ökonomischen Veränderungen und den deshalb jeweils neuen Notwendigkeiten und Bedürfnissen gesellschaftlicher Organisation – so logisch und geradlinig, daß der Leser getrost in die «Zukunft des Menschengeschlechts» zu blicken vermag und sich sagen kann, daß sich ja eigentlich alles von selbst ergebe, der Kapitalismus «naturgesetzlich» seine eigene Aufhebung produziere und damit auch die Bedingungen für die Aufhebung des Staates, der bürgerlichen Familie, die Bedingungen für die Emanzipation der Frau[5] und für die Aufhebung des Privateigentums: früher oder später sei es notwendig soweit, das müsse man nur abwarten und nebenbei die richtige Partei wählen. Das Ergebnis ist dann vielleicht zwar eine Vermittlung von Wissen um bzw. Glauben an die allgemeinen Bewegungsgesetze des historischen Prozesses, keineswegs jedoch notwendigerweise eine Erhöhung der – subjektiven – Bereitschaft, diese Aufhebung durch eigene revolutionäre Aktivität voranzutreiben und die revolutionäre Alternative bewußt zu wollen.

Vergessen wir nicht, daß «Der Ursprung der Familie ...» von Anfang an ein Bestseller war und insgesamt die wohl am häufigsten aufgelegte Schrift von Engels darstellt[6]. Vor allem war «Der Ursprung der Familie ...» einer der «klassischen» Texte, die ganz unmittelbar in die Schulungsprogramme der verschiedenen sozialistischen Organisationen und Parteien seit 1885 eingingen und Art und Weise der Schulung bestimmten.

Trockij beispielsweise berichtet in «Unsere politischen Aufgaben» (1904) von der Methodik der Arbeiterschulung, wie sie damals in Rußland üblich war: In der damaligen Zirkelschulung «setzte sich ein Schulungsleiter das Ziel, dem Arbeiter der Fabriken [...] seinen Standort im Weltgebäude zu erläutern. Man begann mit der Kosmologie. Man leitete glücklich den Menschen vom Affen ab. Man wälzte sich durch die Kulturgeschichte, gelangte (selten) bis zum Kapitalismus und zum Sozialismus. Am Beginn dieser Arbeit stand die Idee, den grauen Proletarier in einen Sozialdemokraten mit einem abgeschlossenen materialistischen Weltbild zu verwandeln.»[7] Trockij nennt hier den «Ursprung der Familie ...» zwar nicht explizit als Schulungstext oder als methodische Vorlage für die

5 Man beachte die Rolle, die «Der Ursprung der Familie ...» seit seinem Erscheinen in allen möglichen Frauenemanzipations- und -arbeitskreisen neben Bebels «Die Frau und der Sozialismus», für das die gleiche Problematik noch viel deutlicher gilt, gespielt hat und nach wie vor spielt.

6 Vgl. im Text Anm. 1.

7 L. D. Trockij, Unsere politischen Aufgaben, in: Trockij, Schriften zur revolutionären Organisation. Reinbek 1970, S. 107.

Schulung; daß «Der Ursprung der Familie ...» in dieser Schulungskonzeption jedoch eine entscheidende Rolle spielt, geht aus seiner Schilderung nur zu klar hervor: «Der Ursprung der Familie ...» war schließlich der erste Text von ENGELS, der – 1894 – legal in Rußland erschien.

Diese Art von Schulung, die den Arbeitern politisches Bewußtsein bzw. eine «Weltanschauung» mit Hilfe einer abstrakt-theoretischen Allgemeinbildung vermitteln zu müssen und sie mit der Versicherung ihres allgemein-universalhistorischen «An-der-Reihe-Seins» politisieren zu können glaubte und die in der damaligen Sozialdemokratie ebenso gebräuchlich war, wie es heute in den diversen aktuellen Partei-Aufbauorganisationen ist, hatte als Ergebnis, daß die Arbeiter «passiv» die Schulung bestenfalls konsumierten und «gähnten»: «Die Schulungsleiter (wenigstens die ehrlichen) beklagten sich darüber, daß die Arbeiter schlafen; der Bestand des Zirkels erneuert sich, bevor man endlich bei der Sozialdemokratie angelangt ist; und wenn man mit Mühe bei ihr angelangt ist, beginnt man mit schreckerregenden Abstraktionen und – endet bei ihnen.»[8]

Das Ergebnis einer solchen Schulung birgt zumindest die Gefahr von Passivität, resignativem Sich-Abfinden mit der Gegenwart auf Grund des scheinbar so sicheren Wechsels auf die Zukunft, einer Ablenkung von den eigenen konkreten Bedürfnissen nach Aufhebung der Ausbeutungssituation, also letztlich einer ganz spezifischen «Entpolitisierung» in sich.

TROCKIJ versucht in dem zitierten Kapitel auch, eine gewisse Alternative aufzuweisen, nämlich die politische Praxis zum Bestandteil der Schulung zu machen und an Hand aktueller politischer Fragen, zu denen Kampagnen usw. vorbereitet werden müßten, die Arbeiter in der Schulung in die Vorbereitung aktiv mit einzubeziehen: «So würde von einer Kampagne zur anderen das [...] Programm in den Schulungszirkeln ‹Revue passieren›. Natürlich würde die logische Reihenfolge gestört; aber sie ist von vorneherein, bei jedem Schulungssystem, gestört: Die Zirkel lösen sich auf, ihr Bestand erneuert sich, die Schulungsleiter werden arretiert ...»[9]

Nun kann man hier zwei Dinge einwenden: Einmal, daß ENGELS nicht verantwortlich gemacht werden könne für das, was die politischen Kräfte, die sich auf ihn beriefen und berufen, aus einem methodischen Ansatz von ENGELS gemacht haben, und zum zweiten, daß ENGELS ja gar nicht vorgehabt habe, eine Schulungsbroschüre als solche zu verfassen; der Adressat sei vielmehr, wie auch aus dem Vorwort zur vierten Auflage von 1892 deutlich hervorgeht, die zeitgenössische wissenschaftliche, d. h. bürgerliche Öffentlichkeit gewesen[10]. Beide Einwände sind zutreffend, berühren aber nicht die Problematisierung, die dieses Vorwort vornehmen soll: Es geht natürlich nicht darum, ENGELS für irgend etwas «verantwortlich zu

8 Ebd. S. 60
9 Siehe das Kapitel «Zwei Worte zur Schulung», ebd. S. 59 ff; die angeführte Stelle ist S. 62 f.
10 Siehe im vorl. Bd. S. 16.

machen» oder ihn irgendeiner Sache für «schuldig» zu erklären; vielmehr geht es um eine historische Einschätzung des Werks und seiner Wirkungsgeschichte.

III

Auch an Hand von «Der Ursprung der Familie ...» wird ENGELS häufig der Vorwurf gemacht, bloß darwinistisch-entwicklungsgeschichtlich und nicht, wie MARX, revolutionär-dialektisch zu analysieren. Wir halten diese alte Debatte um «Ambivalenz» bzw. «orthodox-marxistischen» Charakter (durchaus im Sinne LUKACS') der ENGELSschen Theorie für unzutreffend, weil von falschen historischen Voraussetzungen aus geführt. Bestimmte Autoren bemühten und bemühen sich, ENGELS methodisch um jeden Preis von MARX abzusetzen und ihn zum Vertreter einer letztlich evolutionistischen und nicht revolutionär-dialektischen Theorie zu machen[11]. Der dazu nur scheinbar gegensätzliche Standpunkt sah und sieht so aus, daß man MARX und ENGELS aus jeder historischen Bedingtheit lösen und aus ihnen in schöner «Orthodoxie» einen theoretischen Riesen mit zwei Köpfen machen zu müssen glaubt, so daß bereits jeder Versuch einer Differenzierung als theoretisches Vergehen erscheint.[12] Gerade anläßlich des 150. Geburtstages von ENGELS trat diese zweite Position im revisionistischen Schrifttum – vor allem aus der DDR – wieder deutlich zutage[13]; die Genossen vergnügen sich an dieser alten Debatte und sehen nicht, daß sie MARX und ENGELS in das transzendentale Über-Ich ihrer *methodischen Abkehr vom Marxismus* verwandeln.

Einheit bzw. Unterschiede von MARX und ENGELS können nicht von abstrakten theoretischen Positionen, sondern höchstens in der konkreten historischen Bedingtheit des Entstehens und der Entwicklung des theore-

11 Vgl. dazu u. a. KARL KORSCH, Karl Marx, Frankfurt/M. 1969, passim; aus neuerer Zeit vor allem D. GROH, Marx, Engels und Darwin: Naturgesetzliche Entwicklung oder Revolution? Zum Problem der Einheit von Theorie und Praxis, in: Politische Vierteljahresschrift, Zeitschrift der Deutschen Vereinigung für Politische Wissenschaft, Dezember 1967, Heft 4, sowie H. J. STEINBERG, Sozialismus und deutsche Sozialdemokratie. Zur Ideologie der Partei vor dem 1. Weltkrieg, Hannover 1967.

12 Klassisch hierzu vor allem DEBORIN in seiner Kritik an LUKÁCS' «Geschichte und Klassenbewußtsein» (vgl. A. DEBORIN/N. BUCHARIN, Kontroversen über dialektischen und mechanistischen Materialismus, Frankfurt/M. 1969, S. 189 ff). Siehe dazu «Debatte um Engels» Bd. 1 der vorliegenden Studienausgabe.

13 Siehe dazu vor allem: Marxismus-Digest. Theoretische Beiträge aus marxistischen und antiimperialistischen Zeitschriften, hg. v. Institut für Marxistische Studien und Forschungen, Frankfurt/M., Heft 4/1970 (Sondernummer zu ENGELS' 150. Geburtstag), vor allem die Beiträge von W. SCHRÖDER/G. SEEBER und von W. OPITZ.

tischen Gebäudes von MARX und ENGELS untersucht werden. Und hier zeigt sich, wie wir glauben, deutlich, daß die Unterschiede, die selbstverständlich vorhanden sind, nicht in einer methodisch unterschiedlichen Vorgehensweise liegen, sondern in der – historisch bedingten – Arbeitsteiligkeit zwischen beiden[14].

Die Frage der politischen Intention der Schriften ENGELS' wird in Band 4 der vorliegenden Engels-Studienausgabe, in der vor allem der Realpolitiker ENGELS vorgestellt werden soll, noch näher zu untersuchen sein.

*

Zur technischen Gestaltung der Bände noch folgende Bemerkungen: In einigen Fällen, wo es notwendig schien, wurden Schreibweise und Interpunktion modernisiert. Worte und Satzteile in eckigen Klammern sind grundsätzlich Einfügungen der Herausgeber. Gesperrt gedruckte Textstellen sind fremdsprachige Zitate von ENGELS innerhalb seines Textes, die von uns – ohne Angabe des Originaltextes – übersetzt wurden. Die Fußnoten unter den Seiten stammen von ENGELS selbst – alle editorischen Anmerkungen stehen hinten im Anmerkungsapparat. Die Herausgeber übernahmen nicht die drucktechnische Anordnung der zahlreichen Zitate, wie sie beispielsweise in den MEW vorgenommen ist, sondern griffen zu der in wissenschaftlichen Publikationen heute üblichen Art der Zitatwiedergabe. Russische Namen und Begriffe wurden durchgehend in der heute üblichen wissenschaftlichen Umschrift wiedergegeben.

14 Vgl. die Einleitung zu Engels-Studienausgabe, Band 2. S. 8 f.

DER URSPRUNG DER FAMILIE, DES PRIVATEIGENTUMS UND DES STAATS[1] (IM ANSCHLUSS AN LEWIS H. MORGANS FORSCHUNGEN)

Vorwort zur ersten Auflage 1884

Die nachfolgenden Kapitel bilden gewissermaßen die Vollführung eines Vermächtnisses. Es war kein Geringerer als Karl Marx, der sich vorbehalten hatte, die Resultate der Morganschen Forschungen im Zusammenhang mit den Ergebnissen seiner – ich darf innerhalb gewisser Grenzen sagen unsrer – materialistischen Geschichtsuntersuchung darzustellen und dadurch erst ihre ganze Bedeutung klarzumachen. Hatte doch Morgan die von Marx vor vierzig Jahren entdeckte materialistische Geschichtsauffassung in Amerika in seiner Art neu entdeckt und war von ihr, bei Vergleichung der Barbarei und der Zivilisation, in den Hauptpunkten zu denselben Resultaten geführt worden wie Marx. Und wie «Das Kapital» von den zünftigen Ökonomen in Deutschland jahrelang ebenso eifrig ausgeschrieben wie hartnäckig totgeschwiegen wurde, ganz so wurde Morgans «Ancient Society»* behandelt von den Wortführern der «prähistorischen» Wissenschaft in England. Meine Arbeit kann nur einen geringen Ersatz bieten für das, was meinem verstorbenen Freunde zu tun nicht mehr vergönnt war. Doch liegen mir in seinen ausführlichen Auszügen aus Morgan kritische Anmerkungen vor, die ich hier wiedergebe, soweit es irgend angeht.

Nach der materialistischen Auffassung ist das in letzter Instanz bestimmende Moment in der Geschichte: die Produktion und Reproduktion des unmittelbaren Lebens. Diese ist aber selbst wieder doppelter Art. Einerseits die Erzeugung von Lebensmitteln, von Gegenständen der Nahrung, Kleidung, Wohnung und den dazu erforderlichen Werkzeugen; andrerseits die Erzeugung von Menschen selbst, die Fortpflanzung der Gattung. Die gesellschaftlichen Einrichtungen, unter denen die Menschen einer bestimmten Geschichtsepoche und eines bestimmten Landes leben, werden bedingt durch beide Arten der Produktion: durch die Entwicklungsstufe einerseits der Arbeit, andrerseits der Familie. Je weniger die Arbeit noch entwickelt ist, je beschränkter die Menge ihrer Erzeugnisse, also auch der Reichtum der Gesellschaft, desto überwiegender erscheint die Gesellschaftsordnung beherrscht durch Geschlechtsbande. Unter dieser, auf Geschlechtsbande begründeten Gliederung der Gesellschaft entwickelt sich indes die Produktivität der Arbeit mehr und mehr; mit ihr Privateigentum

* «Ancient Society, or Researches in the Lines of Human Progress from Savagery, through Barbarism to Civilization». By Lewis H. Morgan. London, Macmillan and Co., 1877. Das Buch ist in Amerika gedruckt und in London merkwürdig schwer zu haben. Der Verfasser ist vor einigen Jahren gestorben.

und Austausch, Unterschiede des Reichtums, Verwertbarkeit fremder Arbeitskraft und damit die Grundlage von Klassengegensätzen: neue soziale Elemente, die im Lauf von Generationen sich abmühen, die alte Gesellschaftsverfassung den neuen Zuständen anzupassen, bis endlich die Unvereinbarkeit beider eine vollständige Umwälzung herbeiführt. Die alte, auf Geschlechtsverbänden beruhende Gesellschaft wird gesprengt im Zusammenstoß der neu entwickelten gesellschaftlichen Klassen; an ihre Stelle tritt eine neue Gesellschaft, zusammengefaßt im Staat, dessen Untereinheiten nicht mehr Geschlechtsverbände, sondern Ortsverbände sind, eine Gesellschaft, in der die Familienordnung ganz von der Eigentumsordnung beherrscht wird und in der sich nun jene Klassengegensätze und Klassenkämpfe frei entfalten, aus denen der Inhalt aller bisherigen *geschriebnen* Geschichte besteht.

Es ist das große Verdienst Morgans, diese vorgeschichtliche Grundlage unsrer geschriebnen Geschichte in ihren Hauptzügen entdeckt und wiederhergestellt und in den Geschlechtsverbänden der nordamerikanischen Indianer den Schlüssel gefunden zu haben, der uns die wichtigsten, bisher unlösbaren Rätsel der ältesten griechischen, römischen und deutschen Geschichte erschließt. Es ist aber seine Schrift kein Eintagswerk. An die vierzig Jahre hat er mit seinem Stoff gerungen, bis er ihn vollständig beherrschte. Darum aber ist auch sein Buch eins der wenigen epochemachenden Werke unsrer Zeit.

In der nachfolgenden Darstellung wird der Leser im ganzen und großen leicht unterscheiden, was von Morgan herrührt und was ich hinzugesetzt. In den geschichtlichen Abschnitten über Griechenland und Rom habe ich mich nicht auf Morgans Belege beschränkt, sondern hinzugefügt, was mir zu Gebote stand. Die Abschnitte über Kelten und Deutsche gehören wesentlich mir an; Morgan verfügte hier fast nur über Quellen zweiter Hand und für die deutschen Zustände – außer Tacitus – nur über die schlechten liberalen Verfälschungen des Herrn Freeman[2]. Die ökonomischen Ausführungen, die bei Morgan für seinen Zweck hinreichend, für den meinigen aber durchaus ungenügend, sind alle von mir neu bearbeitet. Und endlich bin ich selbstredend verantwortlich für alle Schlußfolgerungen, soweit nicht Morgan ausdrücklich zitiert wird.

[Vorwort zur vierten Auflage 1892] [3]

Die früheren starken Auflagen dieser Schrift sind seit fast einem halben Jahr vergriffen, und der Verleger[4] hat schon seit längerer Zeit die Besorgung einer neuen Auflage von mir gewünscht. Dringendere Arbeiten hielten mich bis jetzt davon ab. Seit dem Erscheinen der ersten Auflage sind sieben Jahre verflossen, in denen die Kenntnis der ursprünglichen Familienformen bedeutende Fortschritte gemacht hat. Es war hier also die nachbessernde und ergänzende Hand fleißig anzuwenden; und zwar um so mehr, als die ⟨beabsichtigte Stereotypierung des gegenwärtigen Textes mir fernere Änderungen für einige Zeit unmöglich machen wird⟩[5].

Ich habe also den ganzen Text einer sorgfältigen Durchsicht unterworfen und eine Reihe von Zusätzen gemacht, wodurch, wie ich hoffe, der heutige Stand der Wissenschaft gebührende Berücksichtigung gefunden hat. Ferner gebe ich im weitern Verlauf dieses Vorworts eine kurze Übersicht über die Entwicklung der Geschichte der Familie von Bachofen bis Morgan; und zwar hauptsächlich deswegen, weil die englische chauvinistisch angehauchte prähistorische Schule noch fortwährend ihr möglichstes tut, die durch Morgans Entdeckungen vollzogne Umwälzung der urgeschichtlichen Anschauungen totzuschweigen, wobei sie jedoch in der Aneignung von Morgans Resultaten sich keineswegs geniert. Auch anderwärts wird diesem englischen Beispiel stellenweise nur zu sehr gefolgt.

Meine Arbeit hat verschiedne Übertragungen in fremde Sprachen erfahren. Zuerst italienisch: «L'origine della famiglia, della proprietà privata e dello stato». Versione reveduta dall'autore, di Pasquale Martignetti. Benevento 1885. Dann rumänisch: «Originǎ familiei, proprietǎţei, private şi a statului». Traducere de Joan Nǎdejde, in der Jassyer Zeitschrift «Contemporanul», September 1885 bis Mai 1886. Ferner dänisch: «Familjens, Privatejendommens og Statens Oprindelse». Dansk af Forfatteren gennemgaaet Udgave, besorget af Gerson Trier. København 1888. Eine französische Übersetzung von Henri Ravé, der die gegenwärtige deutsche Ausgabe zugrunde liegt, ist unter der Presse.

Bis zum Anfang der sechziger Jahre kann von einer Geschichte der Familie nicht die Rede sein. Die historische Wissenschaft stand auf diesem Gebiet noch ganz unter dem Einflusse der fünf Bücher Mosis. Die darin ausführlicher als anderswo geschilderte patriarchalische Familienform wurde nicht nur ohne weiteres als die älteste angenommen, sondern auch – nach Abzug der Vielweiberei – mit der heutigen bürgerlichen Familie identifiziert, so daß eigentlich die Familie überhaupt keine geschichtliche Entwicklung durchgemacht hatte; höchstens gab man zu, daß in der Urzeit eine Periode geschlechtlicher Regellosigkeit bestanden haben könne. – Allerdings kannte man außer der Einzelehe auch die orientalische Vielweiberei und die indisch-tibetanische Vielmännerei; aber diese drei Formen ließen sich nicht in eine historische Reihenfolge ordnen und figurierten zusammenhanglos nebeneinander. Daß bei einzelnen Völkern der alten Geschichte sowie bei einigen noch existierenden Wilden die Abstammung nicht vom Vater, sondern von der Mutter gerechnet, also die weibliche Linie als die allein gültige angesehn wurde; daß bei vielen heutigen Völkern die Ehe innerhalb bestimmter größerer, damals nicht näher untersuchter Gruppen verboten ist, und daß diese Sitte sich in allen Weltteilen findet – diese Tatsachen waren zwar bekannt, und es wurden immer mehr Beispiele davon gesammelt. Aber man wußte nichts damit anzufangen, und selbst noch in E. B. Tylors «Researches into the Early History of Mankind etc. etc.» (1865)[6] figurieren sie als bloße «sonderbare Gebräuche» neben dem bei einigen Wilden geltenden Verbot, brennendes Holz mit einem Eisenwerkzeug zu berühren, und ähnlichen religiösen Schnurrpfeifereien.

Die Geschichte der Familie datiert von 1861, vom Erscheinen von Bachofens «Mutterrecht»[7]. Hier stellt der Verfasser die folgenden Behauptungen auf: 1. daß die Menschen im Anfang in schrankenlosem Geschlechtsverkehr gelebt, den er, mit einem schiefen Ausdruck, als Hetärismus bezeichnet; 2. daß ein solcher Verkehr jede sichere Vaterschaft ausschließt, daß daher die Abstammung nur in der weiblichen Linie – nach Mutterrecht – gerechnet werden konnte, und daß dies ursprünglich bei allen Völkern des Altertums der Fall war; 3. daß in Folge hiervon den Frauen, als den Müttern, den einzigen sicher bekannten Eltern der jüngern Generation, ein hoher Grad von Achtung und Ansehn gezollt wurde, der sich nach Bachofens Vorstellung zu einer vollständigen Weiberherrschaft (Gynaikokratie) steigerte; 4. daß der Übergang zur Einzelehe, wo die Frau *einem* Mann ausschließlich gehörte, eine Verletzung eines uralten Religionsgebots in sich schloß (d. h. tatsächlich eine Verletzung des altherkömmlichen Anrechts der übrigen Männer auf dieselbe Frau), eine Verletzung, die gebüßt oder deren Duldung erkauft werden mußte durch eine zeitlich beschränkte Preisgebung der Frau.

Die Beweise für diese Sätze findet Bachofen in zahllosen, mit äußerstem Fleiß zusammengesuchten Stellen der altklassischen Literatur. Die Entwicklung vom «Hetärismus» zur Monogamie und vom Mutterrecht zum Vaterrecht vollzieht sich nach ihm, namentlich bei den Griechen, in Folge einer Fortentwicklung der religiösen Vorstellungen, einer Einschiebung neuer Gottheiten, Repräsentanten der neuen Anschauungsweise, in die altüberlieferte Göttergruppe, die Vertreterin der alten Anschauung, so daß die letztere mehr und mehr von der ersteren in den Hintergrund gedrängt wird. Es ist also nicht die Entwicklung der tatsächlichen Lebensbedingungen der Menschen, sondern der religiöse Widerschein dieser Lebensbedingungen in den Köpfen derselben Menschen, der nach Bachofen die geschichtlichen Veränderungen in der gegenseitigen gesellschaftlichen Stellung von Mann und Weib bewirkt hat. Hiernach stellt Bachofen die «Oresteia» des Äschylos dar als die dramatische Schilderung des Kampfes zwischen dem untergehenden Mutterrecht und dem in der Heroenzeit aufkommenden und siegenden Vaterrecht. Klytämnestra hat, um ihres Buhlen Ägisthos willen, ihren vom Trojanerkrieg heimkehrenden Gatten Agamemnon erschlagen; aber ihr und Agamemnons Sohn Orestes rächt den Mord des Vaters, indem er seine Mutter erschlägt. Dafür verfolgen ihn die Erinnyen, die dämonischen Schützerinnen des Mutterrechts, wonach der Muttermord das schwerste, unsühnbarste Verbrechen. Aber Apollo, der den Orestes durch sein Orakel zu dieser Tat aufgefordert, und Athene, die als Richterin aufgerufen wird – die beiden Götter, die hier die neue, vaterrechtliche Ordnung vertreten –, schützen ihn; Athene hört beide Parteien an. Die ganze Streitfrage faßt sich kurz zusammen in der nun stattfindenden Debatte zwischen Orestes und den Erinnyen. Orest beruft sich darauf, daß Klytämnestra einen doppelten Frevel begangen: indem sie *ihren* Gatten, und damit auch *seinen* Vater getötet. Warum denn verfolgten die Erinnyen ihn, und nicht sie, die weit Schuldigere? Die Antwort ist schlagend: «Sie war dem Mann, den sie erschlug, *nicht blutsverwandt.*»[8]

Der Mord eines nicht blutsverwandten Mannes, selbst wenn er der Gatte der Mörderin, ist sühnbar, geht die Erinnyen nichts an; ihres Amtes ist nur die Verfolgung des Mords unter Blutsverwandten, und da ist, nach Mutterrecht, der schwerste und unsühnbarste der Muttermord. Nun tritt Apollo für Orestes als Verteidiger auf; Athene läßt die Areopagiten – die athenischen Gerichtsschöffen – abstimmen; die Stimmen sind gleich für Freisprechung und Verurteilung; da gibt Athene als Vorsitzerin ihre Stimme für Orestes ab und spricht ihn frei. Das Vaterrecht hat den Sieg errungen über das Mutterrecht, die «Götter jungen Stamms», wie sie von den Erinnyen selbst bezeichnet werden, siegen über die Erinnyen, und diese lassen sich schließlich auch bereden, im Dienst der neuen Ordnung ein neues Amt zu übernehmen.

Diese neue, aber entschieden richtige Deutung der «Oresteia» ist eine der schönsten und besten Stellen im ganzen Buch, aber sie beweist gleichzeitig, daß Bachofen mindestens ebensosehr an die Erinnyen, Apollo und Athene glaubt, wie seiner Zeit Äschylos; er glaubt eben, daß sie in der griechischen Heroenzeit das Wunder vollbrachten, das Mutterrecht zu stürzen durch das Vaterrecht. Daß eine solche Auffassung, wo die Religion als der entscheidende Hebel der Weltgeschichte gilt, schließlich auf reinen Mystizismus hinauslaufen muß, ist klar. Es ist daher eine saure und keineswegs immer lohnende Arbeit, sich durch den dicken Quartanten Bachofens durchzuarbeiten. Aber alles das schmälert nicht sein bahnbrechendes Verdienst; er, zuerst, hat die Phrase von einem unbekannten Urzustand mit regellosem Geschlechtsverkehr ersetzt durch den Nachweis, daß die altklassische Literatur uns Spuren in Menge aufzeigt, wonach vor der Einzelehe in der Tat bei Griechen und Asiaten ein Zustand existiert hat, worin nicht nur ein Mann mit mehreren Frauen, sondern eine Frau mit mehreren Männern geschlechtlich verkehrte, ohne gegen die Sitte zu verstoßen; daß diese Sitte nicht verschwand, ohne Spuren zu hinterlassen in einer beschränkten Preisgebung, wodurch die Frauen das Recht auf Einzelehe erkaufen mußten; daß daher die Abstammung ursprünglich nur in weiblicher Linie, von Mutter zu Mutter gerechnet werden konnte; daß diese Alleingültigkeit der weiblichen Linie sich noch lange in die Zeit der Einzelehe mit gesicherter oder doch anerkannter Vaterschaft hinein erhalten hat; und daß diese ursprüngliche Stellung der Mütter, als der einzigen sichern Eltern ihrer Kinder, ihnen und damit den Frauen überhaupt, eine höhere gesellschaftliche Stellung sicherte, als sie seitdem je wieder besessen haben. Diese Sätze hat Bachofen zwar nicht in dieser Klarheit ausgesprochen – das verhinderte seine mystische Anschauung. Aber er hat sie bewiesen, und das bedeutete 1861 eine vollständige Revolution.

Bachofens dicker Quartant war deutsch geschrieben, d. h. in der Sprache der Nation, die sich damals am wenigsten für die Vorgeschichte der heutigen Familie interessierte. Er blieb daher unbekannt. Sein nächster Nachfolger auf demselben Gebiet trat 1865 auf, ohne von Bachofen je gehört zu haben.

Dieser Nachfolger war J. F. McLennan, das grade Gegenteil seines Vorgängers. Statt des genialen Mystikers haben wir hier den ausgetrockneten Juristen; statt der überwuchernden dichterischen Phantasie die plausiblen Kombinationen des plädierenden Advokaten. McLennan findet bei vielen wilden, barbarischen und selbst zivilisierten Völkern alter und neuer Zeit eine Form der Eheschließung, bei der der Bräutigam, allein oder mit seinen Freunden, die Braut ihren Verwandten scheinbar gewaltsam rauben muß. Diese Sitte muß das Überbleibsel sein einer früheren Sitte, worin die Männer eines Stammes sich ihre Frauen auswärts, von anderen Stämmen, wirklich mit Gewalt raubten. Wie entstand nun diese «Raubehe»? Solange die Männer hinreichend Frauen im eignen Stamm finden konnten, war durchaus kein Anlaß dazu vorhanden. Nun finden wir aber ebenso häufig, daß bei unentwickelten Völkern gewisse Gruppen existieren (die um 1865 noch häufig mit den Stämmen selbst identifiziert wurden), innerhalb deren die Heirat verboten war, so daß die Männer ihre Frauen und die Frauen ihre Männer außerhalb der Gruppe zu nehmen genötigt sind, während bei andern die Sitte besteht, daß die Männer einer gewissen Gruppe genötigt sind, ihre Frauen nur innerhalb ihrer eignen Gruppe zu nehmen. McLennan nennt die ersteren exogam, die zweiten endogam, und konstruiert nun ohne weiteres einen starren Gegensatz zwischen exogamen und endogamen «Stämmen». Und obwohl seine eigne Untersuchung der Exogamie ihn mit der Nase darauf stößt, daß dieser Gegensatz in vielen, wo nicht den meisten oder gar allen Fällen nur in seiner Vorstellung besteht, so macht er ihn doch zur Grundlage seiner gesamten Theorie. Exogame Stämme können hiernach ihre Frauen nur von andern Stämmen beziehn; und bei dem der Wildheit entsprechenden permanenten Kriegszustand zwischen Stamm und Stamm habe dies nur geschehn können durch Raub.

McLennan fragt nun weiter: Woher diese Sitte der Exogamie? Die Vorstellung der Blutsverwandtschaft und Blutschande könne nichts damit zu tun haben, das seien Dinge, die sich erst viel später entwickelt. Wohl aber die unter Wilden vielverbreitete Sitte, weibliche Kinder gleich nach der Geburt zu töten. Dadurch entstehe ein Überschuß von Männern in jedem einzelnen Stamm, dessen notwendige nächste Folge sei, daß mehrere

Männer eine Frau in Gemeinschaft besäßen: Vielmännerei. Die Folge hiervon sei wieder, daß man wußte, wer die Mutter eines Kindes war, nicht aber, wer der Vater, daher: Verwandtschaft gerechnet nur in der weiblichen Linie mit Ausschluß der männlichen – Mutterrecht. Und eine zweite Folge des Mangels an Frauen innerhalb des Stammes – ein Mangel, gemildert, aber nicht beseitigt durch die Vielmännerei – war eben die systematische, gewaltsame Entführung von Frauen fremder Stämme.

«Da Exogamie und Vielmännerei aus einer und derselben Ursache entspringen – dem Mangel der Gleichzahl zwischen beiden Geschlechtern –, müssen wir *alle exogamen Racen als ursprünglich der Vielmännerei ergeben ansehn* ... Und deshalb müssen wir es für unbestreitbar ansehn, daß unter exogamen Racen das erste Verwandtschaftssystem dasjenige war, welches Blutbande nur auf der Mutterseite kennt.» (McLennan, «Studies in Ancient History», 1886. «Primitive Marriage», p. 124.)[9]

Es ist das Verdienst McLennans, auf die allgemeine Verbreitung und große Bedeutung dessen, was er Exogamie nennt, hingewiesen zu haben. *Entdeckt* hat er die Tatsache der exogamen Gruppen keineswegs, und verstanden hat er sie erst recht nicht. Von früheren, vereinzelten Notizen bei vielen Beobachtern – eben den Quellen McLennans – abgesehn, hatte Latham («Descriptive Ethnology», 1859)[10] diese Institution bei den indischen Magars[11] genau und richtig beschrieben und gesagt, daß sie allgemein verbreitet sei und in allen Weltteilen vorkomme – eine Stelle, die McLennan selbst anführt. Und unser Morgan hatte sie ebenfalls bereits 1847 in seinen Briefen über die Irokesen (im «American Review») und 1851 in «The League of the Iroquois»[12] bei diesem Volksstamm nachgewiesen und richtig beschrieben, während, wie wir sehn werden, der Advokatenverstand McLennans hier eine weit größere Verwirrung angerichtet hat, als Bachofens mystische Phantasie auf dem Gebiet des Mutterrechts. Es ist McLennans ferneres Verdienst, die mutterrechtliche Abstammungsordnung als die ursprüngliche erkannt zu haben, obwohl ihm, wie er später auch anerkennt, Bachofen hier zuvorgekommen war. Aber auch hier ist er nicht im klaren; er spricht stets von «Verwandtschaft nur in weiblicher Linie» (kinship through females only) und wendet diesen für eine frühere Stufe richtigen Ausdruck fortwährend auch auf spätere Entwicklungsstufen an, wo Abstammung und Vererbung zwar noch ausschließlich nach weiblicher Linie gerechnet, aber Verwandtschaft auch nach männlicher Seite anerkannt und ausgedrückt wird. Es ist die Beschränktheit des Juristen, der sich einen festen Rechtsausdruck schafft und diesen unverändert fort anwendet auf Zustände, die ihn inzwischen unanwendbar gemacht.

Bei all ihrer Plausibilität, scheint es, kam die Theorie McLennans doch ihrem eignen Verfasser nicht zu fest gegründet vor. Wenigstens fällt ihm selbst auf, es sei «bemerkenswert, daß die Form des» (scheinbaren) «Frauenraubs am ausgeprägtesten und ausdruckvollsten ist grade bei den Völkern, wo *männliche* Verwandtschaft» (soll heißen Abstammung in männlicher Linie) «herrscht» (S. 140).

Und ebenso: «Es ist eine sonderbare Tatsache, daß, soviel wir wissen, der Kindermord nirgendswo systematisch betrieben wird, wo die Exogamie und die älteste Verwandtschaftsform nebeneinander bestehn» (S. 146).

Beides Tatsachen, die seiner Erklärungsweise direkt ins Gesicht schlagen, und denen er nur neue, noch verwickeltere Hypothesen entgegenhalten kann.

Trotzdem fand seine Theorie in England großen Beifall und Anklang: McLennan galt hier allgemein als Begründer der Geschichte der Familie und als erste Autorität auf diesem Gebiet. Sein Gegensatz von exogamen und endogamen «Stämmen», so sehr man auch einzelne Ausnahmen und Modifikationen konstatierte, blieb doch die anerkannte Grundlage der herrschenden Anschauungsweise und wurde die Scheuklappe, die jeden freien Überblick über das untersuchte Gebiet und damit jeden entscheidenden Fortschritt unmöglich machte. Der in England und nach englischem Vorbild auch anderswo üblich gewordenen Überschätzung McLennans ist es Pflicht, die Tatsache entgegenzuhalten, daß er mit seinem rein mißverständlichen Gegensatz von exogamen und endogamen «Stämmen» mehr Schaden angerichtet, als er durch seine Forschungen genützt hat.

Indes kamen schon bald mehr und mehr Tatsachen ans Licht, die in seinen zierlichen Rahmen nicht paßten. McLennan kannte nur drei Formen der Ehe: Vielweiberei, Vielmännerei und Einzelehe. Als aber einmal die Aufmerksamkeit auf diesen Punkt gelenkt, fanden sich mehr und mehr Beweise, daß bei unentwickelten Völkern Eheformen bestanden, worin eine Reihe von Männern eine Reihe von Frauen gemeinsam besaßen; und *Lubbock* («The origin of Civilisation», 1870)[13] erkannte diese Gruppenehe (Communal marriage) als geschichtliche Tatsache an.

Gleich darauf, 1871, trat *Morgan* mit neuem und in vieler Beziehung entscheidendem Material auf. Er hatte sich überzeugt, daß das bei den Irokesen geltende, eigentümliche Verwandtschaftssystem allen Ureinwohnern der Vereinigten Staaten gemeinsam, also über einen ganzen Kontinent verbreitet sei, obwohl es den Verwandtschaftsgraden, wie sie sich aus dem dort geltenden Ehesystem tatsächlich ergeben, direkt widerspricht. Er bewog nun die amerikanische Bundesregierung, auf Grund von ihm selbst aufgesetzter Fragebogen und Tabellen Auskunft über die Verwandtschaftssysteme der übrigen Völker einzuziehn, und fand aus den Antworten, 1. daß das amerikanisch-indianische Verwandtschaftssystem auch in Asien, und in etwas modifizierter Form in Afrika und Australien bei zahlreichen Volksstämmen in Geltung sei, 2. daß es sich vollständig erkläre aus einer in Hawaii und andern australischen Inseln eben im Absterben begriffenen Form der Gruppenehe, und 3. daß aber neben dieser Eheform auf denselben Inseln ein Verwandtschaftssystem in Geltung sei, das sich nur durch eine noch urwüchsigere, jetzt ausgestorbne Form der Gruppenehe erklären lasse. Die gesammelten Nachrichten nebst seinen Schlußfolgerungen daraus veröffentlichte er in seinen «Systems of Consanguinity and Affinity»[14], 1871, und führte damit die Debatte auf ein unendlich umfassenderes Gebiet. Indem er, von den Verwandtschaftssystemen ausgehend, die ihnen entsprechenden Familienformen wiederkonstruierte, eröffnete er einen neuen Forschungsweg und einen weiterreichenden Rückblick in die Vorgeschichte der Menschheit. Erhielt diese Methode Geltung, so war die niedliche Konstruktion McLennans in Dunst aufgelöst.

McLennan verteidigte seine Theorie in der Neuauflage von «Primitive Marriage» («Studies in Ancient History», 1875)[15]. Während er selbst eine Geschichte der Familie aus lauter Hypothesen äußerst künstlich kombiniert, verlangt er von Lubbock und Morgan nicht nur Beweise für jede ihrer Behauptungen, sondern Beweise von der unanfechtbaren Bündigkeit, wie allein sie in einem schottischen Gerichtshof zugelassen werden. Und das tut derselbe Mann, der aus dem engen Verhältnis zwischen Mutterbruder und Schwestersohn bei den Deutschen (Tacitus, «Germania», c. 20), aus Cäsars Bericht, daß die Briten je zehn oder zwölf ihre Frauen gemeinsam haben, und aus allen anderen Berichten der alten Schriftsteller über Weibergemeinschaft bei Barbaren ohne Zaudern den Schluß zieht, bei allen diesen Völkern habe Vielmännerei geherrscht! Man meint einen Staatsanwalt zu hören, der sich bei Zurechtmachung seines Falls jede Freiheit erlauben kann, der aber vom Verteidiger für jedes Wort den formellsten juristisch gültigen Beweis beansprucht.

Die Gruppenehe sei eine pure Einbildung, behauptet er und fällt damit weit hinter Bachofen zurück. Die Verwandtschaftssysteme bei Morgan seien bloße Vorschriften gesellschaftlicher Höflichkeit, bewiesen durch die Tatsache, daß die Indianer auch einen Fremden, Weißen, als Bruder oder Vater anreden. Es ist, als wollte man behaupten, die Bezeichnungen Vater, Mutter, Bruder, Schwester seien bloße sinnlose Anredeformen, weil katholische Geistliche und Äbtissinnen ebenfalls mit Vater und Mutter, Mönche und Nonnen, ja selbst Freimaurer und englische Fachvereinsgenossen in solenner Sitzung als Bruder und Schwester angeredet werden. Kurz, McLennans Verteidigung war elend schwach.

Noch aber blieb ein Punkt, wo er nicht gefaßt worden war. Der Gegensatz von exogamen und endogamen «Stämmen», auf dem sein ganzes System beruhte, war nicht nur unerschüttert, er wurde sogar allgemein als Angelpunkt der gesamten Geschichte der Familie anerkannt. Man gab zu, McLennans Versuch, diesen Gegensatz zu erklären, sei ungenügend und widerspreche den von ihm selbst aufgezählten Tatsachen. Aber der Gegensatz selbst, die Existenz zweier einander ausschließender Arten von selbständigen und unabhängigen Stämmen, wovon die eine Art ihre Weiber innerhalb des Stammes nahm, während dies der andern Art absolut verboten war – dies galt als unbestreitbares Evangelium. Man vergleiche z. B. Giraud-Teulons «Origines de la famille» (1874) und selbst noch Lubbocks «Origin of Civilisation» (4. Auflage, 1882)[16].

An diesem Punkt setzt Morgans Hauptwerk an: «Ancient Society» (1877)[17], das Werk, das der gegenwärtigen Arbeit zugrunde liegt. Was Morgan 1871 nur noch dunkel ahnte, das ist hier mit vollem Bewußtsein entwickelt. Endogamie und Exogamie bilden keinen Gegensatz; exogame «Stämme» sind bis jetzt nirgends nachgewiesen. Aber zur Zeit, wo die Gruppenehe noch herrschte – und sie hat aller Wahrscheinlichkeit nach überall einmal geherrscht –, gliederte sich der Stamm in eine Anzahl von auf Mutterseite blutsverwandten Gruppen, Gentes, innerhalb deren strenges Eheverbot herrschte, so daß die Männer einer Gens ihre Frauen zwar innerhalb des Stammes nehmen konnten und in der Regel nahmen, aber sie außerhalb ihrer Gens nehmen mußten. So daß, wenn die Gens streng exogam, der die Gesamtheit der Gentes umfassende Stamm ebensosehr endogam war. Damit war der letzte Rest der McLennanschen Künstelei endgültig abgetan.

Hiermit aber begnügte sich Morgan nicht. Die Gens der amerikanischen Indianer diente ihm ferner dazu, den zweiten entscheidenden Fortschritt auf dem von ihm untersuchten Gebiet zu machen. In dieser nach Mutterrecht organisierten Gens entdeckte er die Urform, woraus sich die spätere, vaterrechtlich organisierte Gens entwickelt hatte, die Gens, wie wir sie bei den antiken Kulturvölkern finden. Die griechische und römische Gens, allen bisherigen Geschichtsschreibern ein Rätsel, war erklärt aus der indianischen und damit eine neue Grundlage gefunden für die ganze Urgeschichte.

Diese Wiederentdeckung der ursprünglichen mutterrechtlichen Gens als der Vorstufe der vaterrechtlichen Gens der Kulturvölker hat für die Urgeschichte dieselbe Bedeutung wie Darwins Entwicklungstheorie für die Biologie und Marx' Mehrwertstheorie für die politische Ökonomie. Sie befähigte Morgan, zum erstenmal eine Geschichte der Familie zu entwerfen, worin wenigstens die klassischen Entwicklungsstufen im ganzen und großen, soweit das heute bekannte Material erlaubt, vorläufig festgestellt sind. Daß hiermit eine neue Epoche der Behandlung der Urgeschichte beginnt, ist vor aller Augen klar. Die mutterrechtliche Gens ist der Angelpunkt geworden, um den sich diese ganze Wissenschaft dreht; seit ihrer Entdeckung weiß man, in welcher Richtung und wonach man zu forschen und wie man das Erforschte zu gruppieren hat. Und dementsprechend werden jetzt auf diesem Gebiet ganz anders rasche Fortschritte gemacht als vor Morgans Buch.

Die Entdeckungen Morgans sind jetzt allgemein anerkannt, oder vielmehr angeeignet von den Prähistorikern auch in England. Aber fast bei keinem findet sich das offene Zugeständnis, daß es Morgan ist, dem wir diese Revolution der Anschauungen verdanken. In England ist sein Buch soweit wie möglich totgeschwiegen, er selbst mit herablassendem Lob wegen seiner *früheren* Leistungen abgefertigt worden; an den Einzelheiten seiner Darstellung klaubt man eifrig herum, von seinen wirklich großen Entdeckungen schweigt man hartnäckig. «Ancient Society» ist in der Originalausgabe vergriffen; in Amerika ist für so etwas kein lohnender Absatz; in England wurde das Buch, scheint es, systematisch unterdrückt, und die einzige Ausgabe dieses epochemachenden Werks, die noch im Buchhandel zirkuliert, ist – die deutsche Übersetzung[18].

Woher diese Zurückhaltung, in der es schwer ist, nicht eine Totschweigungs-Verschwörung zu sehen, besonders gegenüber den zahlreichen bloßen Höflichkeitszitaten und andern Beweisen von Kameraderie, wovon die Schriften unsrer anerkannten Prähistoriker wimmeln? Etwa weil Morgan ein Amerikaner ist und es sehr hart ist für die englischen Prähistoriker, daß sie, trotz alles höchst anerkennenswerten Fleißes im Zusammentragen von Material, für die bei der Ordnung und Gruppierung dieses Materials geltenden allgemeinen Gesichtspunkte, kurz für ihre Ideen, angewiesen sind auf zwei geniale Ausländer, auf Bachofen und Morgan? Den Deutschen konnte man sich noch gefallen lassen, aber den Amerikaner? Gegenüber dem Amerikaner wird jeder Engländer patriotisch, wovon ich in den Vereinigten Staaten ergötzliche Beispiele gesehn. Nun kommt aber noch dazu, daß McLennan der sozusagen amtlich ernannte Stifter und Führer der englischen prähistorischen Schule war; daß es gewissermaßen zum prähistorischen guten Ton gehörte, nur mit der höchsten Ehrfurcht von seiner verkünstelten, vom Kindermord durch Vielmännerei und Raubehe zur mutterrechtlichen Familie führenden Geschichtskonstruktion zu reden; daß der geringste Zweifel an der Existenz von einander absolut ausschließenden exogamen und endogamen «Stämmen» für frevelhafte Ketzerei galt; daß also Morgan, indem er alle diese geheiligten Dogmen in Dunst auflöste, eine Art von Sakrileg beging. Und obendrein löste er sie auf in einer Weise, die nur ausgesprochen zu werden brauchte, um sofort einzuleuchten, so daß die bisher zwischen Exogamie und Endogamie ratlos umhertaumelnden McLennan-Verehrer sich fast mit der Faust vor den Kopf schlagen und ausrufen mußten: Wie konnten wir so dumm sein und das nicht schon lange selbst finden!

Und wenn das noch nicht der Verbrechen genug waren, um der offiziellen Schule jede andere Behandlung außer kühler Beiseiteschiebung zu verbieten, so machte Morgan das Maß übervoll, indem er nicht nur die Zivilisation, die Gesellschaft der Warenproduktion, die Grundform unserer heutigen Gesellschaft, in einer Weise kritisierte, die an Fourier erinnert, sondern von einer künftigen Umgestaltung dieser Gesellschaft in Worten spricht, die Karl Marx gesagt haben könnte. Es war also wohlverdient, wenn McLennan ihm entrüstet vorwirft, «die historische Methode sei ihm durchaus antipathisch»[19], und wenn Herr Professor Giraud-Teulon in Genf ihm dies noch 1884 bestätigt. Wankte doch derselbe Herr Giraud-

Teulon noch 1874 («Origines de la famille») hülflos im Irrgarten der McLennanschen Exogamie herum, aus dem ihn Morgan erst befreien mußte!

Auf die übrigen Fortschritte, die die Urgeschichte Morgan verdankt, brauche ich hier nicht einzugehn; im Verlauf meiner Arbeit findet sich das Nötige darüber. Die vierzehn Jahre, die seit dem Erscheinen seines Hauptwerkes verflossen, haben unser Material für die Geschichte der menschlichen Urgesellschaften sehr bereichert; zu den Anthropologen, Reisenden und Prähistorikern von Profession sind die vergleichenden Juristen getreten und haben teils neuen Stoff, teils neue Gesichtspunkte gebracht. Manche Einzelhypothese Morgans ist dadurch schwankend oder selbst hinfällig geworden. Aber nirgendwo hat das neugesammelte Material dazu geführt, seine großen Hauptgesichtspunkte durch andere zu verdrängen. Die von ihm in die Urgeschichte gebrachte Ordnung gilt in ihren Hauptzügen noch heute. Ja, man kann sagen, sie findet mehr und mehr allgemeine Anerkennung in demselben Maß, worin seine Urheberschaft dieses großen Fortschritts verheimlicht wird.*

London, 16. Juni 1891 *Friedrich Engels*

---

* Auf der Rückreise von New York im September 1888 traf ich einen ehemaligen Kongreßdeputierten für den Wahlbezirk von Rochester, der Lewis Morgan gekannt hatte. Er wußte mir leider nicht viel von ihm zu erzählen. Morgan habe in Rochester als Privatmann gelebt, nur mit seinen Studien beschäftigt. Sein Bruder sei Oberst und in Washington im Kriegsministerium angestellt gewesen; durch Vermittlung dieses Bruders habe er es fertiggebracht, die Regierung für seine Forschungen zu interessieren und mehrere seiner Werke auf öffentliche Kosten herauszugeben; er, der Erzähler, habe sich auch während seiner Kongreßzeit mehrfach dafür verwandt.

I

Vorgeschichtliche Kulturstufen

Morgan ist der erste, der mit Sachkenntnis eine bestimmte Ordnung in die menschliche Vorgeschichte zu bringen versucht; solange nicht bedeutend erweitertes Material zu Änderungen nötigt, wird seine Gruppierung wohl in Kraft bleiben.

Von den drei Hauptepochen: Wildheit, Barbarei, Zivilisation beschäftigen ihn selbstredend nur die ersten zwei und der Übergang zur dritten. Jede der beiden teilt er ein in eine untere, mittlere und obere Stufe, je nach den Fortschritten der Produktion der Lebensmittel; denn, sagt er: «Die Geschicklichkeit in dieser Produktion ist entscheidend für den Grad menschlicher Überlegenheit und Naturbeherrschung; von allen Wesen hat nur der Mensch es bis zu einer fast unbedingten Herrschaft über die Erzeugung von Nahrungsmitteln gebracht. Alle großen Epochen menschlichen Fortschritts fallen, mehr oder weniger direkt, zusammen mit Epochen der Ausweitung der Unterhaltsquellen.»[20]

Die Entwicklung der Familie geht daneben, bietet aber keine so schlagenden Merkmale zur Trennung der Perioden.

1. *Wildheit*

1. *Unterstufe.* Kindheit des Menschengeschlechts, das, wenigstens teilweise, auf Bäumen lebend, wodurch allein sein Fortbestehn gegenüber großen Raubtieren erklärlich, noch in seinen ursprünglichen Sitzen, tropischen oder subtropischen Wäldern sich aufhielt. Früchte, Nüsse, Wurzeln dienten zur Nahrung; die Ausbildung artikulierter Sprache ist Hauptergebnis dieser Zeit. Von allen Völkern, die innerhalb der geschichtlichen Periode bekannt geworden sind, gehörte kein einziges mehr diesem Urzustand an. So lange Jahrtausende er auch gedauert haben mag, nur wenig können wir ihn aus direkten Zeugnissen beweisen; aber die Abstammung des Menschen aus dem Tierreich einmal zugegeben, wird die Annahme dieses Übergangs unumgänglich.

2. *Mittelstufe.* Beginnt mit der Verwertung von Fischen (wozu wir auch Krebse, Muscheln und andere Wassertiere zählen) zur Nahrung und mit dem Gebrauch des Feuers. Beides gehört zusammen, da Fischnahrung erst vermittelst des Feuers vollständig vernutzbar wird. Mit dieser neuen Nahrung aber wurden die Menschen unabhängig von Klima und Lokalität; den Strömen und Küsten folgend, konnten sie selbst im wilden Zustand sich über den größten Teil der Erde ausbreiten. Die roh gearbeiteten, ungeschliffenen Steinwerkzeuge des früheren Steinalters, die sogenannten paläolithischen, die ganz oder größtenteils in diese Periode fallen, sind in

ihrer Verbreitung über alle Kontinente Beweisstücke dieser Wanderungen. Die neubesetzten Zonen wie der ununterbrochen tätige Findungstrieb, verbunden mit dem Besitz des Reibfeuers, brachten neue Nahrungsmittel auf; so stärkmehlhaltige Wurzeln und Knollen, in heißer Asche oder in Backgruben (Erdöfen) gebacken; so Wild, das mit Erfindung der ersten Waffen, Keule und Speer, gelegentliche Zugabe zur Kost wurde. Ausschließliche Jägervölker, wie sie in den Büchern figurieren, d. h. solche, die *nur* von der Jagd leben, hat es nie gegeben; dazu ist der Ertrag der Jagd viel zu ungewiß. Infolge andauernder Unsicherheit der Nahrungsquellen scheint auf dieser Stufe die Menschenfresserei aufzukommen, die sich von jetzt an lange erhält. Die Australier und viele Polynesier stehn noch heute auf dieser Mittelstufe der Wildheit.

3. *Oberstufe.* Beginnt mit der Erfindung von Bogen und Pfeil, wodurch Wild regelmäßiges Nahrungsmittel, Jagd einer der normalen Arbeitszweige wurde. Bogen, Sehne und Pfeil bilden schon ein sehr zusammengesetztes Instrument, dessen Erfindung lange, gehäufte Erfahrung und geschärfte Geisteskräfte voraussetzt, also auch die gleichzeitige Bekanntschaft mit einer Menge andrer Erfindungen. Vergleichen wir die Völker, die zwar Bogen und Pfeil kennen, aber noch nicht die Töpferkunst (von der Morgan den Übergang in die Barbarei datiert), so finden wir in der Tat bereits einige Anfänge der Niederlassung in Dörfern, eine gewisse Beherrschung der Produktion des Lebensunterhalts, hölzerne Gefäße und Geräte, Fingerweberei (ohne Webstuhl) mit Fasern von Bast, geflochtene Körbe von Bast oder Schilf, geschliffene (neolithische) Steinwerkzeuge. Meist auch hat Feuer und Steinaxt bereits das Einbaum-Boot und stellenweise Balken und Bretter zum Hausbau geliefert. Alle diese Fortschritte finden wir z. B. bei den nordwestlichen Indianern Amerikas, die zwar Bogen und Pfeil, aber nicht die Töpferei kennen. Für die Wildheit war Bogen und Pfeil, was das eiserne Schwert für die Barbarei und das Feuerrohr für die Zivilisation: die entscheidende Waffe.

2. *Barbarei*

1. *Unterstufe.* Datiert von der Einführung der Töpferei. Diese ist nachweislich in vielen Fällen und wahrscheinlich überall entstanden aus der Überdeckung geflochtener und hölzerner Gefäße mit Lehm, um sie feuerfest zu machen; wobei man bald fand, daß der geformte Lehm auch ohne das innere Gefäß den Dienst leistete.

Bisher konnten wir den Gang der Entwicklung ganz allgemein, als gültig für eine bestimmte Periode aller Völker, ohne Rücksicht auf die Lokalität, betrachten. Mit dem Eintritt der Barbarei aber haben wir eine Stufe erreicht, worauf sich die verschiedne Naturbegabung der beiden großen Erdkontinente geltend macht. Das charakteristische Moment der Periode der Barbarei ist die Zähmung und Züchtung von Tieren und die Kultur von Pflanzen. Nun besaß der östliche Kontinent, die sog, alte Welt, fast alle zur Zähmung tauglichen Tiere und alle kulturfähigen Getreidearten außer einer; der westliche, Amerika, von zähmbaren Säugetieren nur das Lama, und auch dies nur in einem Teil des Südens, und von allen Kulturgetreiden nur eins, aber das Beste: den Mais. Diese verschiednen Naturbedingungen bewirken, daß von nun an die Bevölkerung jeder Halbkugel ihren besonderen Gang geht, und die Marksteine an den Grenzen der einzelnen Stufen in jedem der beiden Fälle verschieden sind.

2. *Mittelstufe.* Beginnt im Osten mit der Zähmung von Haustieren, im Westen mit der Kultur von Nährpflanzen mittelst Berieselung und dem Gebrauch von Adoben (an der Sonne getrockneten Ziegeln) und Stein zu Gebäuden.

Wir beginnen mit dem Westen, da hier diese Stufe bis zur europäischen Eroberung nirgends überschritten wurde.

Bei den Indianern der Unterstufe der Barbarei (wozu alle östlich des Mississippi gefundnen gehörten) bestand zur Zeit ihrer Entdeckung schon eine gewisse Gartenkultur von Mais und vielleicht auch Kürbissen, Melonen und andern Gartengewächsen, die einen sehr wesentlichen Bestandteil ihrer Nahrung lieferte; sie wohnten in hölzernen Häusern, in verpalisadierten Dörfern. Die nordwestlichen Stämme, besonders die im Gebiet des Kolumbiaflusses, standen noch auf der Oberstufe der Wildheit und kannten weder Töpferei noch Pflanzenkultur irgendeiner Art. Die Indianer der sog. Pueblos[21] in Neu-Mexiko dagegen, die Mexikaner, Zentral-Amerikaner und Peruaner zur Zeit der Eroberung standen auf der Mittelstufe der Barbarei; sie wohnten in festungsartigen Häusern von Adoben oder Stein, bauten Mais und andre nach Lage und Klima verschiedne Nährpflanzen in künstlich berieselten Gärten, die die Hauptnahrungsquelle lieferten, und hatten sogar einige Tiere gezähmt – die Mexikaner den Truthahn und andre Vögel, die Peruaner das Lama. Dazu kannten sie die Verarbeitung der Metalle – mit Ausnahme des Eisens, weshalb sie noch immer der Steinwaffen und Steinwerkzeuge nicht entbehren konnten. Die spanische Eroberung schnitt dann alle weitere selbständige Entwicklung ab.

Im Osten begann die Mittelstufe der Barbarei mit der Zähmung milch- und fleischgebender Tiere, während Pflanzenkultur hier noch bis tief in diese Periode unbekannt geblieben zu sein scheint. Die Zähmung und Züchtung von Vieh und die Bildung größerer Herden scheinen den Anlaß gegeben zu haben zur Aussonderung der Arier und Semiten aus der übrigen Masse der Barbaren. Den europäischen und asiatischen Ariern sind die Viehnamen noch gemeinsam, die der Kulturpflanzen aber fast gar nicht.

Die Herdenbildung führte an geeigneten Stellen zum Hirtenleben; bei den Semiten in den Grasebenen des Euphrat und Tigris, bei den Ariern in denen Indiens, des Oxus und Jaxartes, des Don und Dnjepr. An den Grenzen solcher Weideländer muß die Zähmung des Viehs zuerst vollführt worden sein. Den späteren Geschlechtern erscheinen so die Hirtenvölker als aus Gegenden stammend, die, weit entfernt, die Wiege des Menschengeschlechts zu sein, im Gegenteil für ihre wilden Vorfahren und selbst für Leute der Unterstufe der Barbarei fast unbewohnbar waren. Umgekehrt, sobald diese Barbaren der Mittelstufe einmal an Hirtenleben gewöhnt, hätte es ihnen nie einfallen können, freiwillig aus den grastragenden Stromebenen in die Waldgebiete zurückzukehren, in denen ihre Vorfahren heimisch gewesen. Ja selbst als sie weiter nach Norden und Westen gedrängt wurden, war es den Semiten und Ariern unmöglich, in die westasiatischen und europäischen Waldgegenden zu ziehn, ehe sie durch Getreidebau in den Stand gesetzt wurden, ihr Vieh auf diesem weniger günstigen Boden zu ernähren und besonders zu überwintern. Es ist mehr als wahrscheinlich, daß der Getreidebau hier zuerst aus dem Futterbedürfnis fürs Vieh entsprang und erst später für menschliche Nahrung wichtig wurde.

Der reichlichen Fleisch- und Milchnahrung bei Ariern und Semiten, und besonders ihrer günstigen Wirkung auf die Entwicklung der Kinder, ist vielleicht die überlegne Entwicklung beider Racen zuzuschreiben. In der Tat haben die Pueblo-Indianer von Neu-Mexiko, die auf fast reine Pflanzenkost reduziert sind, ein kleineres Gehirn als die mehr fleisch- und fischessenden Indianer der niedern Stufe der Barbarei. Jedenfalls verschwindet auf dieser Stufe allmählich die Menschenfresserei und erhält sich nur als religiöser Akt oder, was hier fast identisch, als Zaubermittel.

3. Oberstufe. Beginnt mit dem Schmelzen des Eisenerzes und geht über in die Zivilisation vermittelst der Erfindung der Buchstabenschrift und ihrer Verwendung zu literarischer Aufzeichnung. Diese Stufe, die, wie gesagt, nur auf der östlichen Halbkugel selbständig durchgemacht wird, ist an Fortschritten der Produktion reicher als alle vorhergehenden zusammengenommen. Ihr gehören an die Griechen zur Heroenzeit, die italischen Stämme kurz vor der Gründung Roms ⟨, die Deutschen des Tacitus, die Normannen der Wikingerzeit⟩[22].

Vor allem tritt uns hier zuerst entgegen die eiserne, von Vieh gezogene Pflugschar, die den Ackerbau auf großer Stufe, den *Feldbau*, möglich machte, und damit eine für damalige Verhältnisse praktisch unbeschränkte Vermehrung der Lebensmittel; damit auch die Ausrodung des Waldes und seine Verwandlung in Ackerland und Wiese – die wieder, auf großem Maßstab, ohne die eiserne Axt und den eisernen Spaten unmöglich blieb. Damit kam aber auch rasche Vermehrung der Bevölkerung und dichte Bevölkerung auf kleinem Gebiet. Vor dem Feldbau müssen sehr ausnahmsweise Verhältnisse vorgekommen sein, wenn eine halbe Million Menschen sich unter einer einzigen Zentralleitung sollte vereinigen lassen; wahrscheinlich war das nie geschehn.

Die höchste Blüte der Oberstufe der Barbarei tritt uns entgegen in den homerischen Gedichten, namentlich in der «Ilias». Entwickelte Eisenwerkzeuge; der Blasbalg; die Handmühle; die Töpferscheibe; die Öl- und Weinbereitung; eine entwickelte, ins Kunsthandwerk übergehende Metallbearbeitung; der Wagen und Streitwagen; der Schiffbau mit Balken und Planken; die Anfänge der Architektur als Kunst; ummauerte Städte mit Türmen und Zinnen; das homerische Epos und die gesamte Mythologie – das sind die Haupterbschaften, die die Griechen aus der Barbarei übernahmen in die Zivilisation. Wenn wir damit die Beschreibung der Germanen bei Cäsar und selbst Tacitus vergleichen, die am Anfang derselben Kulturstufe standen, aus der in eine höhere überzugehn die homerischen Griechen sich anschickten, so sehn wir, welchen Reichtum der Entwicklung der Produktion die Oberstufe der Barbarei in sich faßt.

Das Bild, das ich hier von der Entwicklung der Menschheit durch Wildheit und Barbarei zu den Anfängen der Zivilisation nach Morgan skizziert habe, ist schon reich genug an neuen und, was mehr ist, unbestreitbaren, weil unmittelbar der Produktion entnommenen Zügen. Dennoch wird es matt und dürftig erscheinen, verglichen mit dem Bild, das sich am Ende unsrer Wanderschaft entrollen wird; erst dann wird es möglich sein, den Übergang aus der Barbarei in die Zivilisation und den schlagenden Gegensatz beider ins volle Licht zu stellen. Vorderhand können wir Morgans Einteilung dahin verallgemeinern: Wildheit – Zeitraum der vorwiegenden Aneignung fertiger Naturprodukte; die Kunstprodukte des Menschen sind vorwiegend Hülfswerkzeuge dieser Aneignung. Barbarei – Zeitraum der Erwerbung von Viehzucht und Ackerbau, der Erlernung von Methoden zur gesteigerten Produktion von Naturerzeugnissen durch menschliche Tätigkeit. Zivilisation – Zeitraum der Erlernung der weiteren Verarbeitung von Naturerzeugnissen, der eigentlichen Industrie und der Kunst.

II

Die Familie

Morgan, der sein Leben großenteils unter den noch jetzt im Staat New York ansässigen Irokesen zugebracht und in einen ihrer Stämme (den der Senekas) adoptiert worden, fand unter ihnen ein Verwandtschaftssystem in Geltung, das mit ihren wirklichen Familienbeziehungen im Widerspruch stand. Bei ihnen herrschte jene beiderseits leicht lösliche Einzelehe, die Morgan als «Paarungsfamilie» bezeichnet. Die Nachkommenschaft eines solchen Ehepaars war also vor aller Welt offenkundig und anerkannt; es konnte kein Zweifel sein, auf wen die Beziehungen Vater, Mutter, Sohn, Tochter, Bruder, Schwester anzuwenden seien. Aber der tatsächliche Gebrauch dieser Ausdrücke widerspricht dem. Der Irokese nennt nicht nur seine eignen Kinder, sondern auch die seiner Brüder, seine Söhne und

Töchter; und sie nennen ihn Vater. Die Kinder seiner Schwestern dagegen nennt er seine Neffen und Nichten, und sie ihn Onkel. Umgekehrt nennt die Irokesin, neben ihren eignen Kindern, diejenigen ihrer Schwestern ihre Söhne und Töchter, und diese nennen sie Mutter. Die Kinder ihrer Brüder dagegen nennt sie ihre Neffen und Nichten, und sie heißt ihre Tante. Ebenso nennen die Kinder sich untereinander Brüder und Schwestern, desgleichen die Kinder von Schwestern. Die Kinder einer Frau und die ihres Bruders dagegen nennen sich gegenseitig Vettern und Kusinen. Und dies sind nicht bloß leere Namen, sondern Ausdrücke tatsächlich geltender Anschauungen von Nähe und Entferntheit, Gleichheit und Ungleichheit der Blutsverwandtschaft; und diese Anschauungen dienen zur Grundlage eines vollständig ausgearbeiteten Verwandtschaftssystems, das mehrere hundert verschiedne Verwandtschaftsbeziehungen eines einzelnen Individuums auszudrücken imstande ist. Noch mehr. Dies System ist nicht nur in voller Geltung bei allen amerikanischen Indianern (bis jetzt ist keine Ausnahme gefunden), sondern es gilt auch fast unverändert bei den Ureinwohnern Indiens, bei den drawidischen Stämmen in Dekan und den Gaurastämmen in Hindustan. Die Verwandtschaftsausdrücke der südindischen Tamiler und der Seneka-Irokesen im Staate New York stimmen noch heute überein für mehr als zweihundert verschiedne Verwandtschaftsbeziehungen. Und auch bei diesen indischen Stämmen, wie bei allen amerikanischen Indianern, stehn die aus der geltenden Familienform entspringenden Verwandtschaftsbeziehungen im Widerspruch mit dem Verwandtschaftssystem.

Wie nun dies erklären? Bei der entscheidenden Rolle, die die Verwandtschaft bei allen wilden und barbarischen Völkern in der Gesellschaftsordnung spielt, kann man die Bedeutung dieses so weit verbreiteten Systems nicht mit Redensarten beseitigen. Ein System, das in Amerika allgemein gilt, in Asien bei Völkern einer ganz verschiednen Race ebenfalls besteht, von dem mehr oder weniger abgeänderte Formen überall in Afrika und Australien sich in Menge vorfinden, ein solches System will geschichtlich erklärt sein, nicht weggeredet, wie dies z. B. McLennan versuchte. Die Bezeichnungen Vater, Kind, Bruder, Schwester sind keine bloßen Ehrentitel, sondern führen ganz bestimmte, sehr ernstliche gegenseitige Verpflichtungen mit sich, deren Gesamtheit einen wesentlichen Teil der Gesellschaftsverfassung jener Völker ausmacht. Und die Erklärung fand sich. Auf den Sandwichinseln (Hawaii) bestand noch in der ersten Hälfte dieses Jahrhunderts eine Form der Familie, die genau solche Väter und Mütter, Brüder und Schwestern, Söhne und Töchter, Onkel und Tanten, Neffen und Nichten lieferte, wie das amerikanisch-altindische Verwandtschaftssystem sie fordert. Aber merkwürdig! Das Verwandtschaftssystem, das in Hawaii in Geltung war, stimmte wieder nicht mit der dort tatsächlich bestehenden Familienform. Dort nämlich sind alle Geschwisterkinder, ohne Ausnahme, Brüder und Schwestern, und gelten für die gemeinsamen Kinder, nicht nur ihrer Mutter und deren Schwestern, oder ihres Vaters und dessen Brüder, sondern aller Geschwister ihrer Eltern ohne Unterschied. Wenn also das amerikanische Verwandtschaftssystem eine in Amerika nicht mehr bestehende, primitivere Form der Familie voraussetzt, die wir in Hawaii wirklich noch vorfinden, so verweist uns anderseits das hawaiische Verwandtschaftssystem auf eine noch ursprünglichere Familienform, die wir zwar nirgends mehr als bestehend nachweisen können, die aber bestanden haben *muß*, weil sonst das entsprechende Verwandtschaftssystem nicht hätte entstehn können.

«Die Familie», sagt Morgan, «ist das aktive Element; sie ist nie stationär, sondern schreitet vor von einer niedrigeren zu einer höheren Form, im Maß wie die Gesellschaft von niederer zu höherer Stufe sich entwickelt. Die Verwandtschaftssysteme dagegen sind passiv; nur in langen Zwischenräumen registrieren sie die Fortschritte, die die Familie im Lauf der Zeit gemacht hat, und erfahren nur dann radikale Änderung, wenn die Familie sich radikal verändert hat.»[23]

«Und», setzt Marx hinzu, «ebenso verhält es sich mit politischen, juristischen, religiösen, philosophischen Systemen überhaupt.»[24] Während die Familie fortlebt, verknöchert das Verwandtschaftssystem, und während dies gewohnheitsmäßig fortbesteht, entwächst ihm die Familie. Mit derselben Sicherheit aber, mit der Cuvier aus den bei Paris gefundnen Marsupialknochen eines Tierskeletts schließen konnte, daß dies einem Beuteltier gehörte und daß dort einst ausgestorbne Beuteltiere gelebt, mit derselben Sicherheit können wir aus einem historisch überkommenen Verwandtschaftssystem schließen, daß die ihm entsprechende, ausgestorbne Familienform bestanden hat.

Die eben erwähnten Verwandtschaftssysteme und Familienformen unterscheiden sich von den jetzt herrschenden dadurch, daß jedes Kind mehrere Väter und Mütter hat. Bei dem amerikanischen Verwandtschaftssystem, dem die hawaiische Familie entspricht, können Bruder und Schwester nicht Vater und Mutter desselben Kindes sein; das hawaiische Verwandtschaftssystem aber setzt eine Familie voraus, in der dies im Gegenteil die Regel war. Wir werden hier in eine Reihe von Familienformen versetzt, die den bisher gewöhnlich als allein geltend angenommenen direkt widersprechen. Die hergebrachte Vorstellung kennt nur die Einzelehe, daneben Vielweiberei eines Mannes, allenfalls noch Vielmännerei einer Frau, und verschweigt dabei, wie es dem moralisierenden Philister ziemt, daß die Praxis sich über diese von der offiziellen Gesellschaft gebotenen Schranken stillschweigend aber ungeniert hinwegsetzt. Das Studium der Urgeschichte dagegen führt uns Zustände vor, wo Männer in Vielweiberei und ihre Weiber gleichzeitig in Vielmännerei leben, und die gemeinsamen Kinder daher auch als ihnen allen gemeinsam gelten; Zustände, die selbst wieder bis zu ihrer schließlichen Auflösung in die Einzelehe eine ganze Reihe von Veränderungen durchmachen. Diese Veränderungen sind der

Art, daß der Kreis, den das gemeinsame Eheband umfaßt, und der ursprünglich sehr weit war, sich mehr und mehr verengert, bis er schließlich nur das Einzelpaar übrigläßt, das heute vorherrscht.

Indem Morgan auf diese Weise die Geschichte der Familie rückwärts konstruiert, kommt er in Übereinstimmung mit der Mehrzahl seiner Kollegen auf einen Urzustand, wo unbeschränkter Geschlechtsverkehr innerhalb eines Stammes herrschte, so daß jede Frau jedem Mann, und jeder Mann jeder Frau gleichmäßig gehörte. ⟨Von einem solchen Urzustand ist schon seit dem vorigen Jahrhundert gesprochen worden, aber nur in allgemeinen Redensarten; erst Bachofen, und es ist dies eines seiner großen Verdienste, nahm ihn ernst und suchte nach Spuren dieses Zustandes in den geschichtlichen und religiösen Überlieferungen. Wir wissen heute, daß diese von ihm aufgefundenen Spuren keineswegs auf eine Gesellschaftsstufe des regellosen Geschlechtsverkehrs zurückführen, sondern auf eine weit spätere Form, die Gruppenehe. Jene primitive Gesellschaftsstufe, falls sie wirklich bestanden hat, gehört einer so weit zurückliegenden Epoche an, daß wir schwerlich erwarten dürfen, in sozialen Fossilien, bei zurückgebliebenen Wilden, *direkte* Beweise für ihre einstige Existenz zu finden. Bachofens Verdienst besteht eben darin, diese Frage in den Vordergrund der Untersuchung gestellt zu haben.*

Es ist neuerdings Mode geworden, diese Anfangsstufe des menschlichen Geschlechtslebens wegzuleugnen. Man will der Menschheit diese «Schande» ersparen. Und zwar beruft man sich, außer auf den Mangel jedes direkten Beweises, besonders auf das Beispiel der übrigen Tierwelt; aus dieser hat Letourneau («L'évolution du mariage et de la famille», 1888)[25] zahlreiche Tatsachen zusammengestellt, wonach auch hier ein durchaus ungeregelter Geschlechtsverkehr einer niedrigen Stufe angehören soll. Aus allen diesen Tatsachen kann ich aber nur den Schluß ziehn, daß sie, für den Menschen und seine urzeitlichen Lebensverhältnisse, absolut nichts beweisen. Die Paarungen für längere Zeit bei Wirbeltieren erklären sich hinreichend aus physiologischen Ursachen, z. B. bei Vögeln durch die Hülfsbedürftigkeit des Weibchens während der Brütezeit; die bei Vögeln vorkommenden Beispiele treuer Monogamie beweisen nichts

---

* Wie wenig Bachofen verstand, was er entdeckt oder vielmehr erraten hatte, beweist er durch die Bezeichnung dieses Urzustandes als *Hetärismus.* Hetärismus bezeichnete den Griechen, als sie das Wort einführten, Verkehr von Männern, unverheirateten oder in Einzelehe lebenden, mit unverheirateten Weibern, setzt stets eine bestimmte Form der Ehe voraus, außerhalb der dieser Verkehr stattfindet, und schließt die Prostitution wenigstens schon als Möglichkeit ein. In einem andern Sinn ist das Wort auch nie gebraucht worden, und in diesem Sinn gebrauche ich es mit Morgan. Bachofens höchst bedeutende Entdeckungen werden überall bis ins Unglaubliche vermystifiziert durch seine Einbildung, die geschichtlich entstandnen Beziehungen von Mann und Weib hätten ihre Quelle in den jedesmaligen religiösen Vorstellungen der Menschen, nicht in ihren wirklichen Lebensverhältnissen.

für die Menschen, da diese eben nicht von Vögeln abstammen. Und wenn strenge Monogamie der Gipfel aller Tugend ist, so gebührt die Palme dem Bandwurm, der in jedem seiner 50–200 Proglottiden oder Leibesabschnitte einen vollständigen weiblichen und männlichen Geschlechtsapparat besitzt und seine ganze Lebenszeit damit zubringt, in jedem dieser Abschnitte sich mit sich selbst zu begatten. Beschränken wir uns aber auf die Säugetiere, so finden wir da alle Formen des Geschlechtslebens, Regellosigkeit, Anklänge der Gruppenehe, Vielweiberei, Einzelehe; nur die Vielmännerei fehlt, die konnten nur Menschen fertigbringen. Selbst unsre nächsten Verwandten, die Vierhänder, bieten uns alle möglichen Verschiedenheiten in der Gruppierung von Männchen und Weibchen; und wenn wir noch engere Grenzen ziehn und nur die vier menschenähnlichen Affen betrachten, so weiß Letourneau uns nur zu sagen, daß sie bald monogam, bald polygam sind, während Saussure bei Giraud-Teulon behauptet, sie seien monogam.[26] Auch die von Westermarck («The History of Human Marriage», London 1891)[27] beigebrachten neueren Behauptungen von Monogamie der menschenähnlichen Affen sind noch lange keine Beweise. Kurzum, die Nachrichten sind der Art, daß der ehrliche Letourneau zugibt: «Übrigens besteht bei den Säugetieren durchaus kein strenges Verhältnis zwischen dem Grad der intellektuellen Entwicklung und der Form des Geschlechtsverkehrs.»[28]

Und Espinas («Des sociétés animales», 1877) sagt geradezu: «Die Horde ist die höchste soziale Gruppe, die wir bei den Tieren beobachten können. Sie ist, *so scheint es*, aus Familien zusammengesetzt, aber schon von Anfang an *stehn die Familie und die Horde im Widerstreit*, sie entwikkeln sich in umgekehrtem Verhältnis.»[29]

Wie schon obiges zeigt, wissen wir über die Familien- und sonstigen geselligen Gruppen der menschenähnlichen Affen so gut wie nichts Bestimmtes; die Nachrichten widersprechen einander direkt. Das ist auch nicht zu verwundern. Wie widerspruchsvoll, wie sehr der kritischen Prüfung und Sichtung bedürftig sind schon die Nachrichten, die wir über wilde Menschenstämme besitzen; Affengesellschaften aber sind noch weit schwerer zu beobachten als menschliche. Bis auf weiteres also müssen wir jede Schlußfolgerung aus solchen absolut unzuverlässigen Berichten zurückweisen.

Dagegen bietet uns der angeführte Satz von Espinas einen besseren Anhaltspunkt. Horde und Familie sind bei den höheren Tieren nicht gegenseitige Ergänzungen, sondern Gegensätze. Espinas führt sehr hübsch aus, wie die Eifersucht der Männchen zur Brunstzeit jede gesellige Horde lockert oder zeitweilig auflöst.

«Wo die Familie eng geschlossen ist, bilden sich Horden nur in seltnen Ausnahmen. Dagegen da, wo freier Geschlechtsverkehr oder Polygamie herrscht, entsteht die Horde fast von selbst ... Damit eine Horde entstehn kann, müssen die Familienbande gelockert und das Individuum wieder frei geworden sein. Daher finden wir bei den Vögeln so selten organisierte Horden ... Bei den Säugetieren dagegen finden wir einigermaßen organisierte Gesellschaften, grade weil hier das Individuum nicht in der Familie aufgeht ... Das Gemeingefühl der Horde kann also bei seinem Entstehn keinen größeren Feind haben als das Gemeingefühl der Familie. Stehen wir nicht an, es auszusprechen: Wenn sich eine höhere Gesellschaftsform als die Familie entwickelt hat, so kann es nur dadurch geschehn sein, daß sie Familien in sich aufnahm, die eine gründliche Veränderung erlitten hatten; was nicht ausschließt, daß diese Familien grade dadurch später die Möglichkeit fanden, sich unter unendlich günstigeren Umständen neu zu konstituieren.» (Espinas, l.c., zitiert bei Giraud-Teulon, «Origines du mariage et de la famille», 1884, p. 518–520).

Hier zeigt sich, daß die Tiergesellschaften allerdings einen gewissen Wert haben für den Rückschluß auf die menschlichen – aber nur einen negativen. Das höhere Wirbeltier kennt, soviel wir wissen, nur zwei Familienformen: Vielweiberei oder Einzelpaarung; in beiden ist nur *ein* erwachsenes Männchen, nur *ein* Gatte zulässig. Die Eifersucht des Männchens, zugleich Band und Schranke der Familie, bringt die Tierfamilie in Gegensatz zur Horde; die Horde, die höhere Geselligkeitsform, wird hier unmöglich gemacht, dort gelockert oder während der Brunstzeit aufgelöst, im besten Fall in ihrer Fortentwicklung gehemmt durch die Eifersucht der Männchen. Dies allein genügt zum Beweis, daß Tierfamilie und menschliche Urgesellschaft unverträgliche Dinge sind; daß die sich aus der Tierheit emporarbeitenden Urmenschen entweder gar keine Familie kannten, oder höchstens eine, die bei den Tieren nicht vorkommt. Ein so waffenloses Tier wie der werdende Mensch, mochte sich in geringer Zahl auch in der Isolierung durchschlagen, deren höchste Geselligkeitsform die Einzelpaarung ist, wie Westermarck sie nach Jägerberichten dem Gorilla und Schimpansen zuschreibt. Zur Entwicklung aus der Tierheit hinaus, zur Vollziehung des größten Fortschritts, den die Natur aufweist, gehörte ein weiteres Element: die Ersetzung der dem einzelnen mangelnden Verteidigungsfähigkeit durch die vereinte Kraft und Zusammenwirkung der Horde. Aus Verhältnissen, wie denen, worin die menschenähnlichen Affen heute leben, wäre der Übergang zur Menschheit rein unerklärlich; diese Affen machen vielmehr den Eindruck abgeirrter Seitenlinien, die dem allmählichen Aussterben entgegengehn und jedenfalls im Niedergang begriffen sind. Das allein genügt, um jeden Parallelschluß von ihren Familienformen auf die des Urmenschen abzuweisen. Gegenseitige Duldung der erwachsenen Männchen, Freiheit von Eifersucht, war aber die erste Bedingung für die Bildung solcher größeren und dauernden Gruppen, in deren Mitte die Menschwerdung des Tiers allein sich vollziehen konnte. Und in der Tat, was finden wir als die älteste, ursprünglichste Form der Familie, die wir in der Geschichte unleugbar nachweisen und noch heute hier und da studieren können? Die Gruppenehe, die Form, worin ganze

Gruppen von Männern und ganze Gruppen von Frauen einander gegenseitig besitzen und die nur wenig Raum läßt für Eifersucht. Und ferner finden wir auf späterer Entwicklungsstufe die Ausnahmsform der Vielmännerei, die erst recht allen Gefühlen der Eifersucht ins Gesicht schlägt und daher den Tieren unbekannt ist. Da aber die uns bekannten Formen der Gruppenehe von so eigentümlich verwickelten Bedingungen begleitet sind, daß sie mit Notwendigkeit auf frühere, einfachere Formen des geschlechtlichen Umgangs zurückweisen und damit in letzter Instanz auf eine dem Übergang aus der Tierheit in die Menschheit entsprechende Periode des regellosen Verkehrs, so führen uns die Hinweise auf die Tierehen grade wieder auf den Punkt, von dem sie uns ein für allemal hinwegführen sollten.

Was heißt denn das: regelloser Geschlechtsverkehr? Daß die jetzt oder zu einer früheren Zeit geltenden Verbotsschranken nicht gegolten haben. Die Schranke der Eifersucht haben wir bereits fallen sehn. Wenn etwas, so steht dies fest, daß die Eifersucht eine relativ spät entwickelte Empfindung ist. Dasselbe gilt von der Vorstellung der Blutschande. Nicht nur waren Bruder und Schwester ursprünglich Mann und Frau, auch der Geschlechtsverkehr zwischen Eltern und Kindern ist noch heute bei vielen Völkern gestattet. Bancroft («The Native Races of the Pacific States of North America», 1875, vol. I)[30] bezeugt dies von den Kaviats an der Behringstraße, von den Kadiaks bei Alaska, von den Tinnehs im Innern des britischen Nordamerika; Letourneau stellt Berichte derselben Tatsachen zusammen von den Chippeway-Indianern, den Cucus in Chile, den Karaiben, den Karens in Hinterindien; von Erzählungen der alten Griechen und Römer über Parther, Perser, Scythen, Hunnen etc. zu schweigen. Ehe die Blutschande erfunden war (und sie *ist* eine Erfindung, und zwar eine höchst wertvolle), konnte der Geschlechtsverkehr zwischen Eltern und Kindern nicht abschreckender sein als zwischen andern Personen, die verschiedenen Generationen angehören, und das kommt doch heute selbst in den philiströsesten Ländern vor, ohne großes Entsetzen zu erregen; sogar alte «Jungfern» von über sechzig heiraten zuweilen, wenn sie reich genug sind, junge Männer von ungefähr dreißig. Nehmen wir aber von den ursprünglichsten Familienformen, die wir kennen, die damit verknüpften Vorstellungen von Blutschande hinweg – Vorstellungen, die von den unsrigen total verschieden sind und ihnen häufig direkt widersprechen –, so kommen wir auf eine Form des Geschlechtsverkehrs, die sich nur als regellos bezeichnen läßt. Regellos insofern, als die später durch die Sitte gezogenen Einschränkungen noch nicht bestanden. Daraus folgt aber keineswegs notwendig für die alltägliche Praxis ein kunterbuntes Durcheinander. Einzelpaarungen auf Zeit sind keineswegs ausgeschlossen, wie sie denn selbst in der Gruppenehe jetzt die Mehrzahl der Fälle bilden. Und wenn der neueste Ableugner eines solchen Urzustandes, Westermarck, jeden Zustand als Ehe bezeichnet, worin beide Geschlechter bis zur Geburt des Sprößlings gepaart bleiben, so ist zu sagen, daß diese Art Ehe im

Zustand des regellosen Verkehrs sehr gut vorkommen konnte, ohne der Regellosigkeit, d. h. der Abwesenheit von durch die Sitte gezogenen Schranken des Geschlechtsverkehrs zu widersprechen. Westermarck geht freilich von der Ansicht aus, daß «Regellosigkeit die Unterdrückung der individuellen Neigungen einschließt», so daß «die Prostitution ihre echteste Form ist».[31]

Mir scheint vielmehr, daß alles Verständnis der Urzustände unmöglich bleibt, solange man sie durch die Bordellbrille anschaut. Wir kommen bei der Gruppenehe auf diesen Punkt zurück.

Nach Morgan entwickelte sich aus diesem Zustand des regellosen Verkehrs,⟩[32] wahrscheinlich sehr frühzeitig:

1. Die *Blutsverwandtschaftsfamilie*, die erste Stufe der Familie. Hier sind die Ehegruppen nach Generationen gesondert: Alle Großväter und Großmütter innerhalb der Grenzen der Familie sind sämtlich untereinander Mann und Frau, ebenso deren Kinder, also die Väter und Mütter, wie deren Kinder wieder einen dritten Kreis gemeinsamer Ehegatten bilden werden, und deren Kinder, die Urenkel der ersten, einen vierten. In dieser Familienform sind also nur Vorfahren und Nachkommen, Eltern und Kinder von den Rechten wie Pflichten (wie wir sagen würden) der Ehe untereinander ausgeschlossen. Brüder und Schwestern, Vettern und Kusinen ersten, zweiten und entferntesten Grades sind alle Brüder und Schwestern untereinander und *eben deswegen* alle Mann und Frau eins des andern. Das Verhältnis von Bruder und Schwester schließt auf dieser Stufe die Ausübung des gegenseitigen Geschlechtsverkehrs von selbst in sich ein.* Die typische Gestalt einer solchen Familie würde bestehn aus der Nachkommenschaft eines Paars, in welcher wieder die Nachkommen jedes einzelnen Grades unter sich Brüder und Schwestern und eben deshalb Männer und Frauen untereinander sind.

---

* In einem Brief vom Frühjahr 1882[33] spricht Marx sich in den stärksten Ausdrücken aus über die im Wagnerschen Nibelungentext herrschende totale Verfälschung der Urzeit. «War es je erhört, daß der Bruder die Schwester bräutlich umfing?»[34] Diesen ihre Liebeshändel ganz in moderner Weise durch ein bißchen Blutschande pikanter machenden «Geilheitsgöttern» Wagners antwortet Marx: «In der Urzeit *war* die Schwester die Frau, *und das war sittlich.*» ⟨Ein französischer Freund und Wagnerverehrer ist mit dieser Note nicht einverstanden und bemerkt, daß schon in der «älteren Edda», worauf Wagner gebaut, in der «Ögisdrecka», Loki der Freyja vorwirft: «Vor den Göttern umarmtest du den eignen Bruder.» Die Geschwisterehe sei also schon damals verpönt gewesen. Die «Ögisdrecka» ist Ausdruck einer Zeit, wo der Glaube an die alten Mythen vollständig gebrochen war; sie ist ein reines Lucianisches Spottlied auf die Götter. Wenn Loki als Mephisto darin der Freyja solchen Vorwurf macht, so spricht das eher gegen Wagner. Auch sagt Loki, einige Verse weiter, zu Niördhr: «Mit deiner Schwester zeugtest du einen (solchen) Sohn» (vidh systur thinni gaztu slikan mög).[35] Niördhr ist zwar kein Ase, sondern Vane, und sagt in der «Ynglinga Saga», daß Geschwisterehen in Vanaland üblich seien, was bei den Asen nicht der Fall. Dies wäre ein Anzeichen, daß die Vanen ältre Götter als die Asen.[36] Jedenfalls lebt

Die Blutsverwandtschaftsfamilie ist ausgestorben. Selbst die rohsten Völker, von denen die Geschichte erzählt, liefern kein nachweisbares Beispiel davon. Daß sie aber bestanden haben *muß*, dazu zwingt uns das hawaiische, in ganz Polynesien noch jetzt gültige Verwandtschaftssystem, das Grade der Blutsverwandtschaft ausdrückt, wie sie nur unter dieser Familienform entstehn können, dazu zwingt uns die ganze weitere Entwicklung der Familie, die jene Form als notwendige Vorstufe bedingt.

2. Die *Punaluafamilie*. Wenn der erste Fortschritt der Organisation darin bestand, Eltern und Kinder vom gegenseitigen Geschlechtsverkehr auszuschließen, so der zweite in der Ausschließung von Schwester und Bruder. Dieser Fortschritt war, wegen der größeren Altersgleichheit der Beteiligten, unendlich viel wichtiger, aber auch schwieriger als der erste. Er vollzog sich allmählich, angefangen ⟨wahrscheinlich⟩ mit der Ausschließung der leiblichen Geschwister (d. h. von mütterlicher Seite) aus dem Geschlechtsverkehr, erst in einzelnen Fällen, nach und nach Regel werdend (in Hawaii kamen noch in diesem Jahrhundert Ausnahmen vor) und endend mit dem Verbot der Ehe sogar zwischen Kollateralgeschwistern, d. h. nach unserer Bezeichnung Geschwisterkindern, -enkeln und -urenkeln; er bildet, nach Morgan, «eine vortreffliche Illustration davon, wie das Prinzip der natürlichen Zuchtwahl wirkt».[37]

Keine Frage, daß Stämme, bei denen die Inzucht durch diesen Fortschritt beschränkt wurde, sich rascher und voller entwickeln mußten als die, bei denen die Geschwisterehe Regel und Gebot blieb. Und wie gewaltig die Wirkung dieses Fortschritts empfunden wurde, beweist die aus ihm unmittelbar entsprungne, weit über das Ziel hinausschießende Einrichtung der *Gens*, die die Grundlage der gesellschaftlichen Ordnung der meisten, wo nicht aller Barbarenvölker der Erde bildet und aus der wir in Griechenland und Rom unmittelbar in die Zivilisation hinübertreten.

Jede Urfamilie mußte spätestens nach ein paar Generationen sich spalten. Die ursprüngliche kommunistische Gesamthaushaltung, die bis tief in die mittlere Barbarei hinein ausnahmslos herrscht, bedingte eine, je nach den Verhältnissen wechselnde, aber an jedem Ort ziemlich bestimmte Maximalgröße der Familiengemeinschaft. Sobald die Vorstellung von der Ungebühr des Geschlechtsverkehrs zwischen Kindern einer Mutter aufkam, mußte sie sich bei solchen Spaltungen alter und Gründung neuer Hausgemeinden (die indes nicht notwendig mit der Familiengruppe zusammenfielen) wirksam zeigen. Eine oder mehrere Reihen von Schwe-

---

Niördhr unter den Asen als ihresgleichen, und so ist die «Ögisdrecka» eher ein Beweis, daß zur Zeit der Entstehung der norwegischen Göttersagen die Geschwisterehe, wenigstens unter Göttern, noch keinen Abscheu erregte. Will man Wagner entschuldigen, so täte man vielleicht besser, statt der «Edda» Goethe heranzuziehen, der in der Ballade vom Gott und der Bajadere einen ähnlichen Fehler in Beziehung auf die religiöse Frauenpreisgebung macht und sie viel zu sehr der modernen Prostitution annähert.⟩

stern wurden der Kern der einen, ihre leiblichen Brüder der Kern der andern. So oder ähnlich ging aus der Blutsverwandtschaftsfamilie die von Morgan Punaluafamilie genannte Form hervor. Nach der hawaiischen Sitte waren eine Anzahl Schwestern, leibliche oder entferntere (d. h. Kusinen ersten, zweiten oder entfernteren Grades), die gemeinsamen Frauen ihrer gemeinsamen Männer, wovon aber ihre Brüder ausgeschlossen; diese Männer nannten sich untereinander nun nicht mehr Brüder, was sie auch nicht mehr zu sein brauchten, sondern Punalua, d. h. intimer Genosse, gleichsam Associé. Ebenso hatte eine Reihe von leiblichen oder entfernteren Brüdern eine Anzahl Frauen, *nicht* ihre Schwestern, in gemeinsamer Ehe, und diese Frauen nannten sich untereinander Punalua. Dies die klassische Gestalt einer Familienformation, die später eine Reihe von Variationen zuließ und deren wesentlicher Charakterzug war: gegenseitige Gemeinschaft der Männer und Weiber innerhalb eines bestimmten Familienkreises, von dem aber die Brüder der Frauen, zuerst die leiblichen, später auch die entfernteren, und umgekehrt also auch die Schwestern der Männer ausgeschlossen waren.

Diese Familienform liefert uns nun mit der vollständigsten Genauigkeit die Verwandtschaftsgrade, wie sie das amerikanische System ausdrückt. Die Kinder der Schwestern meiner Mutter sind noch immer ihre Kinder, ebenso die Kinder der Brüder meines Vaters auch seine Kinder, und sie alle sind meine Geschwister; aber die Kinder der Brüder meiner Mutter sind jetzt ihre Neffen und Nichten, die Kinder der Schwestern meines Vaters seine Neffen und Nichten, und sie alle meine Vettern und Kusinen. Denn während die Männer der Schwestern meiner Mutter noch immer ihre Männer sind, und ebenso die Frauen der Brüder meines Vaters auch noch seine Frauen – rechtlich, wo nicht immer tatsächlich –, so hat die gesellschaftliche Ächtung des Geschlechtsverkehrs zwischen Geschwistern die bisher unterschiedslos als Geschwister behandelten Geschwisterkinder in zwei Klassen geteilt: Die einen bleiben nach wie vor (entferntere) Brüder und Schwestern untereinander, die andern, die Kinder hier des Bruders, dort der Schwester, *können* nicht länger Geschwister sein, sie können keine gemeinschaftlichen Eltern mehr haben, weder Vater noch Mutter noch beide, und deshalb wird hier zum erstenmal die Klasse der Neffen und Nichten, Vettern und Kusinen notwendig, die unter der frühern Familienordnung unsinnig gewesen wäre. Das amerikanische Verwandtschaftssystem, das bei jeder auf irgendeiner Art Einzelehe beruhenden Familienform rein widersinnig erscheint, wird durch die Punaluafamilie bis in seine kleinsten Einzelnheiten rationell erklärt und natürlich begründet. Soweit dies Verwandtschaftssystem verbreitet gewesen, genau soweit, mindestens, muß auch die Punaluafamilie ⟨oder eine ihr ähnliche Form⟩ bestanden haben.

Diese in Hawaii wirklich als bestehend nachgewiesene Familienform würde uns wahrscheinlich aus ganz Polynesien überliefert sein, hätten die frommen Missionare, wie weiland die spanischen Mönche in Amerika, in solchen widerchristlichen Verhältnissen etwas mehr zu sehen vermocht als den simplen «Greuel»*. Wenn uns Cäsar von den Briten, die sich damals auf der Mittelstufe der Barbarei befanden, erzählt, «sie haben ihre Frauen je zehn oder zwölf gemeinsam unter sich, und zwar meist Brüder mit Brüdern und Eltern mit Kindern»[39] – so erklärt sich dies am besten als ⟨Gruppenehe⟩[40]. Barbarische Mütter haben nicht zehn bis zwölf Söhne, alt genug, um sich gemeinschaftliche Frauen halten zu können, aber das amerikanische Verwandtschaftssystem, das der Punaluafamilie entspricht, liefert viele Brüder, weil alle nahen und entfernten Vettern eines Mannes seine Brüder sind. Das «Eltern mit Kindern» mag falsche Auffassung des Cäsar sein; daß Vater und Sohn, oder Mutter und Tochter sich in derselben Ehegruppe befinden sollten, ist indes bei diesem System nicht absolut ausgeschlossen, wohl aber Vater und Tochter, oder Mutter und Sohn. Ebenso liefert diese ⟨oder eine ähnliche Form der Gruppenehe⟩[41] die leichteste Erklärung der Berichte Herodots und andrer alter Schriftsteller über Weibergemeinschaft bei wilden und barbarischen Völkern. Dies gilt auch von dem, was Watson und Kaye («The People of India») von den Tikurs in Audh (nördlich vom Ganges) erzählen: «Sie leben zusammen» (d. h. geschlechtlich) «fast unterschiedslos in großen Gemeinschaften, und wenn zwei Leute als miteinander verheiratet gelten, so ist das Band doch nur nominell.»[42]

Direkt aus der Punaluafamilie hervorgegangen scheint in weitaus den meisten Fällen die Institution der *Gens*. Zwar bietet auch das australische Klassensystem[43] einen Ausgangspunkt dafür; die Australier haben Gentes, aber noch keine Punaluafamilie, sondern eine rohere Form der ⟨Gruppenehe⟩[44].

Bei allen Formen der Gruppenfamilie ist es ungewiß, wer der Vater eines Kindes ist, gewiß aber ist, wer seine Mutter. Wenn sie auch *alle* Kinder der Gesamtfamilie ihre Kinder nennt und Mutterpflichten gegen sie hat, so kennt sie doch ihre leiblichen Kinder unter den andern. Es ist also klar, daß, soweit Gruppenehe besteht, die Abstammung nur von *mütterlicher* Seite nachweisbar ist, also nur die *weibliche Linie* anerkannt wird. Dies ist in der Tat bei allen wilden und der niederen Barbarenstufe angehörigen Völkern der Fall; und dies zuerst entdeckt zu haben, ist das zweite große Verdienst Bachofens. Er bezeichnet diese ausschließliche Anerkennung der Abstammungsfolge nach der Mutter und die daraus sich mit der Zeit ergebenden

---

* Die Spuren unterschiedslosen Geschlechtsverkehrs, seiner sog. «Sumpfzeugung», die Bachofen[38] gefunden zu haben meint, führen sich, wie jetzt nicht mehr bezweifelt werden kann, auf die Gruppenehe zurück. «Wenn Bachofen diese Punalua-Ehen ‹gesetzlos› findet, so fände ein Mann aus jener Periode die meisten jetzigen Ehen zwischen nahen und entfernten Vettern väterlicher oder mütterlicher Seite blutschänderisch, nämlich als Ehen zwischen blutsverwandten Geschwistern.» (Marx)

Erbschaftsbeziehungen mit dem Namen Mutterrecht; ich behalte diesen Namen, der Kürze wegen, bei. Er ist aber schief, denn auf dieser Gesellschaftsstufe ist von Recht im juristischen Sinne noch nicht die Rede.

Nehmen wir nun aus der Punaluafamilie die eine der beiden Mustergruppen, nämlich die einer Reihe von leiblichen und entfernteren (d. h. im ersten, zweiten oder entfernteren Grad von leiblichen Schwestern abstammenden) Schwestern, zusamt ihren Kindern und ihren leiblichen oder entfernteren Brüdern von mütterlicher Seite (die nach unsrer Voraussetzung *nicht* ihre Männer sind), so haben wir genau den Umkreis der Personen, die später als Mitglieder einer Gens in der Urform dieser Institution erscheinen. Sie haben alle eine gemeinsame Stammutter, kraft der Abstammung, von welcher die weiblichen Nachkommen generationsweise Schwestern sind. Die Männer dieser Schwestern können aber nicht mehr ihre Brüder sein, also nicht von dieser Stammutter abstammen, gehören also nicht in die Blutsverwandtschaftsgruppe, die spätere Gens; ihre Kinder aber gehören in diese Gruppe, da Abstammung von mütterlicher Seite allein entscheidend, weil allein gewiß ist. Sobald die Ächtung des Geschlechtsverkehrs zwischen allen Geschwistern, auch den entferntesten Kollateralverwandten mütterlicher Seite, einmal feststeht, hat sich auch obige Gruppe in eine Gens verwandelt, d. h. sich konstituiert als ein fester Kreis von Blutsverwandten weiblicher Linie, die untereinander nicht heiraten dürfen, und der von nun an sich mehr und mehr durch andre gemeinsame Einrichtungen gesellschaftlicher und religiöser Art befestigt und von den andern Gentes desselben Stammes unterscheidet. Darüber ausführlich später. Wenn wir aber finden, wie nicht nur notwendig, sondern sogar selbstverständlich die Gens aus der Punaluafamilie sich entwikkelt, so liegt es nahe, das ehemalige Bestehn dieser Familienform als fast sicher anzunehmen für alle Völker, bei denen Gentilinstitutionen nachweisbar sind, d. h. so ziemlich für alle Barbaren und Kulturvölker.

⟨Als Morgan sein Buch schrieb, war unsre Kenntnis von der Gruppenehe noch sehr beschränkt. Man wußte einiges wenige über die Gruppenehen der in Klassen organisierten Australier, und daneben hatte Morgan schon 1871 die ihm zugekommenen Nachrichten über die hawaiische Punaluafamilie veröffentlicht[14]. Die Punaluafamilie lieferte einerseits die vollständige Erklärung für das unter den amerikanischen Indianern herrschende Verwandtschaftssystem, das für Morgan der Ausgangspunkt aller seiner Untersuchungen gewesen war; sie bildete andrerseits den fertigen Ausgangspunkt zur Ableitung der mutterrechtlichen Gens; sie stellte endlich eine weit höhere Entwicklungsstufe dar als die australischen Klassen. Es war also begreiflich, daß Morgan sie als die der Paarungsehe notwendig vorhergehende Entwicklungsstufe faßte und ihr allgemeine Verbreitung in früherer Zeit zuschrieb. Wir haben seitdem eine Reihe andrer Formen der Gruppenehe kennengelernt, und wissen jetzt, daß Morgan hier zu weit ging. Aber er hatte immerhin das Glück, in seiner Punaluafamilie auf die höchste, die klassische Form der Gruppenehe zu stoßen, auf diejenige Form, aus der der Übergang zu einer höheren Form sich am einfachsten erklärt.

Die wesentlichste Bereicherung unsrer Kenntnisse von der Gruppenehe verdanken wir dem englischen Missionar Lorimer Fison, der diese Familienform auf ihrem klassischen Boden, Australien, jahrelang studierte. Die niedrigste Entwicklungsstufe fand er bei den Australnegern am Mount Gambier in Südaustralien. Hier ist der ganze Stamm in zwei große Klassen geteilt, Kroki und Kumite. Der Geschlechtsverkehr innerhalb jeder dieser Klassen ist streng verpönt; dagegen ist jeder Mann der einen Klasse der angeborne Gatte jeder Frau der andern Klasse, und diese ist seine angeborne Gattin. Nicht die Individuen, die ganzen Gruppen sind aneinander verheiratet, Klasse mit Klasse. Und wohlgemerkt, hier ist nirgends ein Vorbehalt gemacht wegen Altersunterschied oder spezieller Blutsverwandtschaft, außer soweit dies durch die Spaltung in zwei exogame Klassen bedingt ist. Ein Kroki hat zur rechtmäßigen Gattin jede Kumitefrau; da aber seine eigne Tochter, als Tochter einer Kumitefrau, nach Mutterrecht ebenfalls Kumite ist, so ist sie damit die geborne Gattin jedes Kroki, also auch ihres Vaters. Wenigstens schiebt dem die Klassenorganisation, wie sie uns vorliegt, keinen Riegel vor. Entweder also ist diese Organisation entstanden zu einer Zeit, wo man, bei allem dunkeln Drang, die Inzucht zu beschränken, im Geschlechtsverkehr zwischen Eltern und Kindern noch nichts besonders Grauenhaftes fand – und dann würde das Klassensystem direkt entstanden sein aus einem Zustand des regellosen geschlechtlichen Umgangs. Oder aber, der Verkehr zwischen Eltern und Kindern *war* schon durch die Sitte verpönt, als die Klassen entstanden, und dann weist der jetzige Zustand zurück auf die Blutsverwandtschaftsfamilie und ist der erste Schritt aus dieser hinaus. Dies letztere ist das wahrscheinlichere. Beispiele von ehelichem Umgang zwischen Eltern und Kindern werden meines Wissens aus Australian nicht erwähnt, und auch die spätere Form der Exogamie, die mutterrechtliche Gens, setzt in der Regel das Verbot dieses Umgangs stillschweigend, als etwas bei ihrer Stiftung schon Vorgefundnes voraus.

Das System der *zwei* Klassen findet sich, außer am Mount Gambier in Südaustralien, ebenfalls am Darlingfluß weiter östlich und in Queensland im Nordosten, ist also weit verbreitet. Es schließt nur die Ehen zwischen Geschwistern, zwischen Bruderskindern und zwischen Schwesterkindern auf Mutterseite aus, weil diese derselben Klasse angehören; die Kinder von Schwester und Bruder können dagegen heiraten. Einen weiteren Schritt zur Verhinderung der Inzucht finden wir bei den Kamilaroi am Darlingfluß in Neusüdwales, wo die beiden ursprünglichen Klassen in vier gespalten sind und jede dieser vier Klassen ebenfalls an eine bestimmte andre in Bausch und Bogen verheiratet ist. Die ersten zwei Klassen sind geborne Gatten voneinander; je nachdem die Mutter der ersten oder zweiten angehörte, fallen die Kinder in die dritte oder vierte; die Kinder dieser beiden, ebenfalls aneinander verheirateten Klassen, gehörten wieder in die erste und zweite. So daß immer eine Generation der ersten und zweiten, die folgende der dritten und vierten, die nächstfolgende wieder der ersten und zweiten Klasse angehört. Hiernach können Geschwisterkinder (auf Mutterseite) nicht Mann und Frau sein, wohl aber Geschwisterenkel. Diese eigentümlich komplizierte Ordnung wird noch verwickelter gemacht durch die – jedenfalls spätere – Daraufpfropfung von mutterrechtlichen Gentes, doch können wir hierauf nicht eingehn. Man sieht eben, der Drang nach Verhinderung der Inzucht macht sich aber und abermals geltend, aber ganz naturwüchsig-tastend, ohne klares Bewußtsein des Ziels.

Die Gruppenehe, die hier in Australien noch Klassenehe, Masseneheстand einer ganzen, oft über die ganze Breite des Kontinents zerstreuten Klasse Männer mit einer ebenso weitverbreiteten Klasse Frauen ist – diese Gruppenehe sieht in der Nähe nicht ganz so grauenvoll aus, wie die an Bordellwirtschaft gewohnte Philisterphantasie sich das vorstellt. Im Gegenteil, es hat lange Jahre gedauert, bis man ihre Existenz nur geahnt hat, und auch ganz neuerdings wird diese wieder bestritten. Dem oberflächlichen Beobachter stellt sie sich dar als lockre Einzelehe und stellenweise Vielweiberei neben gelegentlicher Untreue. Man muß schon Jahre daranwenden, wie Fison und Howitt, um in diesen, in ihrer Praxis den gewöhnlichen Europäer eher anheimelnden Ehezuständen das regelnde Gesetz zu entdecken, das Gesetz, wonach der fremde Australneger, Tausende von Kilometern von seiner Heimatgegend, unter Leuten, deren Sprache ihm unverständlich, dennoch nicht selten von Lager zu Lager, von Stamm zu Stamm Frauen findet, die ihm ohne Sträuben und ohne Arg zu Willen sind, und wonach derjenige, der mehrere Frauen hat, dem Gast eine derselben für die Nacht abtritt. Wo der Europäer Sittenlosigkeit und Gesetzlosigkeit sieht, herrscht in der Tat strenges Gesetz. Die Frauen gehören zur Eheklasse des Fremden und sind daher seine gebornen Gattinnen; dasselbe Sittengesetz, das beide aufeinander anweist, verbietet bei Strafe der Ächtung jeden Verkehr außerhalb der zueinander gehörigen Eheklassen. Selbst wo Frauen geraubt werden, wie das häufig und in manchen Gegenden die Regel ist, wird das Klassengesetz sorgfältig eingehalten.

Beim Frauenraub zeigt sich übrigens hier schon eine Spur des Übergangs zur Einzelehe, wenigstens in der Form der Paarungsehe: Wenn der junge Mann mit Hülfe seiner Freunde das Mädchen geraubt oder entführt hat, so wird sie von ihnen allen der Reihe nach geschlechtlich gebraucht, gilt danach aber auch für die Frau des jungen Mannes, der den Raub angestiftet hat. Und umgekehrt, läuft die geraubte Frau dem Manne weg und wird von einem andern abgefaßt, so wird sie dessen Frau und der erste hat sein Vorrecht verloren. Neben und innerhalb der im allgemeinen fortbestehenden Gruppenehe bilden sich also Ausschließlichkeitsverhältnisse, Paarungen auf längere oder kürzere Zeit, daneben Vielweiberei, so daß die

Gruppenehe auch hier im Absterben begriffen ist und es sich nur fragt, wer unter dem europäischen Einfluß zuerst vom Schauplatz verschwinden wird: die Gruppenehe oder die ihr frönenden Australneger.

Die Ehe nach ganzen Klassen, wie sie in Australien herrscht, ist jedenfalls eine sehr niedrige und ursprüngliche Form der Gruppenehe, während die Punaluafamilie, soviel wir wissen, ihre höchste Entwicklungsstufe ist. Die erstere scheint die dem Gesellschaftsstand herumstreichender Wilden entsprechende Form, die zweite setzt schon relativ feste Ansiedlungen kommunistischer Gemeinschaften voraus und führt unmittelbar in die nächsthöhere Entwicklungsstufe. Zwischen beiden werden wir sicher noch manche Mittelstufen finden; hier liegt ein bis jetzt nur eröffnetes, kaum schon betretenes Untersuchungsgebiet vor.〉

3. Die *Paarungsfamilie.* Eine gewisse Paarung, für kürzere oder längere Zeit, fand bereits unter der Gruppenehe oder noch früher statt; der Mann hatte eine Hauptfrau (man kann noch kaum sagen Lieblingsfrau) unter den vielen Frauen, und er war für sie der hauptsächlichste Ehemann unter den andern. Dieser Umstand hat nicht wenig beigetragen zu der Konfusion bei den Missionaren, die in der 〈Gruppenehe〉[40] bald regellose Weibergemeinschaft, bald willkürlichen Ehebruch sehn. Eine solche gewohnheitsmäßige Paarung mußte aber mehr und mehr sich befestigen, je mehr die Gens sich ausbildete und je zahlreicher die Klassen von «Brüdern» und «Schwestern» wurden, zwischen denen Heirat nun unmöglich war. Der durch die Gens gegebne Anstoß der Verhinderung der Heirat zwischen Blutsverwandten trieb noch weiter. So finden wir, daß bei den Irokesen und den meisten andern auf der Unterstufe der Barbarei stehenden Indianern die Ehe verboten ist zwischen *allen* Verwandten, die ihr System aufzählt, und das sind mehrere hundert Arten. Bei dieser wachsenden Verwicklung der Eheverbote wurden Gruppenehen mehr und mehr unmöglich; sie wurden verdrängt durch die *Paarungsfamilie.* Auf dieser Stufe lebt ein Mann mit einer Frau zusammen, jedoch so, daß Vielweiberei und gelegentliche Untreue Recht der Männer bleibt, wenn erstere auch aus ökonomischen Gründen selten vorkommt; während von den Weibern für die Dauer des Zusammenlebens meist strengste Treue verlangt und ihr Ehebruch grausam bestraft wird. Das Eheband ist aber von jedem Teil leicht löslich und die Kinder gehören nach wie vor der Mutter allein.

Auch in dieser immer weiter getriebnen Ausschließung der Blutsverwandten vom Eheband wirkt die natürliche Zuchtwahl fort. In Morgans Worten: «Die Ehen zwischen nicht-blutsverwandten Gentes erzeugten eine kräftigere Race, physisch wie geistig; zwei fortschreitende Stämme vermischten sich, und die neuen Schädel und Hirne erweiterten sich naturgemäß, bis sie die Fähigkeiten beider umfaßten.»[45]

Stämme mit Gentilverfassung mußten so über die Zurückgebliebenen die Oberhand gewinnen oder sie durch ihr Beispiel mit sich ziehn.

Die Entwicklung der Familie in der Urgeschichte besteht somit in der fortwährenden Verengerung des ursprünglich den ganzen Stamm umfassenden Kreises, innerhalb dessen eheliche Gemeinschaft zwischen den beiden Geschlechtern herrscht. Durch fortgesetzte Ausschließung erst näherer, dann immer entfernterer Verwandten, zuletzt selbst bloß angeheirateter, wird endlich jede Art von Gruppenehe praktisch unmöglich, und es bleibt schließlich das eine, einstweilen noch lose verbundne Paar übrig, das Molekül, mit dessen Auflösung die Ehe überhaupt aufhört. Schon hieraus zeigt sich, wie wenig die individuelle Geschlechtsliebe im heutigen Sinne des Worts mit der Entstehung der Einzelehe zu tun hatte. Noch mehr beweist dies die Praxis aller Völker, die auf dieser Stufe stehn. Während in früheren Familienformen die Männer nie um Frauen verlegen zu sein brauchten, im Gegenteil ihrer eher mehr als genug hatten, wurden Frauen jetzt selten und gesucht. Daher beginnt seit der Paarungsehe der Raub und der Kauf von Frauen – weitverbreitete *Symptome*, aber weiter auch nichts, einer eingetretnen, viel tiefer liegenden Veränderung, welche Symptome, bloße Methoden, sich Frauen zu verschaffen, der pedantische Schotte McLennan indes als «Raubehe» und «Kaufehe» in besondre Familienklassen umgedichtet hat. Auch sonst, bei den amerikanischen Indianern und anderswo (auf gleicher Stufe) ist die Eheschließung Sache nicht der Beteiligten, die oft gar nicht befragt werden, sondern ihrer Mütter. Oft werden so zwei einander ganz Unbekannte verlobt und erst von dem abgeschlossenen Handel in Kenntnis gesetzt, wenn die Zeit zum Heiraten heranrückt. Vor der Hochzeit macht der Bräutigam den Gentilverwandten der Braut (also ihren mütterlichen, nicht dem Vater und seiner Verwandtschaft) Geschenke, die als Kaufgaben für das abgetretene Mädchen gelten. Die Ehe bleibt löslich nach dem Belieben eines jeden der beiden Verheirateten: Doch hat sich nach und nach bei vielen Stämmen, z. B. den Irokesen, eine solchen Trennungen abgeneigte öffentliche Meinung gebildet; bei Streitigkeiten treten die Gentilverwandten beider Teile vermittelnd ein, und erst wenn dies nicht fruchtet, findet Trennung statt, wobei die Kinder der Frau verbleiben und wonach es jedem Teil freisteht, sich neu zu verheiraten.

Die Paarungsfamilie, selbst zu schwach und zu unbeständig, um einen eignen Haushalt zum Bedürfnis oder nur wünschenswert zu machen, löst die aus früherer Zeit überlieferte kommunistische Haushaltung keineswegs auf. Kommunistischer Haushalt bedeutet aber Herrschaft der Weiber im Hause, wie ausschließliche Anerkennung einer leiblichen Mutter bei Unmöglichkeit, einen leiblichen Vater mit Gewißheit zu kennen, hohe Achtung der Weiber, d. h. der Mütter, bedeutet. Es ist eine der absurdesten, aus der Aufklärung des 18. Jahrhunderts überkommenen Vorstellungen, das Weib sei im Anfang der Gesellschaft Sklavin des Mannes gewesen. Das Weib hat bei allen Wilden und allen Barbaren der Unter- und Mittelstufe, teilweise noch der Oberstufe, eine nicht nur freie, sondern hochgeachtete Stellung. Was es noch in der Paarungsehe ist, möge Arthur

Wright, langjähriger Missionar unter den Seneka-Irokesen, bezeugen: «Was ihre Familien betrifft, zur Zeit, wo sie noch die alten langen Häuser» (kommunistische Haushaltungen mehrerer Familien) «bewohnten, ... so herrschte dort immer ein Clan» (eine Gens) «vor, so daß die Weiber ihre Männer aus den andern Clans» (Gentes) «nahmen ... Gewöhnlich beherrschte der weibliche Teil das Haus; die Vorräte waren gemeinsam; wehe aber dem unglücklichen Ehemann oder Liebhaber, der zu träge oder zu ungeschickt war, seinen Teil zum gemeinsamen Vorrat beizutragen. Einerlei wieviel Kinder oder wieviel Eigenbesitz er im Hause hatte, jeden Augenblick konnte er des Befehls gewärtig sein, sein Bündel zu schnüren und sich zu trollen. Und er durfte nicht versuchen, dem zu widerstehn; das Haus wurde ihm zu heiß gemacht, es blieb ihm nichts, als zu seinem eigenen Clan» (Gens) «zurückzukehren oder aber, was meist der Fall, eine neue Ehe in einem andern Clan aufzusuchen. Die Weiber waren die große Macht in den Clans» (Gentes) «und auch sonst überall. Gelegentlich kam es ihnen nicht darauf an, einen Häuptling abzusetzen und zum gemeinen Krieger zu degradieren.»[46]

Die kommunistische Haushaltung, in der die Weiber meist oder alle einer und derselben Gens angehören, die Männer aber auf verschiedene Gentes sich verteilen, ist die sachliche Grundlage jener in der Urzeit allgemein verbreiteten Vorherrschaft der Weiber, die ebenfalls entdeckt zu haben ein drittes Verdienst Bachofens ist. – Nachträglich bemerke ich noch, daß die Berichte der Reisenden und Missionare über Belastung der Weiber mit übermäßiger Arbeit bei Wilden und Barbaren dem Gesagten keineswegs widersprechen. Die Teilung der Arbeit zwischen beiden Geschlechtern wird bedingt durch ganz andre Ursachen als die Stellung der Frau in der Gesellschaft. Völker, bei denen die Weiber weit mehr arbeiten müssen, als ihnen nach unsrer Vorstellung gebührt, haben vor den Weibern oft weit mehr wirkliche Achtung als unsre Europäer. Die Dame der Zivilisation, von Scheinhuldigungen umgeben und aller wirklichen Arbeit entfremdet, hat eine unendlich niedrigere gesellschaftliche Stellung als das hartarbeitende Weib der Barbarei, das in seinem Volk für eine wirkliche Dame (lady, frowa, Frau = Herrin) galt und auch eine solche ihrem Charakter nach war.

Ob die Paarungsehe in Amerika heute die 〈Gruppenehe〉[40] gänzlich verdrängt hat, müssen nähere Untersuchungen über die noch auf der Oberstufe der Wildheit stehenden nordwestlichen und namentlich über die südamerikanischen Völker entscheiden. 〈Von diesen letzteren werden so mannigfache Beispiele geschlechtlicher Ungebundenheit erzählt, daß eine vollständige Überwindung der alten Gruppenehe hier kaum anzunehmen ist.〉 Jedenfalls sind noch nicht alle Spuren davon verschwunden. Bei wenigstens vierzig nordamerikanischen Stämmen hat der Mann, der eine älteste Schwester heiratet, das Recht, alle ihre Schwestern ebenfalls zu Frauen zu nehmen, sobald sie das erforderliche Alter erreichen: Rest der

Gemeinsamkeit der Männer für die ganze Reihe von Schwestern. Und von den Halbinsel-Kaliforniern (Oberstufe der Wildheit) erzählt Bancroft, daß sie gewisse Festlichkeiten haben, wo mehrere «Stämme» zusammenkommen zum Zweck des unterschiedslosen geschlechtlichen Verkehrs.[47] Es sind offenbar Gentes, die in diesen Festen die dunkle Erinnerung bewahren an die Zeit, wo die Frauen einer Gens alle Männer der andern zu ihren gemeinsamen Ehemännern hatten und umgekehrt. ⟨Dieselbe Sitte herrscht noch in Australien. Bei einigen Völkern kommt es vor, daß die älteren Männer, die Häuptlinge und Zauberer-Priester die Weibergemeinschaft für sich ausbeuten und die meisten Frauen für sich monopolisieren; aber dafür müssen sie bei gewissen Festen und großen Volksversammlungen die alte Gemeinschaft wieder in Wirklichkeit treten und ihre Frauen sich mit den jungen Männern ergötzen lassen. Eine ganze Reihe von Beispielen solcher periodischen Saturnalienfeste[48], wo der alte freie Geschlechtsverkehr wieder auf kurze Zeit in Kraft tritt, bringt Westermarck[27] p.28/29: bei den Hos, den Santals, den Pandschas und Kotars in Indien, bei einigen afrikanischen Völkern usw. Merkwürdigerweise zieht Westermarck hieraus den Schluß, dies sei Überbleibsel nicht der von ihm geleugneten Gruppenehe, sondern – der dem Urmenschen mit den andern Tieren gemeinsamen Brunstzeit.

Wir kommen hier auf die vierte große Entdeckung Bachofens, die Entdeckung der weitverbreiteten Übergangsform von der Gruppenehe zur Paarung. Was Bachofen als eine Buße für Verletzung der alten Göttergebote darstellt: Die Buße, womit die Frau das Recht auf Keuschheit erkauft, ist in der Tat nur mystischer Ausdruck für die Buße, womit die Frau sich aus der alten Männergemeinschaft loskauft und das Recht erwirbt, sich nur *einem* Mann hinzugeben. Diese Buße steht in einer beschränkten Preisgebung: Die babylonischen Frauen mußten einmal im Jahr sich im Tempel der Mylitta preisgeben; andere vorderasiatische Völker schickten ihre Mädchen jahrelang in den Tempel der Anaitis, wo sie mit selbstgewählten Günstlingen der freien Liebe zu pflegen hatten, ehe sie heiraten durften; ähnliche religiös verkleidete Gebräuche sind fast allen asiatischen Völkern zwischen Mittelmeer und Ganges gemein. Das Sühnopfer für den Loskauf wird im Verlauf der Zeit immer leichter, wie schon Bachofen bemerkt: «Die jährlich wiederholte Darbringung weicht der einmaligen Leistung, auf den Hetärismus der Matronen folgt jener der Mädchen, auf die Ausübung während der Ehe die vor derselben, auf die wahllose Überlassung an alle die an gewisse Personen.» («Mutterrecht», p. XIX.)

Bei andern Völkern fehlt die religiöse Verkleidung; bei einigen – Thrakern, Kelten etc. im Altertum, bei vielen Ureinwohnern Indiens, bei malaiischen Völkern, bei Südsee-Insulanern und vielen amerikanischen Indianern noch heute – genießen die Mädchen bis zu ihrer Verheiratung der größten geschlechtlichen Freiheit. Namentlich fast überall in Südamerika, wovon jeder, der dort etwas ins Innere gekommen, Zeugnis ablegen kann. So erzählt Agassiz («A Journey in Brazil», Boston and New York 1886, p.226) von einer reichen Familie von indianischer Abstammung; als er mit der Tochter bekannt gemacht wurde, frug er nach ihrem Vater, in der Meinung, dies sei der Mann der Mutter, der als Offizier im Krieg gegen Paraguay stand; aber die Mutter antwortete lächelnd: Nao tem pai, é filha da fortuna, sie hat keinen Vater, sie ist ein Zufallskind. «In dieser Art sprechen indianische oder halbblütige Frauen jederzeit ohne Scham oder Tadel von ihren unehelichen Kindern; und dies ist weit entfernt davon, ungewöhnlich zu sein, eher scheint das Gegenteil Ausnahme. Die Kinder ... kennen oft nur ihre Mutter, denn alle Sorge und Verantwortlichkeit fällt auf sie; von ihrem Vater wissen sie nichts; auch scheint es der Frau nie einzufallen, daß sie oder ihre Kinder irgendwelchen Anspruch an ihn haben.»

Was dem Zivilisierten hier befremdlich vorkommt, ist einfach die Regel nach Mutterrecht und in der Gruppenehe.

Bei wieder andern Völkern nehmen die Freunde und Verwandten des Bräutigams oder die Hochzeitsgäste bei der Hochzeit selbst das altüberkommene Recht auf die Braut in Anspruch, und der Bräutigam kommt erst zuletzt an die Reihe; so auf den Balearen und bei den afrikanischen Augilern im Altertum, bei den Bareas in Abessinien noch jetzt. Bei wieder andern vertritt eine Amtsperson, der Stammes- oder Gentilvorstand, Kazike, Schamane, Priester, Fürst oder wie er heißen mag, die Gemeinschaft, und übt bei der Braut das Recht der ersten Nacht aus. Trotz aller neuromantischen Weißwaschungen besteht dies jus primae noctis als Rest der Gruppenehe noch heutzutage bei den meisten Einwohnern des Alaskagebiets (Bancroft, «Native Races»[30], I, 81), bei den Tahus in Nordmexiko (ib. p.584) und andern Völkern; und hat es wenigstens in ursprünglich keltischen Ländern, wo es direkt aus der Gruppenehe überliefert worden, im ganzen Mittelalter bestanden, z. B. in Aragonien. Während in Kastilien der Bauer nie leibeigen war, herrschte in Aragonien die schmählichste Leibeigenschaft bis zum Schiedsspruch Ferdinands des Katholischen von 1486[49]. In diesem Aktenstück heißt es: «Wir urteilen und erklären, daß die vorerwähnten Herren» (senyors, Barone) «... auch nicht können die erste Nacht, wo der Bauer eine Frau nimmt, bei ihr schlafen, oder zum Zeichen der Herrschaft, in der Hochzeitsnacht, nachdem die Frau sich zu Bette gelegt, über es und über die erwähnte Frau hinwegschreiten; noch können die vorerwähnten Herren sich der Tochter oder des Sohnes des Bauern bedienen, mit Bezahlung oder ohne Bezahlung, gegen deren Willen.» (Zitiert im katalanischen Original bei Sugenheim, «Leibeigenschaft», Petersburg 1861, p.35[50])

Bachofen hat ferner unbedingt recht, wenn er durchweg behauptet, der Übergang von dem was er «Hetärismus» oder «Sumpfzeugung» nennt, zur Einzelehe sei zustande gekommen wesentlich durch die Frauen. Je mehr mit der Entwicklung der ökonomischen Lebensbedingungen, also mit der Untergrabung des alten Kommunismus und mit der wachsenden Dichtigkeit der Bevölkerung, die altherkömmlichen Geschlechtsverhältnisse ihren waldursprünglich-naiven Charakter einbüßten, um so mehr mußten sie den Frauen erniedrigend und drückend erscheinen; um so dringender mußten sie das Recht auf Keuschheit, auf zeitweilige oder dauernde Ehe mit nur einem Mann, als eine Erlösung herbeiwünschen. Von den Männern konnte dieser Fortschritt ohnehin schon deshalb nicht ausgehn, weil es ihnen überhaupt nie, auch bis heute nicht, eingefallen ist, auf die Annehmlichkeiten der tatsächlichen Gruppenehe zu verzichten. Erst nachdem durch die Frauen der Übergang zur Paarungsehe gemacht, konnten die Männer die strikte Monogamie einführen – freilich nur für die Frauen⟩[51].

Die Paarungsfamilie entsprang an der Grenze zwischen Wildheit und Barbarei, meist schon auf der Oberstufe der Wildheit, hier und da erst auf der Unterstufe der Barbarei. Sie ist die charakteristische Familienform für die Barbarei, wie die Gruppenehe für die Wildheit und die Monogamie für die Zivilisation. Um sie zur festen Monogamie weiterzuentwickeln, bedurfte es andrer Ursachen als derjenigen, die wir bisher wirkend fanden. Die Gruppe war in der Paarung bereits auf ihre letzte Einheit, ihr zweiatomiges Molekül, herabgebracht: auf einen Mann und eine Frau. Die Naturzüchtung hatte in der immer weiter geführten Ausschließung von der Ehegemeinschaft ihr Werk vollbracht; in dieser Richtung blieb nichts mehr für sie zu tun. Kamen also nicht neue, *gesellschaftliche* Triebkräfte in Wirksamkeit, so war kein Grund vorhanden, warum aus der Paarung eine neue Familienform hervorgehn sollte. Aber diese Triebkräfte traten in Wirksamkeit.

Wir verlassen jetzt Amerika, den klassischen Boden der Paarungsfamilie. Kein Anzeichen läßt schließen, daß dort eine höhere Familienform sich entwickelt, daß dort vor der Entdeckung und Eroberung jemals irgendwo feste Monogamie bestanden habe. Anders in der alten Welt.

Hier hatte die Zähmung der Haustiere und die Züchtung von Herden eine bisher ungeahnte Quelle des Reichtums entwickelt und ganz neue gesellschaftliche Verhältnisse geschaffen. Bis auf die Unterstufe der Barbarei hatte der ständige Reichtum bestanden fast nur in dem Haus, der Kleidung, rohem Schmuck und den Werkzeugen zur Erringung und Bereitung der Nahrung: Boot, Waffen, Hausrat einfachster Art. Die Nahrung mußte Tag um Tag neu errungen werden. Jetzt, mit den Herden der Pferde, Kamele, Esel, Rinder, Schafe, Ziegen und Schweine hatten die vordringenden Hirtenvölker – die Arier im indischen Fünfstromland und Gangesgebiet wie in den damals noch weit wasserreicheren Steppen am Oxus und Jaxartes, die Semiten am Euphrat und Tigris – einen Besitz erworben, der nur der Aufsicht und rohesten Pflege bedurfte, um sich in stets vermehrter Zahl fortzupflanzen und die reichlichste Nahrung an Milch und Fleisch zu liefern. Alle früheren Mittel der Nahrungsbeschaffung traten nun in den

Hintergrund: die Jagd, früher eine Notwendigkeit, wurde nun ein Luxus.

Wem gehörte aber dieser neue Reichtum? Unzweifelhaft ursprünglich der Gens. Aber schon früh muß sich Privateigentum an den Herden entwickelt haben. Es ist schwer zu sagen, ob dem Verfasser des sog. ersten Buchs Mosis der Vater Abraham erschien als Besitzer seiner Herden kraft eignen Rechts als Vorstand einer Familiengemeinschaft oder kraft seiner Eigenschaft als tatsächlich erblicher Vorsteher einer Gens. Sicher ist nur, daß wir ihn uns nicht als Eigentümer im modernen Sinn vorstellen dürfen. Und sicher ist ferner, daß wir an der Schwelle der beglaubigten Geschichte die Herden schon überall in 〈Sondereigentum〉[52] von Familienvorständen finden, ganz wie die Kunsterzeugnisse der Barbarei, Metallgerät, Luxusartikel und endlich das Menschenvieh – die Sklaven.

Denn jetzt war auch die Sklaverei erfunden. Dem Barbaren der Unterstufe war der Sklave wertlos. Daher auch die amerikanischen Indianer mit den besiegten Feinden ganz anders verfuhren, als auf höherer Stufe geschah. Die Männer wurden getötet oder aber in den Stamm der Sieger als Brüder aufgenommen; die Weiber wurden geheiratet oder sonst mit ihren überlebenden Kindern ebenfalls adoptiert. Die menschliche Arbeitskraft liefert auf dieser Stufe noch keinen beachtenswerten Überschuß über ihre Unterhaltskosten. Mit der Einführung der Viehzucht, der Metallbearbeitung, der Weberei und endlich des Feldbaus wurde das anders. Wie die früher so 〈leicht zu erlangenden Gattinnen jetzt einen Tauschwert〉[53] bekommen hatten und gekauft wurden, so geschah es mit den Arbeitskräften, besonders seitdem die Herden endgültig in 〈Familienbesitz〉[54] übergegangen waren. Die Familie vermehrte sich nicht ebenso rasch wie das Vieh. Mehr Leute wurden erfordert, es zu beaufsichtigen; dazu ließ sich der kriegsgefangne Feind benutzen, der sich außerdem ebensogut fortzüchten ließ wie das Vieh selbst.

Solche Reichtümer, sobald sie einmal in den Privatbesitz 〈von Familien〉 übergegangen und dort rasch vermehrt, gaben der auf Paarungsehe und mutterrechtliche Gens gegründeten Gesellschaft einen mächtigen Stoß. Die Paarungsehe hatte ein neues Element in die Familie eingeführt. Neben die leibliche Mutter hatte sie den beglaubigten leiblichen Vater gestellt, der noch dazu wahrscheinlich besser beglaubigt war als gar manche «Väter» heutzutage. Nach der damaligen Arbeitsteilung in der Familie fiel dem Mann die Beschaffung der Nahrung und der hiezu nötigen Arbeitsmittel, also auch das Eigentum an diesen letzteren zu; er nahm sie mit, im Fall der Scheidung, wie die Frau ihren Hausrat behielt. Nach dem Brauch der damaligen Gesellschaft also war der Mann auch Eigentümer der neuen Nahrungsquelle, des Viehs, und später des neuen Arbeitsmittels, der Sklaven. Nach dem Brauch derselben Gesellschaft aber konnten seine Kinder nicht von ihm erben, denn damit stand es folgendermaßen.

Nach Mutterrecht, also solange Abstammung nur in weiblicher Linie gerechnet wurde, und nach dem ursprünglichen Erbgebrauch in der Gens erbten anfänglich die Gentilverwandten von ihrem verstorbnen Gentilgenossen. Das Vermögen mußte in der Gens bleiben. Bei der Unbedeutendheit der Gegenstände mag es von jeher in der Praxis an die nächsten Gentilverwandten, also an die Blutsverwandten mütterlicher Seite, übergegangen sein. Die Kinder des verstorbenen Mannes aber gehörten nicht seiner Gens an, sondern der ihrer Mutter; sie erbten, anfangs mit den übrigen Blutsverwandten der Mutter, später vielleicht in erster Linie, von dieser; aber von ihrem Vater konnten sie nicht erben, weil sie nicht zu seiner Gens gehörten, sein Vermögen aber in dieser bleiben mußte. Bei dem Tode des Herdenbesitzers wären also seine Herden übergegangen zunächst an seine Brüder und Schwestern und an die Kinder seiner Schwestern, oder an die Nachkommen der Schwestern seiner Mutter. Seine eignen Kinder aber waren enterbt.

In dem Verhältnis also, wie die Reichtümer sich mehrten, gaben sie einerseits dem Mann eine wichtigere Stellung in der Familie als der Frau und erzeugten andrerseits den Antrieb, diese verstärkte Stellung zu benutzen, um die hergebrachte Erbfolge zugunsten der Kinder umzustoßen. Dies ging aber nicht, solange die Abstammung nach Mutterrecht galt. Diese also mußte umgestoßen werden, und sie wurde umgestoßen. Es war dies gar nicht so schwer, wie es uns heute erscheint. Denn diese Revolution – eine der einschneidendsten, die die Menschen erlebt haben – brauchte nicht ein einziges der lebenden Mitglieder einer Gens zu berühren. Alle ihre Angehörigen konnten nach wie vor bleiben, was sie gewesen. Der einfache Beschluß genügte, daß in Zukunft die Nachkommen der männlichen Genossen in der Gens bleiben, die der weiblichen aber ausgeschlossen sein sollten, indem sie in die Gens ihres Vaters übergingen. Damit war die Abstammungsrechnung in weiblicher Linie und das mütterliche Erbrecht umgestoßen, männliche Abstammungslinie und väterliches Erbrecht eingesetzt. Wie sich diese Revolution bei den Kulturvölkern gemacht hat, und wann, darüber wissen wir nichts. Sie fällt ganz in die vorgeschichtliche Zeit. *Daß* sie sich aber gemacht, ist mehr als nötig erwiesen durch die namentlich von Bachofen gesammelten reichlichen Spuren von Mutterrecht; wie leicht sie sich vollzieht, sehn wir an einer ganzen Reihe von Indianerstämmen, wo sie erst neuerdings gemacht worden ist und noch gemacht wird unter dem Einfluß teils wachsenden Reichtums und veränderter Lebensweise (Versetzung aus den Wäldern in die Prärie), teils moralischer Einwirkungen der Zivilisation und der Missionare. Von acht Missouristämmen haben sechs männliche, aber zwei noch weibliche Abstammungslinie und Erbfolge. Bei den Shawnees, Miamies und Delawares ist die Sitte eingerissen, die Kinder durch einen der Gens des Vaters gehörigen Gentilnamen in diese zu versetzen, damit sie vom Vater erben können. «Eingeborene Kasuisterei des Menschen, die Dinge zu ändern, indem man ihre Namen ändert! Und Schlupfwinkel zu finden, um innerhalb der Tradition die Tradition zu durchbrechen, wo ein direktes Interesse den hinreichenden Antrieb gab!» (Marx.) Dadurch entstand heillose Verwirrung, der nur abzuhelfen war, und teilweise auch abgeholfen wurde, durch Übergang zum Vaterrecht. «Dies scheint überhaupt der natürlichste Übergang.» (Marx.) ⟨—Was die vergleichenden Juristen uns zu sagen wissen über die Art und Weise, wie dieser Übergang sich bei den Kulturvölkern der alten Welt vollzog – freilich fast nur Hypothesen –, darüber vgl. M. Kovalevskij, «Tableau des origines et de l'évolution de la famille et de la propriété», Stockholm 1890[55].⟩

Der Umsturz des Mutterrechts war die *weltgeschichtliche Niederlage des weiblichen Geschlechts.* Der Mann ergriff das Steuer auch im Hause, die Frau wurde entwürdigt, geknechtet, Sklavin seiner Lust und bloßes Werkzeug der Kinderzeugung. Diese erniedrigte Stellung der Frau, wie sie namentlich bei den Griechen der heroischen und noch mehr der klassischen Zeit offen hervortritt, ist allmählich beschönigt und verheuchelt, auch stellenweise in mildere Form gekleidet worden; beseitigt ist sie keineswegs.

Die erste Wirkung der nun begründeten Alleinherrschaft der Männer zeigt sich in der jetzt auftauchenden Zwischenform der patriarchalischen Familie. Was sie hauptsächlich bezeichnet, ist nicht die Vielweiberei, wovon später, sondern «die Organisation einer Anzahl freier und unfreier Personen zu einer Familie unter der väterlichen Gewalt des Familienhaupts. In der semitischen Form lebt dies Familienhaupt in Vielweiberei, die Unfreien haben Weib und Kinder, und der Zweck der ganzen Organisation ist die Wartung von Herden auf einem abgegrenzten Gebiet.»[56]

Das Wesentliche ist die Einverleibung von Unfreien und die väterliche Gewalt; daher ist der vollendete Typus dieser Familienform die römische Familie. Das Wort familia bedeutet ursprünglich nicht das aus Sentimentalität und häuslichem Zwist zusammengesetzte Ideal des heutigen Philisters; es bezieht sich bei den Römern anfänglich gar nicht einmal auf das Ehepaar und dessen Kinder, sondern auf die Sklaven allein. Famulus heißt ein Haussklave, und familia ist die Gesamtheit der einem Mann gehörenden Sklaven. Noch zu Gajus' Zeit wurde die familia, id est patrimonium (d. h. das Erbteil) testamentarisch vermacht. Der Ausdruck wurde von den Römern erfunden, um einen neuen gesellschaftlichen Organismus zu bezeichnen, dessen Haupt Weib und Kinder und eine Anzahl Sklaven unter römischer väterlicher Gewalt, mit dem Recht über Tod und Leben aller, unter sich hatte.

«Das Wort ist also nicht älter als das eisengepanzerte Familiensystem der latinischen Stämme, welches aufkam nach Einführung des Feldbaus und der gesetzlichen Sklaverei und nach der Trennung der arischen Italer von den Griechen.»[57]

Marx setzt hinzu: «Die moderne Familie enthält im Keim nicht nur Sklaverei (servitus), sondern auch Leibeigenschaft, da sie von vornherein

Beziehung hat auf Dienste für Ackerbau. Sie enthält *in Miniatur* alle die Gegensätze in sich, die sich später breit entwickeln in der Gesellschaft und in ihrem Staat.»

Eine solche Familienform zeigt den Übergang der Paarungsehe in die Monogamie. Um die Treue der Frau, also die Vaterschaft der Kinder, sicherzustellen, wird die Frau der Gewalt des Mannes unbedingt überliefert: Wenn er sie tötet, so übt er nur sein Recht aus.

⟨Mit der patriarchalischen Familie betreten wir das Gebiet der geschriebnen Geschichte, und damit ein Gebiet, wo die vergleichende Rechtswissenschaft uns bedeutende Hülfe leisten kann. Und in der Tat hat sie uns hier einen wesentlichen Fortschritt gebracht. Wir verdanken Maxim Kovalevskij («Tableau etc. de la famille et de la propriété», Stockholm 1890, p.60–100) den Nachweis, daß die patriarchalische Hausgenossenschaft, wie wir sie heute noch bei Serben und Bulgaren unter dem Namen Zádruga (etwa Verfreundung zu übersetzen) oder Bratstvo (Brüderschaft), und in modifizierter Form bei orientalischen Völkern vorfinden, die Übergangsstufe gebildet hat zwischen der, aus der Gruppenehe entspringenden, mutterrechtlichen Familie und der Einzelfamilie der modernen Welt. Wenigstens für die Kulturvölker der alten Welt, für Arier und Semiten scheint dies erwiesen.

Die südslawische Zádruga bietet das beste noch lebende Beispiel einer solchen Familiengemeinschaft. Sie umfaßt mehrere Generationen der Nachkommen eines Vaters nebst deren Frauen, die alle auf einem Hof zusammen wohnen, ihre Felder gemeinsam bebauen, aus gemeinsamem Vorrat sich nähren und kleiden und den Überschuß des Ertrags gemeinsam besitzen. Die Gemeinschaft steht unter oberster Verwaltung des Hausherrn (domačin), der sie nach außen vertritt, kleinere Gegenstände veräußern darf, die Kasse führt und für dieselbe sowie für den regelmäßigen Geschäftsgang verantwortlich ist. Er wird gewählt und braucht keineswegs der Älteste zu sein. Die Frauen und ihre Arbeiten stehn unter Leitung der Hausfrau (domačica), die gewöhnlich die Frau des Domačin ist. Sie hat auch bei der Gattenwahl für die Mädchen eine wichtige, oft die entscheidende Stimme. Die oberste Macht aber ruht im Familienrat, der Versammlung aller erwachsenen Genossen, Frauen wie Männer. Dieser Versammlung legt der Hausherr Rechenschaft ab; sie faßt die entscheidenden Beschlüsse, übt Gerichtsbarkeit über die Mitglieder, beschließt über Käufe und Verkäufe von einiger Bedeutung, namentlich von Grundbesitz usw.

Erst seit ungefähr zehn Jahren ist das Fortbestehn solcher großen Familiengenossenschaften auch in Rußland nachgewiesen[58]; sie sind jetzt allgemein als ebensosehr in der russischen Volkssitte wurzelnd anerkannt wie die Obschtschina oder Dorfgemeinschaft. Sie figurieren im ältesten russischen Gesetzbuch, der Prawda des Jaroslaw[59], unter demselben Namen (werwj) wie in den dalmatinischen Gesetzen[60], und lassen sich auch in polnischen und tschechischen Geschichtsquellen nachweisen.

Auch bei den Deutschen ist nach Heusler («Institutionen des deutschen Rechts»[61]) die wirtschaftliche Einheit ursprünglich nicht die Einzelfamilie im modernen Sinn, sondern die «Hausgenossenschaft», die aus mehreren Generationen, beziehungsweise Einzelfamilien, besteht und daneben oft genug Unfreie in sich begreift. Auch die römische Familie wird auf diesen Typus zurückgeführt, und die absolute Gewalt des Hausvaters, wie die Rechtlosigkeit der übrigen Familienglieder, ihm gegenüber, wird demzufolge neuerdings stark bestritten. Bei den Kelten sollen ebenfalls in Irland ähnliche Familiengenossenschaften bestanden haben; in Frankreich erhielten sie sich im Nivernais unter dem Namen parçonneries bis auf die französische Revolution, und in der Franche Comté sind sie noch heute nicht ganz ausgestorben. In der Gegend von Louhans (Saône et Loire) sieht man große Bauernhäuser mit gemeinsamem, hohem, bis ans Dach reichendem Zentralsaal, und ringsherum die Schlafkammern, zu denen man auf Treppen von sechs bis acht Stufen gelangt und worin mehrere Generationen derselben Familie wohnen.

In Indien ist die Hausgenossenschaft mit gemeinsamer Bodenbebauung bereits von Nearchos[62], zur Zeit Alexanders des Großen, erwähnt, und besteht in derselben Gegend, im Pandschab und ganzen Nordwesten des Landes noch heute. Im Kaukasus hat Kovalevskij selbst sie nachweisen können. In Algerien besteht sie noch bei den Kabylen. Selbst in Amerika soll sie vorgekommen sein, man will sie entdecken in den «Calpullis», die Zurita im alten Mexiko beschreibt[63]; dagegen hat Cunow («Ausland», 1890, Nr. 42–44)[64] ziemlich klar nachgewiesen, daß in Peru zur Zeit der Eroberung eine Art Markverfassung (wobei die Mark sonderbarerweise Marca hieß) mit periodischer Aufteilung des bebauten Landes, also Einzelbebauung, bestand.

Jedenfalls erhält jetzt die patriarchalische Hausgenossenschaft mit gemeinsamem Grundbesitz und gemeinsamer Bebauung eine ganz andre Bedeutung als bisher. Wir können nicht länger zweifeln an der wichtigen Übergangsrolle, die sie bei den Kulturvölkern und manchen andern Völkern der alten Welt zwischen der mutterrechtlichen und der Einzelfamilie gespielt hat. Weiter unten kommen wir zurück auf die von Kovalevskij ferner gezogne Schlußfolge, daß sie ebenfalls die Übergangsstufe war, aus der sich die Dorf- oder Markgemeinde mit Einzelbebauung und erst periodischer, dann endgültiger Aufteilung von Acker- und Wiesenland entwikkelt hat.

In Beziehung auf das Familienleben innerhalb dieser Hausgenossenschaften ist zu bemerken, daß wenigstens in Rußland der Hausvater im Rufe steht, seine Stellung gegenüber den jüngeren Frauen der Genossenschaft, speziell den Schwiegertöchtern, stark zu mißbrauchen und sich oft aus ihnen einen Harem zu bilden; worüber die russischen Volkslieder ziemlich beredt sind.⟩

Ehe wir zu der mit dem Sturz des Mutterrechtes sich rasch entwickelnden Monogamie übergehn, noch ein paar Worte über Vielweiberei und Vielmännerei. Beide Eheformen können nur Ausnahmen sein, sozusagen geschichtliche Luxusprodukte, es sei denn, sie kämen in einem Lande nebeneinander vor, was bekanntlich nicht der Fall ist. Da also die von der Vielweiberei ausgeschlossenen Männer sich nicht bei den von der Vielmännerei übriggebliebnen Weibern trösten können, die Anzahl von Männern und Weibern aber ohne Rücksicht auf soziale Institutionen bisher ziemlich gleich war, ist die Erhebung der einen wie der andern dieser Eheformen zur allgemein geltenden von selbst ausgeschlossen. In der Tat war die Vielweiberei eines Mannes offenbar Produkt der Sklaverei und beschränkt auf einzelne Ausnahmestellungen. In der semitisch-patriarchalischen Familie lebt nur der Patriarch selbst, und höchstens noch ein paar seiner Söhne, in Vielweiberei, die übrigen müssen sich mit einer Frau begnügen. So ist es noch heute im ganzen Orient; die Vielweiberei ist ein Privilegium der Reichen und Vornehmen und rekrutiert sich hauptsächlich durch Kauf von Sklavinnen; die Masse des Volks lebt in Monogamie. Eine ebensolche Ausnahme ist die Vielmännerei in Indien und Tibet, deren sicher nicht uninteressanter Ursprung aus der ⟨Gruppenehe⟩[40] noch näher zu untersuchen ist. In ihrer Praxis scheint sie übrigens viel kulanter als die eifersüchtige Haremswirtschaft der Muhamedaner. Wenigstens haben bei den Nairs in Indien je drei, vier oder mehr Männer zwar eine gemeinsame Frau; aber jeder von ihnen kann daneben mit drei oder mehr andern Männern eine zweite Frau in Gemeinschaft haben, und so eine dritte, vierte usw. Es ist ein Wunder, daß McLennan in diesen Eheklubs, in deren mehreren man Mitglied sein kann und die er selbst beschreibt, nicht die neue Klasse der *Klubehe* entdeckt hat. ⟨Diese Eheklub-Wirtschaft ist übrigens keineswegs wirkliche Vielmännerei; sie ist im Gegenteil, wie schon Giraud-Teulon bemerkt, eine spezialisierte Form der Gruppenehe; die Männer leben in Vielweiberei, die Weiber in Vielmännerei.⟩

4. Die *monogame Familie*. Sie entsteht aus der Paarungsfamilie, wie gezeigt, im Grenzzeitalter zwischen der mittleren und oberen Stufe der Barbarei; ihr endgültiger Sieg ist eins der Kennzeichen der beginnenden Zivilisation. Sie ist gegründet auf die Herrschaft des Mannes, mit dem ausdrücklichen Zweck der Erzeugung von Kindern mit unbestrittener Vaterschaft, und diese Vaterschaft wird erfordert, weil diese Kinder dereinst als Leibeserben in das väterliche Vermögen eintreten sollen. Sie unterscheidet sich von der Paarungsehe durch weit größere Festigkeit des Ehebandes, das nun nicht mehr nach beiderseitigem Gefallen lösbar ist. Es ist jetzt in der Regel nur noch der Mann, der es lösen und seine Frau verstoßen kann. Das Recht der ehelichen Untreue bleibt ihm auch jetzt wenigstens noch durch die Sitte gewährleistet (der Code Napoléon schreibt es dem Mann ausdrücklich zu, solange er nicht die Beischläferin ins eheliche Haus bringt[65]) und wird mit steigender gesellschaftlicher Entwicklung immer mehr ausgeübt; erinnert sich die Frau der alten geschlechtlichen Pra-

xis und will sie erneuern, so wird sie strenger bestraft als je vorher.

In ihrer ganzen Härte tritt uns die neue Familienform entgegen bei den Griechen. Während, wie Marx bemerkt, die Stellung der Göttinnen in der Mythologie uns eine frühere Periode vorführt, wo die Frauen noch eine freiere, geachtetere Stellung hatten, finden wir zur Heroenzeit die Frau bereits erniedrigt durch die Vorherrschaft des Mannes und die Konkurrenz von Sklavinnen. Man lese in der «Odyssee», wie Telemachos seine Mutter ab- und zur Ruhe verweist. Die erbeuteten jungen Weiber verfallen bei Homer der Sinnenlust der Sieger; die Befehlshaber wählen sich der Reihe und Rangordnung nach die schönsten aus; die ganze «Ilias» dreht sich bekanntlich um den Streit zwischen Achilleus und Agamemnon wegen einer solchen Sklavin. Bei jedem homerischen Helden von Bedeutung wird das kriegsgefangene Mädchen erwähnt, womit er Zelt und Bett teilt. Diese Mädchen werden auch mit in die Heimat und ins eheliche Haus genommen, wie Kassandra von Agamemnon bei Äschylos; die mit solchen Sklavinnen erzeugten Söhne bekommen einen kleinen Anteil am väterlichen Erbe und gelten als Vollfreie; Teukros ist ein solcher unehelicher Sohn des Telamon und darf sich nach seinem Vater nennen. Von der Ehefrau wird erwartet, daß sie sich das alles gefallen läßt, selbst aber strenge Keuschheit und Gattentreue bewahrt. Die griechische Frau der Heroenzeit ist zwar geachteter als die der zivilisierten Periode, aber sie ist doch schließlich für den Mann nur die Mutter seiner ehelichen Erbkinder, seine oberste Hausverwalterin und die Vorsteherin der Sklavinnen, die er sich nach Belieben zu Konkubinen machen kann und auch macht. Es ist der Bestand der Sklaverei neben der Monogamie, das Dasein junger schöner Sklavinnen, die dem *Mann* gehören mit allem, was sie an sich haben, das der Monogamie von Anfang an ihren spezifischen Charakter aufdrückt, Monogamie zu sein *nur für die Frau*, nicht aber für den Mann. Und diesen Charakter hat sie noch heute.

Für die späteren Griechen müssen wir unterscheiden zwischen Dorern und Ioniern. Die ersteren, deren klassisches Beispiel Sparta, haben in mancher Beziehung noch altertümlichere Eheverhältnisse, als selbst Homer sie aufzeigt. In Sparta gilt eine nach den dortigen Anschauungen vom Staat modifizierte Paarungsehe, die noch manche Erinnerungen an die Gruppenehe aufweist. Kinderlose Ehen werden getrennt; der König Anaxandridas (um 560 vor unsrer Zeitrechnung) nahm zu seiner kinderlosen Frau eine zweite und führte zwei Haushaltungen; um dieselbe Zeit nahm der König Ariston zu zwei unfruchtbaren Frauen eine dritte, entließ aber dafür eine der ersteren. Andrerseits durften mehrere Brüder eine gemeinsame Frau haben, durfte der Freund, dem des Freundes Frau besser gefiel, sich mit diesem in sie teilen, und galt es für anständig, die Frau einem strammen «Hengst», wie Bismarck sagen würde, zur Verfügung zu stellen, selbst wenn dieser ein Nichtbürger war. Aus einer Stelle bei Plutarch, wo eine Spartanerin den Liebhaber, der sie mit Anträgen verfolgte, an ihren Ehemann verwies, scheint – nach Schoemann – sogar eine noch größere Freiheit der Sitte hervorzugehn.[66] Wirklicher Ehebruch, Untreue der Frau hinter dem Rücken des Mannes, war daher auch unerhört. Andrerseits war die Haussklaverei in Sparta wenigstens in der besten Zeit unbekannt, die leibeignen Heloten wohnten gesondert auf den Gütern; die Versuchung für die Spartiaten, sich an deren Weiber zu halten, war daher geringer. Daß unter allen diesen Umständen die Frauen in Sparta eine ganz anders geachtete Stellung einnahmen als bei den übrigen Griechen, konnte gar nicht anders sein. Die spartanischen Frauen und die Elite der athenischen Hetären sind die einzigen griechischen Frauen, von denen die Alten mit Respekt sprechen, deren Äußerungen aufzuzeichnen sie der Mühe wert halten.

Ganz anders bei den Ioniern, für die Athen kennzeichnend ist. Die Mädchen lernten nur Spinnen, Weben und Nähen, höchstens etwas Lesen und Schreiben. Sie waren so gut wie eingeschlossen, gingen nur mit andern Weibern um. Das Frauengemach war ein abgesondertes Stück des Hauses, im obern Stock oder im Hinterhaus, wohin Männer, namentlich Fremde, nicht leicht kamen, und wohin sie sich bei Männerbesuch zurückzogen. Die Frauen gingen nicht aus ohne Begleitung einer Sklavin; zu Hause wurden sie förmlich bewacht; Aristophanes spricht von molossischen Hunden, die zur Abschreckung der Ehebrecher gehalten wurden, und in den asiatischen Städten wenigstens hielt man zur Frauenbewachung Eunuchen, die in Chios schon zu Herodots Zeit für den Handel fabriziert wurden, und nach Wachsmuth[67] nicht allein für die Barbaren. Bei Euripides wird die Frau als oikurema, als ein Ding zur Hausbesorgung (das Wort ist Neutrum) bezeichnet, und außer dem Geschäft der Kinderzeugung war sie dem Athener nichts andres: die oberste Hausmagd. Der Mann hatte seine gymnastischen Übungen, seine öffentlichen Verhandlungen, wovon die Frau ausgeschlossen; er hatte außerdem oft noch Sklavinnen zu seiner Verfügung und zur Blütezeit Athens eine ausgedehnte und vom Staat wenigstens begünstigte Prostitution. Es war grade auf Grundlage dieser Prostitution, daß sich die einzigen griechischen Frauencharaktere entwikkelten, die durch Geist und künstlerische Geschmacksbildung ebensosehr über das allgemeine Niveau der antiken Weiblichkeit hervorragen wie die Spartiatinnen durch den Charakter. Daß man aber erst Hetäre werden mußte, um Weib zu werden, das ist die strengste Verurteilung der athenischen Familie.

Diese athenische Familie wurde im Lauf der Zeit das Vorbild, wonach nicht nur die übrigen Ionier, sondern auch mehr und mehr die sämtlichen Griechen des Inlands und der Kolonien ihre häuslichen Verhältnisse modelten⟩[68]. Aber trotz aller Abschließung und Bewachung fanden die Griechinnen oft genug Gelegenheit, ihre Männer zu täuschen. Diese, die sich geschämt hätten, irgendwelche Liebe für ihre Frauen zu verraten, amüsierten sich in allerlei Liebeshändeln mit Hetären; aber die Entwürdigung der Frauen rächte sich an den Männern und entwürdigte auch sie, bis sie versanken in die Widerwärtigkeit der Knabenliebe und ihre Götter entwürdigten wie sich selbst durch den Mythus von Ganymed.

Das war der Ursprung der Monogamie, soweit wir ihn beim zivilisiertesten und am höchsten entwickelten Volk des Altertums verfolgen können. Sie war keineswegs eine Frucht der individuellen Geschlechtsliebe, mit der sie absolut nichts zu schaffen hatte, da die Ehen nach wie vor Konvenienzehen blieben. Sie war die erste Familienform, die nicht auf natürliche, sondern auf ⟨ökonomische⟩ [69] Bedingungen gegründet war⟨, nämlich auf den Sieg des Privateigentums über das ursprüngliche naturwüchsige Gemeineigentum⟩. Herrschaft des Mannes in der Familie und Erzeugung von Kindern, die nur die seinigen sein konnten und die zu Erben seines Reichtums bestimmt waren – das allein waren die von den Griechen unumwunden ausgesprochenen ausschließlichen Zwecke der Einzelehe. Im übrigen war sie ihnen eine Last, eine Pflicht gegen die Götter, den Staat und die eignen Vorfahren, die eben erfüllt werden mußte. ⟨In Athen erzwang das Gesetz nicht nur die Verheiratung, sondern auch die Erfüllung eines Minimums der sogenannten ehelichen Pflichten von seiten des Mannes.⟩

So tritt die Einzelehe keineswegs ein in die Geschichte als die Versöhnung von Mann und Weib, noch viel weniger als ihre höchste Form. Im Gegenteil. Sie tritt auf als Unterjochung des einen Geschlechts durch das andre, als Proklamation eines bisher in der ganzen Vorgeschichte unbekannten Widerstreits der Geschlechter. In einem alten, 1846 von Marx und mir ausgearbeiteten, ungedruckten Manuskript finde ich: «Die erste Teilung der Arbeit ist die von Mann und Weib zur Kinderzeugung.» [70] Und heute kann ich hinzusetzen: Der erste Klassengegensatz, der in der Geschichte auftritt, fällt zusammen mit der Entwicklung des Antagonismus von Mann und Weib in der Einzelehe, und die erste Klassenunterdrükkung mit der des weiblichen Geschlechts durch das männliche. Die Einzelehe war ein großer geschichtlicher Fortschritt, aber zugleich eröffnet sie neben der Sklaverei und dem Privatreichtum jene bis heute dauernde Epoche, in der jeder Fortschritt zugleich ein relativer Rückschritt, in dem das Wohl und die Entwicklung der einen sich durchsetzt durch das Wehe und die Zurückdrängung der andern. Sie ist die Zellenform der zivilisierten Gesellschaft, an der wir schon die Natur der in dieser sich voll entfaltenden Gegensätze und Widersprüche studieren können.

Die alte verhältnismäßige Freiheit des Geschlechtsverkehrs verschwand keineswegs mit dem Sieg der Paarungs- oder selbst der Einzelehe. «Das alte Ehesystem, auf engere Grenzen zurückgeführt durch das allmähliche Aussterben der Punaluagruppen, umgab immer noch die sich fortentwickelnde Familie und hing an ihren Schößen bis an die aufdämmernde Zivilisation hinan ... es verschwand schließlich in der neuen Form des Hetärismus, die die Menschen bis in die Zivilisation hinein verfolgt, wie ein dunkler Schlagschatten, der auf der Familie ruht.» [71]

Unter Hetärismus versteht Morgan den *neben der Einzelehe* bestehenden außerehelichen geschlechtlichen Verkehr der Männer mit unverheirateten Weibern, der bekanntlich während der ganzen Periode der Zivilisation in den verschiedensten Formen blüht und mehr und mehr zur offenen Prostitution wird. ⟨Dieser Hetärismus leitet sich ganz direkt ab aus der Gruppenehe, aus dem Preisgebungsopfer der Frauen, wodurch sie sich das Recht der Keuschheit erkauften. Die Hingebung für Geld war zuerst ein religiöser Akt, sie fand statt im Tempel der Liebesgöttin, und das Geld floß ursprünglich in den Tempelschatz. Die Hierodulen[72] der Anaitis in Armenien, der Aphrodite in Korinth, wie die den Tempeln attachierten religiösen Tanzmädchen Indiens, die sog. Bajaderen (das Wort ist verstümmelt aus dem portugiesischen bailadeira, Tänzerin), waren die ersten Prostituierten. Die Preisgebung, ursprünglich Pflicht jeder Frau, wurde später durch diese Priesterinnen, in Stellvertretung für alle andern, allein ausgeübt. Bei andern Völkern leitet sich der Hetärismus her aus der den Mädchen vor der Ehe gestatteten Geschlechtsfreiheit – also ebenfalls Rest der Gruppenehe, nur auf anderm Weg uns überkommen. Mit dem Aufkommen der Eigentumsverschiedenheit, also schon auf der Oberstufe der Barbarei, tritt die Lohnarbeit sporadisch auf neben Sklavenarbeit, und gleichzeitig, als ihr notwendiges Korrelat, die gewerbsmäßige Prostitution freier Frauen neben der erzwungnen Preisgebung der Sklavin. So ist die Erbschaft, die die Gruppenehe der Zivilisation vermacht hat, eine doppelseitige, wie alles, was die Zivilisation hervorbringt, doppelseitig, doppelzüngig, in sich gespalten, gegensätzlich ist: hier die Monogamie, dort der Hetärismus mitsamt seiner extremsten Form, der Prostitution.⟩ Der Hetärismus ist eben eine gesellschaftliche Einrichtung wie jede andere; er setzt die alte Geschlechtsfreiheit fort – zugunsten der Männer. In der Wirklichkeit nicht nur geduldet, sondern namentlich von den herrschenden Klassen flott mitgemacht, wird er in der Phrase verdammt. Aber in der Wirklichkeit trifft diese Verdammung keineswegs die dabei beteiligten Männer, sondern nur die Weiber: Sie werden geächtet und ausgestoßen, um so nochmals die unbedingte Herrschaft der Männer über das weibliche Geschlecht als gesellschaftliches Grundgesetz zu proklamieren.

⟨Hiermit entwickelt sich aber ein zweiter Gegensatz innerhalb der Monogamie selbst. Neben dem, sein Dasein durch den Hetärismus verschönernden Ehemann steht die vernachlässigte Gattin.⟩ Und man kann nicht die eine Seite des Gegensatzes haben ohne die andre, ebensowenig wie man noch einen ganzen Apfel in der Hand hat, nachdem man die eine Hälfte gegessen. Trotzdem scheint dies die Meinung der Männer gewesen zu sein, bis ihre Frauen sie eines Bessern belehrten. Mit der Einzelehe treten zwei ständige gesellschaftliche Charakterfiguren auf, die früher unbekannt waren: der ständige Liebhaber der Frau und der Hahnrei. Die Männer hatten den Sieg über die Weiber errungen, aber die Krönung übernahmen großmütig die Besiegten. Neben der Einzelehe und dem Hetärismus wurde der Ehebruch eine unvermeidliche gesellschaftliche Einrichtung –

verpönt, hart bestraft, aber ununterdrückbar. Die sichre Vaterschaft der Kinder beruhte nach wie vor höchstens auf moralischer Überzeugung, und um den unlöslichen Widerspruch zu lösen, dekretierte der Code Napoléon Art. 312: «L'enfant conçu pendant le mariage a pour père le mari; das während der Ehe empfangne Kind hat zum Vater – den Ehemann.»

Das ist das letzte Resultat von dreitausend Jahren Einzelehe.

So haben wir in der Einzelfamilie, in den Fällen, die ihrer geschichtlichen Entstehung treu bleiben und den durch die ausschließliche Herrschaft des Mannes ausgesprochnen Widerstreit von Mann und Weib klar zur Erscheinung bringen, ein Bild im kleinen derselben Gegensätze und Widersprüche, in denen sich die seit Eintritt der Zivilisation in Klassen gespaltne Gesellschaft bewegt, ohne sie auflösen und überwinden zu können. Ich spreche hier natürlich nur von jenen Fällen der Einzelehe, wo das eheliche Leben in Wirklichkeit nach Vorschrift des ursprünglichen Charakters der ganzen Einrichtung verläuft, wo die Frau aber gegen die Herrschaft des Mannes rebelliert. Daß nicht alle Ehen so verlaufen, weiß niemand besser als der deutsche Philister, der seine Herrschaft im Hause nicht besser zu wahren weiß als im Staat, und dessen Frau daher mit vollem Recht die Hosen trägt, deren er nicht wert ist. Dafür dünkt er sich aber auch weit erhaben über seinen französischen Leidensgenossen, dem, öfter als ihm selbst, weit Schlimmeres passiert.

Die Einzelfamilie trat übrigens keineswegs überall und jederzeit in der klassisch-schroffen Form auf, die sie bei den Griechen hatte. Bei den Römern, die als künftige Welteroberer einen weiteren, wenn auch weniger feinen Blick hatten als die Griechen, war die Frau freier und geachteter. Der Römer glaubte die eheliche Treue durch die Gewalt über Leben und Tod seiner Frau hinlänglich verbürgt. Auch konnte die Frau hier ebensogut wie der Mann die Ehe freiwillig lösen. Aber der größte Fortschritt in der Entwicklung der Einzelehe geschah entschieden mit dem Eintritt der Deutschen[73] in die Geschichte, und zwar weil bei ihnen, wohl infolge ihrer Armut, damals die Monogamie sich noch vollständig aus der Paarungsehe entwickelt zu haben scheint. Wir schließen dies aus drei Umständen, die Tacitus erwähnt: Erstens galt bei großer Heilighaltung der Ehe – «sie begnügen sich mit einer Frau, die Weiber leben eingehegt durch Keuschheit»[74] – dennoch Vielweiberei für die Vornehmen und Stammesführer, also ein Zustand, ähnlich dem der Amerikaner, bei denen Paarungsehe galt. Und zweitens konnte der Übergang vom Mutterrecht zum Vaterrecht erst kurz voher gemacht worden sein, denn noch galt der Mutterbruder – der nächste männliche Gentilverwandte nach Mutterrecht – als fast ein näherer Verwandter denn der eigne Vater, ebenfalls entsprechend dem Standpunkt der amerikanischen Indianer, bei denen Marx, wie er oft sagte, den Schlüssel zum Verständnis unsrer eignen Urzeit gefunden. Und drittens waren die Frauen bei den Deutschen hochgeachtet und einflußreich auch auf öffentliche Geschäfte, was im direkten Gegensatz zur monogamischen Männerherrschaft steht. ⟨Fast alles Dinge, worin die Deutschen mit den Spartanern stimmen, bei denen, wie wir sahen, die Paarungsehe ebenfalls noch nicht vollständig überwunden war.⟩ Mit den Deutschen kam also auch in dieser Beziehung ein ganz neues Element zur Weltherrschaft. Die neue Monogamie, die sich nun auf den Trümmern der Römerwelt aus der Völkermischung entwickelte, kleidete die Männerherrschaft in mildere Formen und ließ den Frauen eine wenigstens äußerlich weit geachtetere und freiere Stellung, als das klassische Altertum sie je gekannt. Damit war die Möglichkeit gegeben, auf der sich aus der Monogamie – in ihr, neben ihr und gegen sie, je nachdem – der größte sittliche Fortschritt entwickeln konnte, den wir ihr verdanken: die moderne individuelle Geschlechtsliebe, die der ganzen früheren Welt unbekannt war.

Dieser Fortschritt entsprang aber entschieden aus dem Umstand, daß die Deutschen noch in der Paarungsfamilie lebten, und die ihr entsprechende Stellung der Frau, soweit es anging, der Monogamie aufpfropften, keineswegs aber aus der sagenhaften, wunderbar sittenreinen Naturanlage der Deutschen, die sich darauf beschränkt, daß die Paarungsehe sich in der Tat nicht in den grellen sittlichen Gegensätzen bewegt wie die Monogamie. Im Gegenteil waren die Deutschen auf ihren Wanderzügen, besonders nach Südost zu den Steppennomaden am Schwarzen Meer, sittlich stark verkommen und hatten bei diesen außer ihren Reiterkünsten auch arge widernatürliche Laster angenommen, was Ammianus von den Taifalern und Prokop von den Herulern ausdrücklich bezeugt.

Wenn aber die Monogamie von allen bekannten Familienformen diejenige war, unter der allein sich die moderne Geschlechtsliebe entwickeln konnte, so heißt das nicht, daß sie sich ausschließlich oder nur vorwiegend in ihr, als Liebe der Ehegatten zueinander, entwickelte. Die ganze Natur der festen Einzelehe unter Mannesherrschaft schloß das aus. Bei allen geschichtlich aktiven, d. h. bei allen herrschenden Klassen blieb die Eheschließung, was sie seit der Paarungsehe gewesen, Sache der Konvenienz, die von den Eltern arrangiert wurde. Und die erste geschichtlich auftretende Form der Geschlechtsliebe als Leidenschaft, und als jedem Menschen (wenigstens der herrschenden Klassen) zukommende Leidenschaft, als höchste Form des Geschlechtstriebs – was gerade ihren spezifischen Charakter ausmacht –, diese ihre erste Form, die ritterliche Liebe des Mittelalters, war keineswegs eine eheliche Liebe. Im Gegenteil. In ihrer klassischen Gestalt, bei den Provenzalen, steuert sie mit vollen Segeln auf den Ehebruch los, und ihre Dichter feiern ihn. Die Blüte der provenzalischen Liebespoesie sind die Albas, deutsch Tagelieder. Sie schildern in glühenden Farben, wie der Ritter bei seiner Schönen – der Frau eines andern – im Bett liegt, während draußen der Wächter steht, der ihm zuruft, sobald das erste Morgengrauen (alba) aufsteigt, damit er noch unbemerkt entweichen kann; die Trennungsszene bildet dann den Gipfelpunkt. Die Nordfranzosen und auch die braven Deutschen nahmen diese Dichtungsart mit der ihr entsprechenden Manier der Ritterliebe ebenfalls an, und unser alter Wolfram von Eschenbach hat über denselben anzüglichen Stoff drei wunderschöne Tagelieder hinterlassen, die mir lieber sind als seine drei langen Heldengedichte.

Die bürgerliche Eheschließung unserer Tage ist doppelter Art. In katholischen Ländern besorgen nach wie vor die Eltern dem jungen Bürgerssohn eine angemessene Frau, und die Folge davon ist natürlich die vollste Entfaltung des in der Monogamie enthaltnen Widerspruchs: üppiger Hetärismus auf seiten des Mannes, üppiger Ehebruch auf seiten der Frau. Die katholische Kirche hat wohl auch nur deswegen die Ehescheidung abgeschafft, weil sie sich überzeugt hatte, daß gegen den Ehebruch wie gegen den Tod kein Kräutlein gewachsen ist. In protestantischen Ländern dagegen ist es Regel, daß dem Bürgerssohn erlaubt wird, sich aus seiner Klasse eine Frau mit größerer oder geringerer Freiheit auszusuchen, wonach ein gewisser Grad von Liebe der Eheschließung zugrunde liegen kann und auch anstandshalber stets vorausgesetzt wird, was der protestantischen Heuchelei entspricht. Hier wird der Hetärismus des Mannes schläfriger betrieben und der Ehebruch der Frau ist weniger Regel. Da aber in jeder Art Ehe die Menschen bleiben, was sie vor der Ehe waren, und die Bürger protestantischer Länder meist Philister sind, so bringt es diese protestantische Monogamie im Durchschnitt der besten Fälle nur zur ehelichen Gemeinschaft einer bleiernen Langeweile, die man mit dem Namen Familienglück bezeichnet. Der beste Spiegel dieser beiden Heiratsmethoden ist der Roman, für die katholische Manier der französische, für die protestantische der deutsche.[75] In jedem von beiden «kriegt er sie»: im deutschen der junge Mann das Mädchen, im französischen der Ehemann die Hörner. Welcher von beiden sich dabei schlechter steht, ist nicht immer ausgemacht. Weshalb auch dem französischen Bourgeois die Langeweile des deutschen Romans ebendenselben Schauder erregt wie die «Unsittlichkeit» des französischen Romans dem deutschen Philister. Obwohl neuerdings, seit «Berlin Weltstadt wird», der deutsche Roman anfängt, etwas weniger schüchtern in dem dort seit lange wohlbekannten Hetärismus und Ehebruch zu machen.

In beiden Fällen aber wird die Heirat bedingt durch die Klassenlage der Beteiligten und ist insofern stets Konvenienzehe. ⟨Diese Konvenienzehe schlägt in beiden Fällen oft genug um in krasseste Prostitution – manchmal beider Teile, weit gewöhnlicher der Frau, die sich von der gewöhnlichen Kurtisane nur dadurch unterscheidet, daß sie ihren Leib nicht als Lohnarbeiterin zur Stückarbeit vermietet, sondern ihn ein für allemal in die Sklaverei verkauft. Und von allen Konvenienzehen gilt Fouriers Wort: «Wie in der Grammatik zwei Verneinungen eine Bejahung ausmachen, so gelten in der Heiratsmoral zwei Prostitutionen für eine Tugend.»[76]⟩

Wirkliche Regel im Verhältnis zur Frau wird die Geschlechtsliebe und kann es nur werden unter den unterdrückten Klassen, also heutzutage im Proletariat – ob dies Verhältnis nun ein offiziell konzessioniertes oder nicht. Hier sind aber auch alle Grundlagen der klassischen Monogamie beseitigt. Hier fehlt alles Eigentum, zu dessen Bewahrung und Vererbung ja gerade die Monogamie und die Männerherrschaft geschaffen wurden, und hier fehlt damit auch jeder Antrieb, die Männerherrschaft geltend zu machen. Noch mehr, auch die Mittel fehlen; das bürgerliche Recht, das diese Herrschaft schützt, besteht nur für die Besitzenden und deren Verkehr mit den Proletariern; es kostet Geld und hat deshalb armutshalber keine Geltung für die Stellung des Arbeiters zu seiner Frau. Da entscheiden ganz andere persönliche und gesellschaftliche Verhältnisse. Und vollends seitdem die große Industrie die Frau aus dem Hause auf den Arbeitsmarkt und in die Fabrik versetzt hat und sie oft genug zur Ernährerin der Familie macht, ist dem letzten Rest der Männerherrschaft in der Proletarierwohnung aller Boden entzogen – es sei denn etwa noch ein Stück der seit der Einführung der Monogamie eingerissenen Brutalität gegen Frauen. So ist die Familie des Proletariers keine monogamische im strengen Sinn mehr, selbst bei der leidenschaftlichsten Liebe und festesten Treue beider und trotz aller etwaigen geistlichen und weltlichen Einsegnung. Daher spielen auch die ewigen Begleiter der Monogamie, Hetärismus und Ehebruch, hier nur eine fast verschwindende Rolle; die Frau hat das Recht der Ehetrennung tatsächlich wieder erhalten, und wenn man sich nicht vertragen kann, geht man lieber auseinander. Kurz, die Proletarierehe ist monogam im etymologischen Sinn des Worts, aber durchaus nicht in seinem historischen Sinn.

Unsre Juristen finden allerdings, daß der Fortschritt der Gesetzgebung den Frauen in steigendem Maß jeden Grund zur Klage entzieht. Die modernen zivilisierten Gesetzsysteme erkennen mehr und mehr an, erstens, daß die Ehe, um gültig zu sein, ein von beiden Teilen freiwillig eingegangner Vertrag sein muß, und zweitens, daß auch während der Ehe beide Teile einander mit gleichen Rechten und Pflichten gegenüberstehn sollen. Seien diese beiden Forderungen aber konsequent durchgeführt, so hätten die Frauen alles, was sie verlangen können.

⟨Diese echt juristische Argumentation ist genau dieselbe, womit der radikale republikanische Bourgeois den Proletarier ab- und zur Ruhe verweist. Der Arbeitsvertrag soll ein von beiden Teilen freiwillig eingegangner sein. Aber er gilt als für freiwillig eingegangen, sobald das Gesetz beide Teile *auf dem Papier* gleichstellt. Die Macht, die die verschiedne Klassenstellung dem einen Teil gibt, der Druck, den sie auf den andern Teil ausübt – die wirkliche ökonomische Stellung beider –, das geht das Gesetz nichts an. Und während der Dauer des Arbeitsvertrags sollen beide Teile wiederum gleichberechtigt sein, sofern nicht einer oder der andre ausdrücklich verzichtet hat. Daß die ökonomische Sachlage den Arbeiter zwingt, sogar auf den letzten Schein von Gleichberechtigung zu verzichten, dafür kann das Gesetz wiederum nichts.

Mit Bezug auf die Ehe ist das Gesetz, selbst das fortgeschrittenste, vollauf befriedigt, sobald die Beteiligten ihre Freiwilligkeit formell zu Protokoll gegeben haben. Was hinter den juristischen Kulissen vorgeht, wo sich das wirkliche Leben abspielt, wie diese Freiwilligkeit zustande kommt, darum kann sich das Gesetz und der Jurist nicht kümmern. Und doch sollte hier die einfachste Rechtsvergleichung dem Juristen zeigen, was es mit dieser Freiwilligkeit auf sich hat. In den Ländern, wo den Kindern ein Pflichtteil am elterlichen Vermögen gesetzlich gesichert ist, wo sie also nicht enterbt werden können – in Deutschland, in den Ländern französischen Rechts etc., sind die Kinder beim Eheschluß an die Einwilligung der Eltern gebunden. In den Ländern englischen Rechts, wo die elterliche Einwilligung kein gesetzliches Erfordernis des Eheschlusses, haben die Eltern auch volle Testierfreiheit über ihr Vermögen, können sie ihre Kinder nach Belieben enterben. Daß trotzdem und eben deshalb die Freiheit der Eheschließung in den Klassen, wo es was zu erben gibt, in England und Amerika, tatsächlich um kein Haar größer ist als in Frankreich und Deutschland, das ist doch klar.

Nicht besser steht es mit der juristischen Gleichberechtigung von Mann und Frau in der Ehe. Die rechtliche Ungleichheit beider, die uns aus früheren Gesellschaftszuständen vererbt, ist nicht die Ursache, sondern die Wirkung der ökonomischen Unterdrückung der Frau. In der alten kommunistischen Haushaltung, die viele Ehepaare und ihre Kinder umfaßte, war die den Frauen übergebne Führung des Haushalts ebensogut eine öffentliche, eine gesellschaftlich notwendige Industrie wie die Beschaffung der Nahrungsmittel durch die Männer. Mit der patriarchalischen Familie, und noch mehr mit der monogamen Einzelfamilie wurde dies anders. Die Führung des Haushalts verlor ihren öffentlichen Charakter. Sie ging die Gesellschaft nichts mehr an. Sie wurde ein *Privatdienst*; die Frau wurde erste Dienstbotin, aus der Teilnahme an der gesellschaftlichen Produktion verdrängt. Erst die große Industrie unsrer Zeit hat ihr – und auch nur der Proletarierin – den Weg zur gesellschaftlichen Produktion wieder eröffnet. Aber so, daß, wenn sie ihre Pflichten im Privatdienst der Familie erfüllt, sie von der öffentlichen Produktion ausgeschlossen bleibt und nichts erwerben kann; und daß, wenn sie sich an der öffentlichen Industrie beteiligen und selbständig erwerben will, sie außerstand ist, Familienpflichten zu erfüllen. Und wie in der Fabrik, so geht es der Frau in allen Geschäftszweigen, bis in die Medizin und Advokatur hinein. Die moderne Einzelfamilie ist gegründet auf die offne oder verhüllte Haussklaverei der Frau, und die moderne Gesellschaft ist eine Masse, die aus lauter Einzelfamilien als ihren Molekülen sich zusammensetzt. Der Mann muß heutzutage in der großen Mehrzahl der Fälle der Erwerber, der Ernährer der Familie sein, wenigstens in den besitzenden Klassen, und das gibt ihm eine Herrscherstellung, die keiner juristischen Extrabevorrechtung bedarf. Er ist in der

Familie der Bourgeois, die Frau repräsentiert das Proletariat. In der industriellen Welt tritt aber der spezifische Charakter der auf dem Proletariat lastenden ökonomischen Unterdrückung erst dann in seiner vollen Schärfe hervor, nachdem alle gesetzlichen Sondervorrechte der Kapitalistenklasse beseitigt und die volle juristische Gleichberechtigung beider Klassen hergestellt worden; die demokratische Republik hebt den Gegensatz beider Klassen nicht auf, sie bietet im Gegenteil erst den Boden, worauf er ausgefochten wird. Und ebenso wird auch der eigentümliche Charakter der Herrschaft des Mannes über die Frau in der modernen Familie und die Notwendigkeit, wie die Art, der Herstellung einer wirklichen gesellschaftlichen Gleichstellung beider erst dann in grelles Tageslicht treten, sobald beide juristisch vollkommen gleichberechtigt sind. Es wird sich dann zeigen, daß die Befreiung der Frau zur ersten Vorbedingung hat die Wiedereinführung des ganzen weiblichen Geschlechts in die öffentliche Industrie, und daß dies wieder erfordert die Beseitigung der Eigenschaft der Einzelfamilie als wirtschaftlicher Einheit der Gesellschaft.

Wir haben demnach drei Hauptformen der Ehe, die im ganzen und großen den drei Hauptstadien der menschlichen Entwicklung entsprechen. Für die Wildheit die Gruppenehe, für die Barbarei die Paarungsehe, für die Zivilisation die Monogamie, ergänzt durch Ehebruch und Prostitution. Zwischen Paarungsehe und Monogamie schiebt sich ein, auf der Oberstufe der Barbarei, das Kommando der Männer über Sklavinnen und die Vielweiberei.

Wie unsre ganze Darstellung bewiesen, ist der Fortschritt, der sich in dieser Reihenfolge aufzeigt, an die Eigentümlichkeit geknüpft, daß den Frauen die geschlechtliche Freiheit der Gruppenehe mehr und mehr entzogen wird, den Männern aber nicht. Und wirklich besteht die Gruppenehe für die Männer tatsächlich bis heute fort. Was bei der Frau ein Verbrechen ist und schwere gesetzliche und gesellschaftliche Folgen nach sich zieht, das gilt beim Mann für ehrenvoll oder doch schlimmstenfalls als ein leichter moralischer Makel, den man mit Vergnügen trägt. Je mehr aber der altherkömmliche Hetärismus in unsrer Zeit durch die kapitalistische Warenproduktion verändert und ihr angepaßt wird, je mehr er sich in unverhüllte Prostitution verwandelt, desto demoralisierender wirkt er. Und zwar demoralisiert er die Männer noch weit mehr als die Frauen. Die Prostitution degradiert unter den Frauen nur die Unglücklichen, die ihr verfallen, und auch diese bei weitem nicht in dem Grad, wie gewöhnlich geglaubt wird. Dagegen erniedrigt sie den Charakter der gesamten Männerwelt. So ist namentlich ein langer Bräutigamsstand in neun Fällen aus zehn eine förmliche Vorschule der ehelichen Untreue.

Nun gehn wir einer gesellschaftlichen Umwälzung entgegen, wo die bisherigen ökonomischen Grundlagen der Monogamie ebenso sicher verschwinden werden wie die ihrer Ergänzung, der Prostitution. Die Monogamie entstand aus der Konzentrierung größerer Reichtümer in einer Hand – und zwar der eines Mannes – und aus dem Bedürfnis, diese Reichtümer den Kindern dieses Mannes und keines andern zu vererben. Dazu war Monogamie der Frau erforderlich, nicht des Mannes, so daß diese Monogamie der Frau der offnen oder verdeckten Polygamie des Mannes durchaus nicht im Wege stand. Die bevorstehende gesellschaftliche Umwälzung wird aber durch Verwandlung wenigstens des unendlich größten Teils der dauernden, vererbbaren Reichtümer – der Produktionsmittel – in gesellschaftliches Eigentum diese ganze Vererbungssorge auf ein Minimum reduzieren. Da nun die Monogamie aus ökonomischen Ursachen entstanden, wird sie verschwinden, wenn diese Ursachen verschwinden?

Man könnte nicht mit Unrecht antworten: Sie wird so wenig verschwinden, daß sie vielmehr erst vollauf verwirklicht werden wird. Denn mit der Verwandlung der Produktionsmittel in gesellschaftliches Eigentum verschwindet auch die Lohnarbeit, das Proletariat, also auch die Notwendigkeit für eine gewisse – statistisch berechenbare – Zahl von Frauen, sich für Geld preiszugeben. Die Prostitution verschwindet, die Monogamie, statt unterzugehn, wird endlich eine Wirklichkeit – auch für die Männer.

Die Lage der Männer wird also jedenfalls sehr verändert. Aber auch die der Frauen, *aller* Frauen, erfährt bedeutenden Wechsel. Mit dem Übergang der Produktionsmittel in Gemeineigentum hört die Einzelfamilie auf, wirtschaftliche Einheit der Gesellschaft zu sein. Die Privathaushaltung verwandelt sich in eine gesellschaftliche Industrie. Die Pflege und Erziehung der Kinder wird öffentliche Angelegenheit; die Gesellschaft sorgt für alle Kinder gleichmäßig, seien sie eheliche oder uneheliche. Damit fällt die Sorge weg wegen der «Folgen», die heute das wesentlichste gesellschaftliche – moralische wie ökonomische – Moment bildet, das die rücksichtslose Hingabe eines Mädchens an den geliebten Mann verhindert. Wird das nicht Ursache genug sein zum allmählichen Aufkommen eines ungenierteren Geschlechtsverkehrs und damit auch einer laxeren öffentlichen Meinung von wegen jungfräulicher Ehre und weiblicher Schande? Und endlich, haben wir nicht gesehn, daß in der modernen Welt Monogamie und Prostitution zwar Gegensätze, aber untrennbare Gegensätze, Pole desselben Gesellschaftszustandes sind? Kann die Prostitution verschwinden, ohne die Monogamie mit sich in den Abgrund zu ziehn?

Hier tritt ein neues Moment in Wirksamkeit, ein Moment, das zur Zeit, als die Monogamie sich ausbildete, höchstens im Keim bestand: die individuelle Geschlechtsliebe.

Vor dem Mittelalter kann von individueller Geschlechtsliebe nicht die Rede sein. Daß persönliche Schönheit, vertrauter Umgang, gleichgestimmte Neigungen etc. bei Leuten verschiednen Geschlechts das Verlangen zu geschlechtlichem Verkehr erweckt haben, daß es den Männern wie den Frauen nicht total gleichgültig war, mit wem sie in dies intimste Verhältnis traten, das ist selbstredend. Aber von da bis zu unsrer Geschlechtsliebe ist noch unendlich weit. Im ganzen Altertum werden die Ehen von den Eltern für die Beteiligten geschlossen, und diese finden sich ruhig hinein. Das bißchen eheliche Liebe, das das Altertum kennt, ist nicht etwa subjektive Neigung, sondern objektive Pflicht, nicht Grund, sondern Korrelat der Ehe. Liebesverhältnisse im modernen Sinne kommen im Altertum nur vor außerhalb der offiziellen Gesellschaft. Die Hirten, deren Liebesfreuden und Leiden Theokrit und Moschos uns besingen, der «Daphnis und Chloe» des Longos[77], sind lauter Sklaven, die keinen Teil haben am Staat, der Lebenssphäre des freien Bürgers. Außer bei Sklaven aber finden wir Liebeshändel nur als Zersetzungsprodukte der untergehenden alten Welt, und mit Frauen, die ebenfalls außerhalb der offiziellen Gesellschaft stehn, mit Hetären, also mit Fremden oder Freigelassenen: in Athen vom Vorabend seines Untergangs an, in Rom zur Kaiserzeit. Kamen Liebeshändel wirklich vor zwischen freien Bürgern und Bürgerinnen, so nur von wegen des Ehebruchs. Und dem klassischen Liebesdichter des Altertums, dem alten Anakreon, war die Geschlechtsliebe, in unserm Sinne, so sehr Wurst, daß ihm sogar das Geschlecht des geliebten Wesens Wurst war.

Unsre Geschlechtsliebe unterscheidet sich wesentlich vom einfachen geschlechtlichen Verlangen, dem Eros, der Alten. Erstens setzt sie beim geliebten Wesen Gegenliebe voraus; die Frau steht insoweit dem Manne gleich, während sie beim antiken Eros keineswegs immer gefragt wird. Zweitens hat die Geschlechtsliebe einen Grad von Intensität und Dauer, der beiden Teilen Nichtbesitz und Trennung als ein hohes, wo nicht das höchste, Unglück erscheinen läßt; um sich gegenseitig besitzen zu können, spielen sie hohes Spiel, bis zum Einsatz des Lebens, was im Altertum höchstens beim Ehebruch vorkam. Und endlich entsteht ein neuer sittlicher Maßstab für die Beurteilung des geschlechtlichen Umgangs; man fragt nicht nur: war er ehelich oder außerehelich, sondern auch: entsprang er der Liebe und Gegenliebe oder nicht? Es versteht sich, daß es diesem neuen Maßstab in der feudalen oder bürgerlichen Praxis nicht besser ergeht als allen andern Maßstäben der Moral – man setzt sich über ihn hinweg. Aber es ergeht ihm auch nicht schlechter. Er wird ebensogut wie sie anerkannt – in der Theorie, auf dem Papier. Und mehr kann er vorderhand nicht verlangen.

Wo das Altertum abgebrochen mit seinen Anläufen zur Geschlechtsliebe, da setzt das Mittelalter wieder an: beim Ehebruch. Wir haben die ritterliche Liebe bereits geschildert, die die Tagelieder erfand. Von dieser Liebe, die die Ehe brechen will, bis zu der, die sie gründen soll, ist noch ein weiter Weg, den das Rittertum nie vollauf zurücklegt. Selbst wenn wir von den frivolen Romanen zu den tugendsamen Deutschen übergehn, finden wir im «Nibelungenlied», daß Kriemhild zwar im stillen nicht minder in Siegfried verliebt ist als er in sie, daß sie aber dennoch auf Gunthers Anzeige, er habe sie einem Ritter zugeschworen, den er nicht nennt, einfach antwortet: «Ihr braucht mich nicht zu bitten; wie Ihr mir gebietet, so will ich immer sein; den Ihr, Herr, mir gebt zum Mann, dem will ich mich gern verloben.»

Es fällt ihr gar nicht in den Sinn, daß ihre Liebe hier überhaupt in Betracht kommen kann. Gunther wirbt um Brünhild, Etzel um Kriemhild, ohne sie je gesehn zu haben; ebenso in der «Gutrun»[78] Siegebant von Irland um die norwegische Ute, Hetel von Hegelingen um Hilde von Irland, endlich Siegfried von Morland, Hartmut von Ormanien und Herwig von Seeland um Gutrun; und hier erst kommt es vor, daß diese sich freiwillig für letzteren entscheidet. In der Regel wird die Braut des jungen Fürsten ausgesucht von dessen Eltern, wenn sie noch leben, sonst von ihm selbst unter Beirat der großen Lehenträger, die in allen Fällen ein gewichtiges Wort dabei mitsprechen. Es kann auch gar nicht anders sein. Für den Ritter oder Baron wie für den Landesfürsten selbst ist die Verheiratung ein politischer Akt, eine Gelegenheit der Machtvergrößerung durch neue Bündnisse; das Interesse des *Hauses* hat zu entscheiden, nicht das Belieben des einzelnen. Wie soll da die Liebe in die Lage kommen, das letzte Wort zu sprechen über den Eheschluß?

Nicht anders mit dem Zunftbürger der mittelalterlichen Städte. Gerade die ihn schützenden Privilegien, die verklausulierten Zunftordnungen, die verkünstelten Grenzlinien, die ihn gesetzlich schieden, hier von den andern Zünften, dort von seinen eignen Zunftgenossen, da von seinen Gesellen und Lehrlingen, zogen den Kreis schon eng genug, aus dem er sich eine passende Gattin suchen konnte. Und welche unter ihnen die passendste war, das entschied unter diesem verwickelten System unbedingt nicht sein individuelles Belieben, sondern das Familieninteresse.

So blieb also in der unendlichen Mehrzahl der Fälle der Eheschluß bis zum Ende des Mittelalters, was er von Anfang an gewesen, eine Sache, die nicht von den Beteiligten entschieden wurde. Im Anfang kam man bereits verheiratet auf die Welt – verheiratet mit einer ganzen Gruppe des andern Geschlechts. In den späteren Formen der Gruppenehe fand wahrscheinlich ein ähnliches Verhältnis statt, nur unter stets wachsender Verengerung der Gruppe. In der Paarungsehe ist es Regel, daß die Mütter die Ehen ihrer Kinder verabreden; auch hier entscheiden Rücksichten auf neue Verwandtschaftsbande, die dem jungen Paar eine stärkere Stellung in Gens und Stamm verschaffen sollen. Und als mit dem Überwiegen des Privateigentums über das Gemeineigentum und mit dem Interesse an der Vererbung das Vaterrecht und die Monogamie zur Herrschaft kamen, da wurde der Eheschluß erst recht abhängig von ökonomischen Rücksichten. Die *Form* der Kaufehe verschwindet, die Sache wird in stets steigendem Maß durchgeführt, so daß nicht nur die Frau, sondern auch der Mann einen Preis erhält – nicht nach seinen persönlichen Eigenschaften, sondern nach seinem Besitz. Daß die gegenseitige Neigung der Beteiligten der alles andre überwiegende Grund des Eheschlusses sein sollte, das war in der Praxis der herrschenden Klassen unerhört geblieben von Anfang an; so etwas kam vor höchstens in der Romantik oder – bei den unterdrückten Klassen, die nicht zählten.

Das war der Zustand, den die kapitalistische Produktion vorfand, als sie, seit dem Zeitalter der geographischen Entdeckungen, durch den Welthandel und die Manufaktur sich anschickte zur Weltherrschaft. Man sollte meinen, dieser Modus der Eheschließung habe ihr ausnehmend gepaßt, und so war es auch. Und dennoch – die Ironie der Weltgeschichte ist unergründlich – war sie es, die die entscheidende Bresche in ihn legen mußte. Indem sie alle Dinge in Waren verwandelte, löste sie alle überkommenen, altherkömmlichen Verhältnisse auf, setzte an die Stelle der ererbten Sitte, des historischen Rechts, den Kauf und Verkauf, den «freien» Vertrag; wie denn der englische Jurist H. S. Maine[79] glaubte eine ungeheure Entdekkung gemacht zu haben, als er sagte, unser ganzer Fortschritt gegen frühere Epochen bestehe darin, daß wir gekommen seien from status to contract, von erblich überkommenen zu freiwillig kontrahierten Zuständen, was freilich schon im «Kommunistischen Manifest»[80] stand, soweit es richtig ist.

Zum Vertragschließen gehören aber Leute, die frei über ihre Personen, Handlungen und Besitztümer verfügen können und die einander gleichberechtigt gegenüberstehn. Diese «freien» und «gleichen» Leute zu schaffen, war grade eine der Hauptarbeiten der kapitalistischen Produktion. Geschah dies auch im Anfang noch in nur halbbewußter, obendrein religiös verkleideter Weise, so stand doch von der lutherischen und calvinischen Reformation an der Satz fest, daß der Mensch nur dann für seine Handlungen vollauf verantwortlich sei, wenn er sie in voller Freiheit des Willens begangen, und daß es sittliche Plicht sei, Widerstand zu leisten gegen jeden Zwang zu unsittlicher Tat. Wie reimte sich dies aber mit der bisherigen Praxis der Eheschließung? Die Ehe war nach bürgerlicher Auffassung ein Vertrag, ein Rechtsgeschäft, und zwar das wichtigste von allen, weil es über Körper und Geist von zwei Menschen auf Lebenszeit Verfügung traf. Es wurde damals zwar formell freiwillig geschlossen; ohne das Jawort der Beteiligten ging es nicht. Aber man wußte nur zu gut, wie das Jawort zustande kam und wer die eigentlichen Eheschließer waren. Wenn aber zu allen andern Verträgen wirkliche Freiheit der Entschließung gefordert wurde, warum nicht zu diesem? Hatten die zwei jungen Leute, die verkuppelt werden sollten, nicht auch das Recht, über sich selbst, über ihren Leib und dessen Organe frei zu verfügen? War nicht die Geschlechtsliebe durch das Rittertum in die Mode gekommen und war, gegenüber der ritterlichen Ehebruchsliebe, nicht die Liebe der Ehegatten ihre richtige bürgerliche Form? Wenn es aber Pflicht der Eheleute, einander zu lieben, war es nicht ebensosehr Pflicht der Liebenden, einander zu heiraten und niemand anders? Stand dies Recht der Liebenden nicht höher als das Recht der Eltern, Verwandten und sonstigen hergebrachten Heiratsmakler und Ehekuppler? Brach das Recht der freien persönlichen Prüfung ungeniert in

Kirche und Religion ein, wie sollte es stehenbleiben vor dem unerträglichen Anspruch der älteren Generation, über Leib, Seele, Vermögen, Glück und Unglück der jüngeren zu verfügen?

Diese Fragen mußten aufgeworfen werden zu einer Zeit, die alle alten Bande der Gesellschaft auflockerte und alle ererbten Vorstellungen ins Wanken brachte. Die Welt war mit einem Schlage fast zehnmal größer geworden; statt eines Quadranten einer Halbkugel, lag jetzt die ganze Erdkugel vor dem Blick der Westeuropäer, die sich beeilten, die andern sieben Quadranten in Besitz zu nehmen. Und wie die alten engen Heimatsschranken, so fielen auch die tausendjährigen Schranken der mittelalterlichen vorgeschriebnen Denkweise. Dem äußern wie dem innern Auge des Menschen öffnete sich ein unendlich weiterer Horizont. Was galt die Wohlmeinung der Ehrbarkeit, was das durch Geschlechter vererbte ehrsame Zunftprivilegium dem jungen Mann, den die Reichtümer Indiens, die Gold- und Silberminen Mexikos und Potosis anlockten. Es war die fahrende Ritterzeit des Bürgertums; sie hatte auch ihre Romantik und ihre Liebesschwärmerei, aber auf bürgerlichem Fuß und mit in letzter Instanz bürgerlichen Zielen.

So geschah es, daß das aufkommende Bürgertum, namentlich der protestantischen Länder, wo am meisten am Bestehenden gerüttelt wurde, auch für die Ehe die Freiheit der Vertragschließung mehr und mehr anerkannte und in der oben geschilderten Weise durchführte. Die Ehe blieb Klassenehe, aber innerhalb der Klasse wurde den Beteiligten ein gewisser Grad von Freiheit der Wahl zugestanden. Und auf dem Papier, in der moralischen Theorie wie in der poetischen Schilderung, stand nichts unerschütterlicher fest, als daß jede Ehe unsittlich, die nicht auf gegenseitiger Geschlechtsliebe und wirklich freier Übereinkunft der Gatten beruht. Kurzum, die Liebesehe war proklamiert als Menschenrecht, und zwar nicht nur als droit de l'homme, sondern auch ausnahmsweise als droit de la femme[81].

Dies Menschenrecht unterschied sich aber in einem Punkt von allen übrigen sogenannten Menschenrechten. Während diese in der Praxis auf die herrschende Klasse, die Bourgeoisie, beschränkt blieben und der unterdrückten Klasse, dem Proletariat, direkt oder indirekt verkümmert wurden, bewährt sich hier wieder die Ironie der Geschichte. Die herrschende Klasse bleibt beherrscht von den bekannten ökonomischen Einflüssen und weist daher nur in Ausnahmefällen wirklich frei geschlossene Ehen auf, während diese bei der beherrschten Klasse, wie wir sahen, die Regel sind.

Die volle Freiheit der Eheschließung kann also erst dann allgemein durchgeführt werden, wenn die Beseitigung der kapitalistischen Produktion und der durch sie geschaffnen Eigentumsverhältnisse alle die ökonomischen Nebenrücksichten entfernt hat, die jetzt noch einen so mächtigen Einfluß auf die Gattenwahl ausüben. Dann bleibt eben kein andres Motiv mehr als die gegenseitige Zuneigung.

Da nun die Geschlechtsliebe ihrer Natur nach ausschließlich ist – obwohl sich diese Ausschließlichkeit heutzutage nur in der Frau durchweg verwirklicht –, so ist die auf Geschlechtsliebe begründete Ehe ihrer Natur nach Einzelehe. Wir haben gesehn, wie recht Bachofen hatte, wenn er den Fortschritt von der Gruppenehe zur Einzelehe vorwiegend als das Werk der Frauen ansah; nur der Fortgang von der Paarungsehe zur Monogamie kommt auf Rechnung der Männer; und er bestand, historisch, wesentlich in einer Verschlechterung der Stellung der Frauen und einer Erleichterung der Untreue der Männer. Fallen nun noch die ökonomischen Rücksichten weg, infolge deren die Frauen sich diese gewohnheitsmäßige Untreue der Männer gefallen ließen – die Sorge um ihre eigne Existenz und noch mehr die um die Zukunft der Kinder –, so wird die damit erreichte Gleichstellung der Frau aller bisherigen Erfahrung nach in unendlich stärkerem Maß dahin wirken, daß die Männer wirklich monogam werden, als dahin, daß die Frauen polyandrisch.

Was aber von der Monogamie ganz entschieden wegfallen wird, das sind alle die Charaktere, die ihr durch ihr Entstehn aus den Eigentumsverhältnissen aufgedrückt wurden, und diese sind erstens die Vorherrschaft des Mannes und zweitens die Unlösbarkeit. Die Vorherrschaft des Mannes in der Ehe ist einfache Folge seiner ökonomischen Vorherrschaft und fällt mit dieser von selbst. Die Unlösbarkeit der Ehe ist teils Folge der ökonomischen Lage, unter der die Monogamie entstand, teils Tradition aus der Zeit, wo der Zusammenhang dieser ökonomischen Lage mit der Monogamie noch nicht recht verstanden und religiös outriert [überspitzt] wurde. Sie ist schon heute tausendfach durchbrochen. Ist nur die auf Liebe gegründete Ehe sittlich, so auch nur die, worin die Liebe fortbesteht. Die Dauer des Anfalls der individuellen Geschlechtsliebe ist aber nach den Individuen sehr verschieden, namentlich bei den Männern, und ein positives Aufhören der Zuneigung, oder ihre Verdrängung durch eine neue leidenschaftliche Liebe, macht die Scheidung für beide Teile wie für die Gesellschaft zur Wohltat. Nur wird man den Leuten ersparen, durch den nutzlosen Schmutz eines Scheidungsprozesses zu waten.

Was wir also heutzutage vermuten können über die Ordnung der Geschlechtsverhältnisse nach der bevorstehenden Wegfegung der kapitalistischen Produktion, ist vorwiegend negativer Art, beschränkt sich meist auf das, was wegfällt. Was aber wird hinzukommen? Das wird sich entscheiden, wenn ein neues Geschlecht herangewachsen sein wird: ein Geschlecht von Männern, die nie in ihrem Leben in den Fall gekommen sind, für Geld oder andre soziale Machtmittel die Preisgebung einer Frau zu erkaufen, und von Frauen, die nie in den Fall gekommen sind, weder aus irgendwelchen andern Rücksichten als wirklicher Liebe sich einem Mann hinzugeben, noch dem Geliebten die Hingabe zu verweigern aus Furcht vor den ökonomischen Folgen. Wenn diese Leute da sind, werden sie sich den Teufel darum scheren, was man heute glaubt, daß sie tun sollen; sie werden sich ihre eigne Praxis und ihre danach abgemeßne öffentliche Meinung über die Praxis jedes einzelnen selbst machen – Punktum.〉

Kehren wir indes zurück zu Morgan, von dem wir uns ein beträchtliches entfernt haben. Die geschichtliche Untersuchung der während der Zivilisationsperiode entwickelten gesellschaftlichen Institutionen geht über den Rahmen seines Buchs hinaus. Die Schicksale der Monogamie während dieses Zeitraums beschäftigen ihn daher nur ganz kurz. Auch er sieht in der Weiterbildung der monogamen Familie einen Fortschritt, eine Annäherung an die volle Gleichberechtigung der Geschlechter, ohne daß er dies Ziel jedoch für erreicht hält. Aber, sagt er, «wenn die Tatsache anerkannt wird, daß die Familie vier Formen nacheinander durchgemacht hat und sich jetzt in einer fünften befindet, so entsteht die Frage, ob diese Form für die Zukunft von Dauer sein kann. Die einzig mögliche Antwort ist die, daß sie fortschreiten muß, wie die Gesellschaft fortschreitet, sich verändern im Maß, wie die Gesellschaft sich verändert, ganz wie bisher. Sie ist das Geschöpf des Gesellschaftssystems und wird seinen Bildungsstand widerspiegeln. Da die monogame Familie sich verbessert hat seit dem Beginn der Zivilisation, und sehr merklich in der modernen Zeit, so kann man mindestens vermuten, daß sie weiterer Vervollkommnung fähig, bis die Gleichheit beider Geschlechter erreicht ist. Sollte in entfernter Zukunft die monogame Familie nicht imstande sein, die Ansprüche der Gesellschaft zu erfüllen, so ist unmöglich vorherzusagen, von welcher Beschaffenheit ihre Nachfolgerin sein wird.»[82]

III

Die irokesische Gens

Wir kommen jetzt zu einer andern Entdeckung Morgans, die mindestens von derselben Wichtigkeit ist wie die Rekonstruktion der Urfamilienform aus den Verwandtschaftssystemen. Der Nachweis, daß die durch Tiernamen bezeichneten Geschlechtsverbände innerhalb eines Stammes amerikanischer Indianer wesentlich identisch sind mit den genea der Griechen, den gentes der Römer; daß die amerikanische Form die ursprüngliche, die griechisch-römische die spätere, abgeleitete ist; daß die ganze Gesellschaftsorganisation der Griechen und Römer der Urzeit in Gens, Phratrie und Stamm ihre getreue Parallele findet in der amerikanisch-indianischen; daß die Gens eine allen Barbaren bis zu ihrem Eintritt in die Zivilisation, und selbst noch nachher, gemeinsame Einrichtung ist (soweit unsere Quellen bis jetzt reichen) – dieser Nachweis hat mit einem Schlag die schwierigsten Partien der ältesten griechischen und römischen Geschichte aufgeklärt und uns gleichzeitig über die Grundzüge der Gesellschaftsverfassung der Urzeit – vor Einführung des *Staats* – ungeahnte Aufschlüsse gegeben. So einfach die Sache auch aussieht, sobald man sie einmal kennt, so hat Morgan sie doch erst in der letzten Zeit entdeckt; in seiner vorhergehenden, 1871 erschienenen Schrift[14] war er noch nicht hinter dies Geheimnis gekommen, dessen Enthüllung seitdem die sonst so zuversichtlichen englischen Urhistoriker ⟨für eine Zeitlang⟩ mäuschenstill gemacht hat.

Das lateinische Wort gens, welches Morgan allgemein für diesen Geschlechtsverband anwendet, kommt wie das griechische gleichbedeutende genos von der allgemein-arischen Wurzel gan (deutsch, wo nach der Regel k für arisches g stehen muß, kan), welche erzeugen bedeutet. Gens, genos, sanskrit dschanas, gotisch (nach der obigen Regel) kuni, altnordisch und angelsächsisch kyn, englisch kin, mittelhochdeutsch künne bedeuten gleichmäßig Geschlecht, Abstammung. Gens im Lateinischen, genos im Griechischen, wird aber speziell für jenen Geschlechtsverband gebraucht, der sich gemeinsamer Abstammung (hier von einem gemeinsamen Stammvater) rühmt und durch gewisse gesellschaftliche und religiöse Einrichtungen zu einer besondern Gemeinschaft verknüpft ist, dessen Entstehung und Natur trotzdem allen unsern Geschichtsschreibern bis jetzt dunkel blieb.

Wir haben schon oben, bei der Punaluafamilie, gesehn, was die Zusammensetzung einer Gens in der ursprünglichen Form ist. Sie besteht aus allen Personen, die vermittelst der Punaluaehe und nach den in ihr mit Notwendigkeit herrschenden Vorstellungen die anerkannte Nachkommenschaft einer bestimmten einzelnen Stammutter, der Gründerin der Gens, bilden. Da in dieser Familienform die Vaterschaft ungewiß, gilt nur weibliche Linie. Da die Brüder ihre Schwestern nicht heiraten dürfen, sondern nur Frauen andrer Abstammung, so fallen die mit diesen fremden Frauen erzeugten Kinder nach Mutterrecht außerhalb der Gens. Es bleiben also nur die Nachkommen der *Töchter* jeder Generation innerhalb des Geschlechtsverbandes; die der Söhne gehn über in die Gentes ihrer Mütter. Was wird nun aus dieser Blutsverwandtschaftsgruppe, sobald sie sich als besondre Gruppe, gegenüber ähnlichen Gruppen innerhalb eines Stammes, konstituiert?

Als klassische Form dieser ursprünglichen Gens nimmt Morgan die der Irokesen, speziell des Senekastammes. Bei diesem gibt es acht Gentes, nach Tieren benannt: 1. Wolf, 2. Bär, 3. Schildkröte, 4. Biber, 5. Hirsch, 6. Schnepfe, 7. Reiher, 8. Falke. In jeder Gens herrscht folgender Brauch:

1. Sie erwählt ihren Sachem (Friedensvorsteher) und Häuptling (Kriegsanführer). Der Sachem muß aus der Gens selbst gewählt werden, und sein Amt war erblich in ihr, insofern es bei Erledigung sofort neu besetzt werden mußte; der Kriegsanführer konnte auch außerhalb der Gens gewählt werden und zeitweise ganz fehlen. Zum Sachem wurde nie der Sohn des vorigen gewählt, da bei den Irokesen Mutterrecht herrschte, der Sohn also einer andern Gens angehörte; wohl aber und oft der Bruder

oder Schwestersohn. Bei der Wahl stimmten alle mit, Männer und Weiber. Die Wahl mußte aber von den übrigen sieben Gentes bestätigt werden, und dann erst wurde der Gewählte feierlich eingesetzt, und zwar durch den gemeinsamen Rat des ganzen Irokesenbundes. Die Bedeutung hiervon wird sich später zeigen. Die Gewalt des Sachem innerhalb der Gens war väterlich, rein moralischer Natur; Zwangsmittel hatte er nicht. Daneben war er von Amts wegen Mitglied des Stammesrats der Senekas wie des Bundesrats der Gesamtheit der Irokesen. Der Kriegshäuptling hatte nur auf Kriegszügen etwas zu befehlen.

2. Sie setzt den Sachem und Kriegshäuptling nach Belieben ab. Dies geschieht wieder von Männern und Weibern zusammen. Die Abgesetzten sind nachher einfache Krieger wie die andern, Privatpersonen. Der Stammesrat kann übrigens auch Sachems absetzen, selbst gegen den Willen der Gens.

3. Kein Mitglied darf innerhalb der Gens heiraten. Dies ist die Grundregel der Gens, das Band, das sie zusammenhält; es ist der negative Ausdruck der sehr positiven Blutsverwandtschaft, kraft deren die in ihr einbegriffenen Individuen erst eine Gens werden. Durch die Entdeckung dieser einfachen Tatsache hat Morgan die Natur der Gens zum erstenmal enthüllt. Wie wenig die Gens bisher verstanden wurde, beweisen die früheren Berichte über Wilde und Barbaren, wo die verschiedenen Körperschaften, aus denen die Gentilordnung sich zusammensetzt, unbegriffen und ununterschieden als Stamm, Clan, Thum usw. durcheinandergeworfen wurden, und von diesen zuweilen gesagt wird, daß die Heirat innerhalb einer solchen Körperschaft verboten sei. Damit war denn die rettungslose Konfusion gegeben, in der Herr McLennan als Napoleon auftreten und Ordnung schaffen konnte, durch den Machtspruch: Alle Stämme teilen sich in solche, innerhalb deren die Ehe verboten ist (exogame) und solche, in denen sie erlaubt (endogame). Und nachdem er so die Sache erst recht gründlich verfahren, konnte er sich in den tiefsinnigsten Untersuchungen ergehen, welche von seinen beiden abgeschmackten Klassen die ältere sei: die Exogamie oder die Endogamie. Mit der Entdeckung der auf Blutsverwandtschaft, und daraus hervorgehender Unmöglichkeit der Ehe unter ihren Mitgliedern, begründeten Gens hörte dieser Unsinn von selbst auf. – Es ist selbstverständlich, daß auf der Stufe, auf der wir die Irokesen vorfinden, das Eheverbot innerhalb der Gens unverbrüchlich eingehalten wird.

4. Das Vermögen Verstorbner fiel an die übrigen Gentilgenossen, es mußte in der Gens bleiben. Bei der Unbedeutendheit der Gegenstände, die ein Irokese hinterlassen konnte, teilten sich die nächsten Gentilverwandten in die Erbschaft; starb ein Mann, dann seine leiblichen Brüder und Schwestern und der Mutterbruder; starb eine Frau, dann ihre Kinder und leiblichen Schwestern, nicht aber ihre Brüder. Ebendeshalb konnten Mann und Frau nicht voneinander erben, oder die Kinder vom Vater.

5. Die Gentilgenossen schuldeten einander Hülfe, Schutz und namentlich Beistand zur Rache für Verletzung durch Fremde. Der einzelne verließ sich für seine Sicherheit auf den Schutz der Gens, und konnte es; wer ihn verletzte, verletzte die ganze Gens. Hieraus, aus den Blutbanden der Gens, entsprang die Verpflichtung zur Blutrache, die von den Irokesen unbedingt anerkannt wurde. Erschlug ein Gentilfremder einen Gentilgenossen, so war die ganze Gens des Getöteten zur Blutrache verpflichtet. Zuerst versuchte man Vermittlung; die Gens des Töters hielt Rat und machte dem Rat der Gens des Getöteten Beilegungsanträge, meist Ausdrücke des Bedauerns und bedeutende Geschenke anbietend. Wurden diese angenommen, war die Sache erledigt. Im andern Fall ernannte die verletzte Gens einen oder mehrere Rächer, die den Töter zu verfolgen und zu erschlagen verpflichtet waren. Geschah dies, so hatte die Gens des Erschlagnen kein Recht, sich zu beklagen, der Fall war ausgeglichen.

6. Die Gens hat bestimmte Namen oder Reihen von Namen, die im ganzen Stamm nur sie gebrauchen darf, so daß der Name des einzelnen zugleich sagt, welcher Gens er angehört. Ein Gentilname führt Gentilrechte von vornherein mit sich.

7. Die Gens kann Fremde in sich adoptieren und sie dadurch in den ganzen Stamm aufnehmen. Die Kriegsgefangnen, die man nicht tötete, wurden so vermittelst Adoption in einer Gens Stammesmitglieder der Senekas und erhielten damit die vollen Gentil- und Stammesrechte. Die Adoption geschah auf Antrag einzelner Gentilgenossen, Männer, die den Fremden als Bruder resp. Schwester, Frauen, die ihn als Kind annahmen; die feierliche Aufnahme in die Gens war zur Bestätigung nötig. Oft wurden so einzelne, ausnahmsweise zusammengeschrumpfte Gentes durch Massenadoption aus einer andern Gens, mit Einwilligung dieser, neu gestärkt. Bei den Irokesen fand die feierliche Aufnahme in die Gens in öffentlicher Sitzung des Stammesrats statt, wodurch sie tatsächlich eine religiöse Zeremonie wurde.

8. Spezielle religiöse Feierlichkeiten kann man bei indianischen Gentes schwerlich nachweisen; aber die religiösen Zeremonien der Indianer hängen mehr oder minder mit den Gentes zusammen. Bei den sechs jährlichen religiösen Festen der Irokesen wurden die Sachems und Kriegshäuptlinge der einzelnen Gentes von Amts wegen den «Glaubenshütern» zugezählt und hatten priesterliche Funktionen.

9. Die Gens hat einen gemeinsamen Begräbnisplatz. Dieser ist bei den mitten unter Weißen eingeengten Irokesen des Staats New York jetzt verschwunden, hat aber früher bestanden. Bei andern Indianern besteht er noch; so bei den den Irokesen nah verwandten Tuskaroras, die, obgleich Christen, für jede Gens eine bestimmte Reihe im Kirchhof haben, so daß zwar die Mutter in derselben Reihe begraben wird wie die Kinder, aber nicht der Vater. Und auch bei den Irokesen geht die ganze Gens eines Verstorbenen zum Begräbnis, besorgt das Grab, die Grabreden etc.

10. Die Gens hat einen Rat, die demokratische Versammlung aller männlichen und weiblichen erwachsenen Gentilen, alle mit gleichem Stimmrecht. Dieser Rat erwählte Sachems und Kriegshäuptlinge und setzte sie ab; ebenso die übrigen «Glaubenshüter»; er beschloß über Bußgaben (Wergeld) oder Blutrache für gemordete Gentilen; er adoptierte Fremde in die Gens. Kurz, er war die souveräne Gewalt in der Gens.

Dies sind die Befugnisse einer typischen indianischen Gens.

«Alle ihre Mitglieder sind freie Leute, verpflichtet, einer des andern Freiheit zu schützen; gleich in persönlichen Rechten – weder Sachems noch Kriegsführer beanspruchen irgendwelchen Vorrang; sie bilden eine Brüderschaft, verknüpft durch Blutbande. Freiheit, Gleichheit, Brüderlichkeit, obwohl nie formuliert, waren die Grundprinzipien der Gens, und diese war wiederum die Einheit eines ganzen gesellschaftlichen Systems, die Grundlage der organisierten indianischen Gesellschaft. Das erklärt den unbeugsamen Unabhängigkeitssinn und die persönliche Würde des Auftretens, die jedermann bei den Indianern anerkennt.»[83]

Zur Zeit der Entdeckung waren die Indianer von ganz Nordamerika in Gentes organisiert, nach Mutterrecht. Nur in einigen Stämmen, wie den der Dakotas, waren die Gentes verfallen, und in einigen andern, Ojibwas, Omahas, waren sie nach Vaterrecht organisiert.

Bei sehr vielen indianischen Stämmen mit mehr als fünf oder sechs Gentes finden wir je drei, vier oder mehr Gentes zu einer besondern Gruppe vereinigt, die Morgan in getreuer Übertragung des indianischen Namens nach ihrem griechischen Gegenbild Phratrie (Brüderschaft) nennt. So haben die Senekas zwei Phratrien; die erste umfaßt die Gentes 1–4, die zweite die Gentes 5–8. Die nähere Untersuchung zeigt, daß diese Phratrien meist die ursprünglichen Gentes darstellen, in die sich der Stamm anfänglich spaltete; denn bei dem Heiratsverbot innerhalb der Gens mußte jeder Stamm notwendig mindestens zwei Gentes umfassen, um selbständig bestehn zu können. Im Maß, wie sich der Stamm vermehrte, spaltete sich jede Gens wieder in zwei oder mehrere, die nun jede als besondre Gens erscheinen, während die ursprüngliche Gens, die alle Tochtergentes umfaßt, fortlebt als Phratrie. Bei den Senekas und den meisten andern Indianern sind die Gentes der einen Phratrie Brudergentes, während die der andern ihre Vettergentes sind – Bezeichnungen, die im amerikanischen Verwandtschaftssystem, wie wir sahn, einen sehr reellen und ausdrucksvollen Sinn haben. Ursprünglich durfte auch kein Seneka innerhalb seiner Phratrie heiraten, doch ist dies längst außer Gebrauch gekommen und auf die Gens beschränkt. Tradition der Senekas war, daß Bär und Hirsch die beiden ursprünglichen Gentes seien, von denen die andern abgezweigt. Nachdem diese neue Einrichtung einmal eingewurzelt, wurde sie nach dem Bedürfnis modifiziert; starben Gentes einer Phratrie aus, so wurden zuweilen zur Ausgleichung ganze Gentes aus andern Phratrien in jene versetzt. Daher finden wir bei verschiednen Stämmen die gleichnamigen Gentes verschieden gruppiert in den Phratrien.

Die Funktionen der Phratrie bei den Irokesen sind teils gesellschaftliche, teils religiöse. 1. Das Ballspiel spielen die Phratrien gegeneinander; jede schickt ihre besten Spieler vor, die übrigen sehen zu, jede Phratrie besonders aufgestellt, und wetten gegeneinander auf das Gewinnen der ihrigen. – 2. Im Stammesrat sitzen die Sachems und Kriegsführer jeder Phratrie zusammen, die beiden Gruppen einander gegenüber, jeder Redner spricht zu den Repräsentanten jeder Phratrie als zu einer besondern Körperschaft.– 3. War ein Totschlag im Stamm vorgekommen, wo Töter und Getötete nicht zu derselben Phratrie gehörten, so appellierte die verletzte Gens oft an ihre Brudergentes; diese hielten einen Phratrienrat und wandten sich an die andre Phratrie als Gesamtheit, damit diese ebenfalls einen Rat versammle zur Beilegung der Sache. Hier tritt also die Phratrie wieder als ursprüngliche Gens auf und mit größerer Aussicht auf Erfolg als die schwächere einzelne Gens, ihre Tochter. – 4. Bei Todesfällen hervorragender Leute übernahm die entgegengesetzte Phratrie die Besorgung der Bestattung und der Begräbnisfeierlichkeiten, während die Phratrie des Verstorbenen als leidtragend mitging. Starb ein Sachem, so meldete die entgegengesetzte Phratrie die Erledigung des Amts dem Bundesrat der Irokesen an. – 5. Bei der Wahl eines Sachems kam ebenfalls der Phratrienrat ins Spiel. Bestätigung durch die Brudergentes wurde als ziemlich selbstverständlich angesehn, aber die Gentes der andern Phratrie mochten opponieren. In solchem Fall kam der Rat dieser Phratrie zusammen; hielt er die Opposition aufrecht, so war die Wahl wirkungslos. – 6. Früher hatten die Irokesen besondre religiöse Mysterien, von den Weißen medicine-lodges genannt. Diese wurden bei den Senekas gefeiert durch zwei religiöse Genossenschaften, mit regelrechter Einweihung für neue Mitglieder; auf jede der beiden Phratrien entfiel eine dieser Genossenschaften. – 7. Wenn, wie fast sicher, die vier linages (Geschlechter), die die vier Viertel von Tlascalá zur Zeit der Eroberung bewohnten[84], vier Phratrien waren, so ist damit bewiesen, daß die Phratrien wie bei den Griechen und ähnliche Geschlechtsverbände bei den Deutschen, auch als militärische Einheiten galten; diese vier linages zogen in den Kampf, jede einzelne als besondre Schar, mit eigner Uniform und Fahne und unter eignem Führer.

Wie mehrere Gentes eine Phratrie, so bilden, in der klassischen Form, mehrere Phratrien einen Stamm; in manchen Fällen fehlt bei stark geschwächten Stämmen das Mittelglied, die Phratrie. Was bezeichnet nun einen Indianerstamm in Amerika?

1. Ein eignes Gebiet und ein eigner Name. Jeder Stamm besaß außer dem Ort seiner wirklichen Niederlassung noch ein beträchtliches Gebiet zu Jagd und Fischfang. Darüber hinaus lag ein weiter, neutraler Landstrich, der bis ans Gebiet des nächsten Stammes reichte, bei sprachverwandten Stämmen geringer, bei nichtsprachverwandten größer war. Es ist dies der Grenzwald der Deutschen, die Wüste, die Cäsars Sueven um ihr Gebiet

schaffen, das îsarnholt (dänisch jarnved, limes Danicus) zwischen Dänen und Deutschen, der Sachsenwald und der branibor (slawisch = Schutzwald), von dem Brandenburg seinen Namen trägt, zwischen Deutschen und Slawen. Das solchergestalt durch unsichre Grenzen ausgeschiedne Gebiet war das Gemeinland des Stamms, von Nachbarstämmen als solches anerkannt, von ihm selbst gegen Übergriffe verteidigt. Die Unsicherheit der Grenzen wurde meist erst praktisch nachteilig, wenn die Bevölkerung sich stark vermehrt hatte. – Die Stammesnamen erscheinen meist mehr zufällig entstanden als absichtlich gewählt; mit der Zeit kam es häufig vor, daß ein Stamm von den Nachbarstämmen mit einem andern als dem von ihm selbst gebrauchten bezeichnet wurde; ähnlich wie die Deutschen ihren ersten geschichtlichen Gesamtnamen, Germanen, von den Kelten auferlegt bekamen.

2. Ein besondrer, nur diesem Stamm eigentümlicher *Dialekt*. In der Tat fallen Stamm und Dialekt der Sache nach zusammen; Neubildung von Stämmen und Dialekten durch Spaltung ging noch bis vor kurzem in Amerika vor sich und wird auch jetzt kaum ganz aufgehört haben. Wo zwei geschwächte Stämme sich zu einem verschmolzen haben, kommt es ausnahmsweise vor, daß im selben Stamm zwei nahverwandte Dialekte gesprochen werden. Die Durchschnittsstärke amerikanischer Stämme ist unter 2000 Köpfen; die Tscherokesen indes sind an 26 000 stark, die größte Zahl Indianer in den Vereinigten Staaten, die denselben Dialekt sprechen.

3. Das Recht, die von den Gentes erwählten Sachems und Kriegsführer feierlich einzusetzen und

4. das Recht, sie wieder abzusetzen, auch gegen den Willen ihrer Gens. Da diese Sachems und Kriegsführer Mitglieder des Stammesrats sind, erklären sich diese Rechte des Stamms ihnen gegenüber von selbst. Wo sich ein Bund von Stämmen gebildet hatte und die Gesamtzahl der Stämme in einem Bundesrat vertreten war, gingen obige Rechte auf diesen über.

5. Der Besitz gemeinsamer religiöser Vorstellungen (Mythologie) und Kultusverrichtungen. «Die Indianer waren in ihrer barbarischen Art ein religiöses Volk.»[85]

Ihre Mythologie ist noch keineswegs kritisch untersucht; sie stellten sich die Verkörperungen ihrer religiösen Vorstellungen – Geister aller Art – bereits unter menschlicher Gestalt vor, aber die Unterstufe der Barbarei, auf der sie sich befanden, kennt noch keine bildlichen Darstellungen, sogenannte Götzen. Es ist ein in der Entwicklung zur Vielgötterei sich befindender Natur- und Elementarkultus. Die verschiednen Stämme hatten ihre regelmäßigen Feste, mit bestimmten Kultusformen, namentlich Tanz und Spielen; der Tanz besonders war ein wesentlicher Bestandteil aller religiösen Feierlichkeiten; jeder Stamm hielt die seinigen besonders ab.

6. Ein Stammesrat für gemeinsame Angelegenheiten. Er war zusammengesetzt aus sämtlichen Sachems und Kriegsführern der einzelnen Gentes, ihren wirklichen, weil stets absetzbaren Vertretern; er beriet öffentlich, umgeben von den übrigen Stammesgliedern, die das Recht hatten dreinzureden und mit ihrer Ansicht gehört zu werden; der Rat entschied. In der Regel wurde jeder Anwesende auf Verlangen gehört, auch die Weiber konnten durch einen Redner ihrer Wahl ihre Ansicht vortragen lassen. Bei den Irokesen mußte der endliche Beschluß einstimmig gefaßt werden, wie dies auch in manchen Beschlüssen deutscher Markgemeinden der Fall war. Dem Stammesrat lag ob namentlich die Regelung des Verhältnisses zu fremden Stämmen; er empfing Gesandtschaften und sandte solche ab, er erklärte Krieg und schloß Frieden. Kam es zum Krieg, so wurde dieser meist von Freiwilligen geführt. Im Prinzip galt jeder Stamm als im Kriegszustand befindlich mit jedem andern Stamm, mit dem er keinen ausdrücklichen Friedensvertrag geschlossen. Kriegerische Auszüge gegen solche Feinde wurden meist organisiert durch einzelne hervorragende Krieger; sie gaben einen Kriegstanz, wer mittanzte, erklärte damit seine Beteiligung am Zug. Die Kolonne wurde sofort gebildet und in Bewegung gesetzt. Ebenso wurde die Verteidigung des angegriffnen Stammesgebiets meist durch freiwillige Aufgebote geführt. Der Auszug und die Rückkehr solcher Kolonnen gaben stets Anlaß zu öffentlichen Festlichkeiten. Genehmigung des Stammesrats zu solchen Auszügen war nicht erforderlich und wurde weder verlangt noch gegeben. Es sind ganz die Privatkriegszüge deutscher Gefolgschaften, wie Tacitus sie uns schildert, nur daß bei den Deutschen die Gefolgschaften bereits einen ständigern Charakter angenommen haben, einen festen Kern bilden, der schon in Friedenszeiten organisiert wird und um den sich im Kriegsfall die übrigen Freiwilligen gruppieren. Solche Kriegskolonnen waren selten zahlreich; die bedeutendsten Expeditionen der Indianer, auch auf große Entfernungen, wurden von unbedeutenden Streitkräften vollführt. Traten mehrere solche Gefolgschaften zu einer großen Unternehmung zusammen, so gehorchte jede nur ihrem eignen Führer; die Einheit des Feldzugsplans wurde durch einen Rat dieser Führer gut oder schlecht gesichert. Es ist die Kriegführung der Alamannen im vierten Jahrhundert am Oberrhein, wie wir sie bei Ammianus Marcellinus geschildert finden.

7. In einigen Stämmen finden wir einen Oberhäuptling, dessen Befugnisse indessen sehr gering sind. Es ist einer der Sachems, der in Fällen, die rasches Handeln erfordern, provisorische Maßregeln zu treffen hat bis zu der Zeit, wo der Rat sich versammeln und endgültig beschließen kann. Es ist ein schwacher, aber in der weitren Entwicklung meist unfruchtbar gebliebner Ansatz zu einem Beamten mit vollstreckender Gewalt; dieser hat sich vielmehr, wie sich zeigen wird, in den meisten Fällen, wo nicht überall, aus dem obersten Heerführer entwickelt.

Über die Vereinigung im Stamm kam die große Mehrzahl der amerikanischen Indianer nicht hinaus. In wenig zahlreichen Stämmen, durch weite Grenzstriche voneinander geschieden, durch ewige Kriege geschwächt, besetzten sie mit wenig Menschen ein ungeheures Gebiet. Bündnisse zwischen verwandten Stämmen bildeten sich hie und da aus augenblicklicher Notlage und zerfielen mit ihr. Aber in einzelnen Gegenden hatten sich ursprünglich verwandte Stämme aus der Zersplitterung wieder zusammengeschlossen zu dauernden Bünden und so den ersten Schritt getan zur Bildung von Nationen. In den Vereinigten Staaten finden wir die entwickeltste Form eines solchen Bundes bei den Irokesen. Von ihren Sitzen westlich vom Mississippi ausziehend, wo sie wahrscheinlich einen Zweig der großen Dakota-Familie gebildet, ließen sie sich nach langer Wanderung im heutigen Staat New York nieder, in fünf Stämme geteilt: Senekas, Cayugas, Onondagas, Oneidas und Mohawks. Sie lebten von Fisch, Wild und rohem Gartenbau, wohnten in Dörfern, die meist durch ein Pfahlwerk geschützt. Nie über 20000 Köpfe stark, hatten sie in allen fünf Stämmen eine Anzahl von Gentes gemeinsam, sprachen nahverwandte Dialekte derselben Sprache und besetzten nun ein zusammenhängendes Gebiet, das unter die fünf Stämme verteilt war. Da dies Gebiet neu erobert, war gewohnheitsmäßiges Zusammenhalten dieser Stämme gegen die Verdrängten natürlich und entwickelte sich, spätestens anfangs des 15. Jahrhunderts, zu einem förmlichen «ewigen Bund», einer Eidgenossenschaft, die auch sofort im Gefühl ihrer neuen Stärke einen angreifenden Charakter annahm, und auf der Höhe ihrer Macht, gegen 1675, große Landstriche ringsumher erobert und die Bewohner teils vertrieben, teils tributpflichtig gemacht hatte. Der Irokesenbund liefert die fortgeschrittenste gesellschaftliche Organisation, zu der es die Indianer gebracht, soweit sie die Unterstufe der Barbarei nicht überschritten (also mit Ausnahme der Mexikaner, Neumexikaner und Peruaner). Die Grundbestimmungen des Bundes waren folgende:

1. Ewiger Bund der fünf blutsverwandten Stämme auf Grundlage vollkommner Gleichheit und Selbständigkeit in allen innern Stammesangelegenheiten. Diese Blutsverwandtschaft bildete die wahre Grundlage des Bundes. Von den fünf Stämmen hießen drei die Vaterstämme und waren Brüder untereinander; die beiden andern hießen Sohnstämme und waren ebenfalls Bruderstämme untereinander. Drei Gentes – die ältesten – waren in allen fünf, andre drei in drei Stämmen noch lebendig vertreten, die Mitglieder jeder dieser Gentes allesamt Brüder durch alle fünf Stämme. Die gemeinsame, nur dialektisch verschiedne Sprache war Ausdruck und Beweis der gemeinsamen Abstammung.

2. Das Organ des Bundes war ein Bundesrat von 50 Sachems, alle gleich in Rang und Ansehn; dieser Rat entschied endgültig über alle Angelegenheiten des Bundes.

3. Diese 50 Sachems waren bei Stiftung des Bundes auf die Stämme und Gentes verteilt worden, als Träger neuer Ämter, ausdrücklich für Bundes-

zwecke errichtet. Sie wurden von den betreffenden Gentes bei jeder Erledigung neu gewählt und konnten von ihnen jederzeit abgesetzt werden; das Recht der Einsetzung in ihr Amt aber gehört dem Bundesrat.

4. Diese Bundessachems waren auch Sachems in ihren jedesmaligen Stämmen und hatten Sitz und Stimme im Stammesrat.

5. Alle Beschlüsse des Bundesrats mußten einstimmig gefaßt werden.

6. Die Abstimmung geschah nach Stämmen, so daß jeder Stamm und in jedem Stamm alle Ratsmitglieder zustimmen mußten, um einen gültigen Beschluß zu fassen.

7. Jeder der fünf Stammesräte konnte den Bundesrat berufen, dieser aber nicht sich selbst.

8. Die Sitzungen fanden vor versammeltem Volk statt; jeder Irokese konnte das Wort ergreifen; der Rat allein entschied.

9. Der Bund hatte keine persönliche Spitze, keinen Chef der vollziehenden Gewalt.

10. Dagegen hatte er zwei oberste Kriegsführer, mit gleichen Befugnissen und gleicher Gewalt (die beiden «Könige» der Spartaner, die beiden Konsuln in Rom).

Das war die ganze öffentliche Verfassung, unter der die Irokesen über vierhundert Jahre gelebt haben und noch leben. Ich habe sie ausführlicher nach Morgan geschildert, weil wir hier Gelegenheit haben, die Organisation einer Gesellschaft zu studieren, die noch keinen *Staat* kennt. Der Staat setzt eine von der Gesamtheit der jedesmal Beteiligten getrennte, besondre öffentliche Gewalt voraus, und Maurer, der mit richtigem Instinkt die deutsche Markverfassung als eine vom Staat wesentlich verschiedne, wenn auch ihm großenteils später zugrunde liegende, an sich rein gesellschaftliche Institution erkennt – Maurer untersucht daher in allen seinen Schriften das allmähliche Entstehn der öffentlichen Gewalt aus und neben den ursprünglichen Verfassungen der Marken, Dörfer, Höfe und Städte.[86] Wir sehn bei den nordamerikanischen Indianern, wie ein ursprünglich einheitlicher Volksstamm sich über einen ungeheuren Kontinent allmählich ausbreitet, wie Stämme durch Spaltung zu Völkern, ganzen Gruppen von Stämmen werden, die Sprachen sich verändern, bis nicht nur sie einander unverständlich werden, sondern auch fast jede Spur der ursprünglichen Einheit verschwindet; wie daneben in den Stämmen die einzelnen Gentes sich in mehrere spalten, die alten Muttergentes als Phratrien sich erhalten und doch die Namen dieser ältesten Gentes bei weit entfernten und lange getrennten Stämmen sich gleichbleiben – der Wolf und der Bär sind Gentilnamen noch bei einer Majorität aller indianischen Stämme. Und auf sie alle paßt im ganzen und großen die oben geschilderte Verfassung – nur daß viele es nicht bis zum Bund verwandter Stämme gebracht haben.

Wir sehn aber auch, wie sehr – die Gens als gesellschaftliche Einheit einmal gegeben – die ganze Verfassung von Gentes, Phratrien und Stamm sich mit fast zwingender Notwendigkeit – weil Natürlichkeit – aus dieser Einheit entwickelt. Alle drei sind Gruppen verschiedner Abstufungen von Blutsverwandtschaft, jede abgeschlossen in sich und ihre eignen Angelegenheiten ordnend, jede aber auch die andre ergänzend. Und der Kreis der ihnen anheimfallenden Angelegenheiten umfaßt die Gesamtheit der öffentlichen Angelegenheiten des Barbaren der Unterstufe. Wo wir also bei einem Volk die Gens als gesellschaftliche Einheit vorfinden, werden wir auch nach einer ähnlichen Organisation des Stammes suchen dürfen wie die hier geschilderte; und wo hinreichende Quellen vorliegen, wie bei Griechen und Römern, werden wir sie nicht nur finden, sondern uns auch überzeugen, daß, wo die Quellen uns im Stich lassen, die Vergleichung der amerikanischen Gesellschaftsverfassung uns über die schwierigsten Zweifel und Rätsel hinweghilft.

Und es ist eine wunderbare Verfassung in all ihrer Kindlichkeit und Einfachheit, diese Gentilverfassung! Ohne Soldaten, Gendarmen und Polizisten, ohne Adel, Könige, Statthalter, Präfekten oder Richter, ohne Gefängnisse, ohne Prozesse geht alles seinen geregelten Gang. Allen Zank und Streit entscheidet die Gesamtheit derer, die es angeht, die Gens oder der Stamm, oder die einzelnen Gentes unter sich – nur als äußerstes, selten angewandtes Mittel droht die Blutrache, von der unsre Todesstrafe auch nur die zivilisierte Form ist, behaftet mit allen Vorteilen und Nachteilen der Zivilisation. Obwohl viel mehr gemeinsame Angelegenheiten vorhanden sind als jetzt – die Haushaltung ist einer Reihe von Familien gemein und kommunistisch, der Boden ist Stammesbesitz, nur die Gärtchen sind den Haushaltungen vorläufig zugewiesen –, so braucht man doch nicht eine Spur unsres weitläufigen und verwickelten Verwaltungsapparats. Die Beteiligten entscheiden, und in den meisten Fällen hat jahrhundertelanger Gebrauch bereits alles geregelt. Arme und Bedürftige kann es nicht geben – die kommunistische Haushaltung und die Gens kennen ihre Verpflichtungen gegen Alte, Kranke und im Kriege Gelähmte. Alle sind gleich und frei – auch die Weiber. Für Sklaven ist noch kein Raum, für Unterjochung fremder Stämme in der Regel auch noch nicht. Als die Irokesen um 1651 die Eries und die «Neutrale Nation»[87] besiegt hatten, boten sie ihnen an, als Gleichberechtigte in den Bund zu treten; erst als die Besiegten dies weigerten, wurden sie aus ihrem Gebiet vertrieben. Und welche Männer und Weiber eine solche Gesellschaft erzeugt, beweist die Bewundrung aller Weißen, die mit unverdorbnen Indianern zusammenkamen, vor der persönlichen Würde, Geradheit, Charakterstärke und Tapferkeit dieser Barbaren.

Von der Tapferkeit haben wir ganz neuerdings in Afrika Beispiele erlebt. Die Zulukaffern vor einigen Jahren wie die Nubier vor ein paar Monaten – beides Stämme, bei denen Gentileinrichtungen noch nicht ausgestorben – haben getan, was kein europäisches Heer tun kann.[88] Nur mit Lanzen und Wurfspeeren bewaffnet, ohne Feuergewehr, sind sie im Kugelregen der Hinterlader der englischen Infanterie – der anerkannt ersten der Welt für das geschlossene Gefecht – bis an die Bajonette vorgerückt und haben sie mehr als einmal in Unordnung gebracht und selbst geworfen, trotz der kolossalen Ungleichheit der Waffen und trotzdem, daß sie gar keine Dienstzeit haben und nicht wissen, was Exerzieren ist. Was sie aushalten und leisten können, beweist die Klage der Engländer, daß ein Kaffer in 24 Stunden einen längeren Weg rascher zurücklegt als ein Pferd – der kleinste Muskel springt vor, hart und gestählt, wie Peitschenschnur, sagt ein englischer Maler.

So sahn die Menschen und die menschliche Gesellschaft aus, ehe die Scheidung in verschiedne Klassen vor sich gegangen war. Und wenn wir ihre Lage vergleichen mit der der ungeheuren Mehrzahl der heutigen zivilisierten Menschen, so ist der Abstand enorm zwischen dem heutigen Proletarier und Kleinbauer und dem alten freien Gentilgenossen.

Das ist die eine Seite. Vergessen wir aber nicht, daß diese Organisation dem Untergang geweiht war. Über den Stamm ging sie nicht hinaus; der Bund der Stämme bezeichnet schon den Anfang ihrer Untergrabung, wie sich zeigen wird und wie sich schon zeigte in den Unterjochungsversuchen der Irokesen. Was außerhalb des Stammes, war außerhalb des Rechts. Wo nicht ausdrücklicher Friedensvertrag vorlag, herrschte Krieg von Stamm zu Stamm, und der Krieg wurde geführt mit der Grausamkeit, die den Menschen vor den übrigen Tieren auszeichnet und die erst später gemildert wurde durch das Interesse. Die Gentilverfassung in ihrer Blüte, wie wir sie in Amerika sahen, setzte voraus eine äußerst unentwickelte Produktion, also eine äußerst dünne Bevölkerung auf weitem Gebiet; also ein fast vollständiges Beherrschtsein des Menschen von der ihm fremd gegenüberstehenden, unverstandnen äußern Natur, das sich widerspiegelt in den kindischen religiösen Vorstellungen. Der Stamm blieb die Grenze für den Menschen, sowohl dem Stammesfremden als auch sich selbst gegenüber: Der Stamm, die Gens und ihre Einrichtungen waren heilig und unantastbar, waren eine von Natur gegebne höhere Macht, der der einzelne in Fühlen, Denken und Tun unbedingt untertan blieb. So imposant die Leute dieser Epoche uns erscheinen, so sehr sind sie ununterschieden einer vom andern, sie hängen noch, wie Marx sagt, an der Nabelschnur des naturwüchsigen Gemeinwesens. Die Macht dieser naturwüchsigen Gemeinwesen mußte gebrochen werden – sie wurde gebrochen. Aber sie wurde gebrochen durch Einflüsse, die uns von vornherein als eine Degradation erscheinen, als ein Sündenfall von der einfachen sittlichen Höhe der alten Gentilgesellschaft. Es sind die niedrigsten Interessen – gemeine Habgier, brutale Genußsucht, schmutziger Geiz, eigensüchtiger Raub am Gemeinbesitz –, die die neue, zivilisierte, die Klassengesellschaft einweihen; es sind die schmählichsten Mittel – Diebstahl, Vergewaltigung, Hinterlist, Verrat, die die alte klassenlose Gentilgesellschaft unterhöhlen und zu Fall bringen. Und die neue Gesellschaft selbst, während der ganzen dritthalbtausend Jahre ihres Bestehns, ist nie etwas andres gewesen als die Entwicklung der kleinen Minderzahl auf Kosten der ausgebeuteten und unterdrückten großen Mehrzahl, und sie ist dies jetzt mehr als je zuvor.

IV

Die griechische Gens

Griechen wie Pelasger und andre stammverwandte Völker waren schon seit vorgeschichtlicher Zeit geordnet nach derselben organischen Reihe wie die Amerikaner: Gens, Phratrie, Stamm, Bund von Stämmen. Die Phratrie konnte fehlen wie bei den Doriern, der Bund von Stämmen brauchte noch nicht überall ausgebildet zu sein, aber in allen Fällen war die Gens die Einheit. Zur Zeit, wo die Griechen in die Geschichte eintreten, stehn sie an der Schwelle der Zivilisation; zwischen ihnen und den amerikanischen Stämmen, von denen oben die Rede war, liegen fast zwei ganze große Entwicklungsperioden, um welche die Griechen der Heroenzeit den Irokesen voraus sind. Die Gens der Griechen ist daher auch keineswegs mehr die archaische der Irokesen, der Stempel der ⟨Gruppenehe⟩[40] fängt an, sich bedeutend zu verwischen. Das Mutterrecht ist dem Vaterrecht gewichen; damit hat der aufkommende Privatreichtum seine erste Bresche in die Gentilverfassung gelegt. Eine zweite Bresche war natürliche Folge der ersten: Da nach Einführung des Vaterrechts das Vermögen einer reichen Erbin durch ihre Heirat an ihren Mann, also in eine andre Gens gekommen wäre, durchbrach man die Grundlage alles Gentilrechts, und erlaubte nicht nur, sondern *gebot* in diesem Fall, daß das Mädchen innerhalb der Gens heiratete, um dieser das Vermögen zu erhalten.

Nach Grotes[89] griechischer Geschichte wurde speziell die athenische Gens zusammengehalten durch:

1. Gemeinsame religiöse Feierlichkeiten und ausschließliches Recht des Priestertums zu Ehren eines bestimmten Gottes, des angeblichen Stammvaters der Gens, der in dieser Eigenschaft durch einen besondern Beinamen bezeichnet wurde.

2. Gemeinsamen Begräbnisplatz (vgl. Demosthenes' «Eubulides»[90]).

3. Gegenseitiges Beerbungsrecht.

4. Gegenseitige Verpflichtung zu Hülfe, Schutz und Unterstützung bei Vergewaltigung.

5. Gegenseitiges Recht und Verpflichtung zur Heirat in der Gens in gewissen Fällen, besonders wo es Waisentöchter oder Erbinnen betraf.

6. Besitz, wenigstens in einigen Fällen, von gemeinsamem Eigentum mit einem eignen Archon (Vorsteher) und Schatzmeister.

Sodann band die Vereinigung in der Phratrie mehrere Gentes zusammen, doch weniger eng; doch auch hier finden wir gegenseitige Rechte und Pflichten ähnlicher Art, besonders Gemeinsamkeit bestimmter Religionsübungen und das Recht der Verfolgung, wenn ein Phrator getötet worden. Die Gesamtheit der Phratrien eines Stammes hatte wiederum gemeinsame, regelmäßig wiederkehrende heilige Feierlichkeiten unter Vortritt eines aus den Adligen (Eupatriden) gewählten Phylobasileus (Stammesvorstehers).

So weit Grote. Und Marx fügt hinzu: «Durch die griechische Gens guckt der Wilde (Irokese z. B.) aber auch unverkennbar durch.» Er wird noch unverkennbarer, sobald wir etwas weiter untersuchen.

Der griechischen Gens kommt nämlich ferner zu:

7. Abstammung nach Vaterrecht;

8. Verbot der Heirat in der Gens außer im Fall von Erbinnen.

Diese Ausnahme und ihre Fassung als Gebot beweisen die Geltung der alten Regel. Diese folgt ebenfalls aus dem allgemein gültigen Satz, daß die Frau durch die Heirat auf die religiösen Riten ihrer Gens verzichtete und in die ihres Mannes übertrat, in dessen Phratrie sie auch eingeschrieben wurde. Heirat außerhalb der Gens war hiernach und nach einer berühmten Stelle des Dikäarchos Regel[91], und Becker im «Charikles» nimmt geradezu an, daß niemand innerhalb seiner eignen Gens heiraten durfte.[92]

9. Das Recht der Adoption in die Gens; es erfolgte durch Adoption in die Familie, aber mit öffentlichen Formalitäten und nur ausnahmsweise.

10. Das Recht, die Vorsteher zu erwählen und abzusetzen. Daß jede Gens ihren Archon hatte, wissen wir; daß das Amt erblich in bestimmten Familien sei, wird nirgends gesagt. Bis ans Ende der Barbarei ist die Vermutung stets gegen ⟨strikte⟩ Erblichkeit, die ganz unverträglich ist mit Zuständen, wo Reiche und Arme innerhalb der Gens vollkommen gleiche Rechte hatten.

Nicht nur Grote, sondern auch Niebuhr, Mommsen und alle andern bisherigen Geschichtsschreiber des klassischen Altertums sind gescheitert an der Gens. So richtig sie auch viele ihrer Merkmale aufgezeichnet haben, so sahn sie in ihr stets eine *Gruppe von Familien* und machten es sich damit unmöglich, die Natur und den Ursprung der Gens zu verstehn. Die Familie ist unter der Gentilverfassung nie eine Organisationseinheit gewesen und konnte es nicht sein, weil Mann und Frau notwendig zu zwei verschiednen Gentes gehörten. Die Gens ging ganz ein in die Phratrie, die Phratrie in den Stamm; die Familie ging auf halb in die Gens des Mannes und halb in die der Frau. Auch der Staat erkennt im öffentlichen Recht keine Familie an; sie existiert bis heute nur für das Privatrecht. Und dennoch geht unsre ganze bisherige Geschichtsschreibung von der, namentlich im achtzehnten Jahrhundert unantastbar gewordnen, absurden Voraussetzung aus, die monogame Einzelfamilie, die kaum älter ist als die Zivilisation, sei der

Kristallkern, um den sich Gesellschaft und Staat allmählich angesetzt habe.

«Herrn Grote ferner zu bemerken», fügt Marx ein, «daß, obgleich die Griechen ihre Gentes aus der Mythologie herleiten, jene Gentes älter sind als die *von ihnen selbst* geschaffne Mythologie mit ihren Göttern und Halbgöttern.»

Grote wird von Morgan mit Vorliebe angeführt, weil er ein angesehner und doch ganz unverdächtiger Zeuge. Er erzählt weiterhin, daß jede athenische Gens einen von ihrem vermeintlichen Stammvater abgeleiteten Namen hatte, daß vor Solon allgemein, und noch nach Solon bei Abwesenheit eines Testaments, die Gentilgenossen (gennêtes) des Verstorbenen sein Vermögen erbten, und daß im Fall von Totschlag zunächst die Verwandten, dann die Gentilgenossen und endlich die Phratoren des Erschlagenen das Recht und die Pflicht hatten, den Verbrecher vor den Gerichten zu verfolgen: «Alles, was wir von den ältesten athenischen Gesetzen hören, ist begründet auf die Einteilung in Gentes und Phratrien.»[93]

Die Abstammung der Gentes von gemeinsamen Urahnen hat den «schulgelehrten Philistern» (Marx) schweres Kopfzerbrechen gemacht. Da sie diese natürlich für rein mythisch ausgeben, so können sie sich die Entstehung einer Gens aus nebeneinanderstehenden, ursprünglich gar nicht verwandten Familien platterdings nicht erklären, und doch müssen sie dies fertigbringen, um nur das Dasein der Gentes zu erklären. Da wird denn ein sich im Kreise drehender Wortschwall aufgeboten, der nicht über den Satz hinauskommt: Der Stammbaum ist zwar eine Fabel, aber die Gens ist eine Wirklichkeit, und schließlich heißt es denn bei Grote – mit Einschiebungen von Marx – wie folgt: «Wir hören von diesem Stammbaum nur selten, weil er vor die Öffentlichkeit nur in gewissen, besonders feierlichen Fällen gebracht wird. Aber die geringeren Gentes hatten ihre gemeinsamen Religionsübungen» (sonderbar dies, Mr. Grote!) «und gemeinsamen übermenschlichen Stammvater und Stammbaum ganz wie die berühmteren» (wie gar sonderbar dies, Herr Grote, bei *geringeren* Gentes!); «der Grundplan und die ideale Grundlage» (werter Herr, nicht *ideal*, sondern karnal, germanice *fleischlich*) «war bei allen dieselbe.»[94]

Marx faßt Morgans Antwort hierauf wie folgt zusammen: «Das der Gens in ihrer Urform – und die Griechen hatten diese einst besessen wie andre Sterbliche – entsprechende Blutsverwandtschaftssystem bewahrte die Kenntnis der Verwandtschaften aller Mitglieder der Gentes untereinander. Sie lernten dies für sie entscheidend Wichtige durch Praxis von Kindesbeinen. Mit der monogamen Familie fiel dies in Vergessenheit. Der Gentilname schuf einen Stammbaum, neben dem der der Einzelfamilie unbedeutend erschien. Es war nunmehr dieser Name, der die Tatsache der gemeinsamen Abstammung seiner Träger zu bewahren hatte; aber der Stammbaum der Gens ging so weit zurück, daß die Mitglieder ihre gegenseitige wirkliche Verwandtschaft nicht mehr nachweisen konnten, außer in beschränkter Zahl von Fällen bei neueren, gemeinschaftlichen Vorfahren. Der Name selbst war Beweis gemeinsamer Abstammung, und endgültiger Beweis, abgesehn von Adoptionsfällen. Dahingegen ist die tatsächliche Leugnung aller Verwandtschaft zwischen Gentilgenossen à la Grote und Niebuhr, welche die Gens in eine rein ersonnene und erdichtete Schöpfung verwandelt, würdig ‹idealer›, d. h. stubenhockerischer Schriftgelehrter. Weil die Verkettung der Geschlechter, namentlich mit Anbruch der Monogamie, in die Ferne gerückt und die vergangne Wirklichkeit im mythologischen Phantasiegebilde widergespiegelt erscheint, schlossen und schließen Philister-Biedermänner, daß der Phantasiestammbaum wirkliche Gentes schuf!»

Die *Phratrie* war, wie bei den Amerikanern, eine in mehrere Tochtergentes gespaltne und sie einigende Muttergens und leitete sie alle oft noch vom gemeinsamen Stammvater ab. So hatten nach Grote «alle gleichzeitigen Glieder der Phratrie des Hekatäus einen und denselben Gott zum Stammvater im sechzehnten Glied»[95]; alle Gentes dieser Phratrie waren also buchstäblich Brudergentes. Die Phratrie kommt noch bei Homer als militärische Einheit vor, in der berühmten Stelle, wo Nestor dem Agamemnon rät: Ordne die Männer nach Stämmen und nach Phratrien, daß die Phratrie der Phratrie beistehe, und der Stamm dem Stamm.[96] – Sonst hat sie das Recht und die Pflicht der Verfolgung der an einem Phrator begangnen Blutschuld, also in früherer Zeit auch die Verpflichtung zur Blutrache. Sie hat ferner gemeinsame Heiligtümer und Feste, wie denn die Ausbildung der gesamten griechischen Mythologie aus dem mitgebrachten altarischen Naturkultus wesentlich bedingt war durch die Gentes und Phratrien und innerhalb ihrer vor sich ging. Ferner hatte sie einen Vorsteher (phratriarchos) und nach de Coulanges[97] auch Versammlungen und bindende Beschlüsse, eine Gerichtsbarkeit und Verwaltung. Selbst der spätere Staat, der die Gens ignorierte, ließ der Phratrie gewisse öffentliche Amtsverrichtungen.

Aus mehreren verwandten Phratrien besteht der Stamm. In Attika gab es vier Stämme, zu je drei Phratrien, von denen jede dreißig Gentes zählte. Solche Abzirkelung der Gruppen setzt bewußtes, planmäßiges Eingreifen in die naturwüchsig entstandne Ordnung voraus. Wie, wann und warum dies geschehn, darüber schweigt die griechische Geschichte, von der die Griechen selbst nur bis ins Heldenzeitalter hinein sich Erinnerung bewahrt haben.

Dialektische Abweichung war bei den auf verhältnismäßig kleinem Gebiet zusammengedrängten Griechen weniger entwickelt als in den weiten amerikanischen Wäldern; doch auch hier finden wir nur Stämme derselben Hauptmundart zu einem größern Ganzen vereinigt und selbst in dem kleinen Attika einen besondern Dialekt, der später als allgemeine Prosasprache der herrschende wurde.

In den homerischen Gedichten finden wir die griechischen Stämme meist schon zu kleinen Völkerschaften vereinigt, innerhalb deren Gentes, Phratrien und Stämme indes ihre Selbständigkeit noch vollkommen bewahrten. Sie wohnten bereits in mit Mauern befestigten Städten, die Bevölkerungszahl stieg mit der Ausdehnung der Herden, des Feldbaus und den Anfängen des Handwerks; damit wuchsen die Reichtumsverschiedenheiten und mit ihnen das aristokratische Element innerhalb der alten, naturwüchsigen Demokratie. Die einzelnen Völkchen führten unaufhörliche Kriege um den Besitz der besten Landstriche und auch wohl der Beute wegen; Sklaverei der Kriegsgefangenen war bereits anerkannte Einrichtung.

Die Verfassung dieser Stämme und Völkchen war nun wie folgt:

1. Stehende Behörde war der Rat, *bulê*, ursprünglich wohl aus den Vorstehern der Gentes zusammengesetzt, später, als deren Zahl zu groß wurde, aus einer Auswahl, die Gelegenheit bot zur Ausbildung und Stärkung des aristokratischen Elements; wie denn auch Dionysios geradezu den Rat der Heroenzeit aus den Vornehmen (kratistoi) zusammengesetzt sein läßt.[98] Der Rat entschied endgültig in wichtigen Angelegenheiten; so faßt der von Theben, bei Äschylos, den für die gegebne Sachlage entscheidenden Beschluß, den Eteokles ehrenvoll zu begraben, die Leiche des Polynikes aber hinauszuwerfen, den Hunden zur Beute. Mit Errichtung des Staats ging dieser Rat über in den späteren Senat.

2. Die *Volksversammlung* (agora). Bei den Irokesen fanden wir das Volk, Männer und Weiber, die Ratsversammlung umstehend, dreinredend in geordneter Weise und so ihre Beschlüsse beeinflussend. Bei den homerischen Griechen hat sich dieser «Umstand», um einen altdeutschen Gerichtsausdruck zu gebrauchen, bereits entwickelt zur vollständigen Volksversammlung, wie dies ebenfalls bei den Deutschen der Urzeit der Fall war. Sie wurde vom Rat berufen zur Entscheidung wichtiger Angelegenheiten; jeder Mann konnte das Wort ergreifen. Die Entscheidung erfolgte durch Handerheben (Äschylos in den «Schutzflehenden») oder durch Zuruf. Sie war souverän in letzter Instanz, denn, sagt Schoemann («Griechische Alterthümer»), «handelt es sich um eine Sache, zu deren Ausführung die Mitwirkung des Volks erforderlich ist, so verrät uns Homer kein Mittel, wie dasselbe gegen seinen Willen dazu gezwungen werden könne».[99]

Es gab eben zu dieser Zeit, wo jedes erwachsene männliche Stammesmitglied Krieger war, noch keine vom Volk getrennte öffentliche Gewalt, die ihm hätte entgegengesetzt werden können. Die naturwüchsige Demokratie stand noch in voller Blüte, und dies muß der Ausgangspunkt bleiben zur Beurteilung der Macht und der Stellung sowohl des Rats wie des Basileus.

3. Der Heerführer (basileus). Hierzu bemerkt Marx: «Die europäischen Gelehrten, meist geborne Fürstenbediente, machen aus dem Basileus einen Monarchen im modernen Sinn. Dagegen verwahrt sich der Yankee-Repu-

blikaner Morgan. Er sagt sehr ironisch, aber wahr, vom öligen Gladstone und dessen ‹Juventus Mundi›: ‹Herr Gladstone präsentiert uns die griechischen Häuptlinge der Heldenzeit als Könige und Fürsten, mit der Zugabe, daß sie auch Gentlemen seien; er selbst muß aber zugeben: Im ganzen scheinen wir die Sitte oder das Gesetz der Erstgeburtsfolge hinreichend, aber nicht allzu scharf bestimmt vorzufinden.›»[100]

Es wird auch wohl dem Herrn Gladstone selbst scheinen, daß eine so verklausulierte Erstgeburtsfolge hinreichend, wenn auch nicht allzu scharf, geradesoviel wert ist wie gar keine.

Wie es mit der Erblichkeit der Vorsteherschaften bei den Irokesen und andern Indianern stand, sahen wir. Alle Ämter waren Wahlämter meist innerhalb einer Gens und insofern in dieser erblich. Bei Erledigungen wurde der nächste Gentilverwandte – Bruder oder Schwestersohn – allmählich vorgezogen, falls nicht Gründe vorlagen, ihn zu übergehn. Ging also bei den Griechen unter der Herrschaft des Vaterrechts das Amt des Basileus in der Regel auf den Sohn oder einen der Söhne über, so ist das nur Beweis, daß die Söhne hier die Wahrscheinlichkeit der Nachfolge durch Volkswahl für sich hatten, keineswegs aber Beweis rechtskräftiger Erbfolge ohne Volkswahl. Was hier vorliegt, ist bei den Irokesen und Griechen die erste Anlage zu besondern Adelsfamilien innerhalb der Gentes, und bei den Griechen noch dazu die erste Anlage einer künftigen erblichen Führerschaft oder Monarchie. Die Vermutung spricht also dafür, daß bei den Griechen der Basileus entweder vom Volk gewählt oder doch durch seine anerkannten Organe – Rat oder Agora – bestätigt werden mußte, wie dies für den römischen «König» (rex) galt.

In der «Ilias» erscheint der Männerbeherrscher Agamemnon nicht als oberster König der Griechen, sondern als oberster Befehlshaber eines Bundesheers vor einer belagerten Stadt. Und auf diese seine Eigenschaft weist Odysseus hin, als Zwist unter den Griechen ausgebrochen war, in der berühmten Stelle: Nicht gut ist die Vielkommandiererei, einer sei Befehlshaber usw. (wobei noch der beliebte Vers mit dem Zepter späterer Zusatz).[101] «Odysseus hält hier keine Vorlesung über eine Regierungsform, sondern verlangt Gehorsam gegen den obersten Feldherrn im Kriege. Für die Griechen, die vor Troja nur als Heer erscheinen, geht es in der Agora demokratisch genug zu. Achilles, wenn er von Geschenken, d. h. Verteilung der Beute spricht, macht stets zum Verteiler weder den Agamemnon noch einen andern Basileus, sondern ‹die Söhne der Achäer›, d. h. das Volk. Die Prädikate: von Zeus erzeugt, von Zeus ernährt, beweisen nichts, da *jede* Gens von einem Gott abstammt, die des Stammeshaupts schon von einem ‹vornehmeren› Gott – hier Zeus. Selbst die persönlich Unfreien, wie der Sauhirt Eumäus u. a. sind ‹göttlich› (dioi und theioi) und dies in der ‹Odyssee›, also in viel späterer Zeit als die ‹Ilias›; in derselben ‹Odyssee› wird der Name Heros noch dem Herold Mulios beigelegt, wie dem blinden Sänger Demodokos. Kurz, das Wort basileia, das die griechischen Schriftsteller für das homerische sogenannte Königtum anwenden (weil die Heerführerschaft ihr Hauptkennzeichen), mit Rat und Volksversammlung daneben, bedeutet nur – militärische Demokratie.» (Marx.)

Der Basileus hatte außer den militärischen noch priesterliche und richterliche Amtsbefugnisse; letztere nicht näher bestimmt, erstere in seiner Eigenschaft als oberster Vertreter des Stammes oder Bundes von Stämmen. Von bürgerlichen, verwaltenden Befugnissen ist nie die Rede; er scheint aber von Amts wegen Ratsmitglied gewesen zu sein. Basileus mit König zu übersetzen, ist also etymologisch ganz richtig, da König (Kuning) von Kuni, Künne abstammt und Vorsteher einer Gens bedeutet. Aber der heutigen Bedeutung des Wortes König entspricht der altgriechische Basileus in keiner Weise. Thukydides nennt die alte Basileia ausdrücklich eine patrikê, d. h. von Gentes abgeleitete, und sagt, sie habe festbestimmte, also begrenzte Befugnisse gehabt.[102] Und Aristoteles sagt, die Basileia der Heroenzeit sei eine Führerschaft über Freie gewesen, und der Basileus Heerführer, Richter und Oberpriester[103]; Regierungsgewalt im spätern Sinne hatte er also nicht.*

Wir sehn also in der griechischen Verfassung der Heldenzeit die alte Gentilorganisation noch in lebendiger Kraft, aber auch schon den Anfang ihrer Untergrabung: Vaterrecht mit Vererbung des Vermögens an die Kinder, wodurch die Reichtumsanhäufung in der Familie begünstigt und die Familie eine Macht wurde gegenüber der Gens; Rückwirkung der Reichtumsverschiedenheit auf die Verfassung vermittelst Bildung der ersten Ansätze zu einem erblichen Adel und Königtum; Sklaverei, zunächst noch bloß von Kriegsgefangnen, aber schon die Aussicht eröffnend auf Versklavung der eignen Stammes- und selbst Gentilgenossen; der alte Krieg von Stamm gegen Stamm bereits ausartend in systematische Räuberei zu Land und zur See, um Vieh, Sklaven, Schätze zu erobern, in regelrechte Erwerbsquelle; kurz, Reichtum gepriesen und geachtet als höchstes Gut und die alten Gentilordnungen gemißbraucht, um den gewaltsamen Raub von Reichtümern zu rechtfertigen. Es fehlte nur noch eins: eine Einrichtung, die die neuerworbnen Reichtümer der einzelnen nicht nur gegen die kommunistischen Traditionen der Gentilordnung sicherstellte, die nicht nur das früher so geringgeschätzte Privateigentum heiligte und diese Heiligung für den höchsten Zweck aller menschlichen Gemeinschaft erklärte,

---

* Wie dem griechischen Basileus, so ist auch dem aztekischen Heerführer ein moderner Fürst untergeschoben worden. Morgan unterwirft die erst mißverständlichen und übertriebnen, später direkt lügenhaften Berichte der Spanier zum erstenmal der historischen Kritik und weist nach, daß die Mexikaner auf der Mittelstufe der Barbarei, höher jedoch als die neumexikanischen Pueblos-Indianer, standen, und daß ihre Verfassung, soweit die entstellten Berichte sie erkennen lassen, dem entsprach: ein Bund dreier Stämme, der eine Anzahl andrer zur Tributpflichtigkeit unterworfen hatte und der regiert wurde von einem Bundesrat und Bundesfeldherrn, aus welchem letzteren die Spanier einen «Kaiser» machten.

sondern die auch die nacheinander sich entwickelnden neuen Formen der Eigentumserwerbung, also der stets beschleunigten Vermehrung des Reichtums mit dem Stempel allgemein gesellschaftlicher Anerkennung versah; eine Einrichtung, die nicht nur die aufkommende Spaltung der Gesellschaft in Klassen verewigte, sondern auch das Recht der besitzenden Klasse auf Ausbeutung der nichtbesitzenden und die Herrschaft jener über diese.

Und diese Einrichtung kam. Der *Staat* wurde erfunden.

V

Entstehung des athenischen Staats

Wie der Staat sich entwickelt hat, indem die Organe der Gentilverfassung teils umgestaltet, teils durch Einschiebung neuer Organe verdrängt und endlich vollständig durch wirkliche Staatsbehörden ersetzt wurden, während an die Stelle des in seinen Gentes, Phratrien und Stämmen sich selbst schützenden wirklichen «Volks in Waffen» eine diesen Staatsbehörden dienstbare, also auch gegen das Volk verwendbare, bewaffnete «öffentliche Gewalt» trat – davon können wir wenigstens das erste Stück nirgends besser verfolgen als im alten Athen. Die Formverwandlungen sind im wesentlichen von Morgan dargestellt, den sie erzeugenden ökonomischen Inhalt muß ich großenteils hinzufügen.

Zur Heroenzeit saßen die vier Stämme der Athener in Attika noch auf getrennten Gebieten; selbst die sie zusammensetzenden zwölf Phratrien scheinen in den zwölf Städten des Kekrops noch gesonderte Sitze gehabt zu haben. Die Verfassung war die der Heroenzeit: Volksversammlung, Volksrat, Basileus. Soweit die geschriebne Geschichte zurückreicht, war der Grund und Boden schon verteilt und in Privateigentum übergegangen, wie dies der gegen Ende der Oberstufe der Barbarei bereits verhältnismäßig entwickelten Warenproduktion und dem ihr entsprechenden Warenhandel gemäß ist. Neben Korn wurde Wein und Öl gewonnen; der Seehandel auf dem Ägäischen Meer wurde mehr und mehr den Phöniziern entzogen und fiel großenteils in attische Hände. Durch den Kauf und Verkauf von Grundbesitz, durch die fortschreitende Teilung der Arbeit zwischen Ackerbau und Handwerk, Handel und Schiffahrt, mußten die Angehörigen der Gentes, Phratrien und Stämme sehr bald durcheinanderkommen, der Distrikt der Phratrie und des Stammes Bewohner erhalten, die, obwohl Volksgenossen, doch diesen Körperschaften nicht angehörten, also in ihrem eignen Wohnort fremd waren. Denn jede Phratrie und jeder Stamm verwalteten in ruhigen Zeiten ihre Angelegenheiten selbst, ohne nach Athen zum Volksrat oder Basileus zu schicken. Wer aber im Gebiet der Phratrie oder des Stamms wohnte, ohne ihm anzugehören, konnte an dieser Verwaltung natürlich keinen Anteil nehmen.

Das geregelte Spiel der Organe der Gentilverfassung kam damit so in Unordnung, daß schon zur Heroenzeit Abhülfe nötig wurde. Die dem Theseus zugeschriebne Verfassung wurde eingeführt. Die Änderung bestand vor allem darin, daß eine Zentralverwaltung in Athen eingerichtet, d. h. ein Teil der bisher von den Stämmen selbständig verwalteten Angelegenheiten für gemeinsame erklärt und dem in Athen sitzenden gemeinsamen Rat übertragen wurden. Hiermit gingen die Athener einen Schritt weiter als irgendein eingebornes Volk in Amerika je gegangen: An die Stelle des bloßen Bundes nebeneinander wohnender Stämme trat ihre Verschmelzung zu einem einzigen Volk. Damit entsprang ein athenisches allgemeines Volksrecht, das über den Rechtsbräuchen der Stämme und Gentes stand; der athenische Bürger erhielt, als solcher, bestimmte Rechte und neuen Rechtsschutz auch auf Gebiet, wo er stammesfremd war. Damit war aber der erste Schritt geschehn zur Untergrabung der Gentilverfassung; denn es war der erste Schritt zur späteren Zulassung von Bürgern, die in ganz Attika stammesfremd waren, die ganz außerhalb der athenischen Gentilverfassung standen und blieben. Eine zweite dem Theseus zugeschriebne Einrichtung war die Einteilung des ganzen Volks, ohne Rücksicht auf Gens, Phratrie oder Stamm, in drei Klassen: Eupatriden oder Adlige, Geomoren oder Ackerbauer und Demiurgen oder Handwerker, und die Überweisung des ausschließlichen Rechts der Ämterbesetzung an die Adligen. Diese Einteilung blieb zwar, mit Ausnahme der Ämterbesetzung durch den Adel, wirkungslos, da ⟨sie sonst keine Rechtsunterschiede zwischen den Klassen begründete⟩[103a]. Aber sie ist wichtig, weil sie uns die neuen gesellschaftlichen Elemente vorführt, die sich im stillen entwikkelt hatten. Sie zeigt, daß die gewohnheitsmäßige Besetzung der Gentilämter aus gewissen Familien sich bereits zu einem wenig bestrittenen Anrecht dieser Familien auf die Ämter ausgebildet hatte, daß diese Familien, ohnehin mächtig durch Reichtum, anfingen, außerhalb ihrer Gentes sich zu einer eignen bevorrechteten Klasse zusammenzutun, und daß der eben erst aufkeimende Staat diese Anmaßung heiligte. Sie zeigt ferner, daß die Teilung der Arbeit zwischen Landbauern und Handwerkern bereits genug erstarkt war, um der alten Gliederung nach Gentes und Stämmen den Vorrang in gesellschaftlicher Bedeutung streitig zu machen. Sie proklamiert endlich den unverträglichen Gegensatz zwischen Gentilgesellschaft und Staat; der erste Versuch der Staatsbildung besteht darin, die Gentes zu zerreißen, indem er die Mitglieder einer jeden in Bevorrechtete und Zurückgesetzte und diese wieder in zwei Gewerbsklassen scheidet und so einander entgegensetzt.

Die weitere politische Geschichte Athens bis auf Solon ist nur unvollkommen bekannt. Das Amt des Basileus kam in Abgang; an die Spitze des Staats traten aus dem Adel gewählte Archonten. Die Herrschaft des Adels stieg mehr und mehr, bis sie gegen das Jahr 600 vor unsrer Zeitrechnung unerträglich wurde. Und zwar war das Hauptmittel zur Unterdrückung der gemeinen Freiheit – das Geld, und der Wucher. Der Hauptsitz des Adels war in und um Athen, wo der Seehandel, benebst noch immer gelegentlich mit in den Kauf genommenem Seeraub, ihn bereicherte und den Geldreichtum in seinen Händen konzentrierte. Von hier aus drang die sich entwickelnde Geldwirtschaft wie zersetzendes Scheidewasser in die auf Naturalwirtschaft gegründete, althergebrachte Daseinsweise der Landgemeinden. Die Gentilverfassung ist mit Geldwirtschaft absolut unverträglich; der Ruin der attischen Parzellenbauern fiel zusammen mit der Lockerung der sie schützend umschlingenden alten Gentilbande. Der Schuldschein und die Gutsverpfändung (denn auch die Hypothek hatten die Athener schon erfunden) achteten weder Gens noch Phratrie. Und die alte Gentilverfassung kannte kein Geld, keinen Vorschuß, keine Geldschuld. Daher bildete die sich immer üppiger ausbreitende Geldherrschaft des Adels auch ein neues Gewohnheitsrecht aus zur Sicherung des Gläubigers gegen den Schuldner, zur Weihe der Ausbeutung des Kleinbauern durch den Geldbesitzer. Sämtliche Feldfluren Attikas starrten von Pfandsäulen, an denen verzeichnet stand, das sie tragende Grundstück sei dem und dem verpfändet um soundso viel Geld. Die Äcker, die nicht so bezeichnet, waren großenteils bereits wegen verfallner Hypotheken oder Zinsen verkauft, in das Eigentum des adligen Wucherers übergegangen; der Bauer konnte froh sein, wenn ihm erlaubt wurde, als Pächter darauf sitzenzubleiben und von *einem Sechstel* des Ertrags seiner Arbeit zu leben, während er *fünf Sechstel* dem neuen Herrn als Pacht zahlen mußte. Noch mehr. Reichte der Erlös des verkauften Grundstücks nicht hin zur Deckung der Schuld, oder war diese Schuld ohne Sicherung durch Pfand aufgenommen, so mußte der Schuldner seine Kinder ins Ausland in die Sklaverei verkaufen, um den Gläubiger zu decken. Verkauf der Kinder durch den Vater – das war die erste Frucht des Vaterrechts und der Monogamie! Und war der Blutsauger dann noch nicht befriedigt, so konnte er den Schuldner selbst als Sklaven verkaufen. Das war die angenehme Morgenröte der Zivilisation beim athenischen Volk.

Früher, als die Lebenslage des Volks noch der Gentilverfassung entsprach, war eine solche Umwälzung unmöglich; und hier war sie gekommen, man wußte nicht wie. Gehn wir einen Augenblick zurück zu unsern Irokesen. Dort war ein Zustand undenkbar, wie er sich jetzt den Athenern sozusagen ohne ihr Zutun und sicher gegen ihren Willen aufgedrängt hatte. Dort konnte die sich jahraus, jahrein gleichbleibende Weise, den Lebensunterhalt zu produzieren, nie solche, wie von außen aufgezwungene Konflikte erzeugen, keinen Gegensatz von Reich und Arm, von Ausbeutern und Ausgebeuteten. Die Irokesen waren noch weit entfernt davon, die Natur zu beherrschen, aber innerhalb der für sie geltenden Naturgrenzen beherrschten sie ihre eigne Produktion. Abgesehn von schlechten Ernten in ihren Gärtchen, von Erschöpfung des Fischvorrats ihrer Seen und

Flüsse, des Wildstandes ihrer Wälder, wußten sie, was bei ihrer Art, sich ihren Unterhalt zu erarbeiten, herauskam. Was herauskommen mußte, war der Lebensunterhalt, ob er kärglicher oder reichlicher ausfiel; was aber nie herauskommen konnte, das waren unbeabsichtigte gesellschaftliche Umwälzungen, Zerreißung der Gentilbande, Spaltung der Gentil- und Stammgenossen in entgegengesetzte, einander bekämpfende Klassen. Die Produktion bewegte sich in den engsten Schranken; aber – die Produzenten beherrschten ihr eignes Produkt. Das war der ungeheure Vorzug der barbarischen Produktion, der mit dem Eintritt der Zivilisation verlorenging und den wiederzuerobern, aber auf Grundlage der jetzt errungenen gewaltigen Naturbeherrschung durch den Menschen und der jetzt möglichen freien Assoziation, die Aufgabe, der nächsten Generationen sein wird.

Anders bei den Griechen. Der aufgekommene Privatbesitz an Herden und Luxusgerät führte zum Austausch zwischen einzelnen, zur Verwandlung der Produkte in *Waren*. Und hier liegt der Keim der ganzen folgenden Umwälzung. Sobald die Produzenten ihr Produkt nicht mehr direkt selbst verzehrten, sondern es im Austausch aus der Hand gaben, verloren sie die Herrschaft darüber. Sie wußten nicht mehr, was aus ihm werde, und die Möglichkeit war gegeben, daß das Produkt dereinst verwandt wurde gegen den Produzenten, zu seiner Ausbeutung und Unterdrückung. Darum kann keine Gesellschaft auf die Dauer die Herrschaft über ihre eigne Produktion und die Kontrolle über die gesellschaftlichen Wirkungen ihres Produktionsprozesses behalten, die nicht den Austausch zwischen einzelnen abschafft.

Wie rasch aber, nach dem Entstehn des Austausches zwischen einzelnen und mit der Verwandlung der Produkte in Waren, das Produkt seine Herrschaft über den Produzenten geltend macht, das sollten die Athener erfahren. Mit der Warenproduktion kam die Bebauung des Bodens durch einzelne für eigne Rechnung, damit bald das Grundeigentum einzelner. Es kam ferner das Geld, die allgemeine Ware, gegen die alle andern austauschbar waren; aber indem die Menschen das Geld erfanden, dachten sie nicht daran, daß sie damit wieder eine neue gesellschaftliche Macht schufen, die Eine allgemeine Macht, vor der die ganze Gesellschaft sich beugen mußte. Und diese neue, ohne Wissen und Willen ihrer eignen Erzeuger plötzlich emporgesprungne Macht war es, die, in der ganzen Brutalität ihrer Jugendlichkeit, ihre Herrschaft den Athenern zu fühlen gab.

Was war zu machen? Die alte Gentilverfassung hatte sich nicht nur ohnmächtig erwiesen gegen den Siegeszug des Geldes; sie war auch absolut unfähig, innerhalb ihres Rahmens selbst nur Raum zu finden für so etwas wie Geld, Gläubiger und Schuldner, Zwangseintreibung von Schulden. Aber die neue gesellschaftliche Macht war einmal da, und fromme Wünsche, Sehnsucht nach Rückkehr der guten alten Zeit trieben Geld und Zinswucher nicht wieder aus der Welt. Und obendrein waren eine Reihe andrer, untergeordneter Breschen in die Gentilverfassung gelegt. Die Durcheinanderwürfelung der Gentilgenossen und Phratoren auf dem ganzen attischen Gebiet, namentlich in der Stadt Athen selbst, war von Geschlecht zu Geschlecht größer geworden, trotzdem daß auch jetzt noch ein Athener zwar Grundstücke außerhalb seiner Gens verkaufen durfte, nicht aber sein Wohnhaus. Die Teilung der Arbeit zwischen den verschiednen Produktionszweigen: Ackerbau, Handwerk, im Handwerk wieder zahllose Unterarten, Handel, Schiffahrt usw., hatte sich mit den Fortschritten der Industrie und des Verkehrs immer vollständiger entwickelt; die Bevölkerung teilte sich nun nach ihrer Beschäftigung in ziemlich feste Gruppen, deren jede eine Reihe neuer, gemeinsamer Interessen hatte, für die in der Gens oder Phratrie kein Platz war, die also zu ihrer Besorgung neue Ämter nötig machten. Die Zahl der Sklaven hatte sich bedeutend vermehrt und muß schon damals die der freien Athener weit überstiegen haben; die Gentilverfassung kannte ursprünglich keine Sklaverei, also auch kein Mittel, diese Masse Unfreier im Zaum zu halten. Und endlich hatte der Handel eine Menge Fremder nach Athen gebracht, die dort des leichtern Gelderwerbs wegen sich niederließen und ebenfalls nach der alten Verfassung recht- und schutzlos und trotz herkömmlicher Duldung ein störend fremdes Element im Volk blieben.

Kurz, mit der Gentilverfassung ging es zu Ende. Die Gesellschaft wuchs täglich mehr aus ihr heraus; selbst die schlimmsten Übel, die unter ihren Augen entstanden waren, konnte sie nicht hemmen noch heben. Aber der Staat hatte sich inzwischen im stillen entwickelt. Die neuen, durch die Teilung der Arbeit zuerst zwischen Stadt und Land, dann zwischen den verschiednen städtischen Arbeitszweigen geschaffnen Gruppen hatten neue Organe geschaffen zur Wahrnehmung ihrer Interessen; Ämter aller Art waren eingerichtet worden. Und dann brauchte der junge Staat vor allem eine eigne Macht, die bei den seefahrenden Athenern zunächst nur eine Seemacht sein konnte, zu einzelnen kleinen Kriegen und zum Schutz der Handelsschiffe. Es wurden, zu unbekannter Zeit vor Solon, die Naukrarien errichtet, kleine Gebietsbezirke, zwölf in jedem Stamm; jede Naukrarie mußte ein Kriegsschiff stellen, ausrüsten und bemannen und stellte außerdem noch zwei Reiter. Diese Einrichtung griff die Gentilverfassung zwiefach an. Erstens, indem sie eine öffentliche Gewalt schuf, die schon nicht mehr ohne weiteres mit der Gesamtheit des bewaffneten Volks zusammenfiel; und zweitens, indem sie zum erstenmal das Volk zu öffentlichen Zwecken einteilte, nicht nach Verwandtschaftsgruppen, sondern nach *örtlichem Zusammenwohnen*. Was das zu bedeuten hatte, wird sich zeigen.

Konnte die Gentilverfassung dem ausgebeuteten Volk keine Hülfe bringen, so blieb nur der entstehende Staat. Und dieser brachte sie in der solonischen Verfassung, indem er sich zugleich neuerdings auf Kosten der alten Verfassung stärkte. Solon – die Art, wie seine in das Jahr 594 vor unsrer Zeitrechnung fallende Reform durchgesetzt wurde, geht uns hier nichts an – Solon eröffnete die Reihe der sogenannten politischen Revolutionen, und zwar mit einem Eingriff in das Eigentum. Alle bisherigen Revolutionen sind Revolutionen gewesen zum Schutz einer Art des Eigentums gegen eine andere Art des Eigentums. Sie können das eine nicht schützen, ohne das andre zu verletzen. In der großen französischen Revolution wurde das feudale Eigentum geopfert, um das bürgerliche zu retten; in der solonischen mußte das Eigentum der Gläubiger herhalten zum Besten des Eigentums der Schuldner. Die Schulden wurden einfach für ungültig erklärt. Die Einzelheiten sind uns nicht genau bekannt, aber Solon rühmt sich in seinen Gedichten, die Pfandsäulen von den verschuldeten Grundstücken entfernt und die wegen Schulden ins Ausland Verkauften und Geflüchteten zurückgeführt zu haben. Dies war nur möglich durch offne Eigentumsverletzung. Und in der Tat, von der ersten bis zur letzten sogenannten politischen Revolution sind sie alle gemacht worden zum Schutz des Eigentums – *einer* Art und durchgeführt durch Konfiskation, auch genannt Diebstahl des Eigentums – einer *andern* Art. So wahr ist es, daß seit drittehalbtausend Jahren des Privateigentum hat erhalten werden können nur durch Eigentumsverletzung.

Nun aber kam es darauf an, die Wiederkehr solcher Versklavung der freien Athener zu verhindern. Dies geschah zunächst durch allgemeine Maßregeln, z. B. durch das Verbot von Schuldverträgen, worin die Person des Schuldners verpfändet wurde. Ferner wurde ein größtes Maß des von einem einzelnen zu besitzenden Grundeigentums festgesetzt, um dem Heißhunger des Adels nach dem Bauernland wenigstens einige Schranken zu ziehn. Dann aber kamen Verfassungsänderungen; für uns sind die wichtigsten diese:

Der Rat wurde auf vierhundert Mitglieder gebracht, hundert aus jedem Stamm; hier blieb also noch der Stamm die Grundlage. Das war aber auch die einzige Seite, nach welcher hin die alte Verfassung in den neuen Staatskörper hineingezogen wurde. Denn im übrigen teilte Solon die Bürger in vier Klassen je nach ihrem Grundbesitz und seinem Ertrag; 500, 300 und 150 Medimnen Korn (1 Medimnus = ca. 41 Liter) waren die Minimalerträge für die ersten drei Klassen; wer weniger oder keinen Grundbesitz hatte, fiel in die vierte Klasse. Alle Ämter konnten nur aus den obersten drei, die höchsten nur aus der ersten Klasse besetzt werden; die vierte Klasse hatte nur das Recht, in der Volksversammlung zu reden und zu stimmen, aber hier wurden alle Beamten gewählt, hier hatten sie Rechenschaft abzulegen, hier wurden alle Gesetze gemacht, und hier bildete die vierte Klasse die Majorität. Die aristokratischen Vorrechte wurden in der Form von Vorrechten des Reichtums teilweise erneuert, aber das Volk behielt die entscheidende Macht. Ferner bildeten die vier Klassen die Grundlage einer neuen Heeresorganisation. Die beiden ersten Klassen stellten die Reiterei; die dritte hatte als schwere Infanterie zu dienen; die vierte als leichtes, ungepanzertes Fußvolk oder auf der Flotte und wurde dann wahrscheinlich auch besoldet.

Hier wird also ein ganz neues Element in die Verfassung eingeführt: der Privatbesitz. Je nach der Größe ihres Grundeigentums werden die Rechte und Pflichten der Staatsbürger abgemessen, und soweit die Vermögensklassen Einfluß gewinnen, soweit werden die alten Blutsverwandtschaftskörper verdrängt; die Gentilverfassung hatte eine neue Niederlage erlitten.

Die Abmessung der politischen Rechte nach dem Vermögen war indes keine der Einrichtungen, ohne die der Staat nicht bestehn kann. Eine so große Rolle sie auch in der Verfassungsgeschichte der Staaten gespielt hat, so haben doch sehr viele Staaten, und grade die am vollständigsten entwickelten, ihrer nicht bedurft. Auch in Athen spielte sie nur eine vorübergehende Rolle; seit Aristides standen alle Ämter jedem Bürger offen.[104]

Während der nächstfolgenden achtzig Jahre kam die athenische Gesellschaft allmählich in die Richtung, in der sie sich in den folgenden Jahrhunderten weiterentwickelt hat. Dem üppigen Landwucher der vorsolonischen Zeit war ein Riegel vorgeschoben, ebenso der maßlosen Konzentration des Grundbesitzes. Der Handel und das mit Sklavenarbeit immer mehr im großen betriebne Handwerk und Kunsthandwerk wurden herrschende Erwerbszweige. Man wurde aufgeklärter. Statt in der anfänglichen brutalen Weise die eignen Mitbürger auszubeuten, beutete man vorwiegend die Sklaven und die außerathenische Kundschaft aus. Der bewegliche Besitz, der Geldreichtum und der Reichtum an Sklaven und Schiffen wuchs immer mehr, aber er war jetzt nicht mehr bloßes Mittel zum Erwerb von Grundbesitz, wie in der ersten, bornierten Zeit, er war Selbstzweck geworden. Damit war einerseits der alten Adelsmacht eine siegreiche Konkurrenz erwachsen in der neuen Klasse von industriellen und kaufmännischen Reichen, andrerseits aber auch den Resten der alten Gentilverfassung der letzte Boden entzogen. Die Gentes, Phratrien und Stämme, deren Mitglieder jetzt über ganz Attika zerstreut und vollständig durcheinandergeworfen wohnten, waren damit zu politischen Körperschaften ganz untauglich geworden; eine Menge athenischer Bürger gehörten gar keiner Gens an, sie waren Eingewanderte, die zwar ins Bürgerrecht, aber nicht in einen der alten Geschlechtsverbände aufgenommen worden; daneben stand noch die stets wachsende Zahl der bloß schutzverwandten fremden Einwandrer.[105]

Währenddessen gingen die Parteikämpfe voran; der Adel suchte seine früheren Vorrechte wiederzuerobern und erlangte wieder für einen Augenblick die Oberhand, bis die Revolution des Kleisthenes (509 vor unsrer Zeitrechnung) ihn endgültig stürzte; mit ihm aber auch den letzten Rest der Gentilverfassung.

Kleisthenes, in seiner neuen Verfassung, ignorierte die vier alten auf Gentes und Phratrien begründeten Stämme. An ihre Stelle trat eine ganz neue Organisation auf Grund der schon in den Naukrarien versuchten Einteilung der Bürger nach dem bloßen Ort der Ansässigkeit. Nicht mehr die Zugehörigkeit zu den Geschlechtsverbänden, sondern nur der Wohnsitz entschied; nicht das Volk, sondern das Gebiet wurde eingeteilt, die Bewohner wurden politisch bloßes Zubehör des Gebiets.

Ganz Attika wurde in hundert Gemeindebezirke, Demen, geteilt, deren jeder sich selbst verwaltete. Die in jedem Demos ansässigen Bürger (Demoten) erwählten ihren Vorsteher (Demarch) und Schatzmeister sowie dreißig Richter mit Gerichtsbarkeit über kleinere Streitsachen. Sie erhielten ebenfalls einen eignen Tempel und Schutzgott oder Heroen, dessen Priester sie wählten. Die höchste Macht im Demos war bei der Versammlung der Demoten. Es ist, wie Morgan richtig bemerkt, das Urbild der selbstregierenden amerikanischen Stadtgemeinde.[106] Mit derselben Einheit, mit der der moderne Staat in seiner höchsten Ausbildung endigt, mit derselben fing der entstehende Staat in Athen an.

Zehn dieser Einheiten, Demen, bildeten einen Stamm, der aber zum Unterschied vom alten Geschlechtsstamm jetzt Ortsstamm genannt wird. Der Ortsstamm war nicht allein eine selbstverwaltende politische, er war auch eine militärische Körperschaft; er erwählte den Phylarchen oder Stammvorsteher, der die Reiterei, den Taxiarchen, der das Fußvolk, und den Strategen, der die gesamte im Stammesgebiet ausgehobene Mannschaft befehligte. Er stellte ferner fünf Kriegsschiffe nebst Mannschaft und Befehlshaber und erhielt einen attischen Heros, nach welchem er sich benannte, zum Schutzheiligen. Endlich wählte er fünfzig Ratsmänner in den athenischen Rat.

Den Abschluß bildete der athenische Staat, regiert von dem aus den fünfhundert Erwählten der zehn Stämme zusammengesetzten Rat und in letzter Instanz von der Volksversammlung, wo jeder athenische Bürger Zutritt und Stimmrecht hatte; daneben besorgten Archonten und andre Beamte die verschiednen Verwaltungszweige und Gerichtsbarkeiten. Ein oberster Beamter der vollziehenden Gewalt bestand in Athen nicht.

Mit dieser neuen Verfassung und mit der Zulassung einer sehr großen Zahl Schutzverwandter, teils Eingewanderter, teils freigelaßner Sklaven, waren die Organe der Geschlechterverfassung aus den öffentlichen Angelegenheiten hinausgedrängt; sie sanken herab zu Privatvereinen und religiösen Genossenschaften. Aber der moralische Einfluß, die überkommene Anschauungs- und Denkweise der alten Gentilzeit erbten sich noch lange fort und starben erst allmählich aus. Das zeigte sich bei einer ferneren staatlichen Einrichtung.

Wir sahn, daß ein wesentliches Kennzeichen des Staats in einer von der Masse des Volks unterschiednen öffentlichen Gewalt besteht. Athen hatte damals nur erst ein Volksheer und eine unmittelbar vom Volk gestellte Flotte; diese schützten nach außen und hielten die Sklaven im Zaum, die schon damals die große Mehrzahl der Bevölkerung bildeten. Gegenüber den Bürgern bestand die öffentliche Gewalt zunächst nur als die Polizei, die so alt ist wie der Staat, weshalb die naiven Franzosen des 18. Jahrhunderts auch nicht von zivilisierten Völkern sprachen, sondern von polizierten (nations policées). Die Athener richteten also gleichzeitig mit ihrem Staat auch eine Polizei ein, eine wahre Gendarmerie von Bogenschützen zu Fuß und zu Pferd – Landjäger, wie man in Süddeutschland und der Schweiz sagt. Diese Gendarmerie aber wurde gebildet – aus *Sklaven*. So entwürdigend kam dieser Schergendienst dem freien Athener vor, daß er sich lieber vom bewaffneten Sklaven verhaften ließ, als daß er selbst sich zu solcher Schmachtat hergab. Das war noch die alte Gentilgesinnung. Der Staat konnte ohne die Polizei nicht bestehn, aber er war noch jung und hatte noch nicht moralischen Respekt genug, um ein Handwerk achtungswert zu machen, das den alten Gentilgenossen notwendig infam erschien.

Wie sehr der jetzt in seinen Hauptzügen fertige Staat der neuen gesellschaftlichen Lage der Athener angemessen war, zeigt sich in dem raschen Aufblühn des Reichtums, des Handels und der Industrie. Der Klassengegensatz, auf dem die gesellschaftlichen und politischen Einrichtungen beruhten, war nicht mehr der von Adel und gemeinem Volk, sondern der von Sklaven und Freien, Schutzverwandten und Bürgern. Zur Zeit der höchsten Blüte bestand die ganze athenische freie Bürgerschaft, Weiber und Kinder eingeschlossen, aus etwa 90000 Köpfen, daneben 365000 Sklaven beiderlei Geschlechts und 45000 Schutzverwandte – Fremde und Freigelaßne. Auf jeden erwachsenen männlichen Bürger kamen also mindestens 18 Sklaven und über zwei Schutzverwandte. Die große Sklavenzahl kam daher, daß viele von ihnen in Manufakturen, großen Räumen, unter Aufsehern zusammen arbeiteten. Mit der Entwicklung des Handels und der Industrie aber kam Akkumulation und Konzentration der Reichtümer in wenigen Händen, Verarmung der Masse der freien Bürger, denen nur die Wahl blieb, entweder der Sklavenarbeit durch eigne Handwerksarbeit Konkurrenz zu machen, was für schimpflich, banausisch galt und auch wenig Erfolg versprach – oder aber zu verlumpen. Sie taten, unter den Umständen mit Notwendigkeit, das letztere, und da sie die Masse bildeten, richteten sie damit den ganzen athenischen Staat zugrunde. Nicht die Demokratie hat Athen zugrundegerichtet, wie die europäischen, fürstenschweifwedelnden Schulmeister behaupten, sondern die Sklaverei, die die Arbeit des freien Bürgers ächtete.

Die Entstehung des Staats bei den Athenern ist ein besonders typisches Muster der Staatsbildung überhaupt, weil sie einerseits ganz rein, ohne Einmischung äußerer oder innerer Vergewaltigung vor sich geht – die Usurpation des Pisistratos hinterließ keine Spur ihrer kurzen Dauer, weil sie andrerseits einen Staat von sehr hoher Formentwicklung, die demokratische Republik, unmittelbar aus der Gentilgesellschaft hervorgehen läßt, und endlich weil wir mit allen wesentlichen Einzelheiten hinreichend bekannt sind.

VI

Gens und Staat in Rom

Aus der Sage von der Gründung Roms geht hervor, daß die erste Ansiedlung durch eine Anzahl zu einem Stamm vereinigter latinischer Gentes (der Sage nach hundert) erfolgte, denen sich bald ein sabellischer Stamm, der ebenfalls hundert Gentes gezählt haben soll, und endlich ein dritter, aus verschiedenen Elementen bestehender Stamm, wieder von angeblich hundert Gentes, anschloß. Die ganze Erzählung zeigt auf den ersten Blick, daß hier wenig mehr naturwüchsig war außer der Gens, und diese selbst in manchen Fällen nur ein Ableger einer in der alten Heimat fortbestehenden Muttergens. Die Stämme tragen an der Stirn den Stempel künstlicher Zusammensetzung, jedoch meist aus verwandten Elementen und nach dem Vorbild des alten gewachsenen, nicht gemachten Stamms; wobei nicht ausgeschlossen bleibt, daß der Kern jedes der drei Stämme ein wirklicher, alter Stamm gewesen sein kann. Das Mittelglied, die Phratrie, bestand aus zehn Gentes und hieß Curie; ihrer waren also dreißig.

Daß die römische Gens dieselbe Institution war wie die griechische, ist anerkannt; ist die griechische eine Fortbildung derjenigen gesellschaftlichen Einheit, deren Urform uns die amerikanischen Rothäute vorführen, so gilt dasselbe ohne weiteres auch für die römische. Wir können uns hier also kürzer fassen.

Die römische Gens hatte wenigstens in der ältesten Zeit der Stadt folgende Verfassung:

1. Gegenseitiges Erbrecht der Gentilgenossen; das Vermögen blieb in der Gens. Da in der römischen Gens wie in der griechischen schon Vaterrecht herrschte, waren die Nachkommen der weiblichen Linie ausgeschlossen. Nach dem Gesetz der zwölf Tafeln[107], dem ältesten uns bekannten geschriebnen römischen Recht, erbten zunächst die Kinder als Leibeserben; in deren Ermangelung die Agnaten (Verwandte in *männlicher* Linie); und in deren Abwesenheit die Gentilgenossen. In allen Fällen blieb das Vermögen in der Gens. Wir sehn hier das allmähliche Eindringen neuer, durch vermehrten Reichtum und Monogamie verursachter Rechtsbestimmungen in den Gentilbrauch: Das ursprüngliche gleiche Erbrecht der Gentilgenossen wird zuerst – wohl schon früh, wie oben erwähnt – durch Praxis auf die Agnaten beschränkt, endlich auf die Kinder und deren Nachkommen im Mannsstamm; in den zwölf Tafeln erscheint dies selbstverständlich in umgekehrter Ordnung.

2. Besitz eines gemeinsamen Begräbnisplatzes. Die patrizische Gens Claudia erhielt bei ihrer Einwanderung aus Regili nach Rom ein Stück Land für sich angewiesen, dazu in der Stadt einen gemeinsamen Begräbnisplatz. Noch unter Augustus wurde der nach Rom gekommene Kopf des im Teutoburger Wald gefallenen Varus ⟨im gentilitius tumulus beige-

setzt; die Gens (Quinctilia) hatte also noch einen besondern Grabhügel⟩[108].

3. Gemeinsame religiöse Feiern. Diese, die sacra gentilitia, sind bekannt.

4. Verpflichtung, nicht in der Gens zu heiraten. Dies scheint in Rom nie in ein geschriebnes Gesetz verwandelt worden zu sein, aber die Sitte blieb. Von der Unmasse römischer Ehepaare, deren Namen uns aufbewahrt, hat kein einziges gleichen Gentilnamen für Mann und Frau. Das Erbrecht beweist diese Regel ebenfalls. Die Frau verliert durch die Heirat ihre agnatischen Rechte, tritt aus ihrer Gens, weder sie noch ihre Kinder können von ihrem Vater oder dessen Brüdern erben, weil sonst das Erbteil der väterlichen Gens verlorenginge. Dies hat Sinn nur unter der Voraussetzung, daß die Frau keinen Gentilgenossen heiraten kann.

5. Ein gemeinsamer Grundbesitz. Dieser war in der Urzeit stets vorhanden, sobald das Stammland anfing geteilt zu werden. Unter den latinischen Stämmen finden wir den Boden teils im Besitz des Stammes, teils der Gens, teils der Haushaltungen, welche ⟨damals schwerlich⟩[109] Einzelfamilien waren. Romulus soll die ersten Landteilungen an einzelne gemacht haben, ungefähr eine Hektare (zwei Jugera) auf jeden. Doch finden wir noch später Grundbesitz in den Händen der Gentes, vom Staatsland gar nicht zu sprechen, um das sich die ganze innere Geschichte der Republik dreht.

6. Pflicht der Gentilgenossen zu gegenseitigem Schutz und Beistand. Davon zeigt uns die geschriebne Geschichte nur noch Trümmer; der römische Staat trat gleich von vornherein mit solcher Übermacht auf, daß das Recht des Schutzes gegen Unbill auf ihn überging. Als Appius Claudius verhaftet wurde, legte seine ganze Gens Trauer an, selbst die seine persönlichen Feinde waren. Zur Zeit des zweiten Punischen Kriegs[110] verbanden sich die Gentes zur Auslösung ihrer kriegsgefangnen Gentilgenossen; der Senat *verbot* es ihnen.

7. Recht, den Gentilnamen zu tragen. Blieb bis in die Kaiserzeit; den Freigelaßnen erlaubte man, den Gentilnamen ihrer ehemaligen Herren anzunehmen, doch ohne Gentilrechte.

8. Recht der Adoption Fremder in die Gens. Dies geschah durch Adoption in eine Familie (wie bei den Indianern), die die Aufnahme in die Gens mit sich führte.

9. Das Recht, den Vorsteher zu wählen und abzusetzen, wird nirgends erwähnt. Da aber in der ersten Zeit Roms alle Ämter durch Wahl oder Ernennung besetzt wurden, vom Wahlkönig abwärts, und auch die Priester der Curien von diesen gewählt, so dürfen wir für die Vorsteher (principes) der Gentes dasselbe annehmen – so sehr auch die Wahl aus einer und derselben Familie in der Gens schon Regel geworden sein mochte.

Das waren die Befugnisse einer römischen Gens. Mit Ausnahme des bereits vollendeten Übergangs zum Vaterrecht sind sie das treue Spiegelbild der Rechte und Pflichten einer irokesischen Gens; auch hier «guckt der Irokese unverkennbar durch».

⟨Welche Verwirrung, auch bei unsern anerkanntesten Geschichtsschreibern, heute noch über die römische Gentilordnung herrscht, dafür nur ein Beispiel. In Mommsens Abhandlung über die römischen Eigennamen der republikanischen und augustinischen Zeit («Römische Forschungen», Berlin 1864, I. Band) heißt es: «Außer den sämtlichen männlichen Geschlechtsgenossen, mit Ausschluß natürlich der Sklaven, aber mit Einschluß der Zugewandten und Schutzbefohlnen, kommt der Geschlechtsname auch den Frauen zu . . . Der Stamm» (wie Mommsen hier gens übersetzt) «ist . . . ein aus gemeinschaftlicher – wirklicher oder vermuteter oder auch fingierter – Abstammung hervorgegangenes, durch Fest-, Grab- und Erbgenossenschaft vereinigtes Gemeinwesen, dem alle persönlich freien Individuen, also auch die Frauen, sich zuzählen dürfen und müssen. Schwierigkeit aber macht die Bestimmung des Geschlechtsnamens der verheirateten Frauen. Dieselbe fällt freilich weg, solange die Frau sich nicht anders als mit einem Geschlechtsgenossen vermählen durfte; und nachweislich hat es für die Frauen lange Zeit größere Schwierigkeit gehabt, außerhalb als innerhalb des Geschlechts sich zu verheiraten, wie denn jenes Recht, die gentis enuptio, noch im 6. Jahrhundert als persönliches Vorrecht zur Belohnung vergeben worden ist . . . Wo nun aber dergleichen Ausheiratungen vorkamen, muß die Frau in ältester Zeit damit in den Stamm des Mannes übergegangen sein. Nichts ist sicherer, als daß die Frau in der alten religiösen Ehe völlig in die rechtliche und sakrale Gemeinschaft des Mannes ein- und aus der ihrigen austritt. Wer weiß es nicht, daß die verheiratete Frau das Erbrecht gegen ihre Gentilen aktiv und passiv einbüßt, dagegen mit ihrem Mann, ihren Kindern und dessen Gentilen überhaupt in Erbverband tritt? Und wenn sie ihrem Mann an Kindes Statt wird und in seine Familie gelangt, wie kann sie seinem Geschlecht fernbleiben?» (S. 8–11.)

Mommsen behauptet also, die römischen Frauen, die einer Gens angehörten, hätten ursprünglich nur *innerhalb* ihrer Gens heiraten dürfen, die römische Gens sei also endogam gewesen, nicht exogam. Diese Ansicht, die aller Erfahrung bei andern Völkern widerspricht, gründet sich hauptsächlich, wenn nicht ausschließlich, auf eine einzige vielumstrittene Stelle des Livius (Buch XXXIX, c. 19), wonach der Senat im Jahr der Stadt 568, vor unsrer Zeitrechnung 186, beschloß, uti Feceniae Hispalae datio, deminutio, gentis enuptio, tutoris optio item esset quasi ei vir testamento dedisset; utique ei ingenuo nubere liceret, neu quid ei qui eam duxisset, ob id fraudi ignominiaeve esset – daß die Fecenia Hispala das Recht haben soll, über ihr Vermögen zu verfügen, es zu vermindern, außer der Gens zu heiraten und sich einen Vormund zu wählen, ganz als ob ihr (verstorbner) Mann ihr dies Recht durch Testament übertragen hätte; daß sie einen Vollfreien heiraten dürfe, und daß dem, der sie zur Frau nehme, dies nicht als schlechte Handlung oder Schande angerechnet werden solle.

Unzweifelhaft wird hier also der Fecenia, einer Freigelaßnen, das Recht erteilt, außerhalb der Gens zu heiraten. Und ebenso unzweifelhaft hatte hiernach der Ehemann das Recht, testamentarisch seiner Frau das Recht zu übertragen, nach seinem Tode außerhalb der Gens zu heiraten. Aber außerhalb *welcher* Gens?

Mußte die Frau innerhalb ihrer Gens heiraten, wie Mommsen annimmt, so blieb sie auch nach der Heirat in dieser Gens. Erstens aber ist diese behauptete Endogamie der Gens grade das, was zu beweisen ist. Und zweitens, wenn die Frau in der Gens heiraten mußte, dann natürlich auch der Mann, der ja sonst keine Frau bekam. Dann kommen wir dahin, daß der Mann seiner Frau testamentarisch ein Recht vermachen konnte, das er selbst, und für sich selbst, nicht besaß; wir kommen auf einen rechtlichen Widersinn. Mommsen fühlt dies auch und vermutet daher: «Es bedurfte für die Ausheiratung aus dem Geschlecht rechtlich wohl nicht bloß der Einwilligung des Gewalthabenden, sondern der sämtlichen Gentilgenossen.» (S. 10, Note.)

Das ist erstens eine sehr kühne Vermutung, und zweitens widerspricht es dem klaren Wortlaut der Stelle; der Senat gibt ihr dies Recht *an Stelle des Mannes*, er gibt ihr ausdrücklich nicht mehr und nicht minder, als ihr Mann ihr hätte geben können, aber was er ihr gibt, ist ein *absolutes*, von keiner andern Beschränkung abhängiges Recht; so daß, wenn sie davon Gebrauch macht, auch ihr neuer Mann darunter nicht leiden soll; er beauftragt sogar die gegenwärtigen und künftigen Konsuln und Prätoren, dafür zu sorgen, daß ihr keinerlei Unbill daraus erwachse. Mommsens Annahme scheint also durchaus unzulässig.

Oder aber: Die Frau heiratete einen Mann aus einer andern Gens, blieb aber selbst in ihrer angebornen Gens. Dann hätte nach der obigen Stelle ihr Mann das Recht gehabt, der Frau zu erlauben, aus ihrer eignen Gens hinauszuheiraten. Das heißt, er hätte das Recht gehabt, Verfügungen zu treffen in Angelegenheiten einer Gens, zu der er gar nicht gehörte. Die Sache ist so widersinnig, daß darüber kein Wort weiter zu verlieren ist.

Bleibt also nur die Annahme, die Frau habe in erster Ehe einen Mann aus einer andern Gens geheiratet und sei durch die Heirat ohne weiteres in die Gens des Mannes übergetreten, wie dies Mommsen auch für solche Fälle tatsächlich zugibt. Dann erklärt sich der ganze Zusammenhang sofort. Die Frau, durch die Heirat losgerissen von ihrer alten Gens und aufgenommen in den neuen Gentilverband des Mannes, hat in diesem eine ganz besondre Stellung. Sie ist zwar Gentilgenossin, aber nicht blutsverwandt; die Art ihrer Aufnahme schließt sie von vornherein aus von jedem Eheverbot innerhalb der Gens, in die sie ja gerade hineingeheiratet hat; sie ist ferner in den Eheverband der Gens aufgenommen, erbt beim Tode ihres Mannes von seinem Vermögen, also Vermögen eines Gentilgenossen. Was ist natürlicher, als daß dies Vermögen in der Gens bleiben, sie also verpflichtet sein soll, einen Gentilgenossen ihres ersten Mannes zu heiraten und keinen andern? Und wenn eine Ausnahme gemacht werden soll, wer ist so kompetent, sie dazu zu bevollmächtigen wie derjenige, der ihr dies Vermögen vermacht hat, ihr erster Mann? Im Augenblick, wo er ihr einen Vermögensteil vermacht und ihr gleichzeitig erlaubt, diesen Vermögensteil durch Heirat oder infolge von Heirat in eine fremde Gens zu übertragen, gehört ihm dies Vermögen noch, er verfügt also buchstäblich nur über sein Eigentum. Was die Frau selbst angeht, und ihr Verhältnis zur Gens ihres Mannes, so ist er es, der sie in diese Gens durch einen freien Willensakt – die Heirat – eingeführt hat; es scheint also ebenfalls natürlich, daß er die geeignete Person ist, sie zum Austritt aus dieser Gens durch zweite Heirat zu bevollmächtigen. Kurzum, die Sache scheint einfach und selbstverständlich, sobald wir die wunderbare Vorstellung von der endogamen römischen Gens fallenlassen und sie mit Morgan als ursprünglich exogam fassen.

Es bleibt noch eine letzte Annahme, die auch ihre Vertreter gefunden hat, und wohl die zahlreichsten: Die Stelle besage nur, «daß freigelaßne Mägde (libertae) nicht ohne besondre Bewilligung e gente enubere» (aus der Gens ausheiraten) «oder sonst einen der Akte vornehmen durften, der, mit capitis deminutio minima[111] verbunden, den Austritt der liberta aus dem Gentilverbande bewirkt hätte». (Lange, «Römische Alterthümer», Berlin 1856, I, S. 195, wo sich auf Huschke zu unsrer livianischen Stelle bezogen wird.)[112]

Ist diese Annahme richtig, so beweist die Stelle für die Verhältnisse vollfreier Römerinnen erst recht nichts und kann von einer Verpflichtung derselben, innerhalb der Gens zu heiraten, erst recht nicht die Rede sein.

Der Ausdruck enuptio gentis kommt nur in dieser einen Stelle und sonst in der ganzen römischen Literatur nicht mehr vor; das Wort enubere, ausheiraten, nur dreimal, ebenfalls bei Livius, und dann nicht in Beziehung auf die Gens. Die Phantasie, daß Römerinnen nur innerhalb der Gens heiraten durften, verdankt nur dieser einen Stelle ihre Existenz. Sie kann aber absolut nicht aufrechterhalten werden. Denn entweder bezieht sich die Stelle auf besondre Beschränkungen für Freigelaßne, und dann beweist sie nichts für Vollfreie (ingenuae); oder aber sie gilt auch für Vollfreie, und dann beweist sie vielmehr, daß die Frau in der Regel außer ihrer Gens heiratete, aber mit der Heirat in die Gens des Mannes übertrat; also gegen Mommsen und für Morgan. –⟩

Noch fast dreihundert Jahre nach Gründung Roms waren die Gentilbande so stark, daß eine patrizische Gens, die der Fabier, mit Einwilligung des Senats einen Kriegszug gegen die Nachbarstadt Veji auf eigne Faust unternehmen konnte. 306 Fabier sollen ausgezogen und in einem Hinterhalt sämtlich erschlagen worden sein; ein einziger zurückgebliebener Knabe habe die Gens fortgepflanzt.

Zehn Gentes bildeten, wie gesagt, eine Phratrie, die hier Curie hieß und wichtigere öffentliche Befugnisse erhielt als die griechische Phratrie. Jede Curie hatte ihre eignen Religionsübungen, Heiligtümer und Priester; diese letzteren, in ihrer Gesamtheit, bildeten eins der römischen Priesterkollegien. Zehn Curien bildeten einen Stamm, der wahrscheinlich, wie die übrigen latinischen Stämme, ursprünglich einen gewählten Vorsteher – Heerführer und Oberpriester – hatte. Die Gesamtheit der drei Stämme bildete das römische Volk, den Populus Romanus.

Dem römischen Volk konnte also nur angehören, wer Mitglied einer Gens und durch sie einer Curie und eines Stammes war. Die erste Verfassung dieses Volkes war folgende. Die öffentlichen Angelegenheiten wurden besorgt zunächst durch den Senat, der, wie Niebuhr zuerst richtig gesehn, aus den Vorstehern der dreihundert Gentes zusammengesetzt war; eben deswegen, als Gentilälteste, hießen sie Väter, patres, und ihre Gesamtheit Senat (Rat der Ältesten, von senex, alt). Die gewohnheitsmäßige Wahl aus immer derselben Familie jeder Gens rief auch hier den ersten Stammesadel ins Leben; diese Familien nannten sich Patrizier und nahmen ausschließliches Recht des Eintritts in den Senat und alle andern Ämter in Anspruch. Daß das Volk sich diesen Anspruch mit der Zeit gefallen ließ und er sich in ein wirkliches Recht verwandelte, drückt die Sage dahin aus, daß Romulus den ersten Senatoren und ihren Nachkommen das Patriziat mit dessen Vorrechten erteilt habe. Der Senat, wie die athenische Bulê, hatte die Entscheidung in vielen Angelegenheiten, die Vorberatung in wichtigeren und namentlich bei neuen Gesetzen. Diese wurden entschieden durch die Volksversammlung, genannt comitia curiata (Versammlung der Curien). Das Volk kam zusammen, in Curien gruppiert, in jeder Curie wahrscheinlich nach Gentes, bei der Entscheidung hatte jede der dreißig Curien eine Stimme. Die Versammlung der Curien nahm an oder verwarf alle Gesetze, wählte alle höhern Beamten mit Einschluß des rex (sogenannten Königs), erklärte Krieg (aber der Senat schloß Frieden) und entschied als höchstes Gericht, auf Berufung der Beteiligten, in allen Fällen, wo es sich um Todesstrafe gegen einen römischen Bürger handelte. – Endlich stand neben Senat und Volksversammlung der rex, der genau dem griechischen Basileus entsprach und keineswegs der fast absolute König war, als den Mommsen[113] ihn darstellt.* Auch er war Heerführer, Oberpriester und Vorsitzer in gewissen Gerichten. Zivilbefugnisse oder

* Das lateinische rex ist das keltisch-irische righ (Stammesvorsteher) und das gotische reiks; daß dies ebenfalls, wie ursprünglich auch unser Fürst (d. h. wie englisch first, dänisch förste, der erste) Gentil- oder Stammesvorsteher bedeutete, geht hervor daraus, daß die Goten schon im 4. Jahrhundert ein besonderes Wort für den späteren König, den Heerführer eines gesamten Volkes, besaßen: thiudans. Artaxerxes und Herodes heißen in Ulfilas' Bibelübersetzung nie reiks, sondern thiudans und das Reich des Kaisers Tiberius nicht reiki, sondern thiudinassus. Im Namen des gotischen Thiudans, oder wie wir ungenau übersetzen, Königs Thiudareiks, Theodorich, d. h. Dietrich, fließen beide Benennungen zusammen.

Macht über Leben, Freiheit und Eigentum der Bürger hatte er durchaus nicht, soweit sie nicht aus der Disziplinargewalt des Heerführers oder der urteilsvollstreckenden Gewalt des Gerichtsvorsitzers entsprangen. Das Amt des rex war nicht erblich; er wurde im Gegenteil, wahrscheinlich auf Vorschlag des Amtsvorgängers, von der Versammlung der Curien zuerst gewählt und dann in einer zweiten Versammlung feierlich eingesetzt. Daß er auch absetzbar war, beweist das Schicksal des Tarquinius Superbus.

Wie die Griechen zur Heroenzeit, lebten also die Römer zur Zeit der sogenannten Könige in einer auf Gentes, Phratrien und Stämmen begründeten und aus ihnen entwickelten militärischen Demokratie. Mochten auch die Curien und Stämme zum Teil künstliche Bildungen sein, sie waren geformt nach den echten, naturwüchsigen Vorbildern der Gesellschaft, aus der sie hervorgegangen und die sie noch auf allen Seiten umgab. Mochte auch der naturwüchsige patrizische Adel bereits Boden gewonnen haben, mochten die Reges ihre Befugnisse allmählich zu erweitern suchen – das ändert den ursprünglichen Grundcharakter der Verfassung nicht, und auf diesen allein kommt es an.

Inzwischen vermehrte sich die Bevölkerung der Stadt Rom und des römischen, durch Eroberung erweiterten Gebiets teils durch Einwanderung, teils durch die Bewohner der unterworfnen, meist latinischen Bezirke. Alle diese neuen Staatsangehörigen (die Frage wegen der Klienten lassen wir hier beiseite) standen außerhalb der alten Gentes, Curien und Stämme, bildeten also keinen Teil des populus romanus, des eigentlichen römischen Volks. Sie waren persönlich freie Leute, konnten Grundeigentum besitzen, mußten Steuern und Kriegsdienste leisten. Aber sie konnten keine Ämter bekleiden und weder an der Versammlung der Curien teilnehmen noch an der Verteilung der eroberten Staatsländereien. Sie bildeten die von allen öffentlichen Rechten ausgeschlossene Plebs. Durch ihre stets wachsende Zahl, ihre militärische Ausbildung und Bewaffnung wurden sie eine drohende Macht gegenüber dem alten, gegen allen Zuwachs von außen jetzt fest abgeschlossenen Populus. Dazu kam, daß der Grundbesitz zwischen Populus und Plebs ziemlich gleichmäßig verteilt gewesen zu sein scheint, während der allerdings noch nicht sehr entwickelte kaufmännische und industrielle Reichtum wohl vorwiegend bei der Plebs war.

Bei der großen Dunkelheit, worin die ganz sagenhafte Urgeschichte Roms gehüllt ist – eine Dunkelheit, noch bedeutend verstärkt durch die rationalistisch-pragmatischen Deutungsversuche und Berichte der späteren juristisch gebildeten Quellenschriftsteller –, ist es unmöglich, weder über Zeit noch Verlauf, noch Anlaß der Revolution etwas Bestimmtes zu sagen, die der alten Gentilverfassung ein Ende machte. Gewiß ist nur, daß ihre Ursache in den Kämpfen zwischen Plebs und Populus lag.

Die neue, dem Rex Servius Tullius zugeschriebne, sich an griechische Muster, namentlich Solon, anlehnende Verfassung schuf eine neue Volksversammlung, die ohne Unterschied Populus und Plebejer ein- oder ausschloß, je nachdem sie Kriegsdienste leisteten oder nicht. Die ganze waffenpflichtige Mannschaft wurde nach dem Vermögen in sechs Klassen eingeteilt. Der geringste Besitz in jeder der fünf Klassen war: I. 100000 Aß; II. 75000; III. 50000; IV. 25000; V. 11000 Aß; nach Dureau de la Malle[114] gleich ungefähr 14000, 10500, 7000, 3600 und 1570 Mark. Die sechste Klasse, die Proletarier, bestand aus den weniger Begüterten, Dienst- und Steuerfreien. In der neuen Volksversammlung der Centurien (comitia centuriata) traten die Bürger militärisch an, kompanieweise in ihren Centurien zu hundert Mann, und jede Centurie hatte eine Stimme. Nun aber stellte die erste Klasse 80 Centurien; die zweite 22, die dritte 20, die vierte 22, die fünfte 30, die sechste des Anstands halber auch eine. Dazu kamen die aus den Reichsten gebildeten Reiter mit 18 Centurien; zusammen 193; Majorität der Stimmen: 97. Nun hatten die Reiter und die erste Klasse zusammen allein 98 Stimmen, also die Majorität; waren sie einig, wurden die übrigen gar nicht gefragt; der gültige Beschluß war gefaßt.

Auf diese neue Versammlung der Centurien gingen nun alle politischen Rechte der früheren Versammlung der Curien (bis auf einige nominelle) über; die Curien und die sie zusammensetzenden Gentes wurden dadurch, wie in Athen, zu bloßen Privat- und religiösen Genossenschaften degradiert und vegetierten als solche noch lange fort, während die Versammlung der Curien bald ganz einschlief. Um auch die alten drei Geschlechterstämme aus dem Staat zu verdrängen, wurden vier Ortsstämme, deren jeder ein Viertel der Stadt bewohnte, mit einer Reihe von politischen Rechten eingeführt.

Somit war auch in Rom, schon vor der Abschaffung des sogenannten Königtums, die alte auf persönlichen Blutbanden beruhende Gesellschaftsordnung gesprengt und eine neue, auf Gebietseinteilung und Vermögensunterschied begründete, wirkliche Staatsverfassung an ihre Stelle gesetzt. Die öffentliche Gewalt bestand hier in der kriegsdienstpflichtigen Bürgerschaft gegenüber nicht nur den Sklaven, sondern auch den vom Heeresdienst und der Bewaffnung ausgeschlossenen sogenannten Proletariern.

Innerhalb dieser neuen Verfassung, die bei der Vertreibung des letzten, wirkliche Königsgewalt usurpierenden Rex Tarquinius Superbus und Ersetzung des rex durch zwei Heerführer (Konsuln) mit gleicher Amtsgewalt (wie bei den Irokesen) nur weiter ausgebildet wurde – innerhalb dieser Verfassung bewegt sich die ganze Geschichte der römischen Republik mit allen ihren Kämpfen der Patrizier und Plebejer um den Zugang zu den Ämtern und die Beteiligung an den Staatsländereien, mit dem endlichen Aufgehn des Patrizieradels in der neuen Klasse der großen Grund- und Geldbesitzer, die allmählich allen Grundbesitz der durch den Kriegsdienst ruinierten Bauern aufsogen, die so entstandnen enormen Landgüter mit

Sklaven bebauten, Italien entvölkerten und damit nicht nur dem Kaisertum die Tür öffneten, sondern auch seinen Nachfolgern, den deutschen Barbaren.

VII

Die Gens bei Kelten und Deutschen[73]

Der Raum verbietet uns, auf die noch jetzt bei den verschiedensten wilden und barbarischen Völkern in reinerer oder getrübterer Form bestehenden Gentilinstitutionen einzugehn oder auf die Spuren davon in der älteren Geschichte asiatischer Kulturvölker. ⟨Die einen oder die andern finden sich überall. Nur ein paar Beispiele: Ehe noch die Gens erkannt war, hat der Mann, der sich die meiste Mühe gab sie mißzuverstehen, hat McLennan sie nachgewiesen und im ganzen richtig beschrieben bei Kalmüken, Tscherkessen, Samojeden und bei drei indischen Völkern: den Waralis, den Magars und den Munnipuris. Neuerdings hat M. Kovalevskij sie entdeckt und beschrieben bei den Pschaven, Schevsuren, Svaneten und andern kaukasischen Stämmen.⟩ Hier nur einige kurze Notizen über das Vorkommen der Gens bei Kelten und Germanen.

Die ältesten erhaltenen keltischen Gesetze zeigen uns die Gens noch in vollem Leben; in Irland lebt sie wenigstens instinktiv im Volksbewußtsein noch heute, nachdem die Engländer sie gewaltsam gesprengt; in Schottland stand sie noch Mitte des vorigen Jahrhunderts in voller Blüte und erlag auch hier nur den Waffen, der Gesetzgebung und den Gerichtshöfen der Engländer.

Die altwalisischen Gesetze, die mehrere Jahrhunderte vor der englischen Eroberung[115], spätestens im 11. Jahrhundert, niedergeschrieben wurden, zeigen noch gemeinschaftlichen Ackerbau ganzer Dörfer, wenn auch nur als ausnahmsweisen Rest früherer allgemeiner Sitte; jede Familie hatte fünf Acker zur eignen Bebauung; ein Stück wurde daneben gemeinsam bebaut und der Ertrag verteilt. Daß diese Dorfgemeinden Gentes repräsentieren, oder Unterabteilungen von Gentes, ist bei der Analogie von Irland und Schottland nicht zu bezweifeln, selbst wenn eine erneuerte Prüfung der walisischen Gesetze, zu der mir die Zeit fehlt (meine Auszüge sind vom Jahr 1869)[116], dies nicht direkt beweisen sollte. Was aber die walisischen Quellen, und mit ihnen die irischen, direkt beweisen, ist, daß bei den Kelten die Paarungsehe im 11. Jahrhundert noch keineswegs durch die Monogamie verdrängt war. In Wales wurde eine Ehe erst unlöslich, oder besser unkündbar, nach sieben Jahren. Fehlten nur drei Nächte an den sieben Jahren, so konnten die Gatten sich trennen. Dann wurde geteilt: Die Frau teilte, der Mann wählte sein Teil. Die Möbel wurden nach gewissen, sehr humoristischen Regeln geteilt. Löste der Mann die Ehe, so mußte er der Frau ihre Mitgift und einiges andre zurückgeben; war es die Frau, so erhielt sie weniger. Von den Kindern bekam der Mann zwei, die Frau eines, und zwar das mittelste. Wenn die Frau nach der Scheidung einen andern Mann nahm, und der erste Mann holte sie sich wieder, so mußte sie ihm folgen, auch wenn sie schon *einen* Fuß im neuen Ehebett hatte. Waren die beiden aber sieben Jahre zusammengewesen, so waren sie Mann und Frau, auch ohne vorherige förmliche Heirat. Keuschheit der Mädchen vor der Heirat wurde durchaus nicht streng eingehalten oder gefordert; die hierauf bezüglichen Bestimmungen sind äußerst frivoler Natur und keineswegs der bürgerlichen Moral gemäß. Beging eine Frau einen Ehebruch, so durfte der Mann sie prügeln (einer der drei Fälle, wo ihm dies erlaubt, sonst verfiel er in Strafe), dann aber weiter keine Genugtuung fordern, denn «für dasselbe Vergehen soll entweder Sühnung sein oder Rache, aber nicht beides zugleich»[117].

Die Gründe, auf die hin die Frau die Scheidung verlangen durfte, ohne in ihren Ansprüchen bei der Auseinandersetzung zu verlieren, waren sehr umfassender Art: Übler Atem des Mannes genügte. Das an den Stammeshäuptling oder König zu zahlende Loskaufgeld für das Recht der ersten Nacht (gobr merch, daher der mittelalterliche Name marcheta, französisch marquette) spielt eine große Rolle im Gesetzbuch. Die Weiber hatten Stimmrecht in den Volksversammlungen. Fügen wir hinzu, daß in Irland ähnliche Verhältnisse bezeugt sind; daß dort ebenfalls Ehen auf Zeit ganz gebräuchlich und der Frau bei der Trennung genau geregelte, große Begünstigungen, sogar Entschädigung für ihre häuslichen Dienste zugesichert waren; daß dort eine «erste Frau» neben andern Frauen vorkommt und bei Erbteilungen zwischen ehelichen und unehelichen Kindern kein Unterschied gemacht wird – so haben wir ein Bild der Paarungsehe, wogegen die in Nordamerika gültige Eheform streng erscheint, wie es aber im 11. Jahrhundert bei einem Volk nicht verwundern kann, das noch zu Cäsars Zeit in der Gruppenehe lebte.

Die irische Gens (Sept, der Stamm heißt Clainne, Clan) wird nicht nur durch die alten Rechtsbücher, sondern auch durch die zur Verwandlung des Clanlandes in Domäne des englischen Königs hinübergesandten englischen Juristen des 17. Jahrhunderts bestätigt und beschrieben. Der Boden war bis zu dieser letzteren Zeit Gemeineigentum des Clans oder der Gens, soweit er nicht bereits von den Häuptlingen in ihre Privatdomäne verwandelt worden war. Wenn ein Gentilgenosse starb, also eine Haushaltung einging, so nahm der Vorsteher (caput cognationis nannten ihn die englischen Juristen) eine neue Landteilung des ganzen Gebiets unter den übrigen Haushaltungen vor. Diese muß im ganzen nach den in Deutschland gültigen Regeln erfolgt sein. Noch jetzt finden sich einige – vor vierzig oder fünfzig Jahren sehr zahlreiche – Dorffluren in sog. Rundale. Die Bauern, Einzelpächter des früher der Gens gemeinsam gehörigen, vom englischen Eroberer geraubten Bodens, zahlen jeder die Pacht für sein Stück, werfen aber das Acker- und Wiesenland aller Stücke zusammen, teilen es nach Lage und Qualität in «Gewanne», wie es an der Mosel heißt, und geben jedem seinen Anteil in jedem Gewann; Moor- und Weideland wird gemeinsam genutzt. Noch vor fünfzig Jahren wurde von Zeit zu Zeit, manchmal jährlich, neu umgeteilt. Die Flurkarte eines solchen Rundale-Dorfes sieht ganz genauso aus wie die einer deutschen Gehöferschaft an der Mosel oder im Hochwald. Auch in den «factions» [Parteien] lebt die Gens fort. Die irischen Bauern teilen sich oft in Parteien, die auf scheinbar ganz widersinnigen oder sinnlosen Unterschieden beruhen, den Engländern ganz unverständlich sind und keinen andern Zweck zu haben scheinen als die beliebten solennen Prügeleien der einen Faktion gegen die andre. Es sind künstliche Wiederbelebungen, nachgeborner Ersatz für die zersprengten Gentes, die die Fortdauer des ererbten Gentilinstinkts in ihrer Weise dartun. In manchen Gegenden sind übrigens die Gentilgenossen noch ziemlich auf dem alten Gebiet zusammen; so hatte noch in den dreißiger Jahren die große Mehrzahl der Bewohner der Grafschaft Monaghan nur vier Familiennamen, d. h. stammte aus vier Gentes oder Clans.*

In Schottland datiert der Untergang der Gentilordnung von der Niederwerfung des Aufstandes von 1745. Welches Glied dieser Ordnung der schottische Clan speziell darstellt, bleibt noch zu untersuchen; daß er aber ein solches, ist unzweifelhaft. In Walter Scotts Romanen sehn wir diesen hochschottischen Clan lebendig vor uns. Er ist, sagt Morgan, «ein vortreffliches Musterbild der Gens in seiner Organisation und in seinem Geist, ein schlagendes Beispiel der Herrschaft des Gentillebens über die Gentilen . . . In ihren Fehden und in ihrer Blutrache, in der Gebietsverteilung nach Clans, in ihrer gemeinsamen Bodennutzung, in der Treue der Clanglieder gegen den Häuptling und gegeneinander finden wir die überall wiederkehrenden Züge der Gentilgesellschaft . . . Die Abstammung zählte nach

---

* ⟨Während einiger in Irland[118] zugebrachten Tage ist mir wieder frisch ins Bewußtsein getreten, wie sehr das Landvolk dort noch in den Vorstellungen der Gentilzeit lebt. Der Grundbesitzer, dessen Pächter der Bauer ist, gilt diesem noch immer als eine Art Clanchef, der den Boden im Interesse aller zu verwalten hat, dem der Bauer Tribut in der Form von Pacht bezahlt, von dem er aber auch in Notfällen Unterstützung erhalten soll. Und ebenso gilt jeder Wohlhabendere als verpflichtet zur Unterstützung seiner ärmeren Nachbarn, sobald diese in Not geraten. Solche Hülfe ist nicht Almosen, sie ist das, was dem ärmeren vom reicheren Clangenossen oder Clanchef von Rechts wegen zukommt. Man begreift die Klage der politischen Ökonomen und Juristen über die Unmöglichkeit, dem irischen Bauer den Begriff des modernen bürgerlichen Eigentums beizubringen; ein Eigentum, das nur Rechte hat, aber keine Pflichten, will dem Irländer platterdings nicht in den Kopf. Man begreift aber auch, wie Irländer, die mit solchen naiven Gentilvorstellungen plötzlich in die großen englischen oder amerikanischen Städte verschlagen werden, unter eine Bevölkerung mit ganz andern Moral- und Rechtsanschauungen, wie solche Irländer da leicht an Moral und Recht total irre werden, allen Halt verlieren und oft massenhaft der Demoralisation verfallen mußten.⟩

Vaterrecht, so daß die Kinder der Männer in den Clans blieben, während die der Weiber in die Clans ihrer Väter übertraten.»[119]

Daß aber in Schottland früher Mutterrecht herrschte, beweist die Tatsache, daß in der königlichen Familie der Pikten, nach Beda[120], weibliche Erbfolge galt. Ja selbst ein Stück Punaluafamilie hatte sich, wie bei den Walisern, so bei den Skoten, bis ins Mittelalter bewahrt in dem Recht der ersten Nacht, das der Clanhäuptling oder der König als letzter Vertreter der früheren gemeinsamen Ehemänner bei jeder Braut auszuüben berechtigt war, sofern es nicht abgekauft wurde.[121]

Daß die Deutschen[73] bis zur Völkerwanderung in Gentes organisiert waren, ist unzweifelhaft. Sie können das Gebiet zwischen Donau, Rhein, Weichsel und den nördlichen Meeren erst wenige Jahrhunderte vor unsrer Zeitrechnung besetzt haben; die Cimbern und Teutonen waren noch in voller Wanderung, und die Sueven fanden erst zu Cäsars Zeit feste Wohnsitze. Von ihnen sagt Cäsar ausdrücklich, sie hätten sich nach Gentes und Verwandtschaften (gentibus cognationibusque)[122] niedergelassen, und im Munde eines Römers der gens Julia hat dies Wort gentibus eine nicht wegzudemonstrierende bestimmte Bedeutung. Dies galt von allen Deutschen; selbst die Ansiedlung in den eroberten Römerprovinzen ⟨scheint noch nach Gentes erfolgt zu sein. Im alamannischen Volksrecht wird bestätigt, daß das Volk auf dem eroberten Boden südlich der Donau nach Geschlechtern (genealogiae) sich ansiedelte; genealogia wird ganz in demselben Sinn gebraucht wie später Mark- oder Dorfgenossenschaft. Es ist neuerdings von Kovalevskij die Ansicht aufgestellt worden, diese genealogiae seien die großen Hausgenossenschaften, unter die das Land verteilt worden sei und aus denen sich erst später die Dorfgemeinschaft entwickelt. Dasselbe dürfte denn auch von der fara gelten, mit welchem Ausdruck bei Burgundern und Langobarden – also bei einem gotischen und einem herminonischen oder hochdeutschen Volksstamm – so ziemlich, wenn nicht genau dasselbe bezeichnet wird wie mit genealogia im alamannischen Rechtsbuch. Was hier in Wirklichkeit vorliegt: Gens oder Hausgenossenschaft, muß noch näher untersucht werden.

Die Sprachdenkmäler lassen uns im Zweifel darüber, ob bei allen Deutschen ein gemeinsamer Ausdruck für Gens bestand und welcher. Etymologisch entspricht dem griechischen genos, lateinischen gens das gotische kuni, mittelhochdeutsch künne, und wird auch in demselben Sinn gebraucht. Auf die Zeiten des Mutterrechts weist zurück, daß der Name für Weib von derselben Wurzel stammt: griechisch gyne, slawisch žena, gotisch qvino, altnordisch kona, kuna. – Bei Langobarden und Burgundern finden wir, wie gesagt, fara, das Grimm von einer hypothetischen Wurzel fisan, zeugen, ableitet. Ich möchte lieber auf die handgreiflichere Herleitung von faran, fahren, wandern, zurückgehn, als Bezeichnung einer fast selbstredend aus Verwandten sich zusammensetzenden, festen Abteilung des Wanderzugs, eine Bezeichnung, die im Lauf der mehrhundertjährigen Wanderung erst nach Ost, dann nach West, sich allmählich auf die Geschlechtsgenossenschaft selbst übertrug. – Ferner gotisch sibja, angelsächsisch sib, althochdeutsch sippia, sippa, Sippe. Altnordisch kommt nur der Plural sifjar, die Verwandten vor; der Singular nur als Name einer Göttin, Sif. – Und endlich kommt noch ein andrer Ausdruck im «Hildebrandslied»[123] vor, wo Hildebrand den Hudabrand fragt, «wer sein Vater wäre unter den Männern im Volk . . . oder welches Geschlechtes du seist» (eddo huêlîhhes *cnuosles* du sîs).

Soweit ein gemeinsamer deutscher Name für die Gens bestanden hat, wird er wohl gotisch kuni gelautet haben; dafür spricht nicht nur die Identität mit dem entsprechenden Ausdruck der verwandten Sprachen, sondern auch der Umstand, daß von ihm das Wort kuning, König, sich herleitet, welches ursprünglich einen Gentil- oder Stammesvorsteher bedeutet. Sibja, Sippe, scheint außer Betracht zu kommen, wenigstens bedeutet sifjar im Altnordischen nicht nur Blutsverwandte, sondern auch Verschwägerte, umfaßt also die Angehörigen mindestens *zweier Gentes*; sif kann also nicht selbst der Ausdruck für Gens gewesen sein.⟩[124]

Wie bei den Mexikanern und Griechen war auch bei den Deutschen die Schlachtordnung, sowohl die Reiterschwadron wie die Keilkolonne des Fußvolks, nach Gentilkörperschaften gegliedert; wenn Tacitus sagt: nach Familien und Verwandtschaften[125], so erklärt sich dieser unbestimmte Ausdruck daher, daß zu seiner Zeit die Gens in Rom längst aufgehört hatte, eine lebendige Vereinigung zu sein.

Entscheidend ist eine Stelle bei Tacitus, wo es heißt: Der Mutterbruder sieht seinen Neffen an wie seinen Sohn, ja einige halten das Blutband zwischen mütterlichem Onkel und Neffen noch heiliger und enger als das zwischen Vater und Sohn, so daß, wenn Geiseln gefordert werden, der Schwestersohn für eine größere Garantie gilt als der eigne Sohn dessen, den man binden will. Hier haben wir ein lebendiges Stück aus der nach Mutterrecht organisierten, also ursprünglichen Gens, und zwar als etwas die Deutschen Auszeichnendes.* Wurde vom Genossen einer solchen Gens der eigne Sohn zum Pfand eines Gelöbnisses gegeben und fiel als Opfer bei

---

* Die aus der Zeit des Mutterrechts stammende besonders enge Natur des Bandes zwischen mütterlichem Onkel und Neffen, die bei vielen Völkern vorkommt, kennen die Griechen nur in der Mythologie der Heroenzeit. Nach Diodor (IV, 34) erschlägt Meleager die Söhne des Thestius, die Brüder seiner Mutter Althäa. Diese sieht in dieser Tat einen so unsühnbaren Frevel, daß sie dem Mörder, ihrem eignen Sohn, flucht und ihm den Tod anwünscht. «Die Götter erhörten, wie man erzählt, ihre Wünsche und machten dem Leben des Meleager ein Ende.» Nach demselben Diodor (IV, 44) landen die Argonauten unter Herakles in Thrazien und finden dort, daß Phineus seine mit seiner verstoßenen Gemahlin, der Boreade Kleopatra, erzeugten beiden Söhne auf Antreiben seiner neuen Gemahlin schmählich mißhandelt. Aber unter den Argonauten sind auch Boreaden, Brüder der Kleopatra, als Mutterbrüder der Mißhandelten. Sie nehmen sich sofort ihrer Neffen an, befreien sie und erschlagen die Wächter.[126]

Vertragsbruch des Vaters, so hatte dieser das mit sich selbst auszumachen. War es aber der Schwestersohn, der geopfert wurde, so war das heiligste Gentilrecht verletzt; der nächste, zum Schutz des Knaben oder Jünglings vor allen andern verpflichtete Gentilverwandte hatte seinen Tod verschuldet; entweder durfte er ihn nicht verpfänden, oder er mußte den Vertrag halten. Hätten wir sonst nicht eine Spur von Gentilverfassung bei den Deutschen, diese eine Stelle würde hinreichen.

⟨Noch entscheidender, weil um etwa 800 Jahre später, ist eine Stelle aus dem altnordischen Lied von der Götterdämmerung und vom Weltuntergang, der «Völuspâ»[127]. In diesem «Gesicht der Seherin», worin, wie jetzt durch Bang und Bugge[128] nachgewiesen, auch christliche Elemente verwoben sind, heißt es bei der Schilderung der die große Katastrophe einleitenden Zeit allgemeiner Entartung und Verderbtheit:

Broedhr munu berjask   ok at bönum verdask,
munu *systrungar*   sifjum spilla.

«Brüder werden sich befehden und einander zu Mördern werden, es werden *Schwesterkinder* die Sippe brechen.»

Systrungr heißt der Sohn der Mutterschwester, und daß solche die Blutsverwandtschaft gegeneinander verleugnen, gilt dem Dichter noch als eine Steigerung selbst des Verbrechens des Brudermords. Die Steigerung liegt in dem systrungar, das die Verwandtschaft auf Mutterseite betont; stände statt dessen syskina-börn, Geschwisterkinder, oder syskina-synir, Geschwistersöhne, so böte die zweite Zeile gegen die erste keine Steigerung, sondern einen schwächenden Abstieg. Also selbst zur Wikingerzeit, wo die «Völuspâ» entstand, war die Erinnerung an das Mutterrecht in Skandinavien noch nicht verwischt.⟩

Im übrigen war das Mutterrecht zu Tacitus' Zeit ⟨wenigstens⟩ bei den ⟨ihm näher bekannten⟩ Deutschen schon dem Vaterrecht gewichen: Die Kinder erbten vom Vater; wo keine Kinder waren, die Brüder und die Onkel von Vater- und Mutterseite. Die Zulassung des Mutterbruders zur Erbschaft hängt mit der Erhaltung der eben erwähnten Sitte zusammen und beweist ebenfalls, wie jung das Vaterrecht damals noch bei den Deutschen war. Auch bis tief ins Mittelalter finden sich Spuren von Mutterrecht. Damals noch scheint man der Vaterschaft, namentlich bei Leibeignen, nicht recht getraut zu haben; wenn also ein Feudalherr von einer Stadt einen entlaufnen Leibeignen zurückforderte, mußte z. B. in Augsburg, Basel und Kaiserslautern die Leibeigenschaft des Verklagten beschworen werden von sechs seiner nächsten Blutsverwandten, und zwar ausschließlich von Mutterseite (Maurer[86], «Städteverfassung», I, S. 381).

Einen ferneren Rest des eben erst absterbenden Mutterrechts bietet die dem Römer fast unbegreifliche Achtung der Deutschen vor dem weiblichen Geschlecht. Jungfrauen aus edler Familie galten für die bindendsten

Geiseln bei Verträgen mit den Deutschen; der Gedanke daran, daß ihre Frauen und Töchter in Gefangenschaft und Sklaverei fallen können, ist ihnen fürchterlich und stachelt mehr als alles andere ihren Mut in der Schlacht; etwas Heiliges und Prophetisches sehn sie in der Frau, sie hören auf ihren Rat auch in den wichtigsten Angelegenheiten, wie denn Veleda, die brukterische Priesterin an der Lippe, die treibende Seele des ganzen Bataveraufstandes war, in dem Civilis an der Spitze von Deutschen und Belgiern die ganze Römerherrschaft in Gallien erschütterte. Im Hause scheint die Herrschaft der Frau unbestritten; sie, die Alten und Kinder haben freilich auch alle Arbeit zu besorgen, der Mann jagt, trinkt oder faulenzt. So sagt Tacitus; da er aber nicht sagt, wer den Acker bestellt, und bestimmt erklärt, die Sklaven leisteten nur Abgaben, aber keine Fronarbeit, so wird die Masse der erwachsenen Männer doch wohl die wenige Arbeit haben tun müssen, die der Landbau erforderte.

Die Form der Ehe war, wie schon oben gesagt, eine allmählich der Monogamie sich nähernde Paarungsehe. Strikte Monogamie war es noch nicht, da Vielweiberei der Vornehmen gestattet war. Im ganzen wurde streng auf Keuschheit der Mädchen gehalten (im Gegensatz zu den Kelten), und ebenso spricht Tacitus mit einer besondern Wärme von der Unverbrüchlichkeit des Ehebandes bei den Deutschen. Nur Ehebruch der Frau gibt er als Scheidungsgrund an. Aber sein Bericht läßt hier manches lückenhaft und trägt ohnehin den den liederlichen Römern vorgehaltnen Tugendspiegel gar zu sehr zur Schau. Soviel ist sicher: Waren die Deutschen in ihren Wäldern diese ausnahmsweisen Tugendritter, so hat es nur geringer Berührung mit der Außenwelt bedurft, um sie auf das Niveau der übrigen europäischen Durchschnittsmenschen herunterzubringen; die letzte Spur der Sittenstrenge verschwand inmitten der Römerwelt noch weit rascher als die deutsche Sprache. Man lese nur Gregor von Tours. Daß von den deutschen Urwäldern nicht die raffinierte Üppigkeit der Sinnenlust herrschen konnte wie in Rom, versteht sich von selbst, und so bleibt den Deutschen auch in dieser Beziehung noch Vorzug genug vor der Römerwelt, ohne daß wir ihnen eine Enthaltsamkeit in fleischlichen Dingen andichten, die nie und nirgends bei einem ganzen Volk geherrscht hat.

Der Gentilverfassung entsprungen ist die Verpflichtung, die Feindschaften des Vaters oder der Verwandten ebenso zu erben wie die Freundschaften; ebenso das Wergeld, die Buße, anstatt der Blutrache, für Totschlag oder Verletzungen. Dies Wergeld, das noch vor einem Menschenalter als eine spezifisch deutsche Institution angesehen wurde, ist jetzt bei Hunderten von Völkern als allgemeine Milderungsform der aus der Gentilordnung entspringenden Blutrache nachgewiesen. Wir finden es, ebenso wie die Verpflichtung zur Gastfreundschaft, unter andern bei den amerikanischen Indianern; die Beschreibung, wie die Gastfreundschaft nach Tacitus («Germania», c.21) ausgeübt wurde, ist fast bis in die Einzelnheiten dieselbe, die Morgan von seinen Indianern gibt.

Der heiße und endlose Streit darüber, ob die Deutschen des Tacitus das Ackerland schon endgültig aufgeteilt oder nicht und wie die betreffenden Stellen zu deuten, gehört jetzt der Vergangenheit an. Seitdem die gemeinsame Bebauung des Ackerlands durch die Gens und später durch kommunistische Familiengemeinden, die Cäsar noch bei den Sueven bezeugt[129], und die ihr folgende Landzuweisung an einzelne Familien mit periodischer Neuaufteilung fast bei allen Völkern nachgewiesen, seitdem festgestellt ist, daß diese periodische Wiederverteilung des Ackerlands in Deutschland selbst stellenweise bis auf unsre Tage sich erhalten hat, ist darüber kein Wort weiter zu verlieren. Wenn die Deutschen von dem gemeinsamen Landbau, den Cäsar den Sueven ausdrücklich zuschreibt (geteilten oder Privatacker gibt es bei ihnen durchaus nicht, sagt er), in den 150 Jahren bis zu Tacitus übergegangen waren zur Einzelbebauung mit jährlicher Neuverteilung des Bodens, so ist das wahrlich Fortschritt genug; der Übergang von jener Stufe zum vollen Privateigentum am Boden während jener kurzen Zwischenzeit und ohne jede fremde Einmischung schließt eine einfache Unmöglichkeit ein. Ich lese also im Tacitus nur, was er mit dürren Worten sagt: Sie wechseln (oder teilen neu um) das bebaute Land jedes Jahr, und es bleibt Gemeinland genug dabei übrig.[130] Es ist die Stufe des Ackerbaus und der Bodenaneignung, die der damaligen Gentilverfassung der Deutschen genau entspricht.

⟨Den vorstehenden letzten Absatz lasse ich unverändert, wie er in den früheren Auflagen steht. Inzwischen hat sich die Frage anders gedreht. Seit dem von Kovalevskij[55] (vgl. oben S. 44[131]) nachgewiesenen weitverbreiteten, wo nicht allgemeinen Vorkommen der patriarchalischen Hausgenossenschaft als Zwischenstufe zwischen der mutterrechtlichen kommunistischen und der modernen isolierten Familie fragt es sich nicht mehr, wie noch zwischen Maurer und Waitz, um Gemeineigentum oder Privateigentum am Boden, sondern um die *Form* des Gemeineigentums. Daß zur Zeit des Cäsar bei den Sueven nicht nur Gemeineigentum, sondern auch gemeinsame Bebauung für gemeinsame Rechnung bestand, darüber ist kein Zweifel. Ob die wirtschaftliche Einheit die Gens war oder die Hausgenossenschaft oder eine zwischen beiden liegende kommunistische Verwandtschaftsgruppe, oder ob je nach den Bodenverhältnissen alle drei Gruppen vorkamen, darüber wird sich noch lange streiten lassen. Nun aber behauptet Kovalevskij, der von Tacitus geschilderte Zustand habe nicht die Mark- oder Dorfgenossenschaft, sondern die Hausgenossenschaft zur Voraussetzung; erst aus dieser letzteren habe sich dann viel später, infolge des Anwachsens der Bevölkerung, die Dorfgenossenschaft entwickelt.

Hiernach hätten die Ansiedlungen der Deutschen auf dem zur Römerzeit von ihnen besetzten wie auf dem den Römern später abgenommenen Gebiet nicht aus Dörfern bestanden, sondern aus großen Familiengenossenschaften, die mehrere Generationen umfaßten, eine entsprechende

Landstrecke unter Bebauung nahmen und das umliegende Ödland mit den Nachbarn als gemeine Mark nutzten. Die Stelle des Tacitus vom Wechseln des bebauten Landes wäre dann in der Tat im agronomischen Sinn zu fassen: Die Genossenschaft habe jedes Jahr eine andre Strecke umgeackert und das Ackerland des Vorjahrs brachliegen oder wieder ganz verwildern lassen. Bei der dünnen Bevölkerung sei dann immer noch Ödland genug übriggeblieben, um jeden Streit um Landbesitz unnötig zu machen. Erst nach Jahrhunderten, als die Kopfzahl der Hausgenossen eine solche Stärke erreicht, daß gemeinsame Wirtschaft unter den damaligen Produktionsbedingungen nicht mehr möglich, hätten sie sich aufgelöst; die bisher gemeinsamen Äcker und Wiesen seien in der bekannten Weise unter die sich nunmehr bildenden Einzelhaushaltungen verteilt worden, anfangs auf Zeit, später ein für allemal, während Wald, Weide und Gewässer gemeinsam blieben.

Für Rußland scheint dieser Entwicklungsgang historisch vollständig nachgewiesen. Was Deutschland und in zweiter Linie die übrigen germanischen Länder betrifft, so ist nicht zu leugnen, daß diese Annahme in vieler Beziehung die Quellen besser erklärt und Schwierigkeiten leichter löst als die bisherige, die die Dorfgemeinschaft bis zu Tacitus zurückreichen läßt. Die ältesten Dokumente z. B. des Codex Laureshamensis[132] erklären sich im ganzen weit besser mit Hülfe der Hausgenossenschaft als der Dorfmarkgenossenschaft. Andrerseits eröffnet sie wieder neue Schwierigkeiten und neue, erst zu lösende Fragen. Hier können nur neue Untersuchungen Entscheidung bringen; ich kann jedoch nicht leugnen, daß die Zwischenstufe der Hausgenossenschaft auch für Deutschland, Skandinavien und England sehr viel Wahrscheinlichkeit für sich hat.⟩

Während bei Cäsar die Deutschen teils eben erst zu festen Wohnsitzen gekommen sind, teils noch solche suchen, haben sie zu Tacitus' Zeit schon ein volles Jahrhundert der Ansässigkeit hinter sich; dementsprechend ist der Fortschritt in der Produktion des Lebensunterhalts unverkennbar. Sie wohnen in Blockhäusern; ihre Kleidung ist noch sehr waldursprünglich; grober Wollenmantel, Tierfelle, für Frauen und Vornehme leinene Unterkleider. Ihre Nahrung ist Milch, Fleisch, wilde Früchte und, wie Plinius hinzufügt, Haferbrei[133] (noch jetzt keltische Nationalkost in Irland und Schottland). Ihr Reichtum besteht in Vieh: Dies aber ist von schlechter Race, die Rinder klein, unansehnlich, ohne Hörner; die Pferde kleine Ponies und keine Renner. Geld wurde selten und wenig gebraucht, nur römisches. Gold und Silber verarbeiteten sie nicht und achteten seiner nicht, Eisen war selten und scheint wenigstens bei den Stämmen an Rhein und Donau fast nur eingeführt, nicht selbstgewonnen zu sein. Die Runenschrift (griechischen oder lateinischen Buchstaben nachgeahmt) war nur als Geheimschrift bekannt und wurde nur zu religiöser Zauberei gebraucht. Menschenopfer waren noch im Gebrauch. Kurz, wir haben hier ein Volk vor uns, das sich soeben aus der Mittelstufe der Barbarei auf die Oberstufe erhoben hatte. Während aber die an die Römer unmittelbar angrenzenden Stämme durch die erleichterte Einfuhr römischer Industrieprodukte an der Entwicklung einer selbständigen Metall- und Textilindustrie verhindert wurden, bildete sich eine solche im Nordosten, an der Ostsee, ganz unzweifelhaft aus. Die in den schleswigschen Mooren gefundenen Rüstungsstücke – langes Eisenschwert, Kettenpanzer, Silberhelm etc., mit römischen Münzen vom Ende des zweiten Jahrhunderts – und die durch die Völkerwanderung verbreiteten deutschen Metallsachen zeigen einen ganz eignen Typus von nicht geringer Ausbildung, selbst wo sie sich an ursprünglich römische Muster anlehnen. Die Auswanderung in das zivilisierte Römerreich machte dieser einheimischen Industrie überall ein Ende, außer in England. Wie einheitlich diese Industrie entstanden und fortgebildet war, zeigen z. B. die bronzenen Spangen; die in Burgund, in Rumänien, am Asowschen Meer gefundenen könnten mit englischen und schwedischen aus derselben Werkstatt hervorgegangen sein und sind ebenso unbezweifelt germanischen Ursprungs.

Der Oberstufe der Barbarei entspricht auch die Verfassung. Allgemein bestand nach Tacitus der Rat der Vorsteher (principes), der geringere Sachen entschied, wichtigere aber für die Entscheidung der Volksversammlung vorbereitete; diese selbst besteht auf der Unterstufe der Barbarei, wenigstens da, wo wir sie kennen, bei den Amerikanern, nur erst für die Gens, noch nicht für den Stamm oder den Stämmebund. Die Vorsteher (principes) scheiden sich noch scharf von den Kriegsführern (duces), ganz wie bei Irokesen. Erstere leben schon zum Teil von Ehrengeschenken an Vieh, Korn etc., von den Stammesgenossen; sie werden, wie in Amerika, meist aus derselben Familie gewählt; der Übergang zum Vaterrecht begünstigt, wie in Griechenland und Rom, die allmähliche Verwandlung der Wahl in Erblichkeit und damit die Bildung einer Adelsfamilie in jeder Gens. Dieser alte, sogenannte Stammesadel ging meist unter in der Völkerwanderung oder doch bald nachher. Die Heerführer wurden ohne Rücksicht auf Abstammung, bloß nach der Tüchtigkeit gewählt. Sie hatten wenig Gewalt und mußten durchs Beispiel wirken; die eigentliche Disziplinargewalt beim Heer legt Tacitus ausdrücklich den Priestern bei. Die wirkliche Macht lag bei der Volksversammlung. Der König oder Stammesvorsteher präsidiert; das Volk entscheidet – nein: durch Murren; ja: durch Akklamation und Waffenlärm. Sie ist zugleich Gerichtsversammlung; hier werden Klagen vorgebracht und abgeurteilt, hier Todesurteile gefällt, und zwar steht der Tod nur auf Feigheit, Volksverrat und unnatürlicher Wollust. Auch in den Gentes und andern Unterabteilungen richtet die Gesamtheit unter Vorsitz des Vorstehers, der, wie in allem deutschen ursprünglichen Gericht, nur Leiter der Verhandlung und Fragesteller gewesen sein kann; Urteilsfinder war von jeher und überall bei Deutschen die Gesamtheit.

Bünde von Stämmen hatten sich seit Cäsars Zeit ausgebildet; bei einigen von ihnen gab es schon Könige; der oberste Heerführer, wie bei Griechen und Römern, strebte bereits der Tyrannis zu und erlangte sie zuweilen. Solche glückliche Usurpatoren waren nun keineswegs unbeschränkte Herrscher; aber sie fingen doch schon an, die Fesseln der Gentilverfassung zu brechen. Während sonst freigelaßne Sklaven eine untergeordnete Stellung einnahmen, weil sie keiner Gens angehören konnten, kamen solche Günstlinge bei den neuen Königen oft zu Rang, Reichtum und Ehren. Gleiches geschah nach der Eroberung des Römerreichs von den nun zu Königen großer Länder gewordnen Heerführern. Bei den Franken spielten Sklaven und Freigelaßne des Königs erst am Hof, dann im Staat eine große Rolle; zum großen Teil stammt der neue Adel von ihnen ab.

Eine Einrichtung begünstigte das Aufkommen des Königtums: die Gefolgschaften. Schon bei den amerikanischen Rothäuten sahen wir, wie sich neben der Gentilverfassung Privatgesellschaften zur Kriegführung auf eigne Faust bilden. Diese Privatgesellschaften waren bei den Deutschen bereits ständige Vereine geworden. Der Kriegsführer, der sich einen Ruf erworben, versammelte eine Schar beutelustiger junger Leute um sich, ihm zu persönlicher Treue, wie er ihnen, verpflichtet. Der Führer verpflegte und beschenkte sie, ordnete sie hierarchisch; eine Leibgarde und schlagfertige Truppe zu kleineren, ein fertiges Offizierkorps für größere Auszüge. Schwach wie diese Gefolgschaften gewesen sein müssen und auch z. B. bei Odovakar in Italien später erscheinen, so bildeten sie doch schon den Keim des Verfalls der alten Volksfreiheit und bewährten sich als solche in und nach der Völkerwanderung. Denn erstens begünstigten sie das Aufkommen der königlichen Gewalt. Zweitens aber konnten sie, wie schon Tacitus bemerkt, zusammengehalten werden nur durch fortwährende Kriege und Raubzüge. Der Raub wurde Zweck. Hatte der Gefolgsherr in der Nähe nichts zu tun, so zog er mit seiner Mannschaft zu andern Völkern, bei denen es Krieg und Aussicht auf Beute gab; die deutschen Hülfsvölker, die unter römischer Fahne selbst gegen Deutsche in großer Menge fochten, waren zum Teil durch solche Gefolgschaften zusammengebracht. Das Landsknechtswesen, die Schmach und der Fluch der Deutschen, war hier schon in der ersten Anlage vorhanden. Nach Eroberung des Römerreichs bildeten diese Gefolgsleute der Könige neben den unfreien und römischen Hofbedienten den zweiten Hauptbestandteil des späteren Adels.

Im ganzen gilt also für die zu Völkern verbündeten deutschen Stämme dieselbe Verfassung, wie sie sich bei den Griechen der Heroenzeit und den Römern der sogenannten Königszeit entwickelt hatte: Volksversammlung, Rat der Gentilvorsteher, Heerführer, der schon einer wirklichen königlichen Gewalt zustrebt. Es war die ausgebildetste Verfassung, die die Gentilordnung überhaupt entwickeln konnte; sie war die Musterverfassung der Oberstufe der Barbarei. Schritt die

Gesellschaft hinaus über die Grenzen, innerhalb deren diese Verfassung genügte, so war es aus mit der Gentilordnung; sie wurde gesprengt, der Staat trat an ihre Stelle.

VIII

Die Staatsbildung der Deutschen

Die Deutschen waren nach Tacitus ein sehr zahlreiches Volk. Eine ungefähre Vorstellung von der Stärke deutscher Einzelvölker erhalten wir bei Cäsar; er gibt die Zahl der auf dem linken Rheinufer erschienenen Usipeter und Tenkterer auf 180000 Köpfe an, Weiber und Kinder eingeschlossen. Also etwa 100000 auf ein Einzelvolk*, schon bedeutend mehr als z. B. die Gesamtheit der Irokesen in ihrer Blütezeit, wo sie, nicht 20000 Köpfe stark, der Schrecken des ganzen Landes wurden, von den großen Seen bis an den Ohio und Potomac. Ein solches Einzelvolk nimmt auf der Karte, wenn wir versuchen, die in der Nähe des Rheins angesessenen, genauer bekannten nach den Berichten zu gruppieren, im Durchschnitt ungefähr den Raum eines preußischen Regierungsbezirks ein, also etwa 10000 Quadratkilometer oder 182 geographische Quadratmeilen. Germania Magna der Römer aber, bis an die Weichsel, umfaßt in runder Zahl 500000 Quadratkilometer. Bei einer durchschnittlichen Kopfzahl der Einzelvölker von 100000 würde die Gesamtzahl für Germania Magna sich auf fünf Millionen berechnen; für eine barbarische Völkergruppe eine ansehnliche Zahl, für unsre Verhältnisse – 10 Köpfe auf den Quadratkilometer oder 550 auf die geographische Quadratmeile – äußerst gering. Damit aber ist die Zahl der damals lebenden Deutschen keineswegs erschöpft. Wir wissen, daß die Karpaten entlang bis zur Donaumündung hinab deutsche Völker gotischen Stamms wohnten, Bastarner, Peukiner und andre, so zahlreich, daß Plinius aus ihnen den fünften Hauptstamm der Deutschen zusammensetzt[134] und daß sie, die schon 180 vor unserer Zeitrechnung im Solddienst des makedonischen Königs Perseus auftreten, noch in den ersten Jahren des Augustus bis an die Gegend von Adrianopel vordrangen. Rechnen wir sie nur für eine Million, so haben wir als wahrscheinliche Anzahl der Deutschen zu Anfang unsrer Zeitrechnung mindestens sechs Millionen.

Nach der Niederlassung in Germanien muß sich die Bevölkerung mit

---

* Die hier angenommene Zahl wird bestätigt durch eine Stelle Diodors über die gallischen Kelten: «In Gallien wohnen viele Völkerschaften von ungleicher Stärke. Bei den größten beträgt die Menschenzahl ungefähr 200000, bei den kleinsten 50000.» (Diodorus Siculus, V, 25[126].) Also durchschnittlich 125000; die gallischen Einzelvölker sind, bei ihrem höheren Entwicklungsstand, unbedingt etwas zahlreicher anzunehmen als die deutschen.

steigender Geschwindigkeit vermehrt haben; die obenerwähnten industriellen Fortschritte allein würden dies beweisen. Die schleswigschen Moorfunde sind, nach den zugehörigen römischen Münzen, aus dem dritten Jahrhundert. Um diese Zeit herrschte also schon an der Ostsee ausgebildete Metall- und Textilindustrie, reger Verkehr mit dem Römerreich und ein gewisser Luxus bei Reicheren – alles Spuren dichterer Bevölkerung. Um diese Zeit aber beginnt auch der allgemeine Angriffskrieg der Deutschen auf der ganzen Linie des Rheins, des römischen Grenzwalls und der Donau, von der Nordsee bis zum Schwarzen Meer – direkter Beweis der immer stärker werdenden, nach außen drängenden Volkszahl. Dreihundert Jahre dauerte der Kampf, währenddessen der ganze Hauptstamm gotischer Völker (mit Ausnahme der skandinavischen Goten und der Burgunder) nach Südosten zog und den linken Flügel der großen Angriffslinie bildete, in deren Zentrum die Hochdeutschen (Herminonen) an der Oberdonau und auf dessen rechtem Flügel die Isgävonen, jetzt Franken genannt, am Rhein vordrangen; den Inzävonen fiel die Eroberung Britanniens zu. Am Ende des fünften Jahrhunderts lag das Römerreich entkräftet, blutlos und hülflos den eindringenden Deutschen offen.

Wir standen oben an der Wiege der antiken griechischen und römischen Zivilisation. Hier stehn wir an ihrem Sarg. Über alle Länder des Mittelmeerbeckens war der nivellierende Hobel der römischen Weltherrschaft gefahren, und das jahrhundertelang. Wo nicht das Griechische Widerstand leistete, hatten alle Nationalsprachen einem verdorbenen Lateinisch weichen müssen; es gab keine Nationalunterschiede, keine Gallier, Iberer, Ligurer, Noriker mehr, sie alle waren Römer geworden. Die römische Verwaltung und das römische Recht hatten überall die alten Geschlechterverbände aufgelöst und damit den letzten Rest lokaler und nationaler Selbsttätigkeit. Das neugebackne Römertum bot keinen Ersatz; es drückte keine Nationalität aus, sondern nur den Mangel einer Nationalität. Die Elemente neuer Nationen waren überall vorhanden; die lateinischen Dialekte der verschiednen Provinzen schieden sich mehr und mehr; die natürlichen Grenzen, die Italien, Gallien, Spanien, Afrika früher zu selbständigen Gebieten gemacht hatten, waren noch vorhanden und machten sich auch noch fühlbar. Aber nirgends war die Kraft vorhanden, diese Elemente zu neuen Nationen zusammenzufassen; nirgends war noch eine Spur von Entwicklungsfähigkeit, von Widerstandskraft, geschweige von Schaffungsvermögen. Die ungeheure Menschenmasse des ungeheuren Gebiets hatte nur ein Band, das sie zusammenhielt: den römischen Staat, und dieser war mit der Zeit ihr schlimmster Feind und Unterdrücker geworden. Die Provinzen hatten Rom vernichtet; Rom selbst war eine Provinzialstadt geworden wie die andern – bevorrechtet, aber nicht länger herrschend, nicht länger Mittelpunkt des Weltreichs, nicht einmal mehr Sitz der Kaiser Unterkaiser, die in Konstantinopel, Trier, Mailand wohnten. Der römische Staat war eine riesige, komplizierte Maschine geworden, ausschließlich zur Aussaugung der Untertanen. Steuern, Staatsfronden und Lieferungen aller Art drückten die Masse der Bevölkerung in immer tiefere Armut; bis zur Unerträglichkeit wurde der Druck gesteigert durch die Erpressungen der Statthalter, Steuereintreiber, Soldaten. Dahin hatte es der römische Staat mit seiner Weltherrschaft gebracht: Er gründete sein Existenzrecht auf die Erhaltung der Ordnung nach innen und den Schutz gegen die Barbaren nach außen. Aber seine Ordnung war schlimmer als die ärgste Unordnung, und die Barbaren, gegen die er die Bürger zu schützen vorgab, wurden von diesen als Retter ersehnt.

Der Gesellschaftszustand war nicht weniger verzweifelt. Schon seit den letzten Zeiten der Republik war die Römerherrschaft auf rücksichtslose Ausbeutung der eroberten Provinzen ausgegangen; das Kaisertum hatte diese Ausbeutung nicht abgeschafft, sondern im Gegenteil geregelt. Je mehr das Reich verfiel, desto höher stiegen Steuern und Leistungen, desto schamloser raubten und erpreßten die Beamten. Handel und Industrie waren nie Sache der völkerbeherrschenden Römer gewesen; nur im Zinswucher hatten sie alles übertroffen, was vor und nach ihnen war. Was sich von Handel vorgefunden und erhalten hatte, ging zugrunde unter der Beamtenerpressung; was sich noch durchschlug, fällt auf den östlichen, griechischen Teil des Reichs, der außer unsrer Betrachtung liegt. Allgemeine Verarmung, Rückgang des Verkehrs, des Handwerks, der Kunst, Abnahme der Bevölkerung, Verfall der Städte, Rückkehr des Ackerbaus auf eine niedrigere Stufe – das war das Endresultat der römischen Weltherrschaft.

Der Ackerbau, in der ganzen alten Welt der entscheidende Produktionszweig, war es wieder mehr als je. In Italien waren die seit Ende der Republik fast das ganze Gebiet einnehmenden ungeheuren Güterkomplexe (Latifundien) auf zweierlei Weise verwertet worden. Entweder als Viehweide, wo die Bevölkerung durch Schafe und Ochsen ersetzt war, deren Wartung nur wenige Sklaven erforderte. Oder als Villen, die mit Massen von Sklaven Gartenbau in großem Stil trieben, teils für den Luxus des Besitzers, teils für den Absatz auf den städtischen Märkten. Die großen Viehweiden hatten sich erhalten und wohl noch ausgedehnt; die Villengüter und ihr Gartenbau waren verkommen mit der Verarmung ihrer Besitzer und dem Verfall der Städte. Die auf Sklavenarbeit gegründete Latifundienwirtschaft rentierte sich nicht mehr; sie war aber damals die einzig mögliche Form der großen Agrikultur. Die Kleinkultur war wieder die allein lohnende Form geworden. Eine Villa nach der andern wurde in kleine Parzellen zerschlagen und ausgegeben an Erbpächter, die eine bestimmte Summe zahlten, oder partiarii, mehr Verwalter als Pächter, die den sechsten oder gar nur neunten Teil des Jahresprodukts für ihre Arbeit erhielten. Vorherrschend aber wurden diese kleinen Ackerparzellen an Kolonen ausgetan, die dafür einen bestimmten jährlichen Betrag zahlten, an die Scholle gefesselt waren und mit ihrer Parzelle verkauft werden konnten;

sie waren zwar keine Sklaven, aber auch nicht frei, konnten sich nicht mit Freien verheiraten, und ihre Ehen untereinander wurden nicht als vollgültige Ehen, sondern wie die der Sklaven als bloße Beischläferei (contubernium) angesehn. Sie waren die Vorläufer der mittelalterlichen Leibeignen.

Die antike Sklaverei hatte sich überlebt. Weder auf dem Lande in der großen Agrikultur noch in den städtischen Manufakturen gab sie einen Ertrag mehr, der der Mühe wert war – der Markt für ihre Produkte war ausgegangen. Der kleine Ackerbau aber und das kleine Handwerk, worauf die riesige Produktion der Blütezeit des Reichs zusammengeschrumpft war, hatte keinen Raum für zahlreiche Sklaven. Nur für Haus- und Luxussklaven der Reichen war noch Platz in der Gesellschaft. Aber die absterbende Sklaverei war immer noch hinreichend, alle produktive Arbeit als Sklaventätigkeit, als freier Römer – und das war ja jetzt jedermann – unwürdig erscheinen zu lassen. Daher einerseits wachsende Zahl der Freilassungen überflüssiger, zur Last gewordner Sklaven, andrerseits Zunahme der Kolonen hier, der verlumpten Freien (ähnlich den poor whites der Exsklavenstaaten Amerikas) dort. Das Christentum ist am allmählichen Aussterben der antiken Sklaverei vollständig unschuldig. Es hat die Sklaverei jahrhundertelang im Römerreich mitgemacht und später nie den Sklavenhandel der Christen verhindert, weder den der Deutschen im Norden noch den der Venetianer im Mittelmeer, noch den späteren Negerhandel.* Die Sklaverei bezahlte sich nicht mehr, darum starb sie aus. Aber die sterbende Sklaverei ließ ihren giftigen Stachel zurück in der Ächtung der produktiven Arbeit der Freien. Hier war die ausweglose Sackgasse, in der die römische Welt stak: Die Sklaverei war ökonomisch unmöglich, die Arbeit der Freien war moralisch geächtet. Die eine konnte nicht mehr, die andre noch nicht Grundform der gesellschaftlichen Produktion sein. Was hier allein helfen konnte, war nur eine vollständige Revolution.

In den Provinzen sah es nicht besser aus. Wir haben die meisten Nachrichten aus Gallien. Neben den Kolonen gab es hier noch freie Kleinbauern. Um gegen Vergewaltigung durch Beamte, Richter und Wucherer gesichert zu sein, begaben sich diese häufig in den Schutz, das Patronat eines Mächtigen; und zwar nicht nur einzelne taten dies, sondern ganze Gemeinden, so daß die Kaiser im vierten Jahrhundert mehrfach Verbote dagegen erließen. Aber was half es den Schutzsuchenden? Der Patron stellte ihnen die Bedingung, daß sie das Eigentum ihrer Grundstücke an ihn übertrügen, wogegen er ihnen die Nutznießung auf Lebenszeit zusicherte – ein Kniff, den die heilige Kirche sich merkte und im 9. und 10. Jahrhundert zur Mehrung des Reiches Gottes und ihres eignen Grundbe-

---

* Nach dem Bischof Luitprand von Cremona war im 10. Jahrhundert in Verdun, also im heiligen deutschen Reich, der Hauptindustriezweig die Fabrikation von Eunuchen, die mit großem Profit nach Spanien für die maurischen Harems exportiert wurden.[135]

sitzes weidlich nachahmte. Damals freilich, gegen das Jahr 475, eifert der Bischof Salvianus von Marseille noch entrüstet gegen solchen Diebstahl und erzählt, der Druck der römischen Beamten und großen Grundherren sei so arg geworden, daß viele «Römer» in die schon von Barbaren besetzten Gegenden flöhen und die dort ansässigen römischen Bürger vor nichts mehr Angst hätten, als wieder unter römische Herrschaft zu kommen.[136] Daß damals Eltern häufig aus Armut ihre Kinder in die Sklaverei verkauften, beweist ein dagegen erlassenes Gesetz.

Dafür, daß die deutschen Barbaren die Römer von ihrem eignen Staat befreiten, nahmen sie ihnen zwei Drittel des gesamten Bodens und teilten ihn unter sich. Die Teilung geschah nach der Gentilverfassung; bei der verhältnismäßig geringen Zahl der Eroberer blieben sehr große Striche ungeteilt, Besitz teils des ganzen Volks, teils der einzelnen Stämme und Gentes. In jeder Gens wurde das Acker- und Wiesenland unter die einzelnen Haushaltungen zu gleichen Teilen verlost; ob in der Zeit wiederholte Aufteilungen stattfanden, wissen wir nicht, jedenfalls verloren sie sich in den Römerprovinzen bald, und die Einzelanteile wurden veräußerliches Privateigentum, Allod. Wald und Weide blieb ungeteilt zu gemeinsamer Nutzung; diese Nutzung sowie die Art der Bebauung der aufgeteilten Flur wurde geregelt nach altem Brauch und nach Beschluß der Gesamtheit. Je länger die Gens in ihrem Dorfe saß und je mehr Deutsche und Römer allmählich verschmolzen, desto mehr trat der verwandtschaftliche Charakter des Bandes zurück vor dem territorialen; die Gens verschwand in der Markgenossenschaft, in der allerdings noch oft genug Spuren des Ursprungs aus Verwandtschaft der Genossen sichtbar sind. So ging hier die Gentilverfassung, wenigstens in den Ländern, wo die Markgemeinschaft sich erhielt – Nordfrankreich, England, Deutschland und Skandinavien –, unmerklich in eine Ortsverfassung über und erhielt damit die Fähigkeit der Einpassung in den Staat. Aber sie behielt dennoch den naturwüchsig demokratischen Charakter bei, der die ganze Gentilverfassung auszeichnet, und erhielt so selbst in der ihr später aufgezwungenen Ausartung ein Stück Gentilverfassung und damit eine Waffe in den Händen der Unterdrückten, lebendig bis in die neueste Zeit.

Wenn so das Blutband in der Gens bald verlorenging, so war dies die Folge davon, daß auch im Stamm und Gesamtvolk seine Organe ausarteten infolge der Eroberung. Wir wissen, daß Herrschaft über Unterworfene mit der Gentilverfassung unverträglich ist. Hier sehn wir dies auf großem Maßstab. Die deutschen Völker, Herren der Römerprovinzen, hatten diese ihre Eroberung zu organisieren. Weder aber konnte man die Römermassen in die Gentilkörper aufnehmen noch sie vermittelst dieser beherrschen. An die Spitze der, zunächst großenteils fortbestehenden, römischen lokalen Verwaltungskörper mußte man einen Ersatz für den römischen Staat stellen, und dieser konnte nur ein andrer Staat sein. Die Organe der Gentilverfassung mußten sich so in Staatsorgane verwandeln, und dies, dem Drang der Umstände gemäß, sehr rasch. Der nächste Repräsentant des erobernden Volks war aber der Heerführer. Die Sicherung des eroberten Gebiets nach innen und außen forderte Stärkung seiner Macht. Der Augenblick war gekommen zur Verwandlung der Feldherrnschaft in Königtum: sie vollzog sich.

Nehmen wir das Frankenreich. Hier waren dem siegreichen Volk der Salier nicht nur die weiten römischen Staatsdomänen, sondern auch noch alle die sehr großen Landstrecken als Vollbesitz zugefallen, die nicht an die größeren und kleineren Gau- und Markgenossenschaften verteilt waren, namentlich alle größeren Waldkomplexe. Das erste, was der aus einem einfachen obersten Heerführer in einen wirklichen Landesfürsten verwandelte Frankenkönig tat, war, dies Volkseigentum in königliches Gut zu verwandeln, es dem Volk zu stehlen und an sein Gefolge zu verschenken oder zu verleihen. Dies Gefolge, ursprünglich seine persönliche Kriegsgefolgschaft und die übrigen Unterführer des Heers, verstärkte sich bald nicht nur durch Römer, d. h. romanisierte Gallier, die ihm durch ihre Schreiberkunst, ihre Bildung, ihre Kenntnis der romanischen Landessprache und lateinischen Schriftsprache sowie des Landesrechts bald unentbehrlich wurden, sondern auch durch Sklaven, Leibeigne und Freigelassene, die seinen Hofstaat ausmachten und aus denen er seine Günstlinge wählte. An alle diese wurden Stücke des Volkslandes zuerst meist verschenkt, später in der Form von Benefizien zuerst meist auf Lebenszeit des Königs verliehen und so die Grundlage eines neuen Adels auf Kosten des Volks geschaffen.

Damit nicht genug. Die weite Ausdehnung des Reichs war mit den Mitteln der alten Gentilverfassung nicht zu regieren; der Rat der Vorsteher, war er nicht längst abgekommen, hätte sich nicht versammeln können und wurde bald durch die ständige Umgebung des Königs ersetzt; die alte Volksversammlung blieb zum Schein bestehn, wurde aber ebenfalls mehr und mehr bloße Versammlung der Unterführer des Heers und der neuaufkommenden Großen. Die freien grundbesitzenden Bauern, die Masse des fränkischen Volks wurden durch die ewigen Bürger- und Eroberungskriege, letztere namentlich unter Karl dem Großen, ganz so erschöpft und heruntergebracht wie früher die römischen Bauern in den letzten Zeiten der Republik. Sie, die ursprünglich das ganze Heer und nach der Eroberung Frankreichs dessen Kern gebildet hatten, waren am Anfang des neunten Jahrhunderts so verarmt, daß kaum noch der fünfte Mann ausziehen konnte. An die Stelle des direkt vom König aufgebotenen Heerbannes freier Bauern trat ein Heer, zusammengesetzt aus den Dienstleuten der neuaufgekommenen Großen, darunter auch hörige Bauern, die Nachkommen derer, die früher keinen Herrn als den König und noch früher gar keinen, nicht einmal einen König gekannt hatten. Unter den Nachfolgern Karls wurde der Ruin des fränkischen Bauernstandes durch innere Kriege, Schwäche der königlichen Gewalt und entsprechende Übergriffe der Großen, zu denen nun noch die von Karl eingesetzten und nach Erblichkeit des Amts strebenden Gaugrafen[137] kamen, endlich durch die Einfälle der Normannen vollendet. Fünftig Jahre nach dem Tode Karls des Großen lag das Frankenreich ebenso widerstandslos zu den Füßen der Normannen, wie vierhundert Jahre früher das Römerreich zu den Füßen der Franken.

Und nicht nur die äußere Ohnmacht, sondern auch die innere Gesellschaftsordnung oder vielmehr -unordnung war fast dieselbe. Die freien fränkischen Bauern waren in eine ähnliche Lage versetzt wie ihre Vorgänger, die römischen Kolonen. Durch die Kriege und Plünderungen ruiniert, hatten sie sich in den Schutz der neuaufgekommenen Großen oder der Kirche begeben müssen, da die königliche Gewalt zu schwach war, sie zu schützen; aber diesen Schutz mußten sie teuer erkaufen. Wie früher die gallischen Bauern, mußten sie das Eigentum an ihrem Grundstück an den Schutzherrn übertragen und erhielten dies von ihm zurück als Zinsgut unter verschiednen und wechselnden Formen, stets aber nur gegen Leistung von Diensten und Abgaben; einmal in diese Form von Abhängigkeit versetzt, verloren sie nach und nach auch die persönliche Freiheit; nach wenig Generationen waren sie zumeist schon Leibeigne. Wie rasch der Untergang des freien Bauernstandes sich vollzog, zeigt Irminons Grundbuch[138] der Abtei Saint-Germain-des-Prés, damals bei, jetzt in Paris. Auf dem weiten, in der Umgegend zerstreuten Grundbesitz dieser Abtei saßen damals, noch zu Lebzeiten Karls des Großen, 2788 Haushaltungen, fast ausnahmslos Franken mit deutschen Namen. Darunter 2080 Kolonen, 35 Liten[139], 220 Sklaven und nur 8 freie Hintersassen! Die von Salvianus für gottlos erklärte Übung, daß der Schutzherr das Grundstück des Bauern sich zu Eigentum übertragen ließ und es ihm nur auf Lebenszeit zur Nutzung zurückgab, wurde jetzt von der Kirche gegen die Bauern allgemein praktiziert. Die Frondienste, die jetzt mehr und mehr in Gebrauch kamen, hatten in den römischen Angarien, Zwangsdiensten für den Staat, ihr Vorbild ebensosehr gehabt wie in den Diensten der deutschen Markgenossen für Brücken- und Wegebauten und andre gemeinsame Zwecke. Dem Schein nach war also die Masse der Bevölkerung nach vierhundert Jahren ganz wieder beim Anfang angekommen.

Das aber bewies nur zweierlei: Erstens, daß die gesellschaftliche Gliederung und die Eigentumsverteilung im sinkenden Römerreich der damaligen Stufe der Produktion in Ackerbau und Industrie vollständig entsprochen hatte, also unvermeidlich gewesen war; und zweitens, daß diese Produktionsstufe während der folgenden vierhundert Jahre weder wesentlich gesunken war noch sich wesentlich gehoben hatte, also mit derselben Notwendigkeit dieselbe Eigentumsverteilung und dieselben Bevölkerungsklassen wieder erzeugt hatte. Die Stadt hatte in den letzten Jahrhunderten des Römerreichs ihre frühere Herrschaft über das Land verloren und in den ersten Jahrhunderten der deutschen Herrschaft sie nicht wiedererhalten. Es setzt dies eine niedrige Entwicklungsstufe sowohl des Ackerbaus wie der Industrie voraus. Diese Gesamtlage produziert mit Notwendigkeit große herrschende Grundbesitzer und abhängige Kleinbauern. Wie wenig es möglich war, einerseits die römische Latifundienwirtschaft mit Sklaven, andrerseits die neuere Großkultur mit Fronarbeit einer solchen Gesellschaft aufzupfropfen, beweisen Karls des Großen ungeheure, aber fast spurlos vorübergegangne Experimente mit den berühmten kaiserlichen Villen. Sie wurden fortgesetzt nur von Klöstern und waren nur für diese fruchtbar; die Klöster aber waren abnorme Gesellschaftskörper, gegründet auf Ehelosigkeit; sie konnten Ausnahmsweises leisten, mußten aber ebendeshalb auch Ausnahme bleiben.

Und doch war man während dieser vierhundert Jahre weitergekommen. Finden wir auch am Ende fast dieselben Hauptklassen wieder vor wie am Anfang, so waren doch die Menschen andre geworden, die diese Klassen bildeten. Verschwunden war die antike Sklaverei, verschwunden die verlumpten armen Freien, die die Arbeit als sklavisch verachteten. Zwischen dem römischen Kolonen und dem neuen Hörigen hatte der freie fränkische Bauer gestanden. Das «unnütze Erinnern und der vergebliche Streit» des verfallenden Römertums war tot und begraben. Die Gesellschaftsklassen des neunten Jahrhunderts hatten sich gebildet, nicht in der Versumpfung einer untergehenden Zivilisation, sondern in den Geburtswehen einer neuen. Das neue Geschlecht, Herren wie Diener, war ein Geschlecht von Männern, verglichen mit seinen römischen Vorgängern. Das Verhältnis von mächtigen Grundherren und dienenden Bauern, das für diese die ausweglose Untergangsform der antiken Welt gewesen, es war jetzt für jene der Ausgangspunkt einer neuen Entwicklung. Und dann, so unproduktiv diese vierhundert Jahre auch scheinen, *ein* großes Produkt hinterließen sie: die modernen Nationalitäten, die Neugestaltung und Gliederung der westeuropäischen Menschheit für die kommende Geschichte. Die Deutschen hatten in der Tat Europa neu belebt, und darum endete die Staatenauflösung der germanischen Periode nicht mit normännisch-sarazenischer Unterjochung, sondern mit der Fortbildung der Benefizien und der Schutzergebung (Kommendation[140]) zum Feudalismus ⟨und mit einer so gewaltigen Volksvermehrung, daß kaum zweihundert Jahre nachher die starken Aderlässe der Kreuzzüge ohne Schaden ertragen wurden⟩.

Was aber war das geheimnisvolle Zaubermittel, wodurch die Deutschen dem absterbenden Europa neue Lebenskraft einhauchten? War es eine, dem deutschen Volksstamm eingeborne Wundermacht, wie unsre chauvinistische Geschichtschreibung uns vordichtet? Keineswegs. Die Deutschen waren, besonders damals, ein hochbegabter arischer Stamm und in voller lebendiger Entwicklung begriffen. Aber nicht ihre spezifischen nationalen Eigenschaften waren es, die Europa verjüngt haben, sondern einfach – ihre Barbarei, ihre Gentilverfassung.

Ihre persönliche Tüchtigkeit und Tapferkeit, ihr Freiheitssinn und demokratischer Instinkt, der in allen öffentlichen Angelegenheiten seine eignen Angelegenheiten sah, kurz, alle die Eigenschaften, die dem Römer abhanden gekommen und die allein imstande, aus dem Schlamm der Römerwelt neue Staaten zu bilden und neue Nationalitäten wachsen zu lassen – was waren sie anders als die Charakterzüge des Barbaren der Oberstufe, Früchte seiner Gentilverfassung?

Wenn sie die antike Form der Monogamie umgestalteten, die Männerherrschaft in der Familie milderten, der Frau eine höhere Stellung gaben, als die klassische Welt sie je gekannt, was befähigte sie dazu, wenn nicht ihre Barbarei, ihre Gentilgewohnheiten, ihre noch lebendigen Erbschaften aus der Zeit des Mutterrechts?

Wenn sie wenigstens in dreien der wichtigsten Länder, Deutschland, Nordfrankreich und England, ein Stück echter Gentilverfassung in der Form der Markgenossenschaften in den Feudalstaat hinüberretteten und damit der unterdrückten Klasse, den Bauern, selbst unter der härtesten mittelalterlichen Leibeigenschaft, einen lokalen Zusammenhalt und ein Mittel des Widerstands gaben, wie es weder die antiken Sklaven fertig vorfanden noch die modernen Proletarier – wem war das geschuldet, wenn nicht ihrer Barbarei, ihrer ausschließlich barbarischen Ansiedlungsweise nach Geschlechtern?

Und endlich, wenn sie die bereits in der Heimat geübte mildere Form der Knechtschaft, in die auch im Römerreich die Sklaverei mehr und mehr überging, ausbilden und zur ausschließlichen erheben konnten; eine Form, die, wie Fourier zuerst hervorgehoben[141], den Geknechteten die Mittel zur allmählichen Befreiung *als Klasse* gibt (fournit aux cultivateurs des moyens d'affranchissement *collectif et progressif*[141a]); eine Form, die sich hierdurch hoch über die Sklaverei stellt, bei der nur die sofortige Einzelfreilassung ohne Übergangszustand möglich (Abschaffung der Sklaverei durch siegreiche Rebellion kennt das Altertum nicht) – während in der Tat die Leibeignen des Mittelalters nach und nach ihre Befreiung als Klasse durchsetzten –, wem verdanken wir das, wenn nicht ihrer Barbarei, kraft deren sie es noch nicht zur ausgebildeten Sklaverei gebracht hatten, weder zur antiken Arbeitssklaverei noch zur orientalischen Haussklaverei?

Alles, was die Deutschen der Römerwelt Lebenskräftiges und Lebenbringendes einpflanzten, war Barbarentum. In der Tat sind nur Barbaren fähig, eine an verendender Zivilisation laborierende Welt zu verjüngen. Und die oberste Stufe der Barbarei, zu der und in der die Deutschen sich vor der Völkerwanderung emporgearbeitet, war gerade die günstigste für diesen Prozeß. Das erklärt alles.

IX

Barbarei und Zivilisation

Wir haben jetzt die Auflösung der Gentilverfassung an den drei großen Einzelbeispielen der Griechen, Römer und Deutschen verfolgt. Untersuchen wir zum Schluß die allgemeinen ökonomischen Bedingungen, die die gentile Organisation der Gesellschaft auf der Oberstufe der Barbarei bereits untergruben und mit dem Eintritt der Zivilisation vollständig beseitigten. Hier wird uns Marx' «Kapital» ebenso notwendig sein wie Morgans Buch.

Hervorgewachsen auf der Mittelstufe, weitergebildet auf der Oberstufe der Wildheit, erreicht die Gens, soweit unsere Quellen dies beurteilen lassen, ihre Blütezeit auf der Unterstufe der Barbarei. Mit dieser Entwicklungsstufe also beginnen wir.

Wir finden hier, wo uns die amerikanischen Rothäute als Beispiel dienen müssen, die Gentilverfassung vollkommen ausgebildet. Ein Stamm hat sich in mehrere ⟨,meistens zwei⟩ Gentes gegliedert; diese ursprünglichen Gentes zerfallen mit steigender Volkszahl jede in mehrere Tochtergentes, gegenüber denen die Muttergens als Phratrie erscheint; der Stamm selbst spaltet sich in mehrere Stämme, in deren jedem wir die alten Gentes großenteils wiederfinden; ein Bund umschließt wenigstens in einzelnen Fällen die verwandten Stämme. Diese einfache Organisation genügt vollkommen den gesellschaftlichen Zuständen, denen sie entsprungen sind. Sie ist weiter nichts als deren eigne, naturwüchsige Gruppierung, sie ist imstande, alle Konflikte auszugleichen, die innerhalb der so organisierten Gesellschaft entspringen können. Nach außen gleicht der Krieg aus; er kann mit Vernichtung des Stamms endigen, nie aber mit seiner Unterjochung. Es ist das Großartige, aber auch das Beschränkte der Gentilverfassung, daß sie für Herrschaft und Knechtung keinen Raum hat. Nach innen gibt es noch keinen Unterschied zwischen Rechten und Pflichten; die Frage, ob Teilnahme an den öffentlichen Angelegenheiten, Blutrache oder deren Sühnung, ein Recht oder eine Pflicht sei, besteht für den Indianer nicht; sie würde ihm ebenso absurd vorkommen wie die: ob Essen, Schlafen, Jagen ein Recht oder eine Pflicht sei. Ebensowenig kann eine Spaltung des Stammes und der Gens in verschiedne Klassen stattfinden. Und dies führt uns auf Untersuchung der ökonomischen Basis des Zustandes.

Die Bevölkerung ist äußerst dünn: verdichtet nur am Wohnort des Stamms, um den in weitem Kreise zunächst das Jagdgebiet liegt, dann der neutrale Schutzwald, der ihn von andern Stämmen trennt. Die Teilung der Arbeit ist rein naturwüchsig; sie besteht nur zwischen den beiden Geschlechtern. Der Mann führt den Krieg, geht jagen und fischen, beschafft den Rohstoff der Nahrung und die dazu nötigen Werkzeuge. Die

Frau besorgt das Haus und die Zubereitung der Nahrung und Kleidung, kocht, webt, näht. Jedes von beiden ist Herr auf seinem Gebiet: der Mann im Walde, die Frau im Hause. Jedes ist Eigentümer der von ihm verfertigten und gebrauchten Werkzeuge: der Mann der Waffen, des Jagd- und Fischzeugs, die Frau des Hausrats. Die Haushaltung ist kommunistisch für mehrere, oft viele Familien.* Was gemeinsam gemacht und genutzt wird, ist gemeinsames Eigentum: das Haus, der Garten, das Langboot. Hier also, und nur hier noch, gilt das von Juristen und Ökonomen der zivilisierten Gesellschaft angedichtete «selbstbearbeitete Eigentum», der letzte verlogne Rechtsvorwand, auf den das heutige kapitalistische Eigentum sich noch stützt.

Aber die Menschen blieben nicht überall auf dieser Stufe stehn. In Asien fanden sie Tiere vor, die sich zähmen und gezähmt weiterzüchten ließen. Die wilde Büffelkuh mußte erjagt werden, die zahme lieferte jährlich ein Kalb und Milch obendrein. Eine Anzahl der vorgeschrittensten Stämme – Arier, Semiten, vielleicht auch schon Turanier – machten erst die Zähmung, später nur noch die Züchtung und Wartung von Vieh zu ihrem Hauptarbeitszweig. Hirtenstämme sonderten sich aus von der übrigen Masse der Barbaren: *erste große gesellschaftliche Teilung der Arbeit.* Die Hirtenstämme produzierten nicht nur mehr, sondern auch andre Lebensmittel als die übrigen Barbaren. Sie hatten nicht nur Milch, Milchprodukte und Fleisch in größeren Massen vor diesen voraus, sondern auch Häute, Wolle, Ziegenhaare und die mit der Masse des Rohstoffs sich vermehrenden Gespinste und Gewebe. Damit wurde ein regelmäßiger Austausch zum erstenmal möglich. Auf früheren Stufen können nur gelegentliche Austäusche stattfinden; besondre Geschicklichkeit in der Verfertigung von Waffen und Werkzeugen kann zu vorübergehender Arbeitsteilung führen. So sind unzweifelhafte Reste von Werkstätten für Steinwerkzeuge aus dem späteren Steinzeitalter an vielen Orten gefunden worden; die Künstler, die hier ihre Geschicklichkeit ausbildeten, arbeiteten wahrscheinlich, wie noch die ständigen Handwerker indischer Gentilgemeinwesen, für Rechnung der Gesamtheit. Keinenfalls konnte auf dieser Stufe ein andrer Austausch als der innerhalb des Stammes entstehn, und dieser blieb ausnahmsweises Ereignis. Hier dagegen, nach der Ausscheidung der Hirtenstämme, finden wir alle Bedingungen fertig zum Austausch zwischen den Gliedern verschiedner Stämme, zu seiner Ausbildung und Befestigung als regelmäßige Institution. Ursprünglich tauschte Stamm mit Stamm, durch die gegenseitigen Gentilvorsteher; als aber die Herden anfingen in ⟨Sondereigentum⟩[52] überzugehn, überwog der Einzelaustausch mehr und mehr und wurde endlich einzige Form. Der Hauptartikel

* Besonders an der Nordwestküste Amerikas, siehe Bancroft[30]. Bei den Haidahs auf Königin Charlottes Insel kommen Haushaltungen bis zu 700 Personen unter einem Dache vor. Bei den Nootkas lebten ganze Stämme unter einem Dache.

aber, den die Hirtenstämme an ihre Nachbarn im Tausch abgaben, war Vieh; Vieh wurde die Ware, in der alle andren Waren geschätzt und die überall gern im Austausch gegen jene genommen wurde – kurz, Vieh erhielt Geldfunktion und tat Gelddienste schon auf dieser Stufe. Mit solcher Notwendigkeit und Raschheit entwickelte sich schon im Anbeginn des Warenaustausches das Bedürfnis einer Geldware.

Der Gartenbau, den asiatischen Barbaren der Unterstufe wahrscheinlich fremd, kam spätestens in der Mittelstufe bei ihnen auf, als Vorläufer des Feldbaus. Das Klima der turanischen Hochebene läßt kein Hirtenleben zu ohne Futtervorräte für den langen und strengen Winter; Wiesenbau und Kultur von Kornfrucht war also hier Bedingung. Dasselbe gilt für die Steppen nördlich vom Schwarzen Meer. Wurde aber erst die Kornfrucht für das Vieh gewonnen, so wurde sie bald auch menschliche Nahrung. Das bebaute Land blieb noch Stammeseigentum, anfänglich der Gens, später von dieser ⟨den Hausgenossenschaften, endlich⟩ den einzelnen zur Benutzung überwiesen; sie mochten gewisse Besitzrechte daran haben, mehr aber auch nicht.

Von den industriellen Errungenschaften dieser Stufe sind zwei besonders wichtig. Die erste ist der Webstuhl, die zweite die Schmelzung von Metallerzen und die Verarbeitung der Metalle. Kupfer und Zinn und die aus beiden zusammengesetzte Bronze waren weitaus die wichtigsten; die Bronze lieferte brauchbare Werkzeuge und Waffen, konnte aber die Steinwerkzeuge nicht verdrängen; dies war nur dem Eisen möglich, und Eisen zu gewinnen, verstand man noch nicht. Gold und Silber fingen an, zu Schmuck und Zierat verwandt zu werden, und müssen schon hoch im Wert gestanden haben gegenüber Kupfer und Bronze.

Die Steigerung der Produktion in allen Zweigen – Viehzucht, Ackerbau, häusliches Handwerk – gab der menschlichen Arbeitskraft die Fähigkeit, ein größeres Produkt zu erzeugen, als zu ihrem Unterhalt erforderlich war. Sie steigerte gleichzeitig die tägliche Arbeitsmenge, die jedem Mitglied der Gens, der Hausgemeinde oder der Einzelfamilie zufiel. Die Einschaltung neuer Arbeitskräfte wurde wünschenswert. Der Krieg lieferte sie: Die Kriegsgefangnen wurden in Sklaven verwandelt. Die erste große gesellschaftliche Teilung der Arbeit zog mit ihrer Steigerung der Produktivität der Arbeit, also des Reichtums, und mit ihrer Erweiterung des Produktionsfeldes, unter den gegebnen geschichtlichen Gesamtbedingungen, die Sklaverei mit Notwendigkeit nach sich. Aus der ersten großen gesellschaftlichen Arbeitsteilung entsprang die erste große Spaltung der Gesellschaft in zwei Klassen: Herren und Sklaven, Ausbeuter und Ausgebeutete.

Wie und wann die Herden aus dem Gemeinbesitz des Stammes oder der Gens in das Eigentum der einzelnen Familienhäupter übergegangen, darüber wissen wir bis jetzt nichts. Es muß aber im wesentlichen auf dieser Stufe geschehn sein. Mit den Herden nun und den übrigen neuen Reichtümern kam eine Revolution über die Familie. Der Erwerb war immer Sache des Mannes gewesen, die Mittel zum Erwerb von ihm produziert und sein Eigentum. Die Herden waren die neuen Erwerbsmittel, ihre anfängliche Zähmung und spätere Wartung sein Werk. Ihm gehörte daher das Vieh, ihm die gegen Vieh eingetauschten Waren und Sklaven. All der Überschuß, den der Erwerb jetzt lieferte, fiel dem Manne zu; die Frau genoß mit davon, aber sie hatte kein Teil am Eigentum. Der «wilde» Krieger und Jäger war im Hause zufrieden gewesen mit der zweiten Stelle, nach der Frau; der «sanftere» Hirt, auf seinen Reichtum pochend, drängte sich vor an die erste Stelle und die Frau zurück an die zweite. Und sie konnte sich nicht beklagen. Die Arbeitsteilung in der Familie hatte die Eigentumsverteilung zwischen Mann und Frau geregelt; sie war dieselbe geblieben; und doch stellte sie jetzt das bisherige häusliche Verhältnis auf den Kopf, lediglich weil die Arbeitsteilung außerhalb der Familie eine andre geworden war. Dieselbe Ursache, die der Frau ihre frühere Herrschaft im Hause gesichert: ihre Beschränkung auf die Hausarbeit, dieselbe Ursache sicherte jetzt die Herrschaft des Mannes im Hause: die Hausarbeit der Frau verschwand jetzt neben der Erwerbsarbeit des Mannes; diese war alles, jene eine unbedeutende Beigabe. Hier zeigt sich schon, daß die Befreiung der Frau, ihre Gleichstellung mit dem Manne, eine Unmöglichkeit ist und bleibt, solange die Frau von der gesellschaftlichen produktiven Arbeit ausgeschlossen und auf die häusliche Privatarbeit beschränkt bleibt. Die Befreiung der Frau wird erst möglich, sobald diese auf großem, gesellschaftlichem Maßstab an der Produktion sich beteiligen kann, und die häusliche Arbeit sie nur noch in unbedeutendem Maß in Anspruch nimmt. Und dies ist erst möglich geworden durch die moderne große Industrie, die nicht nur Frauenarbeit auf großer Stufenleiter zuläßt, sondern förmlich nach ihr verlangt, und die auch die private Hausarbeit mehr und mehr in eine öffentliche Industrie aufzulösen strebt.

Mit der faktischen Herrschaft des Mannes im Hause war die letzte Schranke seiner Alleinherrschaft gefallen. Diese Alleinherrschaft wurde bestätigt und verewigt durch Sturz des Mutterrechts, Einführung des Vaterrechts, allmählichen Übergang der Paarungsehe in die Monogamie. Damit aber kam ein Riß in die alte Gentilordnung: Die Einzelfamilie wurde eine Macht und erhob sich drohend gegenüber der Gens.

Der nächste Schritt führt uns auf die Oberstufe der Barbarei, die Periode, in der alle Kulturvölker ihre Heroenzeit durchmachen: die Zeit des eisernen Schwerts, aber auch der eisernen Pflugschar und Axt. Das Eisen war dem Menschen dienstbar geworden, der letzte und wichtigste aller Rohstoffe, die eine geschichtlich umwälzende Rolle spielten, der letzte – bis auf die Kartoffel. Das Eisen schuf den Feldbau auf größeren Flächen, die Urbarmachung ausgedehnterer Waldstrecken; es gab dem Handwerker Werkzeug von einer Härte und Schneide, der kein Stein, kein andres bekanntes Metall widerstand. Alles das allmählich; das erste Eisen war oft noch weicher als Bronze. So verschwand die Steinwaffe nur langsam; nicht nur im «Hildebrandslied»[123], auch noch bei Hastings[142] im Jahre 1066 kamen noch Steinäxte ins Gefecht. Aber der Fortschritt ging nun unaufhaltsam, weniger unterbrochen und rascher vor sich. Die mit steinernen Mauern, Türmen und Zinnen steinerne oder Ziegelhäuser umschließende Stadt wurde Zentralsitz des Stamms oder Stämmebundes; ein gewaltiger Fortschritt in der Baukunst, aber auch ein Zeichen vermehrter Gefahr und Schutzbedürftigkeit. Der Reichtum wuchs rasch, aber als Reichtum einzelner; die Weberei, und die Metallbearbeitung und die andern, mehr und mehr sich sondernden Handwerke entfalteten steigende Mannigfaltigkeit und Kunstfertigkeit der Produktion; der Landbau lieferte neben Korn, Hülsenfrüchten und Obst jetzt auch Öl und Wein, deren Bereitung man gelernt hatte. So mannigfache Tätigkeit konnte nicht mehr von demselben einzelnen ausgeübt werden; *die zweite große Teilung der Arbeit* trat ein: Das Handwerk sonderte sich vom Ackerbau. Die fortwährende Steigerung der Produktion und mit ihr der Produktivität der Arbeit erhöhte den Wert der menschlichen Arbeitskraft; die Sklaverei, auf der vorigen Stufe noch entstehend und sporadisch, wird jetzt wesentlicher Bestandteil des Gesellschaftssystems; die Sklaven hören auf, einfache Gehülfen zu sein, sie werden dutzendweise zur Arbeit getrieben auf dem Feld und in der Werkstatt. Mit der Spaltung der Produktion in die zwei großen Hauptzweige, Ackerbau und Handwerk, entsteht die Produktion direkt für den Austausch, die Warenproduktion; mit ihr der Handel, nicht nur im Innern und an den Stammesgrenzen, sondern auch schon über See. Alles dies aber noch sehr unentwickelt; die edlen Metalle fangen an, vorwiegende und allgemeine Geldware zu werden, aber noch ungeprägt, nur nach dem noch unverkleideten Gewicht sich austauschend.

Der Unterschied von Reichen und Ärmeren tritt neben den von Freien und Sklaven – mit der neuen Arbeitsteilung eine neue Spaltung der Gesellschaft in Klassen. Die Besitzunterschiede der einzelnen Familienhäupter sprengen die alte kommunistische Hausgemeinde überall, wo sie sich bis dahin erhalten; mit ihr die gemeinsame Bebauung des Bodens für Rechnung dieser Gemeinde. Das Ackerland wird den einzelnen Familien zunächst auf Zeit, später ein für allemal zur Nutzung überwiesen, der Übergang in volles Privateigentum vollzieht sich allmählich und parallel mit dem Übergang der Paarungsehe in Monogamie. Die Einzelfamilie fängt an, die wirtschaftliche Einheit in der Gesellschaft zu werden.

Die dichtere Bevölkerung nötigt zu engerem Zusammenschließen nach innen wie nach außen. Der Bund verwandter Stämme wird überall eine Notwendigkeit; bald auch schon ihre Verschmelzung, damit die Verschmelzung der getrennten Stammesgebiete zu einem Gesamtgebiet des Volks. Der Heerführer des Volks – rex, basileus, thiudans – wird unentbehrlicher, ständiger Beamter. Die Volksversammlung kommt auf, wo sie nicht schon bestand. Heerführer, Rat, Volksversammlung bilden die

Organe der zu einer militärischen Demokratie fortentwickelten Gentilgesellschaft. Militärisch – denn der Krieg und die Organisation zum Krieg sind jetzt regelmäßige Funktionen des Volkslebens geworden. Die Reichtümer der Nachbarn reizen die Habgier von Völkern, bei denen Reichtumserwerb schon als einer der ersten Lebenszwecke erscheint. Sie sind Barbaren: Rauben gilt ihnen für leichter und selbst für ehrenvoller als Erarbeiten. Der Krieg, früher nur geführt zur Rache für Übergriffe oder zur Ausdehnung des unzureichend gewordnen Gebiets, wird jetzt des bloßen Raubs wegen geführt, wird stehender Erwerbszweig. Nicht umsonst starren die dräuenden Mauern um die neuen befestigten Städte: In ihren Gräben gähnt das Grab der Gentilverfassung, und ihre Türme ragen bereits hinein in die Zivilisation. Und ebenso geht es im Innern. Die Raubkriege erhöhen die Macht des obersten Heerführers wie die der Unterführer; die gewohnheitsmäßige Wahl der Nachfolger in denselben Familien geht, namentlich seit Einführung des Vaterrechts, allmählich über in erst geduldete, dann beanspruchte, endlich usurpierte Erblichkeit; die Grundlage des Erbkönigtums und des Erbadels ist gelegt. So reißen sich die Organe der Gentilverfassung allmählich los von ihrer Wurzel im Volk, in Gens, Phratrie, Stamm, und die ganze Gentilverfassung verkehrt sich in ihr Gegenteil: Aus einer Organisation von Stämmen zur freien Ordnung ihrer eignen Angelegenheiten wird sie eine Organisation zur Plünderung und Bedrückung der Nachbarn, und dementsprechend werden ihre Organe aus Werkzeugen des Volkswillens zu selbständigen Organen der Herrschaft und Bedrückung gegenüber dem eignen Volk. Das aber wäre nie möglich gewesen, hätte nicht die Gier nach Reichtum die Gentilgenossen gespalten in Reiche und Arme, hätte nicht «die Eigentumsdifferenz innerhalb derselben Gens die Einheit der Interessen verwandelt in Antagonismus der Gentilgenossen» (Marx), und hätte nicht die Ausdehnung der Sklaverei bereits angefangen, die Erarbeitung des Lebensunterhalts für nur sklavenwürdige Tätigkeit, für schimpflicher gelten zu lassen als den Raub.

Damit sind wir angekommen an der Schwelle der Zivilisation. Sie wird eröffnet durch einen neuen Fortschritt der Teilung der Arbeit. Auf der untersten Stufe produzierten die Menschen nur direkt für eignen Bedarf; die etwa vorkommenden Austauschakte waren vereinzelt, betrafen nur den zufällig sich einstellenden Überfluß. Auf der Mittelstufe der Barbarei finden wir bei Hirtenvölkern in dem Vieh schon einen Besitz, der bei einer gewissen Größe der Herde regelmäßig einen Überschuß über den eignen Bedarf liefert, zugleich eine Teilung der Arbeit zwischen Hirtenvölkern und zurückgebliebnen Stämmen ohne Herden, damit zwei nebeneinander bestehende verschiedne Produktionsstufen, und damit die Bedingungen eines regelmäßigen Austausches. Die Oberstufe der Barbarei liefert uns die weitere Arbeitsteilung zwischen Ackerbau und Handwerk, damit Produktion eines stets wachsenden Teils der Arbeitserzeugnisse direkt für den

Austausch, damit Erhebung des Austausches zwischen Einzelproduzenten zu einer Lebensnotwendigkeit der Gesellschaft. Die Zivilisation befestigt und steigert alle diese vorgefundnen Arbeitsteilungen, namentlich durch Schärfung des Gegensatzes von Stadt und Land (wobei die Stadt das Land ökonomisch beherrschen kann, wie im Altertum, oder auch das Land die Stadt, wie im Mittelalter), und fügt dazu eine dritte, ihr eigentümliche, entscheidend wichtige Arbeitsteilung: Sie erzeugt eine Klasse, die sich nicht mehr mit der Produktion beschäftigt, sondern nur mit dem Austausch der Produkte – die *Kaufleute*. Alle bisherigen Ansätze zur Klassenbildung hatten es noch ausschließlich mit der Produktion zu tun; sie schieden die bei der Produktion beteiligten Leute in Leitende und Ausführende, oder aber in Produzenten auf größerer und auf kleinerer Stufenleiter. Hier tritt zum erstenmal eine Klasse auf, die, ohne an der Produktion irgendwie Anteil zu nehmen, die Leitung der Produktion im ganzen und großen sich erobert und die Produzenten sich ökonomisch unterwirft; die sich zum unumgänglichen Vermittler zwischen je zwei Produzenten macht und sie beide ausbeutet. Unter dem Vorwand, den Produzenten die Mühe und das Risiko des Austausches abzunehmen, den Absatz ihrer Produkte nach entfernten Märkten auszudehnen, damit die nützlichste Klasse der Bevölkerung zu werden, bildet sich eine Klasse von Parasiten aus, echten gesellschaftlichen Schmarotzertieren, die als Lohn für sehr geringe wirkliche Leistungen sowohl von der heimischen wie von der fremden Produktion den Rahm abschöpft, rasch enorme Reichtümer und entsprechenden gesellschaftlichen Einfluß erwirbt, und eben deshalb während der Periode der Zivilisation zu immer neuen Ehren und immer größerer Beherrschung der Produktion berufen ist, bis sie endlich auch selbst ein eignes Produkt zutage fördert – die periodischen Handelskrisen.

Auf unsrer vorliegenden Entwicklungsstufe hat die junge Kaufmannschaft allerdings noch keine Ahnung von den großen Dingen, die ihr bevorstehn. Aber sie bildet sich und macht sich unentbehrlich, und das genügt. Mit ihr aber bildet sich aus das *Metallgeld*, die geprägte Münze, und mit dem Metallgeld ein neues Mittel zur Herrschaft des Nichtproduzenten über den Produzenten und seine Produktion. Die Ware der Waren, die alle andern Waren im Verborgnen in sich enthält, war entdeckt, das Zaubermittel, das sich nach Belieben in jedes wünschenswerte und gewünschte Ding verwandeln kann. Wer es hatte, beherrschte die Welt der Produktion, und wer hatte es vor allen? Der Kaufmann. In seiner Hand war der Kultus des Geldes sicher. Er sorgte dafür, daß es offenbar wurde, wie sehr alle Waren, damit alle Warenproduzenten, sich anbetend in den Staub werfen mußten vor dem Geld. Er bewies es praktisch, wie sehr alle andern Formen des Reichtums nur selber bloßer Schein werden gegenüber dieser Verkörperung des Reichtums als solchem. Nie wieder ist die Macht des Geldes aufgetreten in solch ursprünglicher Roheit und Gewaltsamkeit wie in dieser ihrer Jugendperiode. Nach dem Warenkauf für Geld kam der

Geldvorschuß, mit diesem der Zins und der Wucher. Und keine Gesetzgebung späterer Zeit wirft den Schuldner so schonungslos und rettungslos zu den Füßen des wucherischen Gläubigers wie die altathenische und altrömische – und beide entstanden spontan, als Gewohnheitsrechte, ohne andern als den ökonomischen Zwang.

Neben den Reichtum an Waren und Sklaven, neben den Geldreichtum trat nun auch der Reichtum an Grundbesitz. Das Besitzrecht der einzelnen an den ihnen ursprünglich von Gens oder Stamm überlassenen Bodenparzellen hatte sich jetzt soweit befestigt, daß diese Parzellen ihnen erbeigentümlich gehörten. Wonach sie in der letzten Zeit vor allem gestrebt, das war die Befreiung von dem Anrecht der Gentilgenossenschaft an die Parzelle, das ihnen eine Fessel wurde. Die Fessel wurde sie los – aber bald nachher auch das neue Grundeigentum. Volles, freies Eigentum am Boden, das hieß nicht nur Möglichkeit, den Boden unverkürzt und unbeschränkt zu besitzen, das hieß auch Möglichkeit, ihn zu veräußern. Solange der Boden Gentileigentum, existierte diese Möglichkeit nicht. Als aber der neue Grundbesitzer die Fessel des Obereigentums der Gens und des Stamms endgültig abstreifte, zerriß er auch das Band, das ihn bisher unlöslich mit dem Boden verknüpft hatte. Was das hieß, wurde ihm klargemacht durch das mit dem Privateigentum gleichzeitig erfundne Geld. Der Boden konnte nun Ware werden, die man verkauft und verpfändet. Kaum war das Grundeigentum eingeführt, so war auch die Hypothek schon erfunden (sieh Athen). Wie der Hetärismus und die Prostitution an die Fersen der Monogamie, so klammert sich von nun an die Hypothek an die Fersen des Grundeigentums. Ihr habt das volle, freie, veräußerliche Grundeigentum haben wollen, nun wohl, ihr habt's – tu l'as voulu, George Dandin![143]

So ging mit Handelsausdehnung, Geld und Geldwucher, Grundeigentum und Hypothek die Konzentration und Zentralisation des Reichtums in den Händen einer wenig zahlreichen Klasse rasch voran, daneben die steigende Verarmung der Massen und die steigende Masse der Armen. Die neue Reichtumsaristokratie, soweit sie nicht schon von vornherein mit dem alten Stammesadel zusammengefallen war, drängte ihn endgültig in den Hintergrund (in Athen, in Rom, bei den Deutschen). Und neben dieser Scheidung der Freien in Klassen nach dem Reichtum ging besonders in Griechenland eine ungeheure Vermehrung der Zahl der Sklaven*, deren erzwungne Arbeit die Grundlage bildete, auf der sich der Überbau der ganzen Gesellschaft erhob.

Sehen wir uns nun danach um, was unter dieser gesellschaftlichen Umwälzung aus der Gentilverfassung geworden war. Gegenüber den

---

* Die Anzahl für Athen siehe oben S. 117.[144] In Korinth betrug sie zur Blütezeit der Stadt 460000, in Ägina 470000, in beiden Fällen die zehnfache Anzahl der freien Bürgerbevölkerung.

neuen Elementen, die ohne ihr Zutun emporgewachsen, stand sie ohnmächtig da. Ihre Voraussetzung war, daß die Glieder einer Gens, oder doch eines Stammes, auf demselben Gebiet vereinigt saßen, es ausschließlich bewohnten. Das hatte längst aufgehört. Überall waren Gentes und Stämme durcheinandergeworfen, überall wohnten Sklaven, Schutzverwandte, Fremde mitten unter den Bürgern. Die erst gegen Ende der Mittelstufe der Barbarei erworbene Seßhaftigkeit wurde immer wieder durchbrochen durch die von Handel, Erwerbsveränderung, Grundbesitzwechsel bedingte Beweglichkeit und Veränderlichkeit des Wohnsitzes. Die Genossen der Gentilkörper konnten nicht mehr zusammentreten zur Wahrnehmung ihrer eignen gemeinsamen Angelegenheiten; nur unwichtige Dinge, wie die religiösen Feiern, wurden noch notdürftig besorgt. Neben den Bedürfnissen und Interessen, zu deren Wahrung die Gentilkörper berufen und befähigt, waren aus der Umwälzung der Erwerbsverhältnisse und der daraus folgenden Änderung der gesellschaftlichen Gliederung neue Bedürfnisse und Interessen entstanden, die der alten Gentilordnung nicht nur fremd waren, sondern sie in jeder Weise durchkreuzten. Die Interessen der durch Teilung der Arbeit entstandnen Handwerkergruppen, die besondern Bedürfnisse der Stadt im Gegensatz zum Land, erforderten neue Organe; jede dieser Gruppen aber war aus Leuten der verschiedensten Gentes, Phratrien und Stämme zusammengesetzt, sie schloß sogar Fremde ein; diese Organe mußten sich also bilden außerhalb der Gentilverfassung, neben ihr, und damit gegen sie. – Und wiederum in jeder Gentilkörperschaft machte sich dieser Konflikt der Interessen geltend, der seine Spitze erreichte in der Vereinigung von Reichen und Armen, Wucherern und Schuldnern in derselben Gens und demselben Stamm. – Dazu kam die Masse der neuen, den Gentilgenossenschaften fremden Bevölkerung, die wie in Rom eine Macht im Lande werden konnte, und dabei zu zahlreich war, um allmählich in die blutsverwandten Geschlechter und Stämme aufgenommen zu werden. Dieser Masse gegenüber standen die Gentilgenossenschaften da als geschlossene, bevorrechtete Körperschaften; die ursprüngliche naturwüchsige Demokratie war umgeschlagen in eine gehässige Aristokratie. – Schließlich war die Gentilverfassung herausgewachsen aus einer Gesellschaft, die keine inneren Gegensätze kannte, und war auch nur einer solchen angepaßt. Sie hatte kein Zwangsmittel außer der öffentlichen Meinung. Hier aber war eine Gesellschaft entstanden, die kraft ihrer sämtlicher ökonomischer Lebensbedingungen sich in Freie und Sklaven, in ausbeutende Reiche und ausgebeutete Arme hatte spalten müssen, eine Gesellschaft, die diese Gegensätze nicht nur nicht wieder versöhnen konnte, sondern sie immer mehr auf die Spitze treiben mußte. Eine solche Gesellschaft konnte nur bestehn entweder im fortwährenden offnen Kampf dieser Klassen gegeneinander, oder aber unter der Herrschaft einer dritten Macht, die, scheinbar über den widerstreitenden Klassen stehend, ihren offnen Konflikt niederdrückte und den Klassenkampf höchstens auf ökonomischem Gebiet, in sogenannter gesetzlicher Form, sich ausfechten ließ. Die Gentilverfassung hatte ausgelebt. Sie war gesprengt durch die Teilung der Arbeit, und ihr Ergebnis, die Spaltung der Gesellschaft in Klassen. Sie wurde ersetzt durch den *Staat*.

Die drei Hauptformen, in denen der Staat sich auf den Ruinen der Gentilverfassung erhebt, haben wir oben im einzelnen betrachtet. Athen bietet die reinste, klassischste Form: Hier entspringt der Staat direkt und vorherrschend aus den Klassengegensätzen, die sich innerhalb der Gentilgesellschaft selbst entwickeln. In Rom wird die Gentilgesellschaft eine geschlossene Aristokratie inmitten einer zahlreichen, außer ihr stehenden, rechtlosen aber pflichtenschuldigen Plebs; der Sieg der Plebs sprengt die alte Geschlechtsverfassung und errichtet auf ihren Trümmern den Staat, worin Gentilaristokratie und Plebs bald beide gänzlich aufgehn. Bei den deutschen Überwindern des Römerreichs endlich entspringt der Staat direkt aus der Eroberung großer fremder Gebiete, die zu beherrschen die Gentilverfassung keine Mittel bietet. Weil aber mit dieser Eroberung weder ernstlicher Kampf mit der alten Bevölkerung verbunden ist noch eine fortgeschrittnere Arbeitsteilung; weil die ökonomische Entwicklungsstufe der Eroberten und die der Eroberer fast dieselbe ist, die ökonomische Basis der Gesellschaft also die alte bleibt, deshalb kann sich die Gentilverfassung lange Jahrhunderte hindurch in veränderter, territorialer Gestalt als Markverfassung forterhalten und selbst in den späteren Adels- und Patriziergeschlechtern, ja selbst in Bauerngeschlechtern wie in Dithmarschen[145], eine Zeitlang in abgeschwächter Form verjüngen.*

Der Staat ist also keineswegs eine der Gesellschaft von außen aufgezwungne Macht; ebensowenig ist er «die Wirklichkeit der sittlichen Idee», «das Bild und die Wirklichkeit der Vernunft», wie Hegel behauptet.[147] Er ist vielmehr ein Produkt der Gesellschaft auf bestimmter Entwicklungsstufe; er ist das Eingeständnis, daß diese Gesellschaft sich in einen unlösbaren Widerspruch mit sich selbst verwickelt, sich in unversöhnliche Gegensätze gespalten hat, die zu bannen sie ohnmächtig ist. Damit aber diese Gegensätze, Klassen mit widerstreitenden ökonomischen Interessen nicht sich und die Gesellschaft in fruchtlosem Kampf verzehren, ist eine scheinbar über der Gesellschaft stehende Macht nötig geworden, die den Konflikt dämpfen, innerhalb der Schranken der «Ordnung» halten soll; und diese, aus der Gesellschaft hervorgegangne, aber sich über sie stellende, sich ihr mehr und mehr entfremdende Macht ist der Staat.

Gegenüber der alten Gentilorganisation kennzeichnet sich der Staat erstens durch die Einteilung der Staatsangehörigen *nach dem Gebiet*. Die

---

* Der erste Geschichtsschreiber, der wenigstens eine annähernde Vorstellung vom Wesen der Gens hatte, war Niebuhr[146], und das – aber auch seine ohne weiteres mit übertragnen Irrtümer – verdankt er seiner Bekanntschaft mit den dithmarsischen Geschlechtern.

alten, durch Blutbande gebildeten und zusammengehaltnen Gentilgenossenschaften, wie wir gesehn, waren unzureichend geworden, großenteils weil sie eine Bindung der Genossen an ein bestimmtes Gebiet voraussetzten und diese längst aufgehört hatte. Das Gebiet war geblieben, aber die Menschen waren mobil geworden. Man nahm also die Gebietseinteilung als Ausgangspunkt und ließ die Bürger ihre öffentlichen Rechte und Pflichten da erfüllen, wo sie sich niederließen, ohne Rücksicht auf Gens und Stamm. Diese Organisation der Staatsangehörigen nach der Ortsangehörigkeit ist allen Staaten gemeinsam. Uns kommt sie daher natürlich vor; wir haben aber gesehn, wie harte und langwierige Kämpfe erfordert waren, bis sie in Athen und Rom sich an die Stelle der alten Organisation nach Geschlechtern setzen konnte.

Das zweite ist die Einrichtung einer *öffentlichen Gewalt*, welche nicht mehr unmittelbar zusammenfällt mit der sich selbst als bewaffnete Macht organisierenden Bevölkerung. Diese besondre, öffentliche Gewalt ist nötig, weil eine selbsttätige bewaffnete Organisation der Bevölkerung unmöglich geworden seit der Spaltung in Klassen. Die Sklaven gehören auch zur Bevölkerung; die 90000 athenischen Bürger bilden gegenüber den 365000 Sklaven nur eine bevorrechtete Klasse. Das Volksheer der athenischen Demokratie war eine aristokratische öffentliche Gewalt gegenüber den Sklaven und hielt sie im Zaum; aber auch um die Bürger im Zaum zu halten, wurde eine Gendarmerie nötig, wie oben erzählt. Diese öffentliche Gewalt existiert in jedem Staat; sie besteht nicht bloß aus bewaffneten Menschen, sondern auch aus sachlichen Anhängseln, Gefängnissen und Zwangsanstalten aller Art, von denen die Gentilgesellschaft nichts wußte. Sie kann sehr unbedeutend, fast verschwindend sein in Gesellschaften mit noch unentwickelten Klassengegensätzen und auf abgelegnen Gebieten, wie zeit- und ortsweise in den Vereinigten Staaten Amerikas. Sie verstärkt sich aber in dem Maß, wie die Klassengegensätze innerhalb des Staats sich verschärfen und wie die einander begrenzenden Staaten größer und volkreicher werden – man sehe nur unser heutiges Europa an, wo Klassenkampf und Eroberungskonkurrenz die öffentliche Macht auf eine Höhe emporgeschraubt haben, auf der sie die ganze Gesellschaft und selbst den Staat zu verschlingen droht.

Um diese öffentliche Macht aufrechtzuerhalten, sind Beiträge der Staatsbürger nötig – die *Steuern*. Diese waren der Gentilgesellschaft vollständig unbekannt. Wir aber wissen heute genug davon zu erzählen. Mit der fortschreitenden Zivilisation reichen auch sie nicht mehr; der Staat zieht Wechsel auf die Zukunft, macht Anleihen, *Staatsschulden*. Auch davon weiß das alte Europa ein Liedchen zu singen.

Im Besitz der öffentlichen Gewalt und des Rechts der Steuereintreibung, stehn die Beamten nun da als Organe der Gesellschaft *über* der Gesellschaft. Die freie, willige Achtung, die den Organen der Gentilverfassung gezollt wurde, genügt ihnen nicht, selbst wenn sie sie haben könnten; Träger einer der Gesellschaft entfremdenden Macht, müssen sie in Respekt gesetzt werden durch Ausnahmsgesetze, kraft deren sie einer besondren Heiligkeit und Unverletzlichkeit genießen. Der lumpigste Polizeidiener des zivilisierten Staats hat mehr «Autorität» als alle Organe der Gentilgesellschaft zusammengenommen; aber der mächtigste Fürst und der größte Staatsmann oder Feldherr der Zivilisation kann den geringsten Gentilvorsteher beneiden um die unerzwungne und unbestrittene Achtung, die ihm gezollt wird. Der eine steht eben mitten in der Gesellschaft; der andre ist genötigt, etwas vorstellen zu wollen außer und über ihr.

Da der Staat entstanden ist aus dem Bedürfnis, Klassengegensätze im Zaum zu halten, da er aber gleichzeitig mitten im Konflikt dieser Klassen entstanden ist, so ist er in der Regel Staat der mächtigsten, ökonomisch herrschenden Klasse, die vermittelst seiner auch politisch herrschende Klasse wird und so neue Mittel erwirbt zur Niederhaltung und Ausbeutung der unterdrückten Klasse. So war der antike Staat vor allem Staat der Sklavenbesitzer zur Niederhaltung der Sklaven, wie der Feudalstaat Organ des Adels zur Niederhaltung der leibeignen und hörigen Bauern und der moderne Repräsentativstaat Werkzeug der Ausbeutung der Lohnarbeit durch das Kapital. Ausnahmsweise indes kommen Perioden vor, wo die kämpfenden Klassen einander so nahe das Gleichgewicht halten, daß die Staatsgewalt als scheinbare Vermittlerin momentan eine gewisse Selbständigkeit gegenüber beiden erhält. So die absolute Monarchie des 17. und 18. Jahrhunderts, die Adel und Bürgertum gegeneinander balanciert; so der Bonapartismus des ersten und namentlich des zweiten französischen Kaiserreichs, der das Proletariat gegen die Bourgeoisie und die Bourgeoisie gegen das Proletariat ausspielte. Die neueste Leistung in dieser Art, bei der Herrscher und Beherrschte gleich komisch erscheinen, ist das neue deutsche Reich Bismarckscher Nation: Hier werden Kapitalisten und Arbeiter gegeneinander balanciert und gleichmäßig geprellt zum Besten der verkommnen preußischen Krautjunker.

In den meisten geschichtlichen Staaten werden außerdem die den Staatsbürgern zugestandnen Rechte nach dem Vermögen abgestuft und damit direkt ausgesprochen, daß der Staat eine Organisation der besitzenden Klasse zum Schutz gegen die nichtbesitzende ist. So schon in den athenischen und römischen Vermögensklassen. So im mittelalterlichen Feudalstaat, wo die politische Machtstellung sich nach dem Grundbesitz gliederte. So im Wahlzensus der modernen Repräsentativstaaten. Diese politische Anerkennung des Besitzunterschieds ist indes keineswegs wesentlich. Im Gegenteil, sie bezeichnet eine niedrige Stufe der staatlichen Entwicklung. Die höchste Staatsform, die demokratische Republik, die in unsern modernen Gesellschaftsverhältnissen mehr und mehr unvermeidliche Notwendigkeit wird und die Staatsform ist, in der der letzte Entscheidungskampf zwischen Proletariat und Bourgeoisie allein ausgekämpft werden kann – die demokratische Republik weiß offiziell nichts mehr von

Besitzunterschieden. In ihr übt der Reichtum seine Macht indirekt, aber um so sichrer aus. Einerseits in der Form der direkten Beamtenkorruption, wofür Amerika klassisches Muster, andrerseits in der Form der Allianz von Regierung und Börse, die sich um so leichter vollzieht, je mehr die Staatsschulden steigen und je mehr Aktiengesellschaften nicht nur den Transport, sondern auch die Produktion selbst in ihren Händen konzentrieren und wiederum in der Börse ihren Mittelpunkt finden. Dafür ist außer Amerika die neueste französische Republik ein schlagendes Beispiel, und auch die biedre Schweiz hat auf diesem Felde das ihrige geleistet. Daß aber zu diesem Bruderbund von Regierung und Börse keine demokratische Republik erforderlich, beweist außer England das neue deutsche Reich, wo man nicht sagen kann, wen das allgemeine Stimmrecht höher gehoben hat, Bismarck oder Bleichröder[148]. Und endlich herrscht die besitzende Klasse direkt mittelst des allgemeinen Stimmrechts. Solange die unterdrückte Klasse, also in unserm Fall das Proletariat, noch nicht reif ist zu seiner Selbstbefreiung, solange wird sie, der Mehrzahl nach, die bestehende Gesellschaftsordnung als die einzig mögliche erkennen und politisch der Schwanz der Kapitalistenklasse, ihr äußerster linker Flügel sein. In dem Maß aber, worin sie ihrer Selbstemanzipation entgegenreift, in dem Maß konstituiert sie sich als eigne Partei, wählt ihre eignen Vertreter, nicht die der Kapitalisten. Das allgemeine Stimmrecht ist so der Gradmesser der Reife der Arbeiterklasse. Mehr kann und wird es nie sein im heutigen Staat; aber das genügt auch. An dem Tage, wo das Thermometer des allgemeinen Stimmrechts den Siedepunkt bei den Arbeitern anzeigt, wissen sie sowohl wie die Kapitalisten, woran sie sind.

Der Staat ist also nicht von Ewigkeit her. Es hat Gesellschaften gegeben, die ohne ihn fertig wurden, die von Staat und Staatsgewalt keine Ahnung hatten. Auf einer bestimmten Stufe der ökonomischen Entwicklung, die mit Spaltung der Gesellschaft in Klassen notwendig verbunden war, wurde durch diese Spaltung der Staat eine Notwendigkeit. Wir nähern uns jetzt mit raschen Schritten einer Entwicklungsstufe der Produktion, auf der das Dasein dieser Klassen nicht nur aufgehört hat, eine Notwendigkeit zu sein, sondern ein positives Hindernis der Produktion wird. Sie werden fallen, ebenso unvermeidlich, wie sie früher entstanden sind. Mit ihnen fällt unvermeidlich der Staat. Die Gesellschaft, die die Produktion auf Grundlage freier und gleicher Assoziation der Produzenten neu organisiert, versetzt die ganze Staatsmaschine dahin, wohin sie dann gehören wird: ins Museum der Altertümer, neben das Spinnrad und die bronzene Axt.

Die Zivilisation ist also nach dem Vorausgeschickten die Entwicklungsstufe der Gesellschaft, auf der die Teilung der Arbeit, der aus ihr entspringende Austausch zwischen einzelnen und die beides zusammenfassende Warenproduktion zur vollen Entfaltung kommen und die ganze frühere

Gesellschaft umwälzen.

Die Produktion aller früheren Gesellschaftsstufen war wesentlich eine gemeinsame, wie auch die Konsumtion unter direkter Verteilung der Produkte innerhalb größerer oder kleinerer kommunistischer Gemeinwesen vor sich ging. Diese Gemeinsamkeit der Produktion fand statt innerhalb der engsten Schranken; aber sie führte mit sich die Herrschaft der Produzenten über ihren Produktionsprozeß und ihr Produkt. Sie wissen, was aus dem Produkt wird: Sie verzehren es, es verläßt ihre Hände nicht; und solange die Produktion auf dieser Grundlage betrieben wird, kann sie den Produzenten nicht über den Kopf wachsen, keine gespenstischen fremden Mächte ihnen gegenüber erzeugen, wie dies in der Zivilisation regelmäßig und unvermeidlich der Fall ist.

Aber in diesen Produktionsprozeß schiebt sich die Teilung der Arbeit langsam ein. Sie untergräbt die Gemeinsamkeit der Produktion und Aneignung, sie erhebt die Aneignung durch einzelne zur überwiegenden Regel und erzeugt damit den Austausch zwischen einzelnen – wie, das haben wir oben untersucht. Allmählich wird die Warenproduktion herrschende Form.

Mit der Warenproduktion, der Produktion nicht mehr für eignen Verbrauch, sondern für den Austausch, wechseln die Produkte notwendig die Hände. Der Produzent gibt sein Produkt im Tausch weg, er weiß nicht mehr, was daraus wird. Sowie das Geld, und mit dem Geld der Kaufmann, als Vermittler zwischen die Produzenten tritt, wird der Austauschprozeß noch verwickelter, das schließliche Schicksal der Produkte noch ungewisser. Der Kaufleute sind viele, und keiner von ihnen weiß, was der andre tut. Die Waren gehn nun schon nicht bloß von Hand zu Hand, sie gehn auch von Markt zu Markt; die Produzenten haben die Herrschaft über die Gesamtproduktion ihres Lebenskreises verloren und die Kaufleute haben sie nicht überkommen. Produkte und Produktion verfallen dem Zufall.

Aber Zufall, das ist nur der eine Pol eines Zusammenhangs, dessen andrer Pol Notwendigkeit heißt. In der Natur, wo auch der Zufall zu herrschen scheint, haben wir längst auf jedem einzelnen Gebiet die innere Notwendigkeit und Gesetzmäßigkeit nachgewiesen, die in diesem Zufall sich durchsetzt. Was aber von der Natur, das gilt auch von der Gesellschaft. Je mehr eine gesellschaftliche Tätigkeit, eine Reihe gesellschaftlicher Vorgänge der bewußten Kontrolle der Menschen zu mächtig wird, ihnen über den Kopf wächst, je mehr sie dem puren Zufall überlassen scheint, desto mehr setzen sich in diesem Zufall die ihr eigentümlichen, innewohnenden Gesetze wie mit Naturnotwendigkeit durch. Solche Gesetze beherrschen auch die Zufälligkeiten der Warenproduktion und des Warenaustausches; dem einzelnen Produzenten und Austauschenden stehn sie gegenüber als fremde, anfangs sogar unerkannte Mächte, deren Natur erst mühsam erforscht und ergründet werden muß. Diese ökonomischen Gesetze der Warenproduktion modifizieren sich mit den verschiednen Entwicklungsstufen dieser Produktionsform; im ganzen und großen aber steht die gesamte Periode der Zivilisation unter ihrer Herrschaft. Und noch heute beherrscht das Produkt die Produzenten; noch heute wird die Gesamtproduktion der Gesellschaft geregelt, nicht durch gemeinsam überlegten Plan, sondern durch blinde Gesetze, die sich geltend machen mit elementarer Gewalt, in letzter Instanz in den Gewittern der periodischen Handelskrisen.

Wir sahen oben, wie auf einer ziemlich frühen Entwicklungsstufe der Produktion die menschliche Arbeitskraft befähigt wird, ein beträchtlich größeres Produkt zu liefern, als zum Unterhalt der Produzenten erforderlich ist, und wie diese Entwicklungsstufe in der Hauptsache dieselbe ist, auf der Teilung der Arbeit und Austausch zwischen einzelnen aufkommen. Es dauerte nun nicht lange mehr, bis die große «Wahrheit» entdeckt wurde, daß auch der Mensch eine Ware sein kann; daß die menschliche ⟨Kraft⟩[149] austauschbar und vernutzbar ist, indem man den Menschen in einen Sklaven verwandelt. Kaum hatten die Menschen angefangen auszutauschen, so wurden sie auch schon selbst ausgetauscht. Das Aktivum wurde zum Passivum, die Menschen mochten wollen oder nicht.

Mit der Sklaverei, die unter der Zivilisation ihre vollste Entfaltung erhielt, trat die erste große Spaltung der Gesellschaft ein in eine ausbeutende und eine ausgebeutete Klasse. Diese Spaltung dauerte fort während der ganzen zivilisierten Periode. Die Sklaverei ist die erste, der antiken Welt eigentümliche Form der Ausbeutung; ihr folgt die Leibeigenschaft im Mittelalter, die Lohnarbeit in der neueren Zeit. Es sind dies die drei großen Formen der Knechtschaft, wie sie für die drei großen Epochen der Zivilisation charakteristisch sind; offne, und neuerdings verkleidete, Sklaverei geht stets danebenher.

Die Stufe der Warenproduktion, womit die Zivilisation beginnt, wird ökonomisch bezeichnet durch die Einführung 1. des Metallgeldes, damit des Geldkapitals, des Zinses und Wuchers; 2. der Kaufleute als vermittelnder Klasse zwischen den Produzenten; 3. des Privatgrundeigentums und der Hypothek und 4. der Sklavenarbeit als herrschender Produktionsform. Die der Zivilisation entsprechende und mit ihr definitiv zur Herrschaft kommende Familienform ist die Monogamie, die Herrschaft des Mannes über die Frau, und die Einzelfamilie als wirtschaftliche Einheit der Gesellschaft. Die Zusammenfassung der zivilisierten Gesellschaft ist der Staat, der in allen mustergültigen Perioden ausnahmslos der Staat der herrschenden Klasse ist und in allen Fällen wesentlich Maschine zur Niederhaltung der unterdrückten, ausgebeuteten Klasse bleibt. Bezeichnend für die Zivilisation ist noch: einerseits die Fixierung des Gegensatzes von Stadt und Land als der Grundlage der gesamten gesellschaftlichen Arbeitsteilung; andrerseits die Einführung der Testamente, wodurch der Eigentümer auch noch über seinen Tod hinaus über sein Eigentum verfügen kann. Diese der alten Gentilverfassung direkt ins Gesicht schlagende

Einrichtung war in Athen bis auf Solon unbekannt; in Rom ist sie schon früh eingeführt, wann, wissen wir nicht*; bei den Deutschen führten die Pfaffen sie ein, damit der biedre Deutsche sein Erbteil der Kirche ungehindert vermachen könne.

Mit dieser Grundverfassung hat die Zivilisation Dinge vollbracht, denen die alte Gentilgesellschaft nicht im entferntesten gewachsen war. Aber sie hat sie vollbracht, indem sie die schmutzigsten Triebe und Leidenschaften der Menschen in Bewegung setzte und auf Kosten seiner ganzen übrigen Anlagen entwickelte. Die platte Habgier war die treibende Seele der Zivilisation von ihrem ersten Tag bis heute, Reichtum und abermals Reichtum und zum drittenmal Reichtum, Reichtum nicht der Gesellschaft, sondern dieses einzelnen lumpigen Individuums, ihr einzig entscheidendes Ziel. Wenn ihr dabei die steigende Entwicklung der Wissenschaft, und zu wiederholten Perioden die höchste Blüte der Kunst in den Schoß gefallen ist, so doch nur, weil ohne diese die volle Reichtumserrungenschaft unsrer Zeit nicht möglich gewesen wäre.

Da die Grundlage der Zivilisation die Ausbeutung einer Klasse durch eine andre Klasse ist, so bewegt sich ihre ganze Entwicklung in einem fortdauernden Widerspruch. Jeder Fortschritt der Produktion ist gleichzeitig ein Rückschritt in der Lage der unterdrückten Klasse, d. h. der großen Mehrzahl. Jede Wohltat für die einen ist notwendig ein Übel für die andern, jede neue Befreiung der einen Klasse eine neue Unterdrückung für eine andre Klasse. Den schlagendsten Beweis dafür liefert die Einführung der Maschinerie, deren Wirkungen heute weltbekannt sind. Und wenn bei den Barbaren der Unterschied von Rechten und Pflichten, wie wir sahen, noch kaum gemacht werden konnte, so macht die Zivilisation den Unterschied und Gegensatz beider auch dem Blödsinnigsten klar, indem sie einer Klasse so ziemlich alle Rechte zuweist, der andern dagegen so ziemlich alle Pflichten.

Das soll aber nicht sein. Was für die herrschende Klasse gut ist, soll gut sein für die ganze Gesellschaft, mit der die herrschende Klasse sich identifiziert. Je weiter also die Zivilisation fortschreitet, je mehr ist sie genötigt, die von ihr mit Notwendigkeit geschaffnen Übelstände mit dem Mantel

---

* Lassalles «System der erworbenen Rechte» dreht sich im zweiten Teil hauptsächlich um den Satz, das römische Testament sei so alt wie Rom selbst, es habe für die römische Geschichte nie «eine Zeit ohne Testament gegeben»; das Testament sei vielmehr in vorrömischer Zeit aus dem Kultus der Verstorbenen entstanden. Lassalle, als gläubiger Althegelianer, leitet die römischen Rechtsbestimmungen ab nicht aus den gesellschaftlichen Verhältnissen der Römer, sondern aus dem «spekulativen Begriff» des Willens, und kommt dabei zu jener total ungeschichtlichen Behauptung. Man kann sich darüber nicht wundern in einem Buch, das auf Grund desselben spekulativen Begriffs zu dem Ergebnis kommt, bei der römischen Erbschaft sei die Übertragung des Vermögens reine Nebensache gewesen. Lassalle glaubt nicht nur an die Illusionen der römischen Juristen, besonders der früheren Zeit; er übergipfelt sie noch.[150]

der Liebe zu bedecken, sie zu beschönigen oder wegzuleugnen, kurz eine konventionelle Heuchelei einzuführen, die weder früheren Gesellschaftsformen noch selbst den ersten Stufen der Zivilisation bekannt war und die zuletzt in der Behauptung gipfelt: Die Ausbeutung der unterdrückten Klasse werde betrieben von der ausbeutenden Klasse einzig und allein im Interesse der ausgebeuteten Klasse selbst; und wenn diese das nicht einsehe, sondern sogar rebellisch werde, so sei das der schnödeste Undank gegen die Wohltäter, die Ausbeuter.*

Und nun zum Schluß Morgans Urteil über die Zivilisation: «Seit dem Eintritt der Zivilisation ist das Wachstum des Reichtums so ungeheuer geworden, seine Formen so verschiedenartig, seine Anwendung so umfassend und seine Verwaltung so geschickt im Interesse der Eigentümer, daß dieser Reichtum, dem Volk gegenüber, *eine nicht zu bewältigende Macht geworden ist. Der Menschengeist steht ratlos und gebannt da vor seiner eignen Schöpfung.* Aber dennoch wird die Zeit kommen, wo die menschliche Vernunft erstarken wird zur Herrschaft über den Reichtum, wo sie feststellen wird sowohl das Verhältnis des Staats zu dem Eigentum, das er schützt, wie die Grenzen der Rechte der Eigentümer. Die Interessen der Gesellschaft gehn den Einzelinteressen absolut vor, und beide müssen in ein gerechtes und harmonisches Verhältnis gebracht werden. Die bloße Jagd nach Reichtum ist nicht die Endbestimmung der Menschheit, wenn anders der Fortschritt das Gesetz der Zukunft bleibt, wie er es war für die Vergangenheit. Die seit Anbruch der Zivilisation verflossene Zeit ist nur ein kleiner Bruchteil der verflossenen Lebenszeit der Menschheit; nur ein kleiner Bruchteil der ihr noch bevorstehenden. Die Auflösung der Gesellschaft steht drohend vor uns als Abschluß der geschichtlichen Laufbahn, deren einziges Endziel der Reichtum ist; denn eine solche Laufbahn enthält die Elemente ihrer eignen Vernichtung. Demokratie in der Verwaltung, Brüderlichkeit in der Gesellschaft, Gleichheit der Rechte, allgemeine Erziehung werden die nächste höhere Stufe der Gesellschaft einweihen, zu der Erfahrung, Vernunft und Wissenschaft stetig hinarbeiten. *Sie wird eine Wiederbelebung sein – aber in höherer Form – der Freiheit, Gleichheit und Brüderlichkeit der alten Gentes.*» (Morgan, «Ancient Society», p. 552.)

---

* Ich beabsichtigte anfangs, die brillante Kritik der Zivilisation, die sich in den Werken Charles Fouriers zerstreut vorfindet, neben diejenige Morgans und meine eigne zu stellen. Leider fehlt mir die Zeit dazu. Ich bemerke nur, daß schon bei Fourier Monogamie und Grundeigentum als Hauptkennzeichen der Zivilisation gelten und daß er sie einen Krieg des Reichen gegen den Armen nennt. Ebenfalls findet sich bei ihm schon die tiefe Einsicht, daß in allen mangelhaften, in Gegensätze gespaltenen Gesellschaften Einzelfamilien (les familles incohérentes) die wirtschaftlichen Einheiten sind.

Vom Geld ist die Rede, von wem noch?

... von dem so äußerlich bedeutenden Unterschiede des Preises der Lebensmittel in Berlin und insbesondere von dem exorbitanten Preise der Hausmieten ließen es mich als eine wesentliche Vergünstigung betrachten, wenn unter dem Gehalte ein Quantum Naturalien ..., noch mehr wenn eine Wohnung darunter begriffen sein könnte», schrieb der 48jährige, der eben ein Angebot erhalten hatte, für 2000 Taler pro Jahr in Berlin zu arbeiten. Die vorherige Stellung in Heidelberg hatte ihm 1300 Gulden nebst 6 Maltern Korn und 6 Maltern Spelz eingebracht, etwas wenig für einen Mann, der eine um 22 Jahre jüngere Frau, zwei eheliche und ein uneheliches Kind zu versorgen hatte (der uneheliche Ludwig wurde später gezwungen, den väterlichen Namen abzulegen und sich Fischer zu nennen).

Der Mann, von dem hier die Rede ist, Schwabe durch und durch, wurde geboren, als Kant in Königsberg Professor wurde. Als junger Theologiestudent soll er jedoch an Kant und der ganzen Metaphysik keinen Geschmack gefunden haben. Nach dem Studium hatte er freilich auch keine Lust mehr, Pfarrer zu werden. Statt dessen nahm er, wie so viele nachmalig Berühmte, eine Hauslehrerstelle an, in Bern, dann in Frankfurt (aber nicht bei den Gontards). Der Tod des Vaters bescherte ihm eine Erbschaft von 3154 Gulden, 24 Kreuzern und 4 Pfennigen – jetzt konnte er Privatdozent werden. Er veröffentlichte einige Werke, die nicht gerade leicht lesbar, teils sogar schwer verständlich waren, wie selbst Goethe eingestand. Der Grund war nicht nur die Schwerfälligkeit seiner Sprache; einem Freund schrieb er: «Es ist keine Kleinigkeit, im ersten Semester seiner Verheuratung ein Buch des abstrusesten Inhaltes zu schreiben ... Zur gehörigen Form hätte ich noch ein Jahr gebraucht, aber ich brauche Geld, um zu leben.» Damals hatte er, als Rektor eines Gymnasiums in Nürnberg, ein halbes Jahr lang kein Gehalt bekommen. Zehn Jahre später war er in Berlin auf dem Wege zum Ruhm, verdiente 500 Taler vierteljährlich abzüglich 7 Taler und 20 Groschen für die Witwenkasse, spielte in der staatlichen Lotterie. Er starb 61jährig. Von wem war die Rede?

(Alphabetische Lösung: 8–5–7–5–12)

DER DEUTSCHE BAUERNKRIEG[151]

VORBEMERKUNG [ZUR AUSGABE VON 1870]

Die nachstehende Arbeit wurde im Sommer 1850, noch unter dem unmittelbaren Eindruck der eben vollendeten Kontrerevolution, in London geschrieben; sie erschien im 5. und 6. Heft der «Neuen Rheinischen Zeitung. Politisch-ökonomische Revue», redigiert von Karl Marx, Hamburg 1850. – Meine politischen Freunde in Deutschland wünschen ihren Wiederabdruck, und ich komme ihrem Wunsche nach, da sie, zu meinem Leidwesen, auch heute noch zeitgemäß ist.

Sie macht keinen Anspruch darauf, selbständig erforschtes Material zu liefern. Im Gegenteil, der gesamte auf die Bauernaufstände und auf Thomas Münzer sich beziehende Stoff ist aus Zimmermann[152] genommen. Sein Buch, obwohl hie und da lückenhaft, ist immer noch die beste Zusammenstellung des Tatsächlichen. Dabei hatte der alte Zimmermann Freude an seinem Gegenstand. Derselbe revolutionäre Instinkt, der hier überall für die unterdrückte Klasse auftritt, machte ihn später zu einem der Besten auf der äußersten Linken in Frankfurt. ⟨Seitdem soll er freilich etwas gealtert haben.⟩[153]

Wenn dagegen der Zimmermannschen Darstellung der innere Zusammenhang fehlt; wenn es ihr nicht gelingt, die religiös-politischen Streitfragen jener Epoche als das Spiegelbild der gleichzeitigen Klassenkämpfe nachzuweisen; wenn sie in diesen Klassenkämpfen nur Unterdrücker und Unterdrückte, Böse und Gute und den schließlichen Sieg der Bösen sieht; wenn ihre Einsicht in die gesellschaftlichen Zustände, die sowohl den Ausbruch wie den Ausgang des Kampfes bedingten, höchst mangelhaft ist, so war dies der Fehler der Zeit, in der das Buch entstand. Im Gegenteil, für seine Zeit ist es, eine rühmliche Ausnahme unter den deutschen idealistischen Geschichtswerken, noch sehr realistisch gehalten.

Meine Darstellung versuchte, den geschichtlichen Verlauf des Kampfes nur in seinen Umrissen skizzierend, den Ursprung des Bauernkriegs, die Stellung der verschiedenen darin auftretenden Parteien, die politischen und religiösen Theorien, in denen diese Parteien über ihre Stellung sich klarzuwerden suchen, endlich das Resultat des Kampfes selbst mit Notwendigkeit aus den historisch vorliegenden gesellschaftlichen Lebensbedingungen dieser Klassen zu erklären; also die damalige politische Verfassung Deutschlands, die Auflehnung gegen sie, die politischen und religiösen Theorien der Zeit nachzuweisen, nicht als Ursachen, sondern als Resultate der Entwicklungsstufe, auf der sich damals in Deutschland Ackerbau, Industrie, Land- und Wasserstraßen, Waren- und Geldhandel befanden. Diese, die einzig materialistische Geschichtsanschauung, geht nicht von mir aus, sondern von Marx und findet sich ebenfalls in seinen Arbeiten über die französische Revolution von 1848/49 in derselben «Revue»[154] und im «Achtzehnten Brumaire des Louis Bonaparte».

Die Parallele zwischen der deutschen Revolution von 1525 und der von 1848/49 lag zu nahe, um damals ganz von der Hand gewiesen zu werden. Neben der Gleichförmigkeit des Verlaufs, wo immer ein und dasselbe fürstliche Heer verschiedene Lokalaufstände nacheinander niederschlug, neben der oft lächerlichen Ähnlichkeit des Auftretens der Städtebürger in beiden Fällen brach indes doch auch der Unterschied klar und deutlich hervor:

«Wer profitierte von der Revolution von 1525? Die *Fürsten*. – Wer profitierte von der Revolution von 1848? Die *großen* Fürsten, Östreich und Preußen. Hinter den kleinen Fürsten von 1525 standen, sie an sich kettend durch die Steuer, die kleinen Spießbürger, hinter den großen Fürsten von 1850, hinter Östreich und Preußen, sie rasch unterjochend durch die Staatsschuld, stehen die modernen großen Bourgeois. Und hinter den großen Bourgeois stehn die Proletarier.»[155]

Es tut mir leid, sagen zu müssen, daß in diesem Satz der deutschen Bourgeoisie viel zuviel Ehre erwiesen wurde. Die Gelegenheit haben sie gehabt, sowohl in Östreich wie in Preußen, die Monarchie «rasch durch die Staatsschuld zu unterjochen»; nie und nirgends ist diese Gelegenheit benutzt worden.

Östreich ist durch den Krieg von 1866 der Bourgeoisie als Geschenk in den Schoß gefallen. Aber sie versteht nicht zu herrschen, sie ist ohnmächtig und unfähig zu allem. Nur eins kann sie: gegen die Arbeiter wüten, sobald diese sich regen. Sie bleibt nur noch am Ruder, weil die *Ungarn* sie brauchen.

Und in Preußen? Ja, die Staatsschuld hat sich allerdings reißend vermehrt, das Defizit ist in Permanenz erklärt, die Staatsausgaben wachsen von Jahr zu Jahr, die Bourgeois haben in der Kammer die Majorität, ohne sie können weder Steuern erhöht noch Anleihen aufgenommen werden – aber wo ist ihre Macht über den Staat? Noch vor ein paar Monaten, als wieder ein Defizit vorlag, hatten sie die beste Position. Sie konnten bei nur *einiger* Ausdauer hübsche Konzessionen erzwingen. Was tun sie? Sie sehen es als eine genügende Konzession an, daß die Regierung *ihnen erlaubt*, ihr an 9 Millionen, nicht für *ein* Jahr, nein *jährlich* und für alle Folgezeiten zu Füßen zu legen.

Ich will die armen «Nationalliberalen» in der Kammer nicht mehr tadeln, als sie verdienen. Ich weiß, sie sind von denen, die hinter ihnen stehn, von der Masse der Bourgeoisie im Stich gelassen. Diese Masse *will* nicht herrschen. Sie hat 1848 noch immer in den Knochen.

Weshalb die deutsche Bourgeoisie diese merkwürdige Feigheit entwikkelt, darüber unten.

Im übrigen hat sich obiger Satz vollständig bestätigt. Seit 1850 immer entschiedeneres Zurücktreten der Kleinstaaten, die nur noch als Hebel für preußische oder östreichische Intrigen dienen, immer heftigere Kämpfe zwischen Östreich und Preußen um die Alleinherrschaft, endlich die gewaltsame Auseinandersetzung von 1866, wonach Östreich seine eignen Provinzen behält, Preußen den ganzen Norden direkt oder indirekt unterwirft und die drei Südweststaaten vorläufig an die Luft gesetzt werden.

Für die deutsche Arbeiterklasse ist bei dieser ganzen Haupt- und Staatsaktion nur dies von Bedeutung:

Erstens, daß die Arbeiter durch das allgemeine Stimmrecht die Macht erlangt haben, in der gesetzgebenden Versammlung sich direkt vertreten zu lassen.

Zweitens, daß Preußen mit gutem Beispiel vorangegangen ist und drei andre Kronen von Gottes Gnaden verschluckt hat.[156] Daß es *nach* dieser Prozedur noch dieselbe unbefleckte Krone von Gottes Gnaden besitzt, die es sich vorher zuschrieb, das glauben selbst die Nationalliberalen nicht.

Drittens, daß es in Deutschland nur noch *einen* ernsthaften Gegner der Revolution gibt – die preußische Regierung.

Und viertens, daß die Deutsch-Östreicher sich jetzt endlich einmal die Frage vorlegen müssen, was sie sein wollen: Deutsche oder Östreicher? Wozu sie lieber halten wollen – zu Deutschland oder zu ihren außerdeutschen transleithanischen[157] Anhängseln? Daß sie eins oder das andre aufgeben müssen, war schon lange selbstredend, ist aber immer von der kleinbürgerlichen Demokratie vertuscht worden.

Was die sonstigen wichtigen Streitfragen von wegen 1866 betrifft, die seitdem bis zum Überdruß zwischen den «Nationalliberalen» einerseits und der «Volkspartei» andrerseits verhandelt werden, so dürfte die Geschichte der nächsten Jahre beweisen, daß diese beiden Standpunkte sich nur deshalb so heftig befehden, weil sie die entgegengesetzten Pole einer und derselben Borniertheit sind.

An den gesellschaftlichen Verhältnissen Deutschlands hat das Jahr 1866 fast nichts geändert. Die paar bürgerlichen Reformen – gleiches Maß und Gewicht, Freizügigkeit, Gewerbefreiheit usw., alles in den der Bürokratie angemessenen Schranken – erreichen noch nicht einmal das, was die Bourgeoisie andrer westeuropäischer Länder längst besitzt, und lassen die Hauptschikane, das bürokratische Konzessionswesen, unberührt. Für das Proletariat werden ohnehin alle Freizügigkeits-, Indigenats-, Paßaufhebungs- und andre Gesetze durch die landläufige Polizeipraxis ganz illusorisch gemacht.

Was viel wichtiger ist als die Haupt- und Staatsaktion von 1866, das ist die Hebung der Industrie und des Handels, der Eisenbahnen, Telegraphen und ozeanischen Dampfschiffahrt in Deutschland seit 1848. Soweit dieser Fortschritt auch hinter dem gleichzeitig in England, selbst in Frankreich gemachten zurücksteht, für Deutschland ist er unerhört und hat in zwanzig Jahren mehr geleistet, als sonst ein ganzes Jahrhundert tat. Deutschland ist erst jetzt ernstlich und unwiderruflich in den *Welthandel* hineingezogen worden. Die Kapitalien der Industriellen haben sich rasch vermehrt, die gesellschaftliche Stellung der Bourgeoisie hat sich dementsprechend gehoben. Das sicherste Kennzeichen industrieller Blüte, der *Schwindel*, hat sich in reichem Maße eingestellt und Grafen und Herzöge an seinen Triumphwagen gekettet. Deutsches Kapital baut jetzt russische und rumänische Eisenbahnen – möge ihm die Erde leicht sein! –, statt daß noch vor fünfzehn Jahren deutsche Bahnen bei englischen Unternehmern betteln gingen. Wie ist es da möglich, daß die Bourgeoisie sich nicht auch politisch die Herrschaft erobert hat, daß sie sich so feig gegen die Regierung benimmt?

Die deutsche Bourgeoisie hat das Unglück, daß sie nach beliebter deutscher Manier zu spät kommt. Ihre Blütezeit fällt in eine Periode, wo die Bourgeoisie der andern westeuropäischen Länder politisch schon im Niedergang begriffen ist. In England hat die Bourgeoisie ihren eigentlichen Repräsentanten, Bright, nicht anders in die Regierung bringen können als durch eine Ausdehnung des Stimmrechts, die in ihren Folgen der ganzen Bourgeoisieherrschaft ein Ende machen muß. In Frankreich, wo die Bourgeoisie als solche, als Gesamtklasse, nur zwei Jahre, 1849 und 1850, unter der Republik geherrscht hat, konnte sie ihre soziale Existenz nur fristen, indem sie ihre politische Herrschaft an Louis Bonaparte und die Armee abtrat. Und bei der so unendlich gesteigerten Wechselwirkung der drei fortgeschrittensten europäischen Länder ist es heutzutage nicht mehr möglich, daß in Deutschland die Bourgeoisie sich die politische Herrschaft gemütlich einrichtet, wenn diese sich in England und Frankreich überlebt hat.

Es ist eine Eigentümlichkeit gerade der Bourgeoisie gegenüber allen früheren herrschenden Klassen: in ihrer Entwicklung gibt es einen Wendepunkt, von dem an jede weitere Steigerung ihrer Machtmittel, vorab also ihrer Kapitalien, nur dazu beiträgt, sie zur politischen Herrschaft mehr und mehr unfähig zu machen. *«Hinter den großen Bourgeois stehn die Proletarier.»* In demselben Maß, wie die Bourgeoisie ihre Industrie, ihren Handel und ihre Verkehrsmittel entwickelt, in demselben Maß erzeugt sie Proletariat. Und an einem gewissen Punkt – der nicht überall gleichzeitig oder auf gleicher Entwicklungsstufe einzutreten braucht – beginnt sie zu merken, daß dieser ihr proletarischer Doppelgänger ihr über den Kopf wächst. Von dem Augenblick an verliert sie die Kraft zur ausschließlichen politischen Herrschaft; sie sieht sich um nach Bundesgenossen, mit denen sie, je nach Umständen, ihre Herrschaft teilt oder denen sie sie ganz abtritt.

In Deutschland ist dieser Wendepunkt für die Bourgeoisie bereits 1848 eingetreten. Und zwar erschrak die deutsche Bourgeoisie damals nicht so sehr vor dem deutschen wie vor dem französischen Proletariat. Die Pariser Junischlacht 1848 zeigte ihr, was sie zu erwarten habe; das deutsche Proletariat war gerade erregt genug, um ihr zu beweisen, daß auch hier die Saat für dieselbe Ernte schon im Boden stecke; und von dem Tage an war der politischen Aktion der Bourgeoisie die Spitze abgebrochen. Sie suchte Bundesgenossen, sie verhandelte sich an sie um jeden Preis – und sie ist auch heute noch keinen Schritt weiter.

Diese Bundesgenossen sind sämtlich reaktionärer Natur. Da ist das Königtum mit seiner Armee und seiner Bürokratie, da ist der große Feudaladel, da sind die kleinen Krautjunker, da sind selbst die Pfaffen. Mit allen diesen hat die Bourgeoisie paktiert und vereinbart, nur um ihre liebe Haut zu wahren, bis ihr endlich nichts mehr zu schachern blieb. Und je mehr das Proletariat sich entwickelte, je mehr es anfing sich als Klasse zu fühlen, als Klasse zu handeln, desto schwachmütiger wurden die Bourgeois. Als die wunderbar schlechte Strategie der Preußen bei Sadowa[158] über die, wunderbarerweise noch schlechtere, der Östreicher siegte, da war es schwer zu sagen, wer froher aufatmete – der preußische Bourgeois, der bei Sadowa mitgeschlagen war, oder der östreichische.

Unsre großen Bürger handeln 1870 noch geradeso, wie die Mittelbürger von 1525 gehandelt haben. Was die Kleinbürger, Handwerksmeister und Krämer betrifft, so werden sie sich immer gleichbleiben. Sie hoffen in das Großbürgertum sich emporzuschwindeln, sie fürchten ins Proletariat hinabgestoßen zu werden. Zwischen Furcht und Hoffnung werden sie während des Kampfes ihre werte Haut salvieren und nach dem Kampf sich dem Sieger anschließen. Das ist ihre Natur.

Mit dem Aufschwung der Industrie seit 1848 hat Schritt gehalten die soziale und politische[159] Aktion des Proletariats. Die Rolle, die die deutschen Arbeiter heute in ihren Gewerkvereinen, Genossenschaften, politischen Vereinen und Versammlungen, bei den Wahlen und im sogenannten Reichstag spielen, beweist allein, welche Umwälzung Deutschland in den letzten zwanzig Jahren unvermerkt erlitten hat. Es gereicht den deutschen Arbeitern zur höchsten Ehre, daß *sie allein* es durchgesetzt haben, Arbeiter und Vertreter der Arbeiter ins Parlament zu schicken, während weder Franzosen noch Engländer dies bis jetzt fertigbrachten.

Aber auch das Proletariat ist der Parallele mit 1525 noch nicht entwachsen. Die ausschließlich und lebenslänglich auf den Arbeitslohn angewiesene Klasse bildet noch immer bei weitem nicht die Mehrzahl des deutschen Volkes. Sie ist also auch auf Bundesgenossen angewiesen. Und diese können nur gesucht werden unter den Kleinbürgern, unter dem Lumpenproletariat der Städte, unter den kleinen Bauern und den Ackerbautaglöhnern.

Von den *Kleinbürgern* haben wir schon gesprochen. Sie sind höchst unzuverlässig, ausgenommen wenn man gesiegt hat, dann ist ihr Geschrei in den Bierkneipen unermeßlich. Trotzdem gibt es unter ihnen sehr gute Elemente, die sich den Arbeitern von selbst anschließen.

Das *Lumpenproletariat*, dieser Abhub der verkommenen Subjekte aller Klassen, der sein Hauptquartier in den großen Städten aufschlägt, ist von allen möglichen Bundesgenossen der schlimmste. Dies Gesindel ist absolut käuflich und absolut zudringlich. Wenn die französischen Arbeiter bei jeder Revolution an die Häuser schrieben: Mort aux voleurs! Tod den Dieben! und auch manche erschossen, so geschah das nicht aus Begeisterung für das Eigentum, sondern in der richtigen Erkenntnis, daß man vor allem sich diese Bande vom Hals halten müsse. Jeder Arbeiterführer, der diese Lumpen als Garde verwendet oder sich auf sie stützt, beweist sich schon dadurch als Verräter an der Bewegung.

Die *kleinen Bauern* – denn die größeren gehören zur Bourgeoisie – sind verschiedener Art. Entweder sind sie *Feudalbauern* und haben dem gnädigen Herrn noch Frondienste zu leisten. Nachdem die Bourgeoisie versäumt hat, was ihre Schuldigkeit war, diese Leute von der Fronknechtschaft zu erlösen, wird es nicht schwer sein, sie zu überzeugen, daß sie nur noch von der Arbeiterklasse Erlösung zu erwarten haben.

Oder sie sind *Pächter*. In diesem Fall existiert meist dasselbe Verhältnis wie in Irland. Die Pacht ist so hoch getrieben, daß der Bauer mit seiner Familie bei Mittelernten nur eben knapp leben kann, bei schlechten Ernten fast verhungert, die Pacht nicht zahlen kann und dadurch ganz von der Gnade des Grundbesitzers abhängig wird. Für solche Leute tut die Bourgeoisie nur dann etwas, wenn sie dazu gezwungen wird. Von wem sollen sie Heil erwarten, außer von den Arbeitern?

Bleiben die Bauern, welche ihren *eigenen kleinen Grundbesitz* bewirtschaften. Diese sind meistens so mit Hypotheken belastet, daß sie vom Wucherer ebenso abhängen wie die Pächter vom Grundherrn. Auch ihnen bleibt nur ein knapper und noch dazu wegen der guten und schlechten Jahre äußerst unsicherer Arbeitslohn. Sie können am allerwenigsten von der Bourgeoisie etwas erwarten, denn sie werden ja grade von den Bourgeois, den wuchernden Kapitalisten ausgesogen. Aber sie hängen meist sehr an ihrem Eigentum, obwohl es in Wirklichkeit nicht ihnen gehört, sondern dem Wucherer. Dennoch wird ihnen beizubringen sein, daß sie nur dann vom Wucherer befreit werden können, wenn eine vom Volk abhängige Regierung die sämtlichen Hypothekenschulden in eine Schuld an den Staat verwandelt und dadurch den Zinsfuß erniedrigt. Und dies kann nur die Arbeiterklasse durchsetzen.

Überall wo mittlerer und großer Grundbesitz herrscht, machen die *Ackerbautaglöhner* die zahlreichste Klasse auf dem Lande aus. Dies ist in ganz Nord- und Ostdeutschland der Fall, und *hier* finden die Industriearbeiter der Städte ihre *zahlreichsten und natürlichsten Bundesgenossen*. Wie der Kapitalist dem industriellen Arbeiter, so steht der Grundbesitzer oder Großpächter dem Ackerbautaglöhner gegenüber. Dieselben Maßregeln, die dem einen helfen, müssen auch dem andern helfen. Die industriellen Arbeiter können sich nur befreien, wenn sie das Kapital der Bourgeois, d. h. die Rohprodukte, Maschinen und Werkzeuge und Lebensmittel, welche zur Produktion erforderlich sind, in das Eigentum der Gesellschaft, d. h. in ihr eignes, von ihnen gemeinsam benutztes verwandeln.

Ebenso können die Landarbeiter nur aus ihrem scheußlichen Elend erlöst werden, wenn vor allem ihr Hauptarbeitsgegenstand, das Land selbst, dem Privatbesitz der großen Bauern und noch größeren Feudalherren entzogen und in gesellschaftliches Eigentum verwandelt und von Genossenschaften von Landarbeitern für ihre gemeinsame Rechnung bebaut wird. Und hier kommen wir auf den berühmten Beschluß des Baseler internationalen Arbeiterkongresses[160]: daß die Gesellschaft das Interesse habe, das Grundeigentum in gemeinsames, nationales Eigentum zu verwandeln. Dieser Beschluß ist gefaßt worden hauptsächlich für die Länder, wo großes Grundeigentum und, damit zusammenhängend, Bewirtschaftung großer Güter besteht und auf diesen großen Gütern ein Herr und viele Taglöhner. Dieser Zustand ist aber im ganzen und großen in Deutschland noch immer vorherrschend, und daher war der Beschluß, nächst England, *gerade für Deutschland höchst zeitgemäß*. Das Ackerbauproletariat, die Landtaglöhner – das ist die Klasse, aus der sich die Armeen der Fürsten der großen Masse nach rekrutieren; das ist die Klasse, die jetzt die große Menge der Feudalherren und Junker kraft des allgemeinen Stimmrechts ins Parlament schickt; das ist aber auch die Klasse, die den industriellen Arbeitern der Städte am nächsten steht, die mit ihnen dieselben Lebensbedingungen teilt, die sogar noch tiefer im Elend steckt als sie. Die Klasse, die ohnmächtig ist, weil sie zersplittert und zerstreut ist, deren verborgene Macht Regierung und Adel so gut kennen, daß sie absichtlich die Schulen verkommen lassen, damit sie nur ja unwissend bleibe, diese Klasse lebendig zu machen und in die Bewegung hineinzuziehen, das ist die nächste, dringendste Aufgabe der deutschen Arbeiterbewegung. Von dem Tage an, wo die Masse der Landtaglöhner ihre eigenen Interessen verstehen gelernt hat, von dem Tage an ist eine reaktionäre, feudale, bürokratische oder bürgerliche Regierung in Deutschland unmöglich.

[Nachtrag zur Vorbemerkung in der Ausgabe von 1875]

Die vorstehenden Zeilen wurden vor mehr als vier Jahren niedergeschrieben. Sie behalten ihre Geltung auch heute noch. Was nach Sadowa und der Teilung Deutschlands richtig war, bestätigt sich auch nach Sedan und der Errichtung des heiligen deutschen Reichs preußischer Nation[161]. So wenig vermögen «welterschütternde» Haupt- und Staatsaktionen der sogenannten großen Politik an der Richtung der geschichtlichen Bewegung zu ändern.

Was dagegen diese Haupt- und Staatsaktionen vermögen, das ist die Geschwindigkeit dieser Bewegung beschleunigen. Und in dieser Beziehung haben die Urheber obiger «welterschütternden Ereignisse» unfreiwillige Erfolge gehabt, die ihnen selbst sicher höchst unerwünscht sind, die sie aber wohl oder übel in den Kauf nehmen müssen.

Schon der Krieg von 1866 erschütterte das alte Preußen in seinen Grundfesten. Es hatte bereits Mühe gekostet, nach 1848 das rebellische industrielle – bürgerliche wie proletarische – Element der Westprovinzen wieder unter die alte Zucht zu bringen; indes, es war gelungen, und das Interesse der Junker aus den Ostprovinzen war, nächst dem der Armee, wieder das herrschende im Staat. 1866 wurde fast ganz Nordwestdeutschland preußisch[156]. Abgesehen von dem unheilbaren moralischen Schaden, den die preußische Krone von Gottes Gnaden nahm, indem sie drei andere Kronen von Gottes Gnaden verschluckte, verlegte sich jetzt der Schwerpunkt der Monarchie bedeutend nach Westen. Die 5 Millionen Rheinländer und Westfalen wurden verstärkt, zunächst durch die 4 Millionen direkt und sodann durch die 6 Millionen indirekt, durch den Norddeutschen Bund, annektierter Deutschen. Und 1870 kamen dazu noch die 8 Millionen Südwestdeutschen, so daß nun im «neuen Reich» den 14½ Millionen Altpreußen (außer den sechs ostelbischen Provinzen, darunter obendrein 2 Millionen Polen) an 25 Millionen gegenüberstanden, die dem altpreußischen Junkerfeudalismus entwachsen waren. So verschoben gerade die Siege der preußischen Armee die ganze Grundlage des preußischen Staatsgebäudes; die Junkerherrschaft wurde mehr und mehr selbst der Regierung unerträglich. Aber gleichzeitig hatte die reißend schnelle industrielle Entwicklung den Kampf zwischen Junkern und Bourgeois verdrängt durch den Kampf zwischen Bourgeois und Arbeitern, so daß auch im Innern die gesellschaftlichen Grundlagen des alten Staats eine vollständige Umwälzung erfuhren. Die seit 1840 langsam verwesende Monarchie hatte zur Grundbedingung gehabt den Kampf zwischen Adel und Bourgeoisie, worin sie das Gleichgewicht erhielt; von dem Augenblick, wo es darauf ankam, nicht mehr den Adel gegen das Andrängen der Bourgeoisie, sondern alle besitzenden Klassen gegen das Andrängen der Arbeiterklasse zu schützen, mußte die alte absolute Monarchie völlig übergehen in die eigens zu diesem Zweck herausgearbeitete Staatsform: *die bonapartistische Monarchie.* Ich habe diesen Übergang Preußens zum Bonapartismus bereits an einem andern Ort auseinandergesetzt («Wohnungsfrage», 2. Heft, S. 26 ff.[162]). Was ich dort nicht zu betonen hatte, was aber hier wesentlich, ist, daß dieser Übergang der *größte Fortschritt* war, den Preußen seit 1848 gemacht, so sehr war Preußen hinter der modernen Entwicklung zurückgeblieben. Es war eben noch immer ein halbfeudaler Staat, und der Bonapartismus ist jedenfalls eine moderne Staatsform, die die Beseitigung des Feudalismus zur Voraussetzung hat. Preußen muß sich also entschließen, mit seinen zahlreichen feudalen Resten aufzuräumen, das Junkertum als solches zu opfern. Natürlich geschieht dies in der mildesten Form und nach der beliebten Melodie: Immer langsam voran! So z. B. in der vielberühmten Kreisordnung. Sie hebt die feudalen Privilegien des einzelnen Junkers auf seinem Gut auf, aber nur um sie als Vorrechte der Gesamtheit der großen Grundbesitzer für den ganzen Kreis wiederherzustellen. Die

Sache bleibt, nur wird sie aus dem feudalen in den bürgerlichen Dialekt übersetzt. Man verwandelt den altpreußischen Junker zwangsweise in etwas wie einen englischen Squire, und er brauchte sich gar nicht so sehr dagegen zu sträuben, denn der eine ist so dumm wie der andere.

Somit hat also Preußen das sonderbare Schicksal, seine bürgerliche Revolution, die es 1808 bis 1813 begonnen und 1848 ein Stück weitergeführt, Ende dieses Jahrhunderts in der angenehmen Form des Bonapartismus zu vollenden. Und wenn alles gut geht und die Welt fein ruhig bleibt und wir alle alt genug werden, so können wir es vielleicht im Jahr 1900 erleben, daß die Regierung in Preußen wirklich alle feudalen Einrichtungen abgeschafft hat, daß Preußen endlich auf dem Punkt ankommt, wo Frankreich 1792 stand.

Abschaffung des Feudalismus, positiv ausgedrückt, heißt Herstellung bürgerlicher Zustände. In demselben Maß, wie die Adelsprivilegien fallen, verbürgert sich die Gesetzgebung. Und hier stoßen wir auf den Kernpunkt des Verhältnisses der deutschen Bourgeoisie zur Regierung. Wir sahen, daß die Regierung *genötigt* ist, diese langsamen und kleinlichen Reformen einzuführen. Aber der Bourgeoisie gegenüber stellt sie jede dieser kleinen Konzessionen dar als ein den Bourgeois gebrachtes *Opfer*, ein der Krone mit Mühe und Not abgerungenes Zugeständnis, wofür sie, die Bourgeois, nun auch wieder der Regierung etwas zugestehen müßten. Und die Bourgeois, obwohl ziemlich klar über den Sachverhalt, gehn auf diese Täuschung ein. Daraus ist denn jener stillschweigende Vertrag entstanden, der die stumme Grundlage aller Reichstags- und Kammerdebatten in Berlin bildet: Einerseits reformiert die Regierung die Gesetze im Schneckengalopp im Interesse der Bourgeoisie, beseitigt die feudalen und aus der Kleinstaaterei entstandenen Hindernisse der Industrie, schafft Münz-, Maß- und Gewichtseinheit, Gewerbefreiheit usw., stellt dem Kapital durch die Freizügigkeit die Arbeitskraft Deutschlands zur unbeschränkten Verfügung, begünstigt Handel und Schwindel; andrerseits überläßt die Bourgeoisie der Regierung alle wirkliche politische Macht, votiert Steuern, Anleihen und Soldaten und hilft alle neuen Reformgesetze so abfassen, daß die alte Polizeigewalt über mißliebige Individuen in voller Kraft bleibt. Die Bourgeoisie erkauft ihre allmähliche gesellschaftliche Emanzipation mit dem sofortigen Verzicht auf eigene politische Macht. Natürlich ist der Hauptbeweggrund, der der Bourgeoisie einen solchen Vertrag annehmbar macht, nicht Furcht vor der Regierung, sondern Furcht vor dem Proletariat.

So jämmerlich indes unsere Bourgeoisie auch auf politischem Gebiet auftritt, so ist nicht zu leugnen, daß sie in industrieller und kommerzieller Beziehung endlich einmal ihre Schuldigkeit tut. Der Aufschwung der Industrie und des Handels, auf den in der Einleitung zur zweiten Ausgabe hingewiesen wurde, hat seitdem sich mit noch weit größerer Energie entwickelt. Was in dieser Beziehung im rheinisch-westfälischen Industriebezirk seit 1869 geschehen, ist für Deutschland geradezu unerhört und erinnert an den Aufschwung in den englischen Fabrikdistrikten im Anfang dieses Jahrhunderts. Und in Sachsen und Oberschlesien, in Berlin, Hannover und den Seestädten wird es ebenso sein. Wir haben endlich einen Welthandel, eine wirklich große Industrie, eine wirklich moderne Bourgeoisie; wir haben dafür aber auch einen wirklichen Krach[163] gehabt und haben ebenfalls ein wirkliches, gewaltiges Proletariat bekommen.

Für den zukünftigen Geschichtsschreiber wird in der Geschichte Deutschlands von 1869 bis 1874 der Schlachtendonner von Spichern, Mars-la-Tour und Sedan[164], und was daranhängt, weit weniger Bedeutung haben als die anspruchslose, ruhig, aber stetig fortschreitende Entwicklung des deutschen Proletariats. Gleich 1870 trat eine schwere Prüfung an die deutschen Arbeiter heran: die bonapartistische Kriegsprovokation und ihre natürliche Wirkung: der allgemeine nationale Enthusiasmus in Deutschland. Die deutschen sozialistischen Arbeiter ließen sich keinen Augenblick irremachen. Nicht eine Regung von nationalem Chauvinismus trat bei ihnen hervor. Mitten im tollsten Siegestaumel blieben sie kalt, verlangten «einen billigen Frieden mit der Französischen Republik und keine Annexionen»[165], und selbst der Belagerungszustand konnte sie nicht zum Schweigen bringen. Kein Schlachtenruhm, kein Gerede von deutscher «Reichsherrlichkeit» zog bei ihnen; ihr einziges Ziel blieb die Befreiung des gesamten europäischen Proletariats. Man darf wohl sagen: einer so schweren, so glänzend bestandenen Probe sind die Arbeiter keines andern Landes bisher unterworfen worden.

Auf den Belagerungszustand des Krieges folgten die Hochverrats-, Majestäts- und Beamtenbeleidigungsprozesse, die stets sich steigernden Polizeischikanen des Friedens. Der «Volksstaat»[166] hatte in der Regel drei bis vier Redakteure gleichzeitig im Gefängnis, die andern Blätter im Verhältnis. Jeder einigermaßen bekannte Parteiredner mußte mindestens einmal im Jahr vor Gericht, wo er fast regelmäßig verurteilt wurde. Ausweisungen, Konfiskationen, Auflösungen von Versammlungen folgten hintereinander hageldicht. Alles umsonst. An die Stelle jedes Verhafteten oder Ausgewiesenen trat alsbald ein anderer; für jede aufgelöste Versammlung berief man zwei neue und ermüdete die Polizeiwillkür an einem Ort nach dem andern durch Ausdauer und genaues Einhalten der Gesetze. Alle Verfolgungen bewirkten das Gegenteil des beabsichtigten Zweckes; weit entfernt, die Arbeiterpartei zu brechen oder auch nur zu beugen, führten sie ihr nur stets neue Rekruten zu und befestigten die Organisation. In ihrem Kampf mit den Behörden wie mit den einzelnen Bourgeois zeigten sich die Arbeiter überall als die intellektuell und moralisch Überlegenen und bewiesen namentlich in ihren Konflikten mit den sogenannten «Arbeitgebern», daß sie, die Arbeiter, jetzt die Gebildeten und die Kapitalisten die Knoten sind. Und dabei führen sie den Kampf vorwiegend mit einem Humor, der der beste Beweis ist, wie sehr sie ihrer Sache sicher und ihrer

Überlegenheit sich bewußt sind. Ein so geführter Kampf, auf geschichtlich vorbereitetem Boden, muß große Resultate liefern. Die Erfolge der Januarwahlen[167] stehen bisher einzig da in der Geschichte der modernen Arbeiterbewegung, und das Erstaunen, das sie in ganz Europa hervorriefen, war vollständig gerechtfertigt.

Die deutschen Arbeiter haben vor denen des übrigen Europas zwei wesentliche Vorteile voraus. Erstens, daß sie dem theoretischsten Volk Europas angehören und daß sie sich den theoretischen Sinn bewahrt haben, der den sogenannten «Gebildeten» Deutschlands so gänzlich abhanden gekommen ist. Ohne Vorausgang der deutschen Philosophie, namentlich Hegels, wäre der deutsche wissenschaftliche Sozialismus – der einzige wissenschaftliche Sozialismus, der je existiert hat – nie zustande gekommen. Ohne theoretischen Sinn unter den Arbeitern wäre dieser wissenschaftliche Sozialismus nie so sehr in ihr Fleisch und Blut übergegangen, wie dies der Fall ist. Und welch ein unermeßlicher Vorzug dies ist, zeigt sich einerseits an der Gleichgültigkeit gegen alle Theorie, die eine der Hauptursachen ist, weshalb die englische Arbeiterbewegung, trotz aller ausgezeichneten Organisation der einzelnen Gewerke, so langsam vom Flecke kommt, und andrerseits an dem Unfug und der Verwirrung, die der Proudhonismus in seiner ursprünglichen Gestalt bei Franzosen und Belgiern, in seiner durch Bakunin weiter karikierten Form bei Spaniern und Italienern angerichtet hat.

Der zweite Vorteil ist der, daß die Deutschen in der Arbeiterbewegung der Zeit nach ziemlich zuletzt gekommen sind. Wie der deutsche theoretische Sozialismus nie vergessen wird, daß er auf den Schultern Saint-Simons, Fouriers und Owens steht, dreier Männer, die bei aller Phantasterei und bei allem Utopismus zu den bedeutendsten Köpfen aller Zeiten gehören und zahllose Dinge genial antizipierten, deren Richtigkeit wir jetzt wissenschaftlich nachweisen – so darf die deutsche praktische Arbeiterbewegung nie vergessen, daß sie auf den Schultern der englischen und französischen Bewegung sich entwickelt hat, ihre teuer erkauften Erfahrungen sich einfach zunutze machen, ihre damals meist unvermeidlichen Fehler jetzt vermeiden konnte. Ohne den Vorgang der englischen Trade-Unions und der französischen politischen Arbeiterkämpfe, ohne den riesenhaften Anstoß, den namentlich die Pariser Kommune gegeben, wo wären wir jetzt?

Man muß den deutschen Arbeitern nachsagen, daß sie die Vorteile ihrer Lage mit seltnem Verständnis ausgebeutet haben. Zum erstenmal, seit eine Arbeiterbewegung besteht, wird der Kampf nach seinen drei Seiten hin – nach der theoretischen, der politischen und der praktisch-ökonomischen (Widerstand gegen die Kapitalisten) – im Einklang und Zusammenhang und planmäßig geführt. In diesem sozusagen konzentrischen Angriffe liegt gerade die Stärke und Unbesiegbarkeit der deutschen Bewegung.

Einerseits durch diese ihre vorteilhafte Stellung, andrerseits durch die insularen Eigentümlichkeiten der englischen und die gewaltsame Niederhaltung der französischen Bewegung sind die deutschen Arbeiter für den Augenblick in die Vorhut des proletarischen Kampfes gestellt worden. Wie lange die Ereignisse ihnen diesen Ehrenposten lassen werden, läßt sich nicht vorhersagen. Aber solange sie ihn einnehmen, werden sie ihn hoffentlich so ausfüllen, wie es sich gebührt. Dazu gehören verdoppelte Anstrengungen auf jedem Gebiet des Kampfes und der Agitation. Es wird namentlich die Pflicht der Führer sein, sich über alle theoretischen Fragen mehr und mehr aufzuklären, sich mehr und mehr von dem Einfluß überkommener, der alten Weltanschauung angehöriger Phrasen zu befreien und stets im Auge zu behalten, daß der Sozialismus, seitdem er eine Wissenschaft geworden, auch wie eine Wissenschaft betrieben, d. h. studiert werden will. Es wird darauf ankommen, die so gewonnene, immer mehr geklärte Einsicht unter den Arbeitermassen mit gesteigertem Eifer zu verbreiten, die Organisation der Partei wie der Gewerksgenossenschaften immer fester zusammenzuschließen. Wenn auch die im Januar abgegebenen sozialistischen Stimmen schon eine hübsche Armee repräsentieren, so machen sie doch bei weitem noch nicht die Majorität der deutschen Arbeiterklasse aus; und so ermutigend auch die Erfolge der Propaganda unter der ländlichen Bevölkerung sind, so bleibt doch gerade hier noch unendlich viel zu tun. Es gilt also nicht zu ermatten im Kampf, es gilt dem Feinde eine Stadt, einen Wahlkreis nach dem andern zu entreißen; vor allem aber gilt es, sich den echt internationalen Sinn zu wahren, der keinen patriotischen Chauvinismus aufkommen läßt und der jeden neuen Schritt in der proletarischen Bewegung mit Freuden begrüßt, einerlei von welcher Nation er ausgeht. Wenn die deutschen Arbeiter so vorangehen, so werden sie nicht gerade an der Spitze der Bewegung marschieren – es ist gar nicht im Interesse dieser Bewegung, daß die Arbeiter irgendeiner einzelnen Nation an ihrer Spitze marschieren –, aber doch einen ehrenvollen Platz in der Schlachtlinie einnehmen; und sie werden gerüstet dastehen, wenn entweder unerwartet schwere Prüfungen oder gewaltige Ereignisse von ihnen erhöhten Mut, erhöhte Entschlossenheit und Tatkraft erheischen.

London, den 1. Juli 1874 *Friedrich Engels*

Auch das deutsche Volk hat seine revolutionäre Tradition. Es gab eine Zeit, wo Deutschland Charaktere hervorbrachte, die sich den besten Leuten der Revolutionen anderer Länder an die Seite stellen können, wo das deutsche Volk eine Ausdauer und Energie entwickelte, die bei einer zentralisierteren Nation die großartigsten Resultate erzeugt hätte, wo deutsche Bauern und Plebejer mit Ideen und Plänen schwanger gingen, vor denen ihre Nachkommen oft genug zurückschaudern.

Es ist an der Zeit, gegenüber der augenblicklichen Erschlaffung, die sich nach zwei Jahren des Kampfes fast überall zeigt, die ungefügen, aber kräftigen und zähen Gestalten des großen Bauernkriegs dem deutschen Volke wieder vorzuführen. Drei Jahrhunderte sind seitdem verflossen, und manches hat sich geändert; und doch steht der Bauernkrieg unsern heutigen Kämpfen so überaus fern nicht, und die zu bekämpfenden Gegner sind großenteils noch dieselben. Die Klassen und Klassenfraktionen, die 1848 und 49 überall verraten haben, werden wir schon 1525, wenn auch auf einer niedrigeren Entwicklungsstufe, als Verräter vorfinden. Und wenn der robuste Vandalismus des Bauernkriegs in der Bewegung der letzten Jahre nur stellenweise, im Odenwald, im Schwarzwald, in Schlesien, zu seinem Rechte kam, so ist das jedenfalls kein Vorzug der modernen Insurrektion.

I

[Die ökonomische Lage und der soziale Schichtenbau Deutschlands]

Gehen wir zunächst kurz zurück auf die Verhältnisse Deutschlands zu Anfang des sechzehnten Jahrhunderts.

Die deutsche Industrie hatte im vierzehnten und fünfzehnten Jahrhundert einen bedeutenden Aufschwung genommen. An die Stelle der feudalen, ländlichen Lokalindustrie war der zünftige Gewerbebetrieb der Städte getreten, der für weitere Kreise und selbst für entlegnere Märkte produzierte. Die Weberei von groben Wollentüchern und Leinwand war jetzt ein stehender, weitverbreiteter Industriezweig; selbst feinere Wollen- und Leinengewebe sowie Seidenstoffe wurden schon in Augsburg verfertigt. Neben der Weberei hatte sich besonders jene an die Kunst anstreifende Industrie gehoben, die in dem geistlichen und weltlichen Luxus des späteren Mittelalters ihre Nahrung fand: die der Gold- und Silberarbeiten, der Bildhauer und Bildschnitzer, Kupferstecher und Holzschneider, ⟨Waffenschmiede,⟩ Medaillierer, Drechsler etc. etc. Eine Reihe von mehr oder minder bedeutenden Erfindungen, deren historische Glanzpunkte die des Schießpulvers* und der Buchdruckerei bildeten, hatte zur Hebung der

⟨* Das Schießpulver wurde, wie jetzt zweifellos nachgewiesen, von China über

Gewerbe wesentlich beigetragen. Der Handel ging mit der Industrie gleichen Schritt. Die Hanse hatte durch ihr hundertjähriges Seemonopol die Erhebung von ganz Norddeutschland aus der mittelalterlichen Barbarei sichergestellt; und wenn sie auch schon seit Ende des fünfzehnten Jahrhunderts der Konkurrenz der Engländer und Holländer rasch zu erliegen anfing, so ging doch trotz Vasco da Gamas Entdeckungen der große Handelsweg von Indien nach dem Norden immer noch durch Deutschland, so war Augsburg noch immer der große Stapelplatz für italienische Seidenzeuge, indische Gewürze und alle Produkte der Levante. Die oberdeutschen Städte, namentlich Augsburg und Nürnberg, waren die Mittelpunkte eines für jene Zeit ansehnlichen Reichtums und Luxus. Die Gewinnung der Rohprodukte hatte sich ebenfalls bedeutend gehoben. Die deutschen Bergleute waren im fünfzehnten Jahrhundert die geschicktesten der Welt, und auch den Ackerbau hatte das Aufblühen der Städte aus der ersten mittelalterlichen Roheit herausgerissen. Nicht nur waren ausgedehnte Strecken urbar gemacht worden, man baute auch Farbekräuter und andere eingeführte Pflanzen, deren sorgfältigere Kultur auf den Ackerbau im allgemeinen günstig einwirkte.

Der Aufschwung der nationalen Produktion Deutschlands hatte indes noch immer nicht Schritt gehalten mit dem Aufschwung anderer Länder. Der Ackerbau stand weit hinter dem englischen und niederländischen, die Industrie hinter der italienischen, flämischen und englischen zurück, und im Seehandel fingen die Engländer und besonders die Holländer schon an, die Deutschen aus dem Felde zu schlagen. Die Bevölkerung war immer noch sehr dünn gesät. Die Zivilisation in Deutschland existierte nur sporadisch, um einzelne Zentren der Industrie und des Handels gruppiert; die Interessen dieser einzelnen Zentren selbst gingen weit auseinander, hatten kaum hie und da einen Berührungspunkt. Der Süden hatte ganz andere Handelsverbindungen und Absatzmärkte als der Norden; der Osten und der Westen standen fast außer allem Verkehr. Keine einzige Stadt kam in den Fall, der industrielle und kommerzielle Schwerpunkt des ganzen Landes zu werden, wie London dies z. B. für England schon war. Der ganze innere Verkehr beschränkte sich fast ausschließlich auf die Küsten- und Flußschiffahrt und auf die paar großen Handelsstraßen, von Augsburg und Nürnberg über Köln nach den Niederlanden und über Erfurt nach dem Norden. Weiter ab von den Flüssen und Handelsstraßen lag eine Anzahl kleinerer Städte, die, vom großen Verkehr ausgeschlossen, ungestört in den Lebensbedingungen des späteren Mittelalters fortvegetierten, wenig auswärtige Waren brauchten, wenig Ausfuhrprodukte lieferten. Von der Landbevölkerung kam nur der Adel in Berührung mit ausgedehnteren Kreisen und neuen Bedürfnissen; die Masse der Bauern kam nie über die

---

Indien zu den Arabern gebracht und kam von diesen, nebst den Feuerwaffen, über Spanien nach Europa.〉[168]

nächsten Lokalbeziehungen und den damit verbundenen lokalen Horizont hinaus.

Während in England und Frankreich das Emporkommen des Handels und der Industrie die Verkettung der Interessen über das ganze Land und damit die politische Zentralisierung zur Folge hatte, brachte Deutschland es nur zur Gruppierung der Interessen nach Provinzen, um bloß lokale Zentren, und damit zur politischen Zersplitterung; einer Zersplitterung, die bald darauf durch den Ausschluß Deutschlands vom Welthandel sich erst recht festsetzte. In demselben Maß, wie das *reinfeudale* Reich zerfiel, löste sich der Reichsverband überhaupt auf, verwandelten sich die großen Reichslehenträger in beinahe unabhängige Fürsten, schlossen einerseits die Reichsstädte, andererseits die Reichsritter Bündnisse, bald gegeneinander, bald gegen die Fürsten oder den Kaiser. Die Reichsgewalt, selbst an ihrer Stellung irre geworden, schwankte unsicher zwischen den verschiedenen Elementen, die das Reich ausmachten, und verlor dabei immer mehr an Autorität; ihr Versuch, in der Art Ludwigs XI. zu zentralisieren, kam trotz aller Intrigen und Gewalttätigkeiten nicht über die Zusammenhaltung der östreichischen Erblande hinaus. Wer in dieser Verwirrung, in diesen zahllosen sich durchkreuzenden Konflikten schließlich gewann und gewinnen mußte, das waren die Vertreter der Zentralisation innerhalb der Zersplitterung, der lokalen und provinziellen Zentralisation, die *Fürsten*, neben denen der Kaiser selbst immer mehr ein Fürst wie die andern wurde.

Unter diesen Verhältnissen hatte sich die Stellung der aus dem Mittelalter überlieferten Klassen wesentlich verändert, und neue Klassen hatten sich neben den alten gebildet.

Aus dem hohen Adel waren die *Fürsten* hervorgangen. Sie waren schon fast ganz unabhängig vom Kaiser und im Besitz der meisten Hoheitsrechte. Sie machten Krieg und Frieden auf eigne Faust, hielten stehende Heere, riefen Landtage zusammen und schrieben Steuern aus. Einen großen Teil des niederen Adels und der Städte hatten sie bereits unter ihre Botmäßigkeit gebracht; sie wandten fortwährend jedes Mittel an, um die noch übrigen reichsunmittelbaren Städte und Baronien ihrem Gebiet einzuverleiben. Diesen gegenüber zentralisierten sie, wie sie gegenüber der Reichsgewalt dezentralisierend auftraten. Nach innen war ihre Regierung schon sehr willkürlich. Sie riefen die Stände meist nur zusammen, wenn sie sich nicht anders helfen konnten. Sie schrieben Steuern aus und nahmen Geld auf, wenn es ihnen gutdünkte; das Steuerbewilligungsrecht der Stände wurde selten anerkannt und kam noch seltener zur Ausübung. Und selbst dann hatte der Fürst gewöhnlich die Majorität durch die beiden steuerfreien und am Genuß der Steuern teilnehmenden Stände, die Ritterschaft und die Prälaten. Das Geldbedürfnis der Fürsten wuchs mit dem Luxus und der Ausdehnung des Hofhaltes, mit den stehenden Heeren, mit den wachsenden Kosten der Regierung. Die Steuern wurden immer drückender. Die

Städte waren meist dagegen geschützt durch ihre Privilegien; die ganze Wucht der Steuerlast fiel auf die Bauern, sowohl auf die Dominialbauern der Fürsten selbst wie auch auf die Leibeigenen ⟨, Hörigen und Zinsbauern⟩ [169] der lehnspflichtigen Ritter. Wo die direkte Besteuerung nicht ausreichte, trat die indirekte ein; die raffiniertesten Manöver der Finanzkunst wurden angewandt, um den löchrigen Fiskus zu füllen. Wenn alles nicht half, wenn nichts mehr zu versetzen war und keine Reichsstadt mehr Kredit geben wollte, so schritt man zu Münzoperationen der schmutzigsten Art, schlug schlechtes Geld, machte hohe oder niedrige Zwangskurse, je nachdem es dem Fiskus konvenierte. Der Handel mit städtischen und sonstigen Privilegien, die man nachher gewaltsam wieder zurücknahm, um sie abermals für teures Geld zu verkaufen, die Ausbeutung jedes Oppositionsversuchs zu Brandschatzungen und Plünderungen aller Art etc. etc. waren ebenfalls einträgliche und alltägliche Geldquellen für die Fürsten jener Zeit. Auch die Justiz war ein stehender und nicht unbedeutender Handelsartikel für die Fürsten. Kurz, die damaligen Untertanen, die außerdem noch der Privathabgier der fürstlichen Vögte und Amtleute zu genügen hatten, bekamen alle Segnungen des «väterlichen» Regierungssystems im vollsten Maße zu kosten.

Aus der feudalen Hierarchie des Mittelalters war der mittlere Adel fast ganz verschwunden; er hatte sich entweder zur Unabhängigkeit kleiner Fürsten emporgeschwungen oder war in die Reihen des niederen Adels herabgesunken. Der *niedere Adel, die Ritterschaft*, ging ihrem Verfall rasch entgegen. Ein großer Teil war schon gänzlich verarmt und lebte bloß von Fürstendienst in militärischen oder bürgerlichen Ämtern; ein andrer stand in der Lehnspflicht und Botmäßigkeit der Fürsten; der kleinere war reichsunmittelbar. Die Entwicklung des Kriegswesens, die steigende Bedeutung der Infanterie, die Ausbildung der Feuerwaffe beseitigte die Wichtigkeit ihrer militärischen Leistungen als schwere Kavallerie und vernichtete zugleich die Uneinnehmbarkeit ihrer Burgen. Gerade wie die Nürnberger Handwerker wurden die Ritter durch den Fortschritt der Industrie überflüssig gemacht. Das Geldbedürfnis der Ritterschaft trug zu ihrem Ruin bedeutend bei. Der Luxus auf den Schlössern, der Wetteifer in der Pracht bei den Turnieren und Festen, der Preis der Waffen und Pferde stieg mit den Fortschritten der ⟨gesellschaftlichen Entwicklung⟩ [170], während die Einkommenquellen der Ritter und Barone wenig oder gar nicht zunahmen. Fehden mit obligater Plünderung und Brandschatzung, Wegelagern und ähnliche noble Beschäftigungen wurden mit der Zeit zu gefährlich. Die Abgaben und Leistungen der herrschaftlichen Untertanen brachten kaum mehr ein als früher. Um ihre zunehmenden Bedürfnisse zu decken, mußten die gnädigen Herren zu denselben Mitteln ihre Zuflucht nehmen wie die Fürsten. Die Bauernschinderei durch den Adel wurde mit jedem Jahre weiter ausgebildet. Die Leibeigenen wurden bis auf den letzten Blutstropfen ausgesogen, die Hörigen mit neuen Abgaben und Leistungen unter allerlei Vorwänden und Namen belegt. Die Fronden, Zinsen, Gülten, Laudemien, Sterbfallabgaben, Schutzgelder usw. wurden allen alten Verträgen zum Trotz willkürlich erhöht. Die Justiz wurde verweigert und verschachert, und wo der Ritter dem Gelde des Bauern sonst nicht beikommen konnte, warf er ihn ohne weiteres in den Turm und zwang ihn, sich loszukaufen.

Mit den übrigen Ständen lebte der niedere Adel ebenfalls auf keinem freundschaftlichen Fuß. Der lehnspflichtige Adel suchte sich reichsunmittelbar zu machen, der reichsunmittelbare seine Unabhängigkeit zu wahren; daher fortwährende Streitigkeiten mit den Fürsten. Der Geistlichkeit, die dem Ritter in ihrer damaligen aufgeblähten Gestalt als ein rein überflüssiger Stand erschien, beneidete er ihre großen Güter, ihre durch das Zölibat und die Kirchenverfassung zusammengehaltenen Reichtümer. Mit den Städten lag er sich fortwährend in den Haaren; er war ihnen verschuldet, er nährte sich von der Plünderung ihres Gebiets, von der Beraubung ihrer Kaufleute, vom Lösegeld der ihnen in den Fehden abgenommenen Gefangenen. Und der Kampf der Ritterschaft gegen alle diese Stände wurde um so heftiger, je mehr die Geldfrage auch bei ihr eine Lebensfrage wurde.

Die *Geistlichkeit*, die Repräsentantin der Ideologie des mittelalterlichen Feudalismus, fühlte den Einfluß des geschichtlichen Umschwungs nicht minder. Durch die Buchdruckerei und die Bedürfnisse des ausgedehnteren Handels war ihr das Monopol nicht nur des Lesens und Schreibens, sondern der höheren Bildung genommen. Die Teilung der Arbeit trat auch auf intellektuellem Gebiet ein. Der neuaufkommende Stand der Juristen verdrängte sie aus einer Reihe der einflußreichsten Ämter. Auch sie fing an, zum großen Teil überflüssig zu werden, und erkannte dies selbst an durch ihre stets wachsende Faulheit und Unwissenheit. Aber je überflüssiger sie wurde, desto zahlreicher wurde sie – dank ihren enormen Reichtümern, die sie durch Anwendung aller möglichen Mittel noch fortwährend vermehrte.

In der Geistlichkeit gab es zwei durchaus verschiedene Klassen. Die geistliche Feudalhierarchie bildete die *aristokratische* Klasse: die Bischöfe und Erzbischöfe, die Äbte, Prioren und sonstigen Prälaten. Diese hohen Würdenträger der Kirche waren entweder selbst Reichsfürsten, oder sie beherrschten als Feudalherren, unter der Oberhoheit andrer Fürsten, große Strecken Landes mit zahlreichen Leibeignen und Hörigen. Sie exploitierten ihre Untergebenen nicht nur ebenso rücksichtslos wie der Adel und die Fürsten, sie gingen noch viel schamloser zu Werke. Neben der brutalen Gewalt wurden alle Schikanen der Religion, neben den Schrecken der Folter alle Schrecken des Bannfluchs und der verweigerten Absolution, alle Intrigen des Beichtstuhls in Bewegung gesetzt, um den Untertanen den letzten Pfennig zu entreißen oder das Erbteil der Kirche zu mehren. Urkundenfälschung war bei diesen würdigen Männern ein gewöhnliches und beliebtes Mittel der Prellerei. Aber obgleich sie außer den gewöhnlichen Feudalleistungen und Zinsen noch den Zehnten bezogen, reichten alle diese Einkünfte noch nicht aus. Die Fabrikation wundertätiger Heiligenbilder und Reliquien, die Organisation seligmachender Betstationen, der Ablaßschacher wurden zu Hülfe genommen, um dem Volk vermehrte Abgaben zu entreißen, und lange Zeit mit bestem Erfolg.

Diese Prälaten und ihre zahllose, mit der Ausbreitung der politischen und religiösen Hetzereien stets verstärkte Gendarmerie von Mönchen waren es, auf die der Pfaffenhaß nicht nur des Volkes, sondern auch des Adels sich konzentrierte. Soweit sie ⟨reichsunmittelbar⟩[171], standen sie dem Fürsten im Wege. Das flotte Wohlleben der beleibten Bischöfe und Äbte und ihrer Mönchsarmee erregte den Neid des Adels und empörte das Volk, das die Kosten davon tragen mußte, um so mehr, je schreiender es ihren Predigten ins Gesicht schlug.

Die *plebejische* Fraktion der Geistlichkeit bestand aus den Predigern auf dem Lande und in den Städten. Sie standen außerhalb der feudalen Hierarchie der Kirche und hatten keinen Anteil an ihren Reichtümern. Ihre Arbeit war weniger kontrolliert und, so wichtig sie der Kirche war, im Augenblick weit weniger unentbehrlich als die Polizeidienste der einkasernierten Mönche. Sie wurden daher weit schlechter bezahlt, und ihre Pfründen waren meist sehr knapp. Bürgerlichen und plebejischen Ursprungs, standen sie der Lebenslage der Masse nahe genug, um trotz ihres Pfaffentums bürgerliche und plebejische Sympathien zu bewahren. Die Beteiligung an den Bewegungen der Zeit, bei den Mönchen nur Ausnahme, war bei ihnen Regel. Sie lieferten die Theoretiker und Ideologen der Bewegung, und viele von ihnen, Repräsentanten der Plebejer und Bauern, starben dafür auf dem Schafott. Der Volkshaß gegen die Pfaffen wendete sich auch nur in einzelnen Fällen gegen sie.

Wie über den Fürsten und dem Adel der Kaiser, so stand über den hohen und niederen Pfaffen der *Papst*. Wie dem Kaiser der «gemeine Pfennig»[172], die Reichssteuern, bezahlt wurden, so dem Papst die allgemeinen Kirchensteuern, aus denen er den Luxus am römischen Hof bestritt. In keinem Lande wurden diese Kirchensteuern – dank der Macht und Zahl der Pfaffen – mit größerer Gewissenhaftigkeit und Strenge eingetrieben als in Deutschland. So besonders die Annaten[173] bei Erledigung der Bistümer. Mit den steigenden Bedürfnissen wurden dann neue Mittel zur Beschaffung des Geldes erfunden: Handel mit Reliquien, Ablaß- und Jubelgelder usw. Große Summen wanderten so alljährlich aus Deutschland nach Rom, und der hierdurch vermehrte Druck steigerte nicht nur den Pfaffenhaß, er erregte auch das Nationalgefühl, besonders des Adels, des damals nationalsten Standes.

Aus den ursprünglichen Pfahlbürgern[174] der mittelalterlichen *Städte* hatten sich mit dem Aufblühen des Handels und der Gewerbe drei scharf gesonderte Fraktionen entwickelt.

An der Spitze der städtischen Gesellschaft standen die *patrizischen Geschlechter*, die sogenannte «*Ehrbarkeit*». Sie waren die reichsten Familien. Sie allein saßen im Rat und in allen städtischen Ämtern. Sie verwalteten daher nicht bloß die Einkünfte der Stadt, sie verzehrten sie auch. Stark durch ihren Reichtum, durch ihre althergebrachte, von Kaiser und Reich anerkannte aristokratische Stellung, exploitierten sie sowohl die Stadtgemeinde wie die der Stadt untertänigen Bauern auf jede Weise. Sie trieben Wucher in Korn und Geld, oktroyierten sich Monopole aller Art, entzogen der Gemeinde nacheinander alle Anrechte auf Mitbenutzung der städtischen Wälder und Wiesen und benutzten diese direkt zu ihrem eigenen Privatvorteil, legten willkürlich Weg-, Brücken- und Torzölle und andere Lasten auf und trieben Handel mit Zunftprivilegien, Meisterschafts- und Bürgerrechten und mit der Justiz. Mit den Bauern des Weichbilds gingen sie nicht schonender um als der Adel oder die Pfaffen; im Gegenteil, die städtischen Vögte und Amtleute auf den Dörfern, lauter Patrizier, brachten zu der aristokratischen Härte und Habgier noch eine gewisse bürokratische Genauigkeit in der Eintreibung mit. Die so zusammengebrachten städtischen Einkünfte wurden mit der höchsten Willkür verwaltet; die Verrechnung in den städtischen Büchern, eine reine Förmlichkeit, war möglichst nachlässig und verworren; Unterschleife und Kassendefekte waren an der Tagesordnung. Wie leicht es damals einer von allen Seiten mit Privilegien umgebenen, wenig zahlreichen und durch Verwandtschaft und Interesse eng zusammengehaltenen Kaste war, sich aus den städtischen Einkünften enorm zu bereichern, begreift man, wenn man an die zahlreichen Unterschleife und Schwindeleien denkt, die das Jahr 1848 in so vielen städtischen Verwaltungen an den Tag gebracht hat.

Die Patrizier hatten Sorge getragen, die Rechte der Stadtgemeinde besonders in Finanzsachen überall einschlafen zu lassen. Erst später, als die Prellereien dieser Herren zu arg wurden, setzten sich die Gemeinden wieder in Bewegung, um wenigstens die Kontrolle über die städtische Verwaltung an sich zu bringen. Sie erlangten in den meisten Städten ihre Rechte wirklich wieder. Aber bei den ewigen Streitigkeiten der Zünfte unter sich, bei der Zähigkeit der Patrizier und dem Schutz, den sie beim Reich und den Regierungen der ihnen verbündeten Städte fanden, stellten die patrizischen Ratsherren sehr bald ihre alte Alleinherrschaft faktisch wieder her, sei es durch List, sei es durch Gewalt. Im Anfang des sechzehnten Jahrhunderts befand sich die Gemeinde in allen Städten wieder in der Opposition.

Die städtische Opposition gegen das Patriziat teilte sich in zwei Fraktionen, die im Bauernkrieg sehr bestimmt hervortreten.

Die *bürgerliche Opposition*, die Vorgängerin unsrer heutigen Liberalen, umfaßte die reicheren und mittleren Bürger sowie einen nach den Lokalumständen größeren oder geringeren Teil der Kleinbürger. Ihre Forderungen hielten sich rein auf verfassungsmäßigem Boden. Sie verlangten die Kontrolle über die städtische Verwaltung und einen Anteil an der gesetzgebenden Gewalt, sei es durch die Gemeindeversammlung selbst oder durch eine Gemeindevertretung (großer Rat, Gemeindeausschuß); ferner Beschränkung des patrizischen Nepotismus und der Oligarchie einiger weniger Familien, die selbst innerhalb des Patriziats immer offener hervortrat. Höchstens verlangten sie außerdem noch die Besetzung einiger Ratsstellen durch Bürger aus ihrer eigenen Mitte. Diese Partei, der sich hier und da die unzufriedene und heruntergekommene Fraktion des Patriziats anschloß, hatte in allen ordentlichen Gemeindeversammlungen und auf den Zünften die große Majorität. Die Anhänger des Rats und die radikalere Opposition zusammen waren unter den wirklichen *Bürgern* bei weitem die Minderzahl.

Wir werden sehen, wie während der Bewegung des sechzehnten Jahrhunderts diese «gemäßigte», «gesetzliche», «wohlhabende» und «intelligente» Opposition genau dieselbe Rolle spielt, und genau mit demselben Erfolg, wie ihre Erbin, die konstitutionelle Partei, in der Bewegung von 1848 und 1849.

Im übrigen eiferte die bürgerliche Opposition noch sehr ernstlich wider die Pfaffen, deren faules Wohlleben und lockere Sitten ihr großes Ärgernis gaben. Sie verlangte Maßregeln gegen den skandalösen Lebenswandel dieser würdigen Männer. Sie forderte, daß die eigene Gerichtsbarkeit und die Steuerfreiheit der Pfaffen abgeschafft und die Zahl der Mönche überhaupt beschränkt werde.

Die *plebejische Opposition* bestand aus den heruntergekommenen Bürgern und der Masse der städtischen Bewohner, die vom Bürgerrechte ausgeschlossen war: den Handwerksgesellen, den Taglöhnern und den zahlreichen Anfängen des Lumpenproletariats, die sich selbst auf den untergeordneten Stufen der städtischen Entwicklung vorfinden. Das Lumpenproletariat ist überhaupt eine Erscheinung, die, mehr oder weniger ausgebildet, in fast allen bisherigen Gesellschaftsphasen vorkommt. Die Menge von Leuten ohne bestimmten Erwerbszweig oder festen Wohnsitz wurde gerade damals sehr vermehrt durch das Zerfallen des Feudalismus in einer Gesellschaft, in der noch jeder Erwerbszweig, jede Lebenssphäre hinter einer Unzahl von Privilegien verschanzt war. In allen entwickelten Ländern war die Zahl der Vagabunden nie so groß gewesen wie in der ersten Hälfte des sechzehnten Jahrhunderts. Ein Teil dieser Landstreicher trat in Kriegszeiten in die Armeen, ein anderer bettelte sich durchs Land, der dritte endlich suchte in den Städten durch Taglöhnerarbeit und was sonst gerade nicht zünftig war, seine notdürftige Existenz. Alle drei spielen eine Rolle im Bauernkrieg: der erste in den Fürstenarmeen, denen die Bauern erlagen, der zweite in den Bauernverschwörungen und Bauernhaufen, wo sein demoralisierender Einfluß jeden Augenblick hervortritt, der dritte in den Kämpfen der städtischen Parteien. Es ist übrigens nicht zu vergessen, daß ein großer Teil dieser Klasse, namentlich der in den Städten lebende, damals noch einen bedeutenden Kern gesunder Bauernnatur besaß und noch lange nicht die Käuflichkeit und Verkommenheit des heutigen zivilisierten Lumpenproletariats entwickelt hatte.

Man sieht, die plebejische Opposition der damaligen Städte bestand aus sehr gemischten Elementen. Sie vereinigte die verkommenen Bestandteile der alten feudalen und zünftigen Gesellschaft mit dem noch unentwickelten, kaum emportauchenden proletarischen Element der aufkeimenden, modernen bürgerlichen Gesellschaft. Verarmte Zunftbürger, die noch durch das Privilegium mit der bestehenden bürgerlichen Ordnung zusammenhingen, auf der einen Seite; verstoßene Bauern und abgedankte Dienstleute, die noch nicht zu Proletariern werden konnten, auf der andern. Zwischen beiden die Gesellen, momentan außerhalb der offiziellen Gesellschaft stehend und sich in ihrer Lebenslage dem Proletariat so sehr nähernd, wie dies bei der damaligen Industrie und unter dem Zunftprivilegium möglich; aber, zu gleicher Zeit, fast lauter zukünftige bürgerliche Meister, kraft eben dieses Zunftprivilegiums. Die Parteistellung dieses Gemisches von Elementen war daher notwendig höchst unsicher und je nach der Lokalität verschieden. Vor dem Bauernkriege tritt die plebejische Opposition in den politischen Kämpfen nicht als Partei, sie tritt nur als turbulenter, plünderungssüchtiger, mit einigen Fässern Wein an- und abkäuflicher Schwanz der bürgerlichen Opposition auf. Erst die Aufstände der Bauern machen sie zur Partei, und auch da ist sie fast überall in ihren Forderungen und ihrem Auftreten abhängig von den Bauern – ein merkwürdiger Beweis, wie sehr damals die Stadt noch abhängig vom Lande war. Soweit sie selbständig auftritt, verlangt sie die Herstellung der städtischen Gewerksmonopole auf dem Lande, will sie die städtischen Einkünfte nicht durch Abschaffung der Feudallasten im Weichbild geschmälert wissen usw.; kurz, so weit ist sie reaktionär, ordnet sie sich ihren eigenen kleinbürgerlichen Elementen unter und liefert damit ein charakteristisches Vorspiel zu der Tragikomödie, die die moderne Kleinbürgerschaft seit drei Jahren unter der Firma der Demokratie aufführt.

Nur in Thüringen unter dem direkten Einfluß Münzers und an einzelnen andern Orten unter dem seiner Schüler wurde die plebejische Fraktion der Städte von dem allgemeinen Sturm so weit fortgerissen, daß das embryonische proletarische Element in ihr momentan die Oberhand über alle andern ⟨Fraktionen⟩[175] der Bewegung bekam. Diese Episode, die den Kulminationspunkt des ganzen Bauernkriegs bildet und sich um seine großartigste Gestalt, um *Thomas Münzer*, gruppiert, ist zugleich die kürzeste. Es versteht sich, daß sie am schnellsten zusammenbrechen und daß sie zu gleicher Zeit ein vorzugsweise phantastisches Gepräge tragen, daß der Ausdruck ihrer Forderungen höchst unbestimmt bleiben muß; gerade sie fand am wenigsten festen Boden in den damaligen Verhältnissen.

Unter allen diesen Klassen, mit Ausnahme der letzten, stand die große exploitierte Masse der Nation: die *Bauern*. Auf dem Bauer lastete der ganze Schichtenbau der Gesellschaft: Fürsten, Beamte, Adel, Pfaffen, Patrizier und Bürger. Ob er der Angehörige eines Fürsten, eines Reichsfreiherrn, eines Bischofs, eines Klosters, einer Stadt war, er wurde überall wie eine Sache, wie ein Lasttier behandelt, und schlimmer. War er Leibeigner, so war er seinem Herrn auf Gnade und Ungnade zur Verfügung gestellt. War er Höriger, so waren schon die gesetzlichen, vertragsmäßigen Leistungen hinreichend, ihn zu erdrücken; aber diese Leistungen wurden täglich vermehrt. Den größten Teil seiner Zeit mußte er auf den Gütern des Herrn arbeiten; von dem, was er sich in den wenigen freien Stunden erwarb, mußten Zehnten, Zins, Gült, Bede, Reisegeld (Kriegssteuer), Landessteuer und Reichssteuer gezahlt werden. Er konnte nicht heiraten und nicht sterben, ohne daß dem Herrn gezahlt wurde. Er mußte, außer den regelmäßigen Frondiensten, für den gnädigen Herrn Streu sammeln, Erdbeeren sammeln, Heidelbeeren sammeln, Schneckenhäuser sammeln, das Wild zur Jagd treiben, Holz hacken usw. Fischerei und Jagd gehörten dem Herrn; der Bauer mußte ruhig zusehen, wenn das Wild seine Ernte zerstörte. Die Gemeindeweiden und Waldungen der Bauern waren fast überall gewaltsam von den Herren weggenommen worden. Und wie über das Eigentum, so schaltete der Herr willkürlich über die Person des Bauern, über die seiner Frau und seiner Töchter. Er hatte das Recht der ersten Nacht. Er warf ihn in den Turm, wenn's ihm beliebte, wo ihn mit derselben Sicherheit, wie jetzt der Untersuchungsrichter, damals die Folter erwartete. Er schlug ihn tot oder ließ ihn köpfen, wenn's ihm beliebte. Von jenen erbaulichen Kapiteln der Carolina[176], die da «von Ohrenabschneiden», «von Nasenabschneiden», «von Augenausstechen», «von Abhacken der Finger und der Hände», «von Köpfen», «von Rädern», «von Verbrennen», «von Zwicken mit glühenden Zangen», «von Vierteilen» usw. handeln, ist kein einziges, das der gnädige Leib- oder Schirmherr nicht nach Belieben gegen seine Bauern angewandt hätte. Wer sollte ihn schützen? In den Gerichten saßen Barone, Pfaffen, Patrizier oder Juristen, die wohl wußten, wofür sie bezahlt wurden. Alle offiziellen Stände des Reichs lebten ja von der Aussaugung der Bauern.

Die Bauern, knirschend unter dem furchtbaren Druck, waren dennoch schwer zum Aufstand zu bringen. Ihre Zersplitterung erschwerte jede gemeinsame Übereinkunft im höchsten Grade. Die lange Gewohnheit der von Geschlecht zu Geschlecht fortgepflanzten Unterwerfung, die Entwöhnung vom Gebrauch der Waffen in vielen Gegenden, die je nach der Persönlichkeit der Herren bald ab-, bald zunehmende Härte der Ausbeutung trug dazu bei, die Bauern ruhig zu erhalten. Wir finden daher im Mittelalter Lokalinsurrektionen der Bauern in Menge, aber – wenigstens in Deutschland – vor dem Bauernkrieg keinen einzigen allgemeinen, nationalen Bauernaufstand. Dazu waren die Bauern allein nicht imstande, eine Revolution zu machen, solange ihnen die organisierte Macht der Fürsten, des Adels und der Städte verbündet und geschlossen entgegenstand. Nur durch eine Allianz mit andern Ständen konnten sie eine Chance des Sieges bekommen; aber wie sollten sie sich mit andern Ständen verbinden, da sie von allen gleichmäßig ausgebeutet wurden?

Wir sehen: Die verschiedenen Stände des Reichs, Fürsten, Adel, Prälaten, Patrizier, Bürger, Plebejer und Bauern, bildeten im Anfang des sechzehnten Jahrhunderts eine höchst verworrene Masse mit den verschiedenartigsten, sich nach allen Richtungen durchkreuzenden Bedürfnissen. Jeder Stand war dem andern im Wege, lag mit allen andern in einem fortgesetzten, bald offnen, bald versteckten Kampf. Jene Spaltung der ganzen Nation in zwei große Lager, wie sie beim Ausbruch der ersten Revolution in Frankreich bestand, wie sie jetzt auf einer höheren Entwicklungsstufe in den fortgeschrittensten Ländern besteht, war unter diesen Umständen rein unmöglich; sie konnte selbst annähernd nur dann zustande kommen, wenn die unterste, von allen übrigen Ständen exploitierte Schicht der Nation sich erhob: die Bauern und die Plebejer. Man wird die Verwirrung der Interessen, Ansichten und Bestrebungen jener Zeit leicht begreifen, wenn man sich erinnert, welche Konfusion in den letzten zwei Jahren die jetzige, weit weniger komplizierte Zusammensetzung der deutschen Nation aus Feudaladel, Bourgeoisie, Kleinbürgerschaft, Bauern und Proletariat hervorgebracht hat.

II

[Die grossen oppositionellen Gruppierungen und ihre Ideologien – Luther und Münzer]

Die Gruppierung der damals so mannigfaltigen Stände zu größeren Ganzen wurde schon durch die Dezentralisation und die lokale und provinzielle Selbständigkeit, durch die industrielle und kommerzielle Entfremdung der Provinzen voneinander, durch die schlechten Kommunikationen fast unmöglich gemacht. Diese Gruppierung bildet sich erst heraus mit der allgemeinen Verbreitung revolutionärer religiös-politischer Ideen in der Reformation. Die verschiedenen Stände, die sich diesen Ideen anschließen oder entgegenstellen, konzentrieren, freilich nur sehr mühsam und annähernd, die Nation in drei große Lager, in das katholische oder reaktionäre, das lutherische bürgerlich-reformierende und das revolutionäre. Wenn wir auch in dieser großen Zerklüftung der Nation wenig Konsequenz entdecken, wenn wir in den ersten beiden Lagern zum Teil dieselben Elemente finden, so erklärt sich dies aus dem Zustand der Auflösung, in dem sich die meisten, aus dem Mittelalter überlieferten offiziellen Stände befanden, und aus der Dezentralisation, die denselben Ständen an verschiedenen Orten momentan entgegengesetzte Richtungen anwies. Wir haben in den letzten Jahren so häufig ganz ähnliche Fakta in Deutschland zu sehen Gelegenheit gehabt, daß uns eine solche scheinbare Durcheinanderwürfelung der Stände und Klassen unter den viel verwickelteren Verhältnissen des 16. Jahrhunderts nicht wundern kann.

Die deutsche Ideologie sieht, trotz der neuesten Erfahrungen, in den Kämpfen, denen das Mittelalter erlag, noch immer weiter nichts als heftige theologische Zänkereien. Hätten die Leute jener Zeit sich nur über die himmlischen Dinge verständigen können, so wäre, nach der Ansicht unsrer vaterländischen Geschichtskenner und Staatsweisen, gar kein Grund vorhanden gewesen, über die Dinge dieser Welt zu streiten. Diese Ideologen sind leichtgläubig genug, alle Illusionen für bare Münze zu nehmen, die sich eine Epoche über sich selbst macht oder die die Ideologen einer Zeit sich über diese Zeit machen. Dieselbe Klasse von Leuten sieht z. B. in der Revolution von 1789 nur eine etwas hitzige Debatte über die Vorzüge der konstitutionellen vor der absoluten Monarchie, in der Julirevolution eine praktische Kontroverse über die Unhaltbarkeit des Rechts «von Gottes Gnaden», in der Februarrevolution den Versuch zur Lösung der Frage «Republik oder Monarchie?» usw. Von den *Klassenkämpfen,* die in diesen Erschütterungen ausgefochten werden und deren bloßer Ausdruck die jedesmal auf die Fahne geschriebene politische Phrase ist, von diesen Klassenkämpfen haben selbst heute noch unsre Ideologen kaum eine Ahnung, obwohl die Kunde davon vernehmlich genug nicht nur vom Auslande herüber, sondern auch aus dem Murren und Grollen vieler tausend einheimischen Proletarier herauf erschallt.

Auch in den sogenannten Religionskriegen des sechzehnten Jahrhunderts handelte es sich vor allem um sehr positive materielle Klasseninteressen, und diese Kriege waren Klassenkämpfe, ebensogut wie die späteren inneren Kollisionen in England und Frankreich. Wenn diese Klassenkämpfe damals religiöse Schibboleths[177] trugen, wenn die Interessen, Bedürfnisse und Forderungen der einzelnen Klassen sich unter einer religiösen Decke verbargen, so ändert dies nichts an der Sache und erklärt sich leicht aus den Zeitverhältnissen.

Das Mittelalter hatte sich ganz aus dem Rohen entwickelt. Über die alte Zivilisation, die alte Philosophie, Politik und Jurisprudenz hatte es reinen Tisch gemacht, um in allem wieder von vorn anzufangen. Das einzige, das es aus der untergegangenen alten Welt übernommen hatte, war das Christentum und eine Anzahl halbzerstörter, ihrer ganzen Zivilisation entkleideter Städte. Die Folge davon war, daß, wie auf allen ursprünglichen Entwicklungsstufen, die Pfaffen das Monopol der intellektuellen Bildung erhielten und damit die Bildung selbst einen wesentlich theologischen Charakter bekam. Unter den Händen der Pfaffen blieben Politik und Jurisprudenz, wie alle übrigen Wissenschaften, bloße Zweige der Theologie und wurden nach denselben Prinzipien behandelt, die in dieser Geltung hatten. Die Dogmen der Kirche waren zu gleicher Zeit politische Axiome, und Bibelstellen hatten in jedem Gerichtshof Gesetzeskraft. Selbst als ein eigner Juristenstand sich bildete, blieb die Jurisprudenz noch lange unter der Vormundschaft der Theologie. Und diese Oberherrlichkeit der Theologie auf dem ganzen Gebiet der intellektuellen Tätigkeit war zugleich die notwendige Folge von der Stellung der Kirche als der allgemeinsten Zusammenfassung und Sanktion der bestehenden Feudalherrschaft.

Es ist klar, daß hiermit alle allgemein ausgesprochenen Angriffe auf den Feudalismus, vor allem Angriffe auf die Kirche, alle revolutionären, gesellschaftlichen und politischen Doktrinen zugleich und vorwiegend theologische Ketzereien sein mußten. Damit die bestehenden gesellschaftlichen Verhältnisse angetastet werden konnten, mußte ihnen der Heiligenschein abgestreift werden.

Die revolutionäre Opposition gegen die Feudalität geht durch das ganze Mittelalter. Sie tritt auf, je nach den Zeitverhältnissen, als Mystik, als offene Ketzerei, als bewaffneter Aufstand. Was die Mystik angeht, so weiß man, wie abhängig die Reformatoren des 16. Jahrhunderts von ihr waren; auch Münzer hat viel aus ihr genommen. Die Ketzereien waren teils der Ausdruck der Reaktion der patriarchalischen Alpenhirten gegen die zu ihnen vordringende Feudalität (die Waldenser); teils der Opposition der dem Feudalismus entwachsenen Städte gegen ihn (die Albigenser, Arnold von Brescia etc.); teils direkter Insurrektionen der Bauern (John Ball, der Meister aus Ungarn, in der Picardie etc.)[178]. Die patriarchalische Ketzerei der Waldenser können wir hier, ganz wie die Insurrektion der Schweizer, als einen nach Form und Inhalt reaktionären Versuch der Absperrung gegen die geschichtliche Bewegung, und von nur lokaler Bedeutung, beiseite lassen. In den beiden übrigen Formen der mittelalterlichen Ketzerei finden wir schon im zwölften Jahrhundert die Vorläufer des großen Gegensatzes zwischen bürgerlicher und bäurisch-plebejischer Opposition, an dem der Bauernkrieg zugrunde ging. Dieser Gegensatz zieht sich durchs ganze spätere Mittelalter.

Die Ketzerei der Städte – und sie ist die eigentlich offizielle Ketzerei des Mittelalters – wandte sich hauptsächlich gegen die Pfaffen, deren Reichtümer und politische Stellung sie angriff. Wie jetzt die Bourgeoisie ein gouvernement à bon marché, eine wohlfeile Regierung fordert, so verlangten die mittelalterlichen Bürger zunächst eine église à bon marché, eine wohlfeile Kirche. Der Form nach reaktionär, wie jede Ketzerei, die in der Fortentwicklung der Kirche und der Dogmen nur eine Entartung sehen kann, forderte die bürgerliche Ketzerei Herstellung der urchristlichen einfachen Kirchenverfassung und Aufhebung des exklusiven Priesterstandes. Diese wohlfeile Einrichtung beseitigte die Mönche, die Prälaten, den römischen Hof, kurz alles, was in der Kirche kostspielig war. Die Städte, selbst Republiken, wenn auch unter dem Schutz von Monarchen, sprachen durch ihre Angriffe gegen das Papsttum zum ersten Male in allgemeiner Form aus, daß die normale Form der Herrschaft des Bürgertums die Republik ist. Ihre Feindschaft gegen eine Reihe von Dogmen und Kirchengesetzen erklärt sich teils aus dem Gesagten, teils aus ihren sonstigen Lebensverhältnissen.

Warum sie z. B. so heftig gegen das Zölibat auftraten, darüber gibt niemand besser Aufschluß als Boccaccio. Arnold von Brescia in Italien und Deutschland, die Albigenser in Südfrankreich, John Wycliffe in England, Hus und die Calixtiner in Böhmen[179] waren die Hauptrepräsentanten dieser Richtung. Daß die Opposition gegen den Feudalismus hier nur als Opposition gegen die *geistliche* Feudalität auftritt, erklärt sich sehr einfach daraus, daß die Städte überall schon anerkannter Stand waren und die weltliche Feudalität mit ihren Privilegien, mit den Waffen oder in den ständischen Versammlungen hinreichend bekämpfen konnten.

Auch hier sehen wir schon, sowohl in Südfrankreich wie in England und Böhmen, daß der größte Teil des niederen Adels sich den Städten im Kampf gegen die Pfaffen und in der Ketzerei anschließt – eine Erscheinung, die sich aus der Abhängigkeit des niederen Adels von den Städten und aus der Gemeinsamkeit der Interessen beider gegenüber den Fürsten und Prälaten erklärt und die wir im Bauernkrieg wiederfinden werden.

Einen ganz verschiedenen Charakter hatte die Ketzerei, die der direkte Ausdruck der bäurischen und plebejischen Bedürfnisse war und sich fast immer an einen Aufstand anschloß. Sie teilte zwar alle Forderungen der bürgerlichen Ketzerei in betreff der Pfaffen, des Papsttums und der Herstellung der urchristlichen Kirchenverfassung, aber sie ging zugleich unendlich weiter. Sie verlangte die Herstellung des urchristlichen Gleichheitsverhältnisses unter den Mitgliedern der Gemeinde und seine Anerkennung als Norm auch für die bürgerliche Welt. Sie zog von der «Gleichheit der Kinder Gottes» den Schluß auf die bürgerliche Gleichheit und selbst teilweise schon auf die Gleichheit des Vermögens. Gleichstellung des Adels mit den Bauern, der Patrizier und bevorrechteten Bürger mit den Plebejern, Abschaffung der Frondienste, Grundzinsen, Steuern, Privilegien und wenigstens der schreiendsten Vermögensunterschiede waren Forderungen, die mit mehr oder weniger Bestimmtheit aufgestellt und als notwendige Konsequenzen der urchristlichen Doktrin behauptet wurden. Diese bäurisch-plebejische Ketzerei, in der Blütezeit des Feudalismus, z. B. bei den Albigensern, kaum noch zu trennen von der bürgerlichen, entwikkelt sich zu einer scharf geschiedenen Parteiansicht im 14. und 15. Jahrhundert, wo sie gewöhnlich ganz selbständig neben der bürgerlichen Ketzerei auftritt. So John Ball, der Prediger des Wat-Tylerschen Aufstandes in England neben der Wycliffeschen Bewegung, so die Taboriten[179] neben Calixtinern in Böhmen. Bei den Taboriten tritt sogar schon die republikanische Tendenz unter theokratischer Verbrämung hervor, die am Ende des 15. und Anfang des 16. Jahrhunderts durch die Vertreter der Plebejer in Deutschland weiter ausgebildet wurde.

An diese Form der Ketzerei schließt sich die Schwärmerei mystizisierender Sekten, der Geißler, Lollards[179] etc., die in Zeiten der Unterdrückung die revolutionäre Tradition fortpflanzen.

Die Plebejer waren damals die einzige Klasse, die ganz außerhalb der offiziell bestehenden Gesellschaft stand. Sie befand sich außerhalb des feudalen und außerhalb des bürgerlichen Verbandes. Sie hatte weder Privilegien noch Eigentum; sie hatte nicht einmal, wie die Bauern und Kleinbürger, einen mit drückenden Lasten beschwerten Besitz. Sie war in jeder Beziehung besitzlos und rechtlos; ihre Lebensbedingungen kamen direkt nicht einmal in Berührung mit den bestehenden Institutionen, von denen sie vollständig ignoriert wurden. Sie war das lebendige Symptom der Auflösung der feudalen und zunftbürgerlichen Gesellschaft und zugleich der erste Vorläufer der modern-bürgerlichen Gesellschaft.

Aus dieser Stellung erklärt es sich, warum die plebejische Fraktion schon damals nicht bei der bloßen Bekämpfung des Feudalismus und der privilegierten Pfahlbürgerei stehenbleiben konnte, warum sie, wenigstens in der Phantasie, selbst über die kaum empordämmernde modern-bürgerliche Gesellschaft hinausgreifen, warum sie, die vollständig besitzlose Fraktion, schon Institutionen, Anschauungen und Vorstellungen in Frage stellen mußte, welche allen auf Klassengegensätzen beruhenden Gesellschaftsformen gemeinsam sind. Die chiliastischen Schwärmereien[180] des ersten Christentums boten hierzu einen bequemen Anknüpfungspunkt. Aber zugleich konnte dies Hinausgehen, nicht nur über die Gegenwart, sondern selbst über die Zukunft, nur ein gewaltsames, phantastisches sein und mußte beim ersten Versuch der praktischen Anwendung zurückfallen in die beschränkten Grenzen, die die damaligen Verhältnisse allein zuließen. Der Angriff auf das Privateigentum, die Forderung der Gütergemeinschaft, mußte sich auflösen in eine rohe Organisation der Wohltätigkeit; die vage christliche Gleichheit konnte höchstens auf die bürgerliche «Gleichheit vor dem Gesetz» hinauslaufen; die Beseitigung aller Obrigkeit verwandelt sich schließlich in die Herstellung vom Volke gewählter republikanischer Regierungen. Die Antizipation des Kommunismus durch die Phantasie wurde in der Wirklichkeit eine Antizipation der modernen bürgerlichen Verhältnisse.

Diese gewaltsame, aber dennoch aus der Lebenslage der plebejischen Fraktion sehr erklärliche Antizipation auf die spätere Geschichte finden wir zuerst in *Deutschland*, bei *Thomas Münzer* und seiner Partei. Bei den Taboriten hatte allerdings eine Art chiliastischer Gütergemeinschaft bestanden, aber nur als rein militärische Maßregel. Erst bei Münzer sind diese kommunistischen Anklänge Ausdruck der Bestrebungen einer wirklichen Gesellschaftsfraktion, erst bei ihm sind sie mit einer gewissen Bestimmtheit formuliert, und seit ihm finden wir sie in jeder großen Volkserschütterung wieder, bis sie allmählich mit der modernen proletarischen Bewegung zusammenfließen; geradeso wie im Mittelalter die Kämpfe der freien Bauern gegen die sie mehr und mehr umstrickende Feudalherrschaft zusammenfließen mit den Kämpfen der Leibeigenen und Hörigen um den vollständigen Bruch der Feudalherrschaft.

Während sich in dem ersten der drei großen Lager, im *konservativ-*

katholischen, alle Elemente zusammenfanden, die an der Erhaltung des Bestehenden interessiert waren, also die Reichsgewalt, die geistlichen und ein Teil der weltlichen Fürsten, der reichere Adel, die Prälaten und das städtische Patriziat, sammeln sich um das Banner der *bürgerlich-gemäßigten lutherischen* Reform die besitzenden Elemente der Opposition, die Masse des niederen Adels, die Bürgerschaft und selbst ein Teil der weltlichen Fürsten, der sich durch Konfiskation der geistlichen Güter zu bereichern hoffte und die Gelegenheit zur Erringung größerer Unabhängigkeit vom Reich benutzen wollte. Die Bauern und Plebejer endlich schlossen sich zur *revolutionären* Partei zusammen, deren Forderungen und Doktrinen am schärfsten durch Münzer ausgesprochen wurden.

Luther und Münzer repräsentieren nach ihrer Doktrin wie nach ihrem Charakter und ihrem Auftreten jeder seine Partei vollständig.

Luther hat in den Jahren 1517 bis 1525 ganz dieselben Wandlungen durchgemacht, die die modernen deutschen Konstitutionellen von 1846 bis 1849 durchmachten und die jede bürgerliche Partei durchmacht, welche, einen Moment an die Spitze der Bewegung gestellt, in dieser Bewegung selbst von der hinter ihr stehenden plebejischen oder proletarischen Partei überflügelt wird.

Als Luther 1517 zuerst gegen die Dogmen und die Verfassung der katholischen Kirche auftrat, hatte seine Opposition durchaus noch keinen bestimmten Charakter. Ohne über die Forderungen der früheren bürgerlichen Ketzerei hinauszugehn, schloß sie keine einzige weitergehende Richtung aus und konnte es nicht. Im ersten Moment mußten alle oppositionellen Elemente vereinigt, mußte die entschiedenste revolutionäre Energie angewandt, mußte die Gesamtmasse der bisherigen Ketzerei gegenüber der katholischen Rechtgläubigkeit vertreten werden. Geradeso waren unsere liberalen Bourgeois noch 1847 revolutionär, nannten sich Sozialisten und Kommunisten und schwärmten für die Emanzipation der Arbeiterklasse. Die kräftige Bauernnatur Luthers machte sich in dieser ersten Periode seines Auftretens in der ungestümsten Weise Luft.

«Wenn ihr» (der römischen Pfaffen) «rasend Wüten einen Fortgang haben sollte, so dünkt mich, es wäre schier kein besserer Rat und Arznei, ihm zu steuern, denn daß Könige und Fürsten mit Gewalt dazutäten, sich rüsteten und diese schädlichen Leute, so alle Welt vergiften, angriffen und einmal des Spiels ein Ende machten, *mit Waffen, nicht mit Worten.* So wir Diebe mit Strang, Mörder mit Schwert, Ketzer mit Feuer strafen, warum greifen wir nicht vielmehr an diese schädlichen Lehrer des Verderbens, als Päpste, Kardinäle, Bischöfe und das ganze Geschwärm der römischen Sodoma *mit allerlei Waffen und waschen unsere Hände in ihrem Blut?*[181]

Aber dieser erste revolutionäre Feuereifer dauerte nicht lange. Der Blitz schlug ein, den Luther geschleudert hatte. Das ganze deutsche Volk geriet in Bewegung. Auf der einen Seite sahen Bauern und Plebejer in seinen Aufrufen wider die Pfaffen, in seiner Predigt von der christlichen Freiheit das Signal zur Erhebung; auf der andern schlossen sich die gemäßigteren Bürger und ein großer Teil des niederen Adels ihm an, wurden selbst Fürsten vom Strom mit fortgerissen. Die einen glaubten den Tag gekommen, wo sie mit allen ihren Unterdrückern Abrechnung halten könnten, die andern wollten nur die Macht der Pfaffen, die Abhängigkeit von Rom, die katholische Hierarchie brechen und sich aus der Konfiskation des Kirchengutes bereichern. Die Parteien sonderten sich und fanden ihre Repräsentanten. Luther mußte zwischen ihnen wählen. Er, der Schützling des Kurfürsten von Sachsen, der angesehene Professor von Wittenberg, der über Nacht mächtig und berühmt gewordene, mit einem Zirkel von abhängigen Kreaturen und Schmeichlern umgebene große Mann zauderte keinen Augenblick. Er ließ die populären Elemente der Bewegung fallen und schloß sich der bürgerlichen, adligen und fürstlichen Seite an. Die Aufrufe zum Vertilgungskampfe gegen Rom verstummten; Luther predigte jetzt die *friedliche Entwicklung* und den *passiven Widerstand* (vgl. z. B. «An den Adel teutscher Nation», 1520 etc.). Auf Huttens Einladung, zu ihm und Sickingen auf die Ebernburg, den Mittelpunkt der Adelsverschwörung gegen Pfaffen und Fürsten, zu kommen, antwortete Luther: «Ich möchte nicht, daß man das Evangelium *mit Gewalt und Blutvergießen verfechte.* Durch das Wort ist die Welt überwunden worden, durch das Wort ist die Kirche erhalten, durch das Wort wird sie auch wieder in den Stand kommen, und der Antichrist, wie er Seines ohne Gewalt bekommen, wird ohne Gewalt fallen.»[182]

Von dieser Wendung, oder vielmehr von dieser bestimmteren Feststellung der Richtung Luthers, begann jenes Markten und Feilschen um die beizubehaltenden oder zu reformierenden Institutionen und Dogmen, jenes widerwärtige Diplomatisieren, Konzedieren, Intrigieren und Vereinbaren, dessen Resultat die Augsburgische Konfession[183] war, die schließlich erhandelte Verfassung der reformierten Bürgerkirche. Es ist ganz derselbe Schacher, der sich neuerdings in deutschen Nationalversammlungen, Vereinbarungsversammlungen, Revisionskammern und Erfurter Parlamenten[184] in politischer Form bis zum Ekel wiederholt hat. Der spießbürgerliche Charakter der offiziellen Reformation trat in diesen Verhandlungen aufs offenste hervor.

Daß Luther, als nunmehr erklärter Repräsentant der bürgerlichen Reform, den gesetzlichen Fortschritt predigte, hatte seine guten Gründe. Die Masse der Städte war der gemäßigten Reform zugefallen; der niedere Adel schloß sich ihr mehr und mehr an, ein Teil der Fürsten fiel zu, ein anderer schwankte. Ihr Erfolg war so gut wie gesichert, wenigstens in einem großen Teile von Deutschland. Bei fortgesetzter friedlicher Entwicklung konnten die übrigen Gegenden auf die Dauer dem Andrang der gemäßigten Opposition nicht widerstehn. Jede gewaltsame Erschütterung aber mußte die gemäßigte Partei in Konflikt bringen mit der extremen, plebejischen und Bauernpartei, mußte die Fürsten, den Adel und manche Städte der Bewegung entfremden und ließ nur die Chance entweder der Überflügelung der bürgerlichen Partei durch die Bauern und Plebejer oder der Unterdrückung sämtlicher Bewegungsparteien durch die katholische Restauration. Und wie die bürgerlichen Parteien, sobald sie die geringsten Siege erfochten haben, vermittelst des gesetzlichen Fortschritts zwischen der Scylla der Revolution und der Charybdis der Restauration durchzulavieren suchen, davon haben wir in der letzten Zeit Exempel genug gehabt.

Wie unter den allgemein gesellschaftlichen und politischen Verhältnissen der damaligen Zeit die Resultate jeder Veränderung notwendig den Fürsten zugute kommen und ihre Macht vermehren mußten, so mußte die bürgerliche Reform, je schärfer sie sich von den plebejischen und bäurischen Elementen schied, immer mehr unter die Kontrolle der reformierten Fürsten geraten. Luther selbst wurde mehr und mehr ihr Knecht, und das Volk wußte sehr gut, was es tat, wenn es sagte, er sei ein Fürstendiener geworden wie die andern, und wenn es ihn in Orlamünde mit Steinwürfen verfolgte.

Als der Bauernkrieg losbrach, und zwar in Gegenden, wo Fürsten und Adel größtenteils katholisch waren, suchte Luther eine vermittelnde Stellung einzunehmen. Er griff die Regierungen entschieden an. Sie seien schuld am Aufstand durch ihre Bedrückungen; nicht die Bauern setzten sich wider sie, sondern Gott selbst. Der Aufstand sei freilich auch ungöttlich und wider das Evangelium, hieß es auf der andern Seite. Schließlich riet er beiden Parteien, nachzugeben und sich gütlich zu vertragen.

Aber der Aufstand, trotz dieser wohlmeinenden Vermittlungsvorschläge, dehnte sich rasch aus, ergriff sogar protestantische, von lutherischen Fürsten, Herren und Städten beherrschte Gegenden und wuchs der bürgerlichen, «besonnenen» Reform rasch über den Kopf. In Luthers nächster Nähe, in Thüringen, schlug die entschiedenste Fraktion der Insurgenten unter Münzer ihr Hauptquartier auf. Noch ein paar Erfolge, und ganz Deutschland stand in Flammen, Luther war umzingelt, vielleicht als Verräter durch die Spieße gejagt, und die bürgerliche Reform weggeschwemmt von der Sturmflut der bäurisch-plebejischen Revolution. Da galt kein Besinnen mehr. Gegenüber der Revolution wurden alle alten Feindschaften vergessen; im Vergleich mit den Rotten der Bauern waren die Diener der römischen Sodoma unschuldige Lämmer, sanftmütige Kinder Gottes; und Bürger und Fürsten, Adel und Pfaffen, Luther und Papst verbanden sich «wider die mörderischen und räuberischen Rotten der Bauern»[185].

«Man soll sie *zerschmeißen, würgen* und *stechen, heimlich* und *öffentlich,* wer da kann, wie man einen *tollen Hund* totschlagen muß!» schrie Luther. «Darum, liebe Herren, loset hie, rettet da, steche, schlage, würge sie, wer da kann, bleibst du darüber tot, wohl dir, seligeren Tod kannst du nimmermehr überkommen.»

Man solle nur keine falsche Barmherzigkeit mit den Bauern haben. Die mengen sich selber unter die Aufrührischen, die sich derer erbarmen, welcher sich Gott nicht erbarmt, sondern welche er gestraft und verderbet haben will. Nachher werden die Bauern selber Gott danken lernen, wenn sie die eine Kuh hergeben müssen, auf daß sie die andre in Frieden genießen können; und die Fürsten werden durch den Aufruhr erkennen, wes Geistes der Pöbel sei, der nur mit Gewalt zu regieren.[186]

«Der weise Mann sagt: Cibus, onus et virga asino[187] – in einen Bauern gehört Haberstroh, sie hören nicht das Wort und sind unsinnig, so müssen sie die virgam, die Büchse, hören, und geschieht ihnen recht. Bitten sollen wir für sie, daß sie gehorchen; wo nicht, so gilt's hier nicht viel Erbarmens. *Lasset nur die Büchsen unter sie sausen*, sie machen's sonst tausendmal ärger.»[188]

Geradeso sprachen unsere weiland sozialistischen und philanthropischen Bourgeois, als das Proletariat nach den Märztagen seinen Anteil an den Früchten des Siegs reklamieren kam.

Luther hatte der plebejischen Bewegung ein mächtiges Werkzeug in die Hand gegeben durch die Übersetzung der Bibel. In der Bibel hatte er dem feudalisierten Christentum der Zeit das bescheidene Christentum der ersten Jahrhunderte, der zerfallenden feudalen Gesellschaft das Abbild einer Gesellschaft entgegengehalten, die nichts von der weitschichtigen, kunstmäßigen Feudalhierarchie wußte. Die Bauern hatten dies Werkzeug gegen Fürsten, Adel, Pfaffen, nach allen Seiten hin benutzt. Jetzt kehrte Luther es gegen sie und stellte aus der Bibel einen wahren Dithyrambus auf die von Gott eingesetzte Obrigkeit zusammen, wie ihn kein Tellerlecker der absoluten Monarchie je zustande gebracht hat. Das Fürstentum von Gottes Gnaden, der passive Gehorsam, selbst die Leibeigenschaft wurde mit der Bibel sanktioniert. Nicht nur der Bauernaufstand, auch die ganze Auflehnung Luthers selbst gegen die geistliche und weltliche Autorität war hierin verleugnet; nicht nur die populäre Bewegung, auch die bürgerliche war damit an die Fürsten verraten.

Brauchen wir die Bourgeois zu nennen, die auch von dieser Verleugnung ihrer eignen Vergangenheit uns kürzlich wieder Beispiele gegeben haben?

Stellen wir nun dem bürgerlichen Reformator Luther den plebejischen Revolutionär Münzer gegenüber.

Thomas Münzer war geboren zu *Stolberg* am Harz, um das Jahr 1498[189]. Sein Vater soll, ein Opfer der Willkür der Stolbergschen Grafen, am Galgen gestorben sein. Schon in seinem fünfzehnten Jahre stiftete Münzer auf der Schule zu Halle einen geheimen Bund gegen den Erzbischof von Magdeburg und die römische Kirche überhaupt. Seine Gelehrsamkeit in der damaligen Theologie verschaffte ihm früh den Doktorgrad und eine Stelle als Kaplan in einem Nonnenkloster zu Halle. Hier behandelte er schon Dogmen und Ritus der Kirche mit der größten Verachtung, bei der Messe ließ er die Worte der Wandlung ganz aus und aß, wie Luther von ihm erzählt, die Herrgötter ungeweiht[190]. Sein Hauptstudium waren die mittelalterlichen Mystiker, besonders die chiliastischen Schriften Joachims des Calabresen. Das Tausendjährige Reich, das Strafgericht über die entartete Kirche und die verderbte Welt, das dieser verkündete und ausmalte, schien Münzer mit der Reformation und der allgemeinen Aufregung der Zeit nahe herbeigekommen. Er predigte in der Umgegend mit großem Beifall. 1520 ging er als erster evangelischer Prediger nach Zwickau. Hier fand er eine jener schwärmerischen chiliastischen Sekten vor, die in vielen Gegenden im stillen fortexistierten, hinter deren momentaner Demut und Zurückgezogenheit sich die fortwuchernde Opposition der untersten Gesellschaftsschichten gegen die bestehenden Zustände verborgen hatte und die jetzt mit der wachsenden Agitation immer offener und beharrlicher ans Tageslicht hervortraten. Es war die Sekte der Wiedertäufer,[191] an deren Spitze Niklas *Storch* stand. Sie predigten das Nahen des Jüngsten Gerichts und des Tausendjährigen Reichs; sie hatten «Gesichte, Verzückungen und den Geist der Weissagung». Bald kamen sie in Konflikt mit dem Zwickauer Rat; Münzer verteidigte sie, obwohl er sich ihnen nie unbedingt anschloß, sondern sie vielmehr unter seinen Einfluß bekam. Der Rat schritt energisch gegen sie ein; sie mußten die Stadt verlassen, und Münzer mit ihnen. Es war Ende 1521.

Er ging nach Prag und suchte, an die Reste der hussitischen Bewegung anknüpfend, hier Boden zu gewinnen; aber seine Proklamation[192] hatte nur den Erfolg, daß er auch aus Böhmen wieder fliehen mußte. 1522 wurde er Prediger zu Allstedt in Thüringen. Hier begann er damit, den Kultus zu reformieren. Noch ehe Luther so weit zu gehen wagte, schaffte er die lateinische Sprache total ab und ließ die ganze Bibel, nicht bloß die vorgeschriebenen sonntäglichen Evangelien und Episteln verlesen. Zu gleicher Zeit organisierte er die Propaganda in der Umgegend. Von allen Seiten lief das Volk ihm zu, und bald wurde Allstedt das Zentrum der populären Antipfaffenbewegung von ganz Thüringen.

Noch war Münzer vor allem Theologe; noch richtete er seine Angriffe fast ausschließlich gegen die Pfaffen. Aber er predigte nicht, wie Luther damals schon, die ruhige Debatte und den friedlichen Fortschritt, er setzte die früheren gewaltsamen Predigten Luthers fort und rief die sächsischen Fürsten und das Volk auf zum bewaffneten Einschreiten gegen die römischen Pfaffen.

«Sagt doch Christus, ich bin nicht gekommen, Frieden zu bringen, sondern das Schwert. Was sollt ihr» (die sächsischen Fürsten) «aber mit demselben machen? Nichts anders, denn die Bösen, die das Evangelium verhindern, wegtun und absondern, wollt ihr anders Diener Gottes sein. Christus hat mit großem Ernst befohlen, Luc. 19,27, nehmt meine Feinde und würget sie vor meinen Augen . . . Gebet uns keine schalen Fratzen vor, daß die Kraft Gottes es tun soll ohne euer Zutun des Schwertes, es möchte euch sonst in der Scheide verrosten. Die, welche Gottes Offenbarung zuwider sind, soll man wegtun, ohne alle Gnade, wie Hiskias, Cyrus, Josias, Daniel und Elias die Baalspfaffen verstöret haben, anders mag die christliche Kirche zu ihrem Ursprung nicht wieder kommen. Man muß das Unkraut ausraufen aus dem Weingarten Gottes in der Zeit der Ernte. Gott hat 5. Mose 7 gesagt, ihr sollt euch nicht erbarmen über die Abgöttischen, zerbrecht ihre Altäre, zerschmeißt ihre Bilder und verbrennet sie, auf daß ich nicht mit euch zürne.»[193]

Aber diese Aufforderungen an die Fürsten blieben ohne Erfolg, während gleichzeitig unter dem Volk die revolutionäre Aufregung von Tag zu Tag wuchs. Münzer, dessen Ideen immer schärfer ausgebildet, immer kühner wurden, trennte sich jetzt entschieden von der bürgerlichen Reformation und trat von nun an zugleich direkt als politischer Agitator auf.

Seine theologisch-philosophische Doktrin griff alle Hauptpunkte nicht nur des Katholizismus, sondern des Christentums überhaupt an. Er lehrte unter christlichen Formen einen Pantheismus, der mit der modernen spekulativen Anschauungsweise eine merkwürdige Ähnlichkeit hat und stellenweise sogar an Atheismus anstreift. Er verwarf die Bibel sowohl als ausschließliche wie als unfehlbare Offenbarung. Die eigentliche, die lebendige Offenbarung sei die Vernunft, eine Offenbarung, die zu allen Zeiten und bei allen Völkern existiert habe und noch existiere. Der Vernunft die Bibel entgegenhalten, heiße den Geist durch den Buchstaben töten. Denn der Heilige Geist, von dem die Bibel spreche, sei nichts außer uns Existierendes; der Heilige Geist sei eben die Vernunft. Der Glaube sei nichts anderes als das Lebendigwerden der Vernunft im Menschen, und daher könnten auch die Heiden den Glauben haben. Durch diesen Glauben, durch die lebendig gewordene Vernunft werde der Mensch vergöttlicht und selig. Der Himmel sei daher nichts Jenseitiges, er sei in diesem Leben zu suchen, und der Beruf der Gläubigen sei, diesen Himmel, das Reich Gottes, hier auf der Erde herzustellen. Wie keinen jenseitigen Himmel, so gebe es auch keine jenseitige Hölle oder Verdammnis. Ebenso gebe es keinen Teufel als die bösen Lüste und Begierden der Menschen. Christus sei ein Mensch gewesen wie wir, ein Prophet und Lehrer, und sein Abendmahl sei ein einfaches Gedächtnismahl, worin Brot und Wein ohne weitere mystische Zutat genossen werde.

Diese Lehren predigte Münzer meist versteckt unter denselben christlichen Redeweisen, unter denen sich die neuere Philosophie eine Zeitlang verstecken mußte. Aber der erzketzerische Grundgedanke blickt überall aus seinen Schriften hervor, und man sieht, daß es ihm mit dem biblischen Deckmantel weit weniger ernst war als manchem Schüler Hegels in neuerer Zeit. Und doch liegen dreihundert Jahre zwischen Münzer und der modernen Philosophie.

Seine politische Doktrin schloß sich genau an diese revolutionäre religiöse Anschauungsweise an und griff ebensoweit über die unmittelbar vorliegenden gesellschaftlichen und politischen Verhältnisse hinaus wie seine Theologie über die geltenden Vorstellungen seiner Zeit. Wie Münzers Religionsphilosophie an den Atheismus, so streifte sein politisches Programm an den Kommunismus, und mehr als eine moderne kommunistische Sekte hatte noch am Vorabend der Februarrevolution über kein reichhaltigeres theoretisches Arsenal zu verfügen als die «Münzerschen» des sechzehnten Jahrhunderts. Dies Programm, weniger die Zusammenfassung der Forderungen der damaligen Plebejer als die geniale Antizipation der Emanzipationsbedingungen der kaum sich entwickelnden proletarischen Elemente unter diesen Plebejern – dies Programm forderte die sofortige Herstellung des Reiches Gottes, des prophezeiten Tausendjährigen Reichs auf Erden, durch Zurückführung der Kirche auf ihren Ursprung und Beseitigung aller Institutionen, die mit dieser angeblich urchristlichen, in Wirklichkeit aber sehr neuen Kirche in Widerspruch standen. Unter dem Reich Gottes verstand Münzer aber nichts anderes als einen Gesellschaftszustand, in dem keine Klassenunterschiede, kein Privateigentum und keine den Gesellschaftsmitgliedern gegenüber selbständige, fremde Staatsgewalt mehr bestehen. Sämtliche bestehende Gewalten, sofern sie nicht sich fügen und der Revolution anschließen wollten, sollten gestürzt, alle Arbeiten und alle Güter gemeinsam und die vollständigste Gleichheit durchgeführt werden. Ein Bund sollte gestiftet werden, um dies durchzusetzen, nicht nur über ganz Deutschland, sondern über die ganze Christenheit; Fürsten und Herren sollten eingeladen werden, sich anzuschließen; wo nicht, sollte der Bund sie bei der ersten Gelegenheit mit den Waffen in der Hand stürzen oder töten.

Münzer setzte sich gleich daran, diesen Bund zu organisieren. Seine Predigten nahmen einen noch heftigeren, revolutionäreren Charakter an; neben den Angriffen auf die Pfaffen donnerte er mit gleicher Leidenschaft gegen die Fürsten, den Adel, das Patriziat, schilderte er in glühenden Farben den bestehenden Druck und hielt dagegen sein Phantasiebild des Tausendjährigen Reichs der sozial-republikanischen Gleichheit. Zugleich veröffentlichte er ein revolutionäres Pamphlet nach dem andern und sandte Emissäre nach allen Richtungen aus, während er selbst den Bund in Allstedt und der Umgegend organisierte.

Die erste Frucht dieser Propaganda war die Zerstörung der Marienkapelle zu Mellerbach bei Allstedt, nach dem Gebot: «Ihre Altäre sollt ihr zerreißen, ihre Säulen zerbrechen und ihre Götzen mit Feuer verbrennen, denn ihr seid ein heilig Volk» (Deut. 7, 6[194]). Die sächsischen Fürsten kamen selbst nach Allstedt, um den Aufruhr zu stillen, und ließen Münzer aufs Schloß rufen. Dort hielt er eine Predigt, wie sie deren von Luther, «dem sanftlebenden Fleisch zu Wittenberg»[195], wie Münzer ihn nannte, nicht gewohnt waren. Er bestand darauf, daß die gottlosen Regenten, besonders Pfaffen und Mönche, die das Evangelium als Ketzerei behandeln, getötet werden müßten, und berief sich dafür aufs Neue Testament. Die Gottlosen hätten kein Recht zu leben, es sei denn durch die Gnade der Auserwählten. Wenn die Fürsten die Gottlosen nicht vertilgen, so werde Gott ihnen das Schwert nehmen, *denn die ganze Gemeinde habe die Gewalt des Schwerts.* Die Grundsuppe des Wuchers, der Dieberei und Räuberei seien die Fürsten und Herren; sie nehmen alle Kreaturen zum Eigentum, die Fische im Wasser, die Vögel in der Luft, das Gewächs auf Erden. Und dann predigen sie gar noch den Armen das Gebot: Du sollst nicht stehlen, sie selber aber nehmen, wo sie's finden, schinden und schaben den Bauer und den Handwerker; wo aber dieser am Allergeringsten sich vergreife, so müsse er hängen, und zu dem allen sage dann der Doktor Lügner: Amen.

«Die Herren machen das selber, daß ihnen der arme Mann feind wird. Die Ursache des Aufruhrs wollen sie nicht wegtun, wie kann es in die Länge gut werden? Ach, liebe Herren, wie hübsch wird der Herr unter die alten Töpfe schmeißen mit einer eisernen Stange! So ich das sage, werde ich aufrührisch sein. Wohl hin!» (Vgl. Zimmermann, «Bauernkrieg», II, S. 75.)

Münzer ließ die Predigt drucken; sein Drucker in Allstedt wurde zur Strafe vom Herzog Johann von Sachsen gezwungen, das Land zu verlassen, und ihm selbst wurde für alle seine Schriften die Zensur der herzoglichen Regierung zu Weimar auferlegt. Aber diesen Befehl achtete er nicht. Er ließ gleich darauf eine höchst aufregende Schrift in der Reichsstadt Mühlhausen drucken, worin er das Volk aufforderte, «das Loch weit zu machen, auf daß alle Welt sehen und greifen möge, wer unsre großen Hansen sind, die Gott also lästerlich zum gemalten Männlein gemacht haben», und die er mit den Worten beschloß: «Die ganze Welt muß einen großen Stoß aushalten; es wird ein solch Spiel angehn, daß die Gottlosen vom Stuhl gestürzt, die Niedrigen aber erhöhet werden.»[196]

Als Motto schrieb «Thomas Münzer mit dem Hammer» auf den Titel: «Nimm wahr, ich habe meine Worte in deinen Mund gesetzt[197], auf daß du auswurzlest, zerbrechest, zerstreuest und verstürzest, und bauest und pflanzest. Eine eiserne Mauer wider die Könige, Fürsten, Pfaffen und wider das Volk ist dargestellt. Die mögen streiten, der Sieg ist wunderlich zum Untergang der starken gottlosen Tyrannen.»

Der Bruch Münzers mit Luther und seiner Partei war schon lange vorhanden. Luther hatte manche Kirchenreformen selbst annehmen müssen, die Münzer, ohne ihn zu fragen, eingeführt hatte. Er beobachtete Münzers Tätigkeit mit dem ärgerlichen Mißtrauen des gemäßigten Reformers gegen die energischere, weitertreibende Partei. Schon im Frühjahr 1524 hatte Münzer an Melanchthon, dieses Urbild des philiströsen, hektischen Stubenhockers, geschrieben, er und Luther verständen die Bewegung gar nicht. Sie suchten sie im biblischen Buchstabenglauben zu ersticken, ihre ganze Doktrin sei wurmstichig.

«Lieben Brüder, laßt euer Warten und Zaudern, es ist Zeit, der Sommer ist vor der Tür. Wollet nicht Freundschaft halten mit den Gottlosen, sie hindern, daß das Wort nicht wirke in voller Kraft. Schmeichelt nicht euren Fürsten, sonst werdet ihr selbst mit ihnen verderben. Ihr zarten Schriftgelehrten, seid nicht unwillig, ich kann es nicht anders machen.»[198]

Luther fordert Münzer mehr als einmal zur Disputation heraus; aber dieser, bereit, den Kampf jeden Augenblick vor dem Volk aufzunehmen, hatte nicht die geringste Lust, sich in eine theologische Zänkerei vor dem parteiischen Publikum der Wittenberger Universität einzulassen. Er wollte «das Zeugnis des Geistes nicht ausschließlich auf die hohe Schule bringen»[199]. Wenn Luther aufrichtig sei, so solle er seinen Einfluß dahin verwenden, daß die Schikanen gegen Münzers Drucker und das Gebot der Zensur aufhöre, damit der Kampf ungehindert in der Presse ausgefochten werden könne.

Jetzt, nach der erwähnten revolutionären Broschüre Münzers, trat Luther öffentlich als Denunziant gegen ihn auf. In seinem gedruckten «Brief an die Fürsten zu Sachsen wider den aufrührerischen Geist» erklärte er Münzer für ein Werkzeug des Satans und forderte die Fürsten auf, einzuschreiten und die Anstifter des Aufruhrs zum Lande hinauszujagen, da sie sich nicht begnügen, ihre schlimmen Lehren zu predigen, sondern zum Aufstand und zur gewaltsamen Widersetzlichkeit gegen die Obrigkeit aufrufen.

Am 1. August mußte Münzer sich vor den Fürsten auf dem Schloß zu Weimar gegen die Anklage aufrührerischer Umtriebe verantworten. Es lagen höchst kompromittierende Tatsachen gegen ihn vor; man war seinem geheimen Bund auf die Spur gekommen, man hatte in den Verbindungen der Bergknappen und Bauern seine Hand entdeckt. Man bedrohte ihn mit Verbannung. Kaum nach Allstedt zurück, erfuhr er, daß Herzog Georg von Sachsen seine Auslieferung verlangte; Bundesbriefe von seiner Handschrift waren aufgefangen worden, worin er Georgs Untertanen zu bewaffnetem Widerstand gegen die Feinde des Evangeliums aufforderte. Der Rat hätte ihn ausgeliefert, wenn er nicht die Stadt verlassen hätte.

Inzwischen hatte die steigende Agitation unter Bauern und Plebejern die Münzersche Propaganda ungemein erleichtert. Für diese Propaganda hatte er an den Wiedertäufern unschätzbare Agenten gewonnen. Diese Sekte, ohne bestimmte positive Dogmen, zusammengehalten nur durch ihre gemeinsame Opposition gegen alle herrschenden Klassen und durch das gemeinsame Symbol der Wiedertaufe, asketisch-streng im Lebenswandel, unermüdlich, fanatisch und unerschrocken in der Agitation, hatte sich mehr und mehr um Münzer gruppiert. Durch die Verfolgungen von jedem festen Wohnsitz ausgeschlossen, streifte sie über ganz Deutschland und verkündete überall die neue Lehre, in der Münzer ihnen ihre eigenen Bedürfnisse und Wünsche klargemacht hatte. Unzählige wurden gefoltert, verbrannt oder sonst hingerichtet, aber der Mut und die Ausdauer dieser Emissäre war unerschütterlich, und der Erfolg ihrer Tätigkeit, bei der schnell wachsenden Aufregung des Volks, war unermeßlich. Daher fand Münzer bei seiner Flucht aus Thüringen den Boden überall vorbereitet, er mochte sich hinwenden, wohin er wollte.

Bei Nürnberg, wohin Münzer zuerst ging, war kaum einen Monat vorher ein Bauernaufstand im Keime erstickt worden. Münzer agitierte hier im stillen; bald traten Leute auf, die seine kühnsten theologischen Sätze von der Unverbindlichkeit der Bibel und der Nichtigkeit der Sakramente verteidigten, Christus für einen bloßen Menschen und die Gewalt der weltlichen Obrigkeit für ungöttlich erklärten. «Da sieht man den Satan umgehn, den Geist aus Allstedt!»[200] rief Luther. Hier in Nürnberg ließ Münzer seine Antwort an Luther drucken[201]. Er klagte ihn geradezu an, daß er den Fürsten heuchle und die reaktionäre Partei mit seiner Halbheit unterstütze. Aber das Volk werde trotzdem frei werden, und dem Doktor Luther werde es dann gehen wie einem gefangenen Fuchs. – Die Schrift wurde von Rats wegen mit Beschlag belegt, und Münzer mußte Nürnberg verlassen.

Er ging jetzt durch Schwaben nach dem Elsaß, der Schweiz und zurück nach dem oberen Schwarzwald, wo schon seit einigen Monaten der Aufstand ausgebrochen war, beschleunigt zum großen Teil durch seine wiedertäuferischen Emissäre. Diese Propagandareise Münzers hat offenbar zur Organisation der Volkspartei, zur klaren Feststellung ihrer Forderungen und zum endlichen allgemeinen Ausbruch des Aufstandes im April 1525 wesentlich beigetragen. Die doppelte Wirksamkeit Münzers, einerseits für das Volk, dem er in der ihm damals allein verständlichen Sprache des religiösen Prophetismus zuredete, und andrerseits für die Eingeweihten, gegen die er sich offen über seine schließliche Tendenz aussprechen konnte, tritt hier besonders deutlich hervor. Hatte er schon früher in Thüringen einen Kreis der entschiedensten Leute, nicht nur aus dem Volk, sondern auch aus der niedrigen Geistlichkeit, um sich versammelt und an die Spitze der geheimen Verbindung gestellt, so wird er hier der Mittelpunkt der ganzen revolutionären Bewegung von Südwestdeutschland, so organisiert er die Verbindung von Sachsen und Thüringen über Franken und Schwaben bis nach dem Elsaß und der Schweizer Grenze und zählt die süddeutschen Agitatoren, wie Hubmaier in Waldshut, Konrad Grebel von Zürich, Franz Rabmann zu Grießen, Schappeler zu Memmingen, Jakob Wehe zu Leipheim, Doktor Mantel in Stuttgart, meist revolutionäre Pfarrer, unter seine Schüler und unter die Häupter des Bundes. Er selbst hielt sich meist in Grießen an der Schaffhausener Grenze auf und durchstreifte von da den Hegau, Klettgau etc. Die blutigen Verfolgungen, die die beunruhigten Fürsten und Herren überall gegen diese neue plebejische Ketzerei unternahmen, trugen nicht wenig dazu bei, den rebellischen Geist zu schüren und die Verbindung fester zusammenzuschließen. So agitierte Münzer gegen fünf Monate in Oberdeutschland und ging um die Zeit, wo der Ausbruch der Verschwörung herannahte, wieder nach Thüringen zurück, wo er den Aufstand selbst leiten wollte und wo wir ihn wiederfinden werden.

Wir werden sehen, wie treu der Charakter und das Auftreten der beiden Parteichefs die Haltung ihrer Parteien selbst widerspiegeln; wie die Unentschiedenheit, die Furcht vor der ernsthaft werdenden Bewegung selbst, die feige Fürstendienerei Luthers ganz der zaudernden, zweideutigen Politik der Bürgerschaft entsprach und wie die revolutionäre Energie und Entschlossenheit Münzers in der entwickeltsten Fraktion der Plebejer und Bauern sich reproduzieren. Der Unterschied ist nur, daß, während Luther sich begnügte, die Vorstellungen und Wünsche der Majorität seiner Klasse auszusprechen und sich damit eine höchst wohlfeile Popularität bei ihr zu erwerben, Münzer im Gegenteil weit über die unmittelbaren Vorstellungen und Ansprüche der Plebejer und Bauern hinausging und sich aus der Elite der vorgefundenen revolutionären Elemente erst eine Partei bildete, die übrigens, soweit sie auf der Höhe seiner Ideen stand und seine Energie teilte, immer nur eine kleine Minorität der insurgierten Masse blieb.

III

[Vorläufer des grossen Bauernkriegs zwischen 1476 und 1517]

Ungefähr fünfzig Jahre nach der Unterdrückung der hussitischen Bewegung zeigten sich die ersten Symptome des aufkeimenden revolutionären Geistes unter den deutschen Bauern.[202]

Im Bistum Würzburg, einem durch die Hussitenkriege, «durch schlechte Regierung, durch vielfältige Steuern, Abgaben, Fehde, Feindschaft, Krieg, Brand, Mord, Gefängnis und dergleichen»[203] schon früher verarmten und fortwährend von Bischöfen, Pfaffen und Adel schamlos ausgeplünderten Lande entstand 1476 die erste Bauernverschwörung. Ein junger Hirte und Musikant, *Hans Böheim von Niklashausen*, auch Pauker und *Pfeiferhänslein* genannt, trat plötzlich im Taubergrund als Prophet auf. Er erzählte, die Jungfrau Maria sei ihm erschienen; sie habe ihm geboten, seine Pauke zu verbrennen, dem Tanz und den sündigen Wollüsten nicht ferner zu dienen, sondern das Volk zur Buße zu ermahnen. So solle denn jeder von seinen Sünden und von der eitlen Lust dieser Welt ablassen, allen Schmuck und Zierat ablegen und zur Mutter Gottes von Niklashausen Wallfahrten, um die Vergebung seiner Sünden zu erlangen.

Wir finden schon hier, bei dem ersten Vorläufer der Bewegung, jenen Asketismus, den wir bei allen mittelalterlichen Aufständen mit religiöser Färbung und in neuerer Zeit im Anfang jeder proletarischen Bewegung antreffen. Diese asketische Sittenstrenge, diese Forderung der Lossagung von allen Lebensgenüssen und Vergnügungen stellt einerseits gegenüber den herrschenden Klassen das Prinzip der spartanischen Gleichheit auf und ist andrerseits eine notwendige Durchgangsstufe, ohne die die unterste Schicht der Gesellschaft sich nie in Bewegung setzen kann. Um ihre revolutionäre Energie zu entwickeln, um über ihre feindselige Stellung gegenüber allen andern Elementen der Gesellschaft sich selbst klarzuwerden, um sich als Klasse zu konzentrieren, muß sie damit anfangen, alles das von sich abzustreifen, was sie noch mit der bestehenden Gesellschaftsordnung versöhnen könnte, muß sie den wenigen Genüssen entsagen, die ihr die unterdrückte Existenz noch momentan erträglich machen und die selbst der härteste Druck ihr nicht entreißen kann. Dieser *plebejische und proletarische Asketismus* unterscheidet sich sowohl seiner wild-fanatischen Form wie seinem Inhalt nach durchaus von dem bürgerlichen Asketismus, wie ihn die bürgerliche, lutherische Moral und die englischen Puritaner (im Unterschied von den Independenten[204] und weitergehenden Sekten) predigten, und dessen ganzes Geheimnis die *bürgerliche Sparsamkeit* ist. Es versteht sich übrigens, daß dieser plebejisch-proletarische Asketismus in demselben Maße seinen revolutionären Charakter verliert, in welchem einerseits die Entwicklung der modernen Produktivkräfte das Material des Genießens ins Unendliche vermehrt und damit die spartanische Gleichheit überflüssig macht und andrerseits die Lebensstellung des Proletariats und damit das Proletariat selbst immer revolutionärer wird. Er verschwindet dann allmählich aus der Masse und verläuft sich bei den Sektierern, die sich auf ihn steifen, entweder direkt in die bürgerliche Knickerei oder in ein hochtrabendes Tugendrittertum, das in der Praxis ebenfalls auf eine spießbürgerliche oder zunfthandwerkermäßige Knauserwirtschaft hinauskommt. Der Masse des Proletariats braucht die Entsagung um so weniger gepredigt zu werden, als sie fast nichts mehr hat, dem sie noch entsagen könnte.

Die Bußpredigt Pfeiferhänsleins fand großen Anklang; alle Aufstandspropheten begannen mit ihr, und in der Tat konnte nur eine gewaltsame Anstrengung, eine plötzliche Lossagung von der ganzen gewohnten Daseinsweise dies zersplitterte, dünngesäete, in blinder Unterwerfung herangewachsene Bauerngeschlecht in Bewegung setzen. Die Wallfahrten nach Niklashausen begannen und nahmen rasch überhand; und je massenhafter das Volk hinströmte, desto offener sprach der junge Rebell seine Pläne aus. Die Mutter Gottes von Niklashausen habe ihm verkündet, predigte er, daß fortan kein Kaiser noch Fürst, noch Papst, noch andere geistliche oder weltliche Obrigkeit mehr sein sollte; ein jeder solle des andern Bruder sein, sein Brot mit seiner Hände Arbeit gewinnen und keiner mehr haben als der andere. Alle Zinsen, Gülten, Fronden, Zoll, Steuer und andre Abgaben und Leistungen sollten für ewig ab, und Wald, Wasser und Weide überall frei sein.

Das Volk nahm dies neue Evangelium mit Freuden auf. Rasch breitete sich der Ruhm des Propheten, «unsrer Frauen Botschaft», in die Ferne aus; vom Odenwald, vom Main, Kocher und Jagst, ja von Bayern, Schwaben und vom Rhein zogen ihm Haufen von Pilgern zu. Man erzählte sich Wunder, die er getan haben sollte; man fiel auf die Knie vor ihm und betete ihn an wie einen Heiligen; man riß sich um die Zotteln von seiner Kappe, als ob es Reliquien und Amulette wären. Vergeblich traten die Pfaffen gegen ihn auf, schilderten seine Gesichte als Blendwerk des Teufels, seine Wunder als höllische Betrügereien. Die Masse der Gläubigen nahm reißend zu, die revolutionäre Sekte fing an sich zu bilden, die sonntäglichen Predigten des rebellischen Hirten riefen Versammlungen von 40000 und mehr Menschen nach Niklashausen zusammen.

Mehrere Monate predigte Pfeiferhänslein vor den Massen. Aber er hatte nicht die Absicht, bei der Predigt zu bleiben. Er stand in geheimem Verkehr mit dem Pfarrer von Niklashausen und mit zwei Rittern, Kunz von Thunfeld und seinem Sohn, die zur neuen Lehre hielten und die militärischen Führer des beabsichtigten Aufstandes werden sollten. Endlich am Sonntag vor St. Kilian, als seine Macht groß genug zu sein schien, gab er das Signal.

«Und nun», schloß er seine Predigt, «gehet heim und erwäget, was euch die allerheiligste Mutter Gottes verkündet hat; und lasset am nächsten Samstag Weiber und Kinder und Greise daheim bleiben, aber ihr, ihr Männer, kommet wieder her nach Niklashausen auf St. Margarethentag, das ist nächsten Samstag; und bringt mit eure Brüder und Freunde, soviel ihrer sein mögen. Kommt aber nicht mit dem Pilgerstab, sondern angetan mit Wehr und Waffen, in der einen Hand die Wallkerze, in der andern Schwert und Spieß oder Hellebarde; und die heilige Jungfrau wird euch alsdann verkünden, was ihr Wille ist, das ihr tun sollt.»[205]

Aber ehe die Bauern in Massen ankamen, hatten die Reiter des Bischofs[206] den Aufruhrpropheten nächtlicherweile abgeholt und auf das Würzburger Schloß gebracht. Am bestimmten Tage kamen an 34000 bewaffnete Bauern, aber diese Nachricht wirkte niederschlagend auf sie. Der größte Teil verlief sich; die Eingeweihteren hielten gegen 16000 zusammen und zogen mit ihnen vor das Schloß, unter der Führung Kunzens von Thunfeld und Michaels, seines Sohnes. Der Bischof brachte sie durch Versprechungen wieder zum Abzug; aber kaum hatten sie angefangen sich zu zerstreuen, so wurden sie von des Bischofs Reitern überfallen und mehrere zu Gefangenen gemacht. Zwei wurden enthauptet, Pfeiferhänslein selbst aber wurde verbrannt. Kunz von Thunfeld wurde flüchtig und erst gegen Abtretung aller seiner Güter an das Stift wieder angenommen. Die Wallfahrten nach Niklashausen dauerten noch einige Zeit fort, wurden aber schließlich auch unterdrückt.

Nach diesem ersten Versuch blieb Deutschland wieder längere Zeit ruhig. Erst mit Ende der neunziger Jahre begannen neue Aufstände und

Verschwörungen der Bauern.

Wir übergehen den holländischen Bauernaufstand von 1491 und 92, der erst durch Herzog Albrecht von Sachsen in der Schlacht bei Heemskerk unterdrückt wurde, den gleichzeitigen Aufstand der Bauern der Abtei Kempten in Oberschwaben und den friesischen Aufstand unter Syaard Aylva um 1497, der ebenfalls durch Albrecht von Sachsen unterdrückt wurde. Diese Aufstände liegen teils zu weit vom Schauplatze des eigentlichen Bauernkriegs entfernt, teils sind sie Kämpfe bisher freier Bauern gegen den Versuch, ihnen den Feudalismus aufzudrängen. Wir gehen gleich über zu den beiden großen Verschwörungen, die den Bauernkrieg vorbereiteten: dem *Bundschuh* und dem *Armen Konrad*.

Dieselbe Teurung, die in den Niederlanden den Aufstand der Bauern hervorgerufen hatte, brachte 1493 im Elsaß einen geheimen Bund von Bauern und Plebejern zustande, bei dem sich auch Leute von der bloß bürgerlichen Opposition beteiligten und mit dem sogar ein Teil des niederen Adels mehr oder weniger sympathisierte. Der Sitz des Bundes war die Gegend von Schlettstadt, Sulz, Dambach, Rosheim, Scherweiler etc. etc. Die Verschwornen verlangten Plünderung und Ausrottung der Juden, deren Wucher damals schon, so gut wie jetzt, die Elsässer Bauern aussog, Einführung eines Jubeljahres, mit dem alle Schulden verjähren sollten, Aufhebung des Zolls, Umgelds und anderer Lasten, Abschaffung des geistlichen und rottweilschen (Reichs-)Gerichts[207], Steuerbewilligungsrecht, Beschränkung der Pfaffen auf je eine Pfründe von 50–60 Gulden, Abschaffung der Ohrenbeichte und eigene, selbstgewählte Gerichte für jede Gemeinde. Der Plan der Verschwornen war, sobald man stark genug sei, das feste Schlettstadt zu überrumpeln, die Klöster- und Stadtkassen mit Beschlag zu belegen und von hier aus das ganze Elsaß zu insurgieren. Die Bundesfahne, die im Moment der Erhebung entfaltet werden sollte, enthielt einen Bauernschuh mit langen Bindriemen, den sogenannten *Bundschuh*, der von nun an den Bauernverschwörungen der nächsten 20 Jahre Symbol und Namen gab.

Die Verschwornen pflegten ihre Zusammenkünfte des Nachts auf dem einsamen Hungerberg zu halten. Die Aufnahme in den Bund war mit den geheimnisvollsten Zeremonien und den härtesten Strafandrohungen gegen die Verräter verknüpft. Aber trotzdem kam die Sache auf, gerade als der Schlag gegen Schlettstadt geführt werden sollte, um die Karwoche 1493. Die Behörden schritten schleunig ein; viele der Verschwornen wurden verhaftet und gefoltert, und teils gevierteilt oder enthauptet, teils an Händen und Fingern verstümmelt und des Landes verwiesen. Eine große Zahl floh nach der Schweiz.

Aber mit dieser ersten Sprengung war der Bundschuh keineswegs vernichtet. Im Gegenteil, er bestand im geheimen fort, und die vielen über die Schweiz und Süddeutschland zerstreuten Flüchtlinge wurden ebenso viele Emissäre, die, überall mit dem gleichen Druck die gleiche Neigung zum

Aufstand vorfindend, den Bundschuh über das ganze jetzige Baden verbreiteten. Die Zähigkeit und Ausdauer, mit der die oberdeutschen Bauern von 1493 an dreißig Jahre lang konspirierten, mit der sie alle aus ihrer ländlich-zerstreuten Lebensweise hervorgehenden Hindernisse einer größeren, zentralisierten Verbindung überwanden und nach unzähligen Sprengungen, Niederlagen, Hinrichtungen der Führer immer von neuem wieder konspirierten, bis endlich die Gelegenheit zum Aufstand in Masse kam – diese Hartnäckigkeit ist wirklich bewundernswert.

1502 zeigten sich im Bistum Speyer, das damals auch die Gegend von Bruchsal umfaßte, Zeichen einer geheimen Bewegung unter den Bauern. Der Bundschuh hatte sich hier wirklich mit bedeutendem Erfolg reorganisiert. An 7000 Männer waren in der Verbindung, deren Zentrum zu Untergrombach, zwischen Bruchsal und Weingarten, war und deren Verzweigungen sich den Rhein hinab bis an den Main, hinauf bis über die Markgrafschaft Baden erstreckten. Ihre Artikel enthielten: Es solle keine Zins noch Zehnt, Steuer oder Zoll mehr an Fürsten, Adel und Pfaffen gezahlt werden; die Leibeigenschaft soll abgetan sein, die Klöster und sonstigen *geistlichen Güter eingezogen und unter das Volk verteilt und kein anderer Herr mehr anerkannt werden als der Kaiser.*

Wir finden hier zum erstenmal bei den Bauern die beiden Forderungen der Säkularisation der geistlichen Güter zum Besten des Volks und der einigen und unteilbaren deutschen Monarchie ausgesprochen; zwei Forderungen, die von nun an bei der entwickelteren Fraktion der Bauern und Plebejer regelmäßig wieder erscheinen, bis Thomas Münzer die *Teilung* der geistlichen Güter in ihre *Konfiskation* zum Besten der *Gütergemeinschaft* und das einige deutsche *Kaisertum* in die einige und unteilbare *Republik* verwandelt.

Der erneuerte Bundschuh hatte, wie der alte, seinen geheimen Versammlungsort, seinen Eid der Verschwiegenheit, seine Aufnahmezeremonien und seine Bundschuhfahne mit der Inschrift: «Nichts denn die Gerechtigkeit Gottes!» Der Plan der Handlung war dem der Elsässer ähnlich; Bruchsal, wo die Majorität der Einwohner im Bunde war, sollte überrumpelt, dort ein Bundesheer organisiert und als wandelndes Sammlungszentrum in die umliegenden Fürstentümer geschickt werden.

Der Plan wurde verraten durch einen Geistlichen, dem einer der Verschwornen ihn gebeichtet hatte. Sogleich ergriffen die Regierungen Gegenmaßregeln. Wie weit der Bund verzweigt war, zeigt sich aus dem Schrecken, der die verschiedenen Elsässer Reichsstände und den Schwäbischen Bund[208] ergriff. Man zog Truppen zusammen und ließ massenhafte Verhaftungen bewerkstelligen. Kaiser Maximilian, der «letzte Ritter», erließ die blutdürstigsten Strafverordnungen gegen das unerhörte Unternehmen der Bauern. Hier und dort kam es zu Zusammenrottungen und bewaffnetem Widerstand; doch hielten sich die vereinzelten Bauernhaufen nicht lange. Einige der Verschwornen wurden hingerichtet, manche flohen; doch wurde das Geheimnis so gut bewahrt, daß die meisten, selbst der Führer, entweder in ihren eigenen Ortschaften oder doch in benachbarter Herren Ländern ganz ungestört bleiben konnten.

Nach dieser neuen Niederlage trat wieder eine längere scheinbare Stille in den Klassenkämpfen ein. Aber unterderhand wurde fortgearbeitet. In Schwaben bildete sich, offenbar in Verbindung mit den zersprengten Mitgliedern des Bundschuhs, schon in den ersten Jahren des sechzehnten Jahrhunderts der *Arme Konrad*; im Schwarzwald bestand der Bundschuh in einzelnen kleineren Kreisen fort, bis es nach zehn Jahren einem energischen Bauernchef gelang, die einzelnen Fäden wieder zu einer großen Verschwörung zusammenzuknüpfen. Beide Verschwörungen traten kurz nacheinander in die Öffentlichkeit und fallen in die bewegten Jahre 1513–15, in denen gleichzeitig die Schweizer, ungarischen und slowenischen Bauern eine Reihe von bedeutenden Insurrektionen machen.

Der Wiederhersteller des oberrheinischen Bundschuhs war *Joß Fritz* aus Untergrombach, Flüchtling von der Verschwörung von 1502, ein ehemaliger Soldat und ein in jeder Beziehung hervorragender Charakter. Er hatte sich seit seiner Flucht zwischen Bodensee und Schwarzwald an verschiedenen Orten aufgehalten und sich schließlich in Lehen bei Freiburg im Breisgau niedergelassen, wo er sogar Bannwart geworden war. Wie er von hier aus die Verbindung reorganisierte, wie geschickt er die verschiedenartigsten Leute hineinzubringen wußte, darüber enthalten die Untersuchungsakten die interessantesten Details. Es gelang dem diplomatischen Talent und der unermüdlichen Ausdauer dieses Musterkonspirateurs, eine ungemeine Anzahl von Leuten der verschiedensten Klassen in den Bund zu verwickeln: Ritter, Pfaffen, Bürger, Plebejer und Bauern; und es scheint ziemlich sicher, daß er sogar mehrere, mehr oder minder scharf geschiedne Grade der Verschwörung organisierte. Alle brauchbaren Elemente wurden mit der größten Umsicht und Geschicklichkeit benutzt. Außer den eingeweihteren Emissären, die in den verschiedensten Verkleidungen das Land durchstreiften, wurden die Landstreicher und Bettler zu den untergeordneteren Missionen verwandt. Mit den Bettlerkönigen stand Joß in direktem Verkehr und hielt durch sie die ganze zahlreiche Vagabundenbevölkerung unter der Hand. Diese Bettlerkönige spielen in seiner Verschwörung eine bedeutende Rolle. Es waren höchst originelle Figuren: Einer zog mit einem Mädchen umher, auf dessen angeblich wunde Füße er bettelte; er trug mehr als acht Zeichen am Hut, die vierzehn Nothelfer, St. Ottilien, unsere Frauen u. a., dazu einen langen roten Bart und einen großen Knotenstock mit Dolch und Stachel; ein anderer, der um St. Veltens willen heischte, hatte Gewürz und Wurmsamen feil, trug einen eisenfarbnen langen Rock, ein rotes Barett und das Kindlein von Trient daran, einen Degen an der Seite und viele Messer nebst einem Dolch im Gürtel; andre hatten künstlich offengehaltene Wunden, dazu ähnliche abenteuerliche Kostüme. Es waren ihrer mindestens zehn; sie sollten, gegen 2000 Gulden

Belohnung, zu gleicher Zeit im Elsaß, in der Markgrafschaft Baden und im Breisgau Feuer anlegen und sich mit wenigstens 2000 Mann der Ihrigen auf den Tag der Zaberner Kirchweih in Rosen unter das Kommando Georg Schneiders, eines ehemaligen Landsknechthauptmanns stellen, um die Stadt einzunehmen. Unter den eigentlichen Bundesmitgliedern wurde von Station zu Station ein Stafettendienst eingerichtet, und Joß Fritz und sein Hauptemissär, Stoffel von Freiburg, ritten fortwährend von Ort zu Ort und nahmen nächtliche Heerschau ab über die Neuangeworbenen. Über die Verbreitung des Bundes am Oberrhein und im Schwarzwald legen die Untersuchungsakten hinreichend Zeugnis ab; sie enthalten unzählige Namen von Mitgliedern, nebst den Signalements, aus den verschiedensten Orten jener Gegend. Die meisten sind Handwerksgesellen, dann Bauern und Wirte, einige Adelige, Pfaffen (so der von Lehen selbst) und brotlose Landsknechte. Man sieht schon aus dieser Zusammensetzung den viel entwickelteren Charakter, den der Bundschuh unter Joß Fritz angenommen hatte; das plebejische Element der Städte fing an sich mehr und mehr geltend zu machen. Die Verzweigungen der Verschwörung gingen über den ganzen Elsaß, das jetzige Baden, bis nach Württemberg und an den Main. Zuweilen wurden auf abgelegenen Bergen, auf dem Kniebis etc. etc. größere Versammlungen gehalten und die Bundesangelegenheiten beraten. Die Zusammenkünfte der Chefs, denen die Mitglieder der Lokalität sowie Delegierte der entfernteren Ortschaften häufig beiwohnten, fanden auf der Hartmatte bei Lehen statt, und hier wurden auch die vierzehn Bundesartikel angenommen. Kein Herr mehr als der Kaiser und (nach einigen) der Papst; Abschaffung des rottweilschen, Beschränkung des geistlichen Gerichts auf geistliche Sachen; Abschaffung aller Zinsen, die so lange gezahlt seien, bis sie dem Kapital gleichkämen; fünf Prozent Zinsen als höchster erlaubter Satz, Freiheit der Jagd, Fischerei, Weide und Holzung; Beschränkung der Pfaffen auf je eine Pfründe; Konfiskation der geistlichen Güter und Klosterkleinodien für die Bundeskriegskasse; Abschaffung aller unbilligen Steuern und Zölle; ewiger Friede in der gesamten Christenheit; energisches Einschreiten gegen alle Gegner des Bundes; Bundessteuer; Einnahme einer festen Stadt – Freiburgs –, um dem Bunde zum Zentrum zu dienen; Eröffnung von Unterhandlungen mit dem Kaiser, sobald die Bundeshaufen versammelt seien, und mit der Schweiz, im Fall der Kaiser abschlage – das sind die Punkte, über die man übereinkam. Man sieht aus ihnen, wie einerseits die Forderungen der Bauern und Plebejer eine immer bestimmtere und festere Gestalt annahmen, anderseits den Gemäßigten und Zaghaften in demselben Maße Konzessionen gemacht werden mußten.

Gegen Herbst 1513 sollte losgeschlagen werden. Es fehlte nur noch an der Bundesfahne, und diese malen zu lassen, ging Joß Fritz nach Heilbronn. Sie enthielt neben allerlei Emblemen und Bildern den Bundschuh und die Inschrift: Herr, steh deiner göttlichen Gerechtigkeit bei. Aber während er fort war, wurde ein übereilter Versuch zur Überrumpelung von Freiburg gemacht und vor der Zeit entdeckt; einige Indiskretionen bei der Propaganda halfen dem Freiburger Rat und dem badischen Markgrafen auf die richtige Spur, und der Verrat zweier Verschworenen vollendete die Reihe der Enthüllungen. Sofort sandten der Markgraf, der Freiburger Rat und die kaiserliche Regierung zu Ensisheim ihre Häscher und Soldaten aus; eine Anzahl Bundschuher wurde verhaftet, gefoltert und hingerichtet; doch auch diesmal entkamen die meisten, namentlich Joß Fritz. Die Schweizer Regierungen verfolgten die Flüchtlinge diesmal mit großer Heftigkeit und richteten selbst mehrere hin; aber sie konnten ebensowenig wie ihre Nachbarn verhindern, daß der größte Teil der Flüchtigen fortwährend in der Nähe seiner bisherigen Wohnorte blieb und nach und nach sogar zurückkehrte. Am meisten wütete die Elsässer Regierung in Ensisheim; auf ihren Befehl wurden sehr viele geköpft, gerädert und gevierteilt. Joß Fritz selbst hielt sich meist auf dem schweizerischen Rheinufer auf, ging aber häufig nach dem Schwarzwald herüber, ohne daß man seiner je habhaft werden konnte.

Warum die Schweizer diesmal sich mit den Nachbarregierungen gegen die Bundschuher verbanden, das zeigt der Bauernaufstand, der im nächsten Jahre, 1514, in Bern, Solothurn und Luzern zum Ausbruch kam und eine Epuration der aristokratischen Regierungen und des Patriziats überhaupt zur Folge hatte. Die Bauern setzten außerdem manche Vorrechte für sich durch. Wenn diese schweizerischen Lokalaufstände gelangen, so lag dies einfach daran, daß in der Schweiz noch weit weniger Zentralisation bestand als in Deutschland. Mit ihren Lokalherren wurden die Bauern auch 1525 überall fertig, aber den organisierten Heeresmassen der Fürsten erlagen sie, und gerade diese existierten nicht in der Schweiz.

Gleichzeitig mit dem Bundschuh in Baden und offenbar in direkter Verbindung mit ihm hatte sich in Württemberg eine zweite Verschwörung gebildet. Sie bestand urkundlich schon seit 1503, und da der Name Bundschuh seit der Sprengung der Untergrombacher zu gefährlich wurde, nahm sie den des Armen Konrad an. Ihr Hauptsitz war das Remstal unterhalb des Hohenstaufenbergs. Ihre Existenz war wenigstens unter dem Volk schon lange kein Geheimnis mehr. Der schamlose Druck der Regierung Ulrichs und eine Reihe von Hungerjahren, die zum Ausbruch der Bewegungen von 1513 und 14 mächtig beitrugen, hatten die Zahl der Verbündeten verstärkt; die neuaufgelegten Steuern auf Wein, Fleisch und Brot sowie eine Kapitalsteuer von einem Pfennig jährlich für jeden Gulden provozierten den Ausbruch. Die Stadt Schorndorf, wo die Häupter des Komplotts in des Messerschmieds Kaspar Pregizers Haus zusammenkamen, sollte zuerst genommen werden. Im Frühjahr 1514 brach der Aufstand los. 3000, nach andern 5000 Bauern zogen vor die Stadt, wurden aber durch gütliche Versprechungen der herzoglichen Beamten wieder zum Abzug bewogen: Herzog Ulrich eilte herbei mit achtzig Reitern, nachdem er die Aufhebung der neuen Steuern zugesagt hatte, und fand infolge dieses Versprechens alles ruhig. Er versprach einen Landtag zu berufen, um dort alle Beschwerden untersuchen zu lassen. Aber die Chefs der Verbindung wußten sehr gut, daß Ulrich weiter nichts beabsichtige, als das Volk so lange ruhig zu halten, bis er hinreichende Truppen angeworben und zusammengezogen habe, um sein Wort brechen und die Steuern mit Gewalt eintreiben zu können. Sie ließen daher von Kaspar Pregizers Haus, «des Armen Konrads Kanzlei», Aufforderungen zu einem Bundeskongreß ausgehen, den Emissäre nach allen Richtungen hin unterstützten. Der Erfolg der ersten Erhebung im Remstal hatte die Bewegung unter dem Volk überall gehoben; die Schreiben und Emissäre fanden überall ein günstiges Terrain vor, und so wurde der am 28. Mai in Untertürkheim abgehaltene Kongreß zahlreich von allen Teilen Württembergs beschickt. Es wurde beschlossen, schleunig fortzuagitieren und bei der ersten Gelegenheit im Remstal loszuschlagen, um von hier aus den Aufstand weiterzuverbreiten. Während Bantelhans von Dettingen, ein ehemaliger Soldat, und Singerhans von Würtingen, ein angesehener Bauer, die Schwäbische Alb in den Bund brachten, brach schon von allen Seiten der Aufstand los. Singerhans wurde zwar überfallen und gefangen, aber die Städte Backnang, Winnenden, Markgröningen fielen in die Hände der mit den Plebejern verbündeten Bauern, und das ganze Land von Weinsberg bis Blaubeuren und von dort bis an die badische Grenze war in offener Insurrektion; Ulrich mußte nachgeben. Während er aber den Landtag auf den 25. Juni einberief, schrieb er zu gleicher Zeit an die umliegenden Fürsten und freien Städte um Hülfe gegen den Aufstand, der alle Fürsten, Obrigkeit und Ehrbarkeit im Reich gefährde und «ein seltsam bundschühlich Ansehn habe».

Inzwischen kam der Landtag, d. h. die Abgeordneten der Städte und viele Delegierte der Bauern, die ebenfalls Sitz auf dem Landtag verlangten, schon am 18. Juni in Stuttgart zusammen. Die Prälaten waren noch nicht da, die Ritter waren gar nicht eingeladen. Die Stuttgarter städtische Opposition sowie zwei nahe, drohende Bauernhaufen, zu Leonberg und im Remstal, unterstützten die Forderungen der Bauern. Ihre Delegierten wurden zugelassen, und man beschloß die drei verhaßten Räte des Herzogs, Lamparter, Thumb und Lorcher, abzusetzen und zu bestrafen, einen Rat von vier Rittern, vier Bürgern und vier Bauern dem Herzog beizugeben, ihm eine fixe Zivilliste zu bewilligen und die Klöster und Stifter zum Besten des Staatsschatzes zu konfiszieren.

Herzog Ulrich setzte diesen revolutionären Beschlüssen einen Staatsstreich entgegen. Er ritt am 21. Juni mit seinen Rittern und Räten nach Tübingen, wohin ihm die Prälaten folgten, befahl der Bürgerschaft ebenfalls dorthin zu kommen, was auch geschah, und setzte hier den Landtag ohne die Bauern fort. Hier verrieten die Bürger, unter den militärischen Terrorismus gestellt, ihre Bundesgenossen, die Bauern. Am 8. Juli kam der

Tübinger Vertrag zustande, der dem Lande beinahe eine Million herzoglicher Schulden, dem Herzog einige Beschränkungen auflegte, die er nie einhielt, und die Bauern mit einigen dünnen allgemeinen Redensarten und einem sehr positiven Strafgesetz gegen Aufruhr und Verbindungen abspeiste. Von Vertretung der Bauern auf dem Landtag war natürlich keine Rede mehr. Das Landvolk schrie über Verrat; aber da der Herzog, seit der Übernahme seiner Schulden durch die Stände, wieder Kredit hatte, so brachte er bald Truppen zusammen, und auch seine Nachbarn, besonders der Kurfürst von der Pfalz, schickten Hülfstruppen. So wurde bis Ende Juli der Tübinger Vertrag vom ganzen Lande angenommen und die neue Huldigung geleistet. Nur im Remstal leistete der Arme Konrad Widerstand; der Herzog, der wieder selbst hinritt, wurde fast ermordet und ein Bauernlager auf dem Kappelberg gebildet. Aber als die Sache sich in die Länge zog, verliefen sich die meisten Insurgenten wieder aus Mangel an Lebensmitteln, und der Rest ging infolge eines zweideutigen Vertrags mit einigen Landtagsabgeordneten ebenfalls heim. Ulrich, dessen Heer inzwischen noch durch die bereitwillig gestellten Fähnlein der Städte verstärkt wurde, die sich jetzt nach Erlangung ihrer Forderungen fanatisch gegen die Bauern kehrten, Ulrich überfiel jetzt trotz des Vertrags das Remstal, dessen Städte und Dörfer geplündert wurden. 1600 Bauern wurden verhaftet, davon 16 sofort enthauptet, die übrigen meist zu schweren Geldstrafen zum Besten von Ulrichs Kasse verurteilt. Viele blieben lange im Gefängnis. Gegen die Erneuerung der Verbindung, gegen alle Versammlungen der Bauern wurden strenge Strafgesetze erlassen, und der schwäbische Adel schloß einen speziellen Bund zur Unterdrückung aller Aufstandsversuche. – Die Hauptführer des Armen Konrad waren indes glücklich nach der Schweiz entkommen und kamen von dort nach einigen Jahren meist einzeln wieder nach Hause.

Gleichzeitig mit der württembergischen Bewegung zeigten sich Symptome neuer Bundschuhumtriebe im Breisgau und in der Markgrafschaft Baden. Bei Bühl wurde im Juni ein Versuch zum Aufstand gemacht, aber vom Markgraf Philipp gleich gesprengt und der Führer Gugel-Bastian in Freiburg verhaftet und enthauptet.

In demselben Jahre 1514, ebenfalls im Frühjahr, kam in *Ungarn* ein allgemeiner Bauernkrieg zum Ausbruch. Es wurde ein Kreuzzug wider die Türken gepredigt und wie gewöhnlich den Leibeignen und Hörigen, die sich anschlössen, die Freiheit zugesagt. Gegen 60000 kamen zusammen und wurden unter das Kommando Georg Dózsas, eines Szeklers[209], gestellt, der sich schon in früheren Türkenkriegen ausgezeichnet und den Adel erworben hatte. Aber die ungarischen Ritter und Magnaten sahen nur ungern diesen Kreuzzug, der ihnen ihr Eigentum, ihre Knechte, zu entziehen drohte. Sie eilten den einzelnen Bauernhaufen nach und holten ihre Leibeignen mit Gewalt und unter Mißhandlungen zurück. Als dies im Kreuzheer bekannt wurde, brach die Wut der unterdrückten Bauern los.

Zwei der eifrigsten Kreuzprediger, Laurentius und Barnabás, stachelten den Haß gegen den Adel im Heer durch ihre revolutionären Reden noch heftiger an. Dózsa selbst teilte den Zorn seiner Truppen gegen den verräterischen Adel; das Kreuzheer wurde eine Revolutionsarmee, und er stellte sich an die Spitze dieser neuen Bewegung.

Er lagerte mit seinen Bauern auf dem Rákosfelde bei Pest. Die Feindseligkeiten wurden eröffnet durch Streitigkeiten mit den Leuten der Adelspartei in den umliegenden Dörfern und den Pester Vorstädten; bald kam es zu Scharmützeln, endlich zu einer Sizilianischen Vesper[210] für alle Adligen, die den Bauern in die Hände fielen, und zur Niederbrennung aller umliegenden Schlösser. Der Hof drohte, aber umsonst. Als die erste Volksjustiz unter den Mauern der Hauptstadt am Adel vollstreckt war, schritt Dózsa zu weiteren Operationen. Er teilte sein Heer in fünf Kolonnen. Zwei wurden nach dem oberungarischen Gebirge geschickt, um hier alles zu insurgieren und den Adel auszurotten. Die dritte, unter Ambros Száleresi, einem Pester Bürger, blieb zur Beobachtung der Hauptstadt auf dem Rákos; die vierte und fünfte führten Dózsa und sein Bruder Gregor gegen Szegedin.

Inzwischen sammelte sich der Adel in Pest und rief den Woiwoden von Siebenbürgen, Johann Zápolya, zu Hülfe. Der Adel, in Gemeinschaft mit den Bürgern von Budapest, schlug und vernichtete das auf dem Rákos lagernde Korps, nachdem Száleresi mit den bürgerlichen Elementen des Bauernheers zum Feinde übergegangen war. Eine Menge Gefangener wurden auf die grausamste Weise hingerichtet, der Rest mit abgeschnittenen Nasen und Ohren nach Haus geschickt.

Dózsa scheiterte vor Szegedin und zog gegen Csanád, das er eroberte, nachdem er ein Adelsheer unter Bátori István und dem Bischof Csáky geschlagen und an den Gefangenen, worunter auch der Bischof und der königliche Schatzmeister Teleki, blutige Repressalien für die Grausamkeiten auf dem Rákos genommen hatte. In Csanád proklamierte er die Republik, die Abschaffung des Adels, die allgemeine Gleichheit und die Souveränität des Volks und zog dann gegen Temesvár, wohinein sich Bátori geworfen hatte. Aber während er diese Festung zwei Monate lang belagerte und durch ein neues Heer unter Anton Hosszu verstärkt wurde, erlagen die beiden oberungarischen Heerhaufen in mehreren Schlachten vor dem Adel und rückte Johann Zápolya mit der siebenbürgischen Armee gegen ihn an. Die Bauern wurden von Zápolya überfallen und zersprengt, Dózsa selbst gefangen, auf einem glühenden Thron gebraten und von seinen eigenen Leuten, die nur unter dieser Bedingung das Leben geschenkt erhielten, lebendig gegessen. Die versprengten Bauern, von Laurentius und Hosszu wieder gesammelt, wurden nochmals geschlagen und alles, was den Feinden in die Hände fiel, gepfählt oder gehängt. Zu Tausenden hingen die Bauernleichen die Straßen entlang oder an den Eingängen verbrannter Dörfer. An 60000 sollen teils gefallen, teils massakriert sein. Der

Adel aber trug Sorge, auf dem nächsten Landtag die Knechtschaft der Bauern abermals als Gesetz des Landes zur Anerkennung zu bringen.

Der Bauernaufstand in der «windischen Mark», d. h. in Kärnten, Krain und Steiermark, der um dieselbe Zeit losbrach, beruhte auf einer bundschuhartigen Verschwörung, die sich in dieser von Adel und kaiserlichen Beamten ausgesogenen, von Türkeneinfällen verheerten und von Hungersnot geplagten Gegend schon 1503 gebildet und einen Aufstand hervorgerufen hatte. Die slowenischen Bauern dieser Gegend sowohl wie die deutschen erhoben schon 1513 wieder die Kriegsfahne der stara prawa (der alten Rechte), und wenn sie auch in diesem Jahr sich nochmals beschwichtigen ließen, wenn sie 1514, wo sie sich noch massenhafter zusammenrotteten, durch Kaiser Maximilians ausdrückliche Zusage, die alten Rechte wiederherzustellen, zum Auseinandergehen bewogen wurden, so brach 1515 im Frühjahr der Rachekrieg des stets getäuschten Volks um so heftiger los. Wie in Ungarn, wurden Schlösser und Klöster überall zerstört und die gefangenen Adligen von Bauerngeschworenen gerichtet und enthauptet. In Steiermark und Kärnten gelang es dem kaiserlichen Hauptmann Dietrichstein, den Aufstand bald zu dämpfen; in Krain wurde er erst durch den Überfall von Rain (Herbst 1516) und durch die darauffolgenden, den Infamien des ungarischen Adels sich würdig anschließenden, zahllosen östreichischen Grausamkeiten unterdrückt.

Man begreift, daß nach einer Reihe so entscheidender Niederlagen und nach diesen massenhaften Grausamkeiten des Adels die Bauern in Deutschland eine längere Zeit ruhig waren. Und doch hörten weder die Verschwörungen noch die Lokalaufstände ganz auf. Schon 1516 kamen die meisten Flüchtlinge vom Bundschuh und Armen Konrad nach Schwaben und dem Oberrhein zurück, und 1517 war der Bundschuh im Schwarzwald wieder in vollem Gange. Joß Fritz selbst, der noch immer die alte Bundschuhfahne von 1513 auf der Brust versteckt mit sich führte, durchstreifte den Schwarzwald wieder und entwickelte große Tätigkeit. Die Verschwörung organisierte sich aufs neue. Wie vor vier Jahren wurden wieder Versammlungen auf dem Kniebis angesagt. Aber das Geheimnis wurde nicht gehalten, die Regierungen erfuhren die Sache und schritten ein. Mehrere wurden gefangen und hingerichtet; die tätigsten und intelligentesten Mitglieder mußten fliehen, unter ihnen Joß Fritz, dessen man auch diesmal nicht habhaft wurde, der aber bald darauf in der Schweiz gestorben zu sein scheint, da er von jetzt an nirgends mehr genannt wird.

IV

[Der Adelsaufstand]

Um dieselbe Zeit, wo im Schwarzwald die vierte Bundschuhverschwörung unterdrückt wurde, gab Luther in Wittenberg das Signal zu der Bewegung, die alle Stände mit in den Strudel reißen und das ganze Reich erschüttern sollte. Die Thesen des thüringischen Augustiners[211] zündeten wie ein Blitz in ein Pulverfaß. Die mannigfaltig durcheinanderkreuzenden Bestrebungen der Ritter wie der Bürger, der Bauern wie der Plebejer, der souveränitätssüchtigen Fürsten wie der niederen Geistlichkeit, der mystizisierenden verborgenen Sekten wie der gelehrten und satirisch-burlesken Schriftstelleropposition erhielten in ihnen einen zunächst gemeinsamen allgemeinen Ausdruck, um den sie sich mit überraschender Schnelligkeit gruppierten. Diese über Nacht gebildete Allianz aller Oppositionselemente, so kurz ihre Dauer war, enthüllte plötzlich die ungeheure Macht der Bewegung und trieb sie um so rascher voran.

Aber eben diese rasche Entwicklung der Bewegung mußte auch sehr bald die Keime des Zwiespalts entwickeln, die in ihr lagen, mußte wenigstens die durch ihre ganze Lebensstellung direkt einander entgegenstehenden Bestandteile der erregten Masse wieder voneinander reißen und in ihre normale feindliche Stellung bringen. Diese Polarisation der bunten Oppositionsmasse um zwei Attraktionszentren trat schon in den ersten Jahren der Reformation hervor; Adel und Bürger gruppierten sich unbedingt um Luther; Bauern und Plebejer, ohne schon in Luther einen direkten Feind zu sehen, bildeten wie früher eine besondere, revolutionäre Oppositionspartei. Nur daß die Bewegung jetzt viel allgemeiner, viel tiefergreifend war als vor Luther, und daß damit die Notwendigkeit des scharf ausgesprochenen Gegensatzes, der direkten Bekämpfung beider Parteien untereinander gegeben war. Dieser direkte Gegensatz trat bald ein; Luther und Münzer bekämpften sich in der Presse und auf der Kanzel, wie die größtenteils aus lutherischen oder wenigstens zum Luthertum hinneigenden Kräften bestehenden Heere der Fürsten, Ritter und Städte die Haufen der Bauern und Plebejer zersprengten.

Wie sehr die Interessen und Bedürfnisse der verschiedenen Elemente, die die Reformation angenommen, auseinandergingen, zeigt schon vor dem Bauernkrieg der Versuch des Adels, seine Forderungen gegenüber den Fürsten und Pfaffen durchzusetzen.

Wir haben schon oben gesehen, welche Stellung der deutsche Adel im Anfang des 16. Jahrhunderts einnahm. Er war im Begriff, seine Unabhängigkeit an die immer mächtiger werdenden weltlichen und geistlichen Fürsten zu verlieren. Er sah zu gleicher Zeit, in demselben Maß wie er sank, auch die Reichsgewalt sinken und das Reich sich in eine Anzahl souveräner Fürstentümer auflösen. Sein Untergang mußte für ihn mit dem Untergang der Deutschen als Nation zusammenfallen. Dazu kam, daß der Adel, besonders der reichsunmittelbare Adel, derjenige Stand war, der sowohl durch seinen militärischen Beruf wie durch seine Stellung gegenüber den Fürsten das Reich und die Reichsgewalt besonders vertrat. Er war der nationalste Stand, und je mächtiger die Reichsgewalt, je schwächer und je weniger zahlreich die Fürsten, je einiger Deutschland, desto mächtiger war er. Daher der allgemeine Unwille der Ritterschaft über die erbärmliche politische Stellung Deutschlands, über die Ohnmacht des Reichs nach außen, die in demselben Maße zunahm, als das Kaiserhaus durch Erbschaft eine Provinz nach der andern an das Reich anhing; über die Intrigen fremder Mächte im Innern Deutschlands und die Komplotte deutscher Fürsten mit dem Ausland gegen die Reichsgewalt. Die Forderungen des Adels mußten sich also vor allem in der Forderung einer Reichsreform zusammenfassen, deren Opfer die Fürsten und die höhere Geistlichkeit werden sollten. Diese Zusammenfassung übernahm *Ulrich von Hutten*, der theoretische Repräsentant des deutschen Adels, in Gemeinschaft mit *Franz von Sickingen*, seinem militärischen und staatsmännischen Repräsentanten.

Hutten hat seine im Namen des Adels geforderte Reichsreform sehr bestimmt ausgesprochen und sehr radikal gefaßt. Es handelt sich um nichts Geringeres als um die Beseitigung sämtlicher Fürsten, die Säkularisation sämtlicher geistlichen Fürstentümer und Güter, um die Herstellung einer *Adelsdemokratie* mit monarchischer Spitze, ungefähr wie sie in den besten Tagen der weiland polnischen Republik bestanden hat. Durch die Herstellung der Herrschaft des Adels, der vorzugsweise militärischen Klasse, durch die Entfernung der Fürsten, der Träger der Zersplitterung, durch die Vernichtung der Macht der Pfaffen und durch die Losreißung Deutschlands von der geistlichen Herrschaft Roms glaubten Hutten und Sickingen, das Reich wieder einig, frei und mächtig zu machen.

Die auf der Leibeigenschaft beruhende Adelsdemokratie, wie sie in Polen und in etwas modifizierter Form in den ersten Jahrhunderten der von den Germanen eroberten Reiche bestanden hat, ist eine der rohesten Gesellschaftsformen und entwickelt sich ganz normal weiter zur ausgebildeten Feudalhierarchie, die schon eine bedeutend höhere Stufe ist. Diese reine Adelsdemokratie war also im 16. Jahrhundert unmöglich. Sie war schon unmöglich, weil überhaupt bedeutende und mächtige Städte in Deutschland bestanden. Auf der andern Seite war aber auch jene Allianz des niedern Adels und der Städte unmöglich, die in England die Verwandlung der feudal-ständischen Monarchie in die bürgerlich-konstitutionelle zustande brachte. In Deutschland hatte sich der alte Adel erhalten, in England war er durch die Rosenkriege[212] bis auf 28 Familien ausgerottet und wurde durch einen neuen Adel bürgerlichen Ursprungs und mit bürgerlichen Tendenzen ersetzt; in Deutschland bestand die Leibeigenschaft fort, und der Adel hatte *feudale* Einkommenquellen, in England war sie fast ganz beseitigt, und der Adel war einfacher bürgerlicher Grundbesitzer mit der *bürgerlichen* Einkommenquelle: der Grundrente. Endlich war die Zentralisation der absoluten Monarchie, die in Frankreich seit Ludwig XI. durch den Gegensatz von Adel und Bürgerschaft bestand und sich immer weiter ausbildete, schon darum in Deutschland unmöglich, weil hier überhaupt die Bedingungen der nationalen Zentralisation gar nicht oder nur unentwickelt vorhanden waren.

Je mehr unter diesen Verhältnissen Hutten sich auf die praktische Durchführung seines Ideals einließ, desto mehr Konzessionen mußte er machen und desto unbestimmter mußten die Umrisse seiner Reichsreform werden. Der Adel allein war nicht mächtig genug, das Unternehmen durchzusetzen, das bewies seine wachsende Schwäche gegenüber den Fürsten. Man mußte Bundesgenossen haben, und die einzig möglichen waren die Städte, die Bauern und die einflußreichen Theoretiker der Reformationsbewegung. Aber die Städte kannten den Adel hinreichend, um ihm nicht zu trauen und jedes Bündnis mit ihm zurückzuweisen. Die Bauern sahen im Adel, der sie aussog und mißhandelte, mit vollem Recht ihren bittersten Feind. Und die Theoretiker hielten es entweder mit den Bürgern, Fürsten oder den Bauern. Was sollte auch der Adel den Bürgern und Bauern Positives versprechen von einer Reichsreform, deren Hauptzweck immer die Hebung des Adels war? Unter diesen Umständen blieb Hutten nichts übrig, als in seinen Propagandaschriften über die künftige gegenseitige Stellung des Adels, der Städte und der Bauern wenig oder gar nichts zu sagen, alles Übel auf die Fürsten und Pfaffen und die Abhängigkeit von Rom zu schieben und den Bürgern nachzuweisen, daß ihr Interesse ihnen gebiete, im bevorstehenden Kampf zwischen Fürsten und Adel sich mindestens neutral zu halten. Von Aufhebung der Leibeigenschaft und der Lasten, die der Bauer dem Adel schuldig war, ist bei Hutten nirgends die Rede.

Die Stellung des deutschen Adels gegenüber den Bauern war damals ganz dieselbe wie die des polnischen Adels zu seinen Bauern in den Insurrektionen ⟨1830–46⟩[213]. Wie in den modernen polnischen Aufständen, war damals in Deutschland die Bewegung nur durchzuführen durch eine Allianz aller Oppositionsparteien und namentlich des Adels mit den Bauern. Aber grade diese Allianz war in beiden Fällen *unmöglich.* Weder war der Adel in die Notwendigkeit versetzt, seine politischen Privilegien und seine Feudalgerechtsame gegenüber den Bauern aufzugeben, noch konnten die revolutionären Bauern sich auf allgemeine unbestimmte Aussichten hin in eine Allianz mit dem Adel einlassen, mit dem Stand, der sie gerade am meisten bedrückte. Wie in Polen 1830, so konnte in Deutschland 1522 der Adel die Bauern nicht mehr gewinnen. Nur die gänzliche Beseitigung der Leibeigenschaft und Hörigkeit, das Aufgeben aller Adelsprivilegien hätte das Landvolk mit dem Adel vereinigen können; aber der Adel, wie jeder privilegierte Stand, hatte nicht die geringste Lust, seine

Vorrechte, seine ganze exzeptionelle Stellung und den größten Teil seiner Einkommenquellen freiwillig aufzugeben.

Der Adel stand also schließlich, als es zum Kampfe kam, den Fürsten allein gegenüber. Daß die Fürsten, die ihm seit zwei Jahrhunderten fortwährend Terrain abgewonnen, ihn auch diesmal mit leichter Mühe erdrükken mußten, war vorherzusehen.

Der Verlauf des Kampfes selbst ist bekannt. Hutten und Sickingen, der schon als politisch-militärischer Chef des mitteldeutschen Adels anerkannt war, brachten 1522 zu Landau einen Bund des rheinischen, schwäbischen und fränkischen Adels auf sechs Jahre zustande, angeblich zur Selbstverteidigung; Sickingen zog ein Heer, teils aus eignen Mitteln, teils in Verbindung mit den umliegenden Rittern, zusammen, organisierte Werbungen und Zuzüge in Franken, am Niederrhein, in den Niederlanden und Westfalen und eröffnete im September 1522 die Feindseligkeiten mit einer Fehdeerklärung an den Kurfürsten-Erzbischof von Trier. Aber während er vor Trier lag, wurden seine Zuzüge durch rasches Einschreiten der Fürsten abgeschnitten; der Landgraf von Hessen und der Kurfürst von der Pfalz zogen den Trierern zu Hülfe, und Sickingen mußte sich in sein Schloß Landstuhl werfen. Trotz aller Bemühungen Huttens und seiner übrigen Freunde ließ ihn hier der verbündete Adel, eingeschüchtert durch die konzentrierte und rasche Aktion der Fürsten, im Stich; er selbst wurde tödlich verwundet, übergab dann Landstuhl und starb gleich darauf. Hutten mußte in die Schweiz flüchten und starb wenige Monate später auf der Insel Ufnau im Zürchersee.

Mit dieser Niederlage und dem Tod der beiden Führer war die Macht des Adels als einer von den Fürsten unabhängigen Körperschaft gebrochen. Von jetzt an tritt der Adel nur noch im Dienst und unter der Leitung der Fürsten auf. Der Bauernkrieg, der gleich darauf ausbrach, zwang ihn noch mehr, sich direkt oder indirekt unter den Schutz der Fürsten zu stellen, und bewies zu gleicher Zeit, daß der deutsche Adel es vorzog, lieber unter fürstlicher Oberhoheit die Bauern fernerhin zu exploitieren, als die Fürsten und Pfaffen durch ein offenes Bündnis mit den *emanzipierten* Bauern zu stürzen.

V

[Der schwäbisch-fränkische Bauernkrieg]

Von dem Augenblick an, wo Luthers Kriegserklärung gegen die katholische Hierarchie alle Oppositionselemente Deutschlands in Bewegung gesetzt, verging kein Jahr, in dem nicht die Bauern ebenfalls wieder mit ihren Forderungen hervortraten. Von 1518 bis 1523 folgte ein lokaler Bauernaufstand im Schwarzwald und in Oberschwaben auf den andern. Seit

Frühjahr 1524 nahmen diese Aufstände einen systematischen Charakter an. Im April dieses Jahres verweigerten die Bauern der Abtei Marchthal die Frondienste und Leistungen; im Mai verweigerten die Sankt-Blasier Bauern die Leibeigenschaftsgebühren; im Juni erklärten die Bauern von Steinheim bei Memmingen, weder Zehnten noch sonstige Gebühren zahlen zu wollen; im Juli und August standen die Thurgauer Bauern auf und wurden teils durch die Vermittlung der Zürcher, teils durch die Brutalität der Eidgenossenschaft, die mehrere hinrichten ließ, wieder zur Ruhe gebracht. Endlich erfolgte in der Landgrafschaft Stühlingen ein entschiednerer Aufstand, der als der unmittelbare *Anfang des Bauernkriegs* gelten kann.

Die Stühlinger Bauern verweigerten plötzlich die Leistungen an den Landgrafen, rotteten sich in starken Haufen zusammen und zogen unter *Hans Müller von Bulgenbach* am 24. August[214] 1524 nach Waldshut. Hier stifteten sie in Gemeinschaft mit den Bürgern eine evangelische Brüderschaft. Die Bürger traten der Verbindung um so eher bei, als sie gleichzeitig wegen religiöser Verfolgungen gegen Balthasar *Hubmaier*, ihren Prediger, einen Freund und Schüler Thomas Münzers, mit der vorderöstreichischen[215] Regierung im Konflikt waren. Es wurde also eine Bundessteuer von drei Kreuzern wöchentlich – ein enormer Betrag für den damaligen Geldwert – aufgelegt, Emissäre nach dem Elsaß, der Mosel, dem ganzen Oberrhein und Franken geschickt, um die Bauern überall in den Bund zu bringen, und als Zweck des Bundes die Abschaffung der Feudalherrschaft, die Zerstörung aller Schlösser und Klöster und die Beseitigung aller Herren außer dem Kaiser proklamiert. Die Bundesfahne war die *deutsche Trikolore*.[216]

Der Aufstand gewann rasch Terrain im ganzen jetzigen badischen Oberland. Ein panischer Schrecken ergriff den oberschwäbischen Adel, dessen Streitkräfte fast sämtlich in Italien, im Kriege gegen Franz I. von Frankreich[217], beschäftigt waren. Es blieb ihm nichts übrig, als die Sache durch Unterhandlungen in die Länge zu ziehen und inzwischen Gelder aufzutreiben und Truppen zu werben, bis er stark genug sei, die Bauern für ihre Vermessenheit mit «Sengen und Brennen, Plündern und Morden»[218] zu züchtigen. Von jetzt an begann jener systematische Verrat, jene konsequente Wortbrüchigkeit und Heimtücke, durch die der Adel und die Fürsten sich während des ganzen Bauernkriegs auszeichneten und die gegenüber den dezentralisierten und schwer organisierbaren Bauern ihre stärkste Waffe war. Der Schwäbische Bund, der die Fürsten, den Adel und die Reichsstädte Südwestdeutschlands umfaßte, legte sich ins Mittel, aber ohne den Bauern positive Konzessionen zu garantieren. Diese blieben in Bewegung. Hans Müller von Bulgenbach zog vom 30. September bis Mitte Oktober durch den Schwarzwald bis Urach und Furtwangen, brachte seinen Haufen bis auf 3500 Mann und nahm mit diesem bei Ewattingen (nicht weit von Stühlingen) Position. Der Adel hatte nicht über 1700 Mann zur Verfügung, und auch diese waren zersplittert. Er war gezwungen, sich auf einen Waffenstillstand einzulassen, der auch wirklich im Ewattinger Lager zustande kam. Gütlicher Vertrag, entweder direkt zwischen den Beteiligten oder durch Schiedsrichter, und Untersuchung der Beschwerden durch das Landgericht zu Stockach wurden den Bauern zugesagt. Sowohl die Adelstruppen wie die Bauern gingen auseinander.

Die Bauern vereinigten sich auf 16 Artikel, deren Bewilligung vom Stockacher Gericht verlangt werden sollte. Sie waren sehr gemäßigt. Abschaffung des Jagdrechts, der Fronden, der drückenden Steuern und Herrschaftsprivilegien überhaupt, Schutz gegen willkürliche Verhaftung und gegen parteiische, nach Willkür urteilende Gerichte – weiter forderten sie nichts.

Der Adel dagegen forderte, sobald die Bauern heimgegangen waren, sogleich sämtliche streitige Leistungen wieder ein, so lange bis das Gericht entschieden habe. Die Bauern weigerten sich natürlich und verwiesen die Herren an das Gericht. Der Streit brach von neuem aus; die Bauern zogen sich wieder zusammen, die Fürsten und Herren konzentrierten ihre Truppen. Diesmal ging die Bewegung wieder weiter, bis über den Breisgau und tief ins Württembergische hinein. Die Truppen unter *Georg Truchseß von Waldburg*, dem Alba des Bauernkriegs, beobachteten sie, schlugen einzelne Zuzüge, wagten aber nicht das Gros anzugreifen. Georg Truchseß unterhandelte mit den Bauernchefs und brachte hier und da Verträge zustande.

Ende Dezember begannen die Verhandlungen vor dem Landgericht zu Stockach. Die Bauern protestierten gegen die Zusammensetzung des Gerichts aus lauter Adligen. Ein kaiserlicher Bestallungsbrief wurde ihnen als Antwort vorgelesen. Die Verhandlungen zogen sich in die Länge, inzwischen rüsteten der Adel, die Fürsten, die schwäbischen Bundesbehörden. Erzherzog Ferdinand, der außer den jetzt noch östreichischen Erblanden auch Württemberg, den badischen Schwarzwald und den südlichen Elsaß beherrschte, befahl die größte Strenge gegen die rebellischen Bauern. Man solle sie fangen, foltern und ohne Gnade erschlagen, man solle sie, wie es am bequemsten sei, verderben, ihr Hab und Gut verbrennen und veröden und ihre Weiber und Kinder aus dem Lande jagen. Man sieht, wie die Fürsten und Herren den Waffenstillstand hielten und was sie unter gütlicher Vermittlung und Untersuchung der Beschwerden verstanden. Erzherzog Ferdinand, dem das Haus Welser in Augsburg Geld vorgeschossen, rüstete in aller Eile; der Schwäbische Bund schrieb ein in drei Terminen zu stellendes Kontingent von Geld und Truppen aus.

Diese bisherigen Aufstände fallen zusammen mit der fünfmonatlichen Anwesenheit Thomas Münzers im Oberland. Von dem Einfluß, den er auf den Ausbruch und Gang der Bewegung gehabt, sind zwar keine direkten Beweise vorhanden, aber dieser Einfluß ist indirekt vollständig konstatiert. Die entschiedneren Revolutionäre unter den Bauern sind meist seine Schüler und vertreten seine Ideen. Die zwölf Artikel wie der Artikelbrief der oberländischen Bauern[219] werden ihm von allen Zeitgenossen zugeschrieben, obwohl er wenigstens erstere gewiß nicht verfaßt hat. Noch auf seiner Rückreise nach Thüringen erließ er eine entschieden revolutionäre Schrift an die insurgierten Bauern.[220]

Gleichzeitig intrigierte der seit 1519 aus Württemberg vertriebene Herzog Ulrich, um mit Hülfe der Bauern wieder in den Besitz seines Landes zu kommen. Es ist faktisch, daß er seit seiner Vertreibung die revolutionäre Partei zu benutzen suchte und sie fortwährend unterstützte. In die meisten von 1520–24 vorgekommenen Lokalunruhen im Schwarzwald und in Württemberg wird sein Name verwickelt, und jetzt rüstete er direkt zu einem Einfall von seinem Schloß Hohentwiel aus nach Württemberg. Er wurde indes von den Bauern nur benutzt, hatte nie Einfluß auf sie und noch weniger ihr Vertrauen.

So verging der Winter, ohne daß es von einer der beiden Seiten zu etwas Entscheidendem kam. Die fürstlichen Herrn versteckten sich, der Bauernaufstand gewann an Ausdehnung. Im Januar 1525 war das ganze Land zwischen Donau, Rhein und Lech in voller Gärung, und im Februar brach der Sturm los.

Während der *Schwarzwald-Hegauer Haufe* unter Hans Müller von Bulgenbach mit Ulrich von Württemberg konspirierte und zum Teil seinen vergeblichen Zug nach Stuttgart mitmachte (Februar und März 1525), standen die Bauern im Ried, oberhalb Ulm, am 9. Februar auf, sammelten sich in einem von Sümpfen gedeckten Lager bei Baltringen, pflanzten die *rote Fahne* auf und formierten, unter der Führung von Ulrich Schmid, den *Baltringer Haufen*. Sie waren 10000 bis 12000 Mann stark.

Am 25. Februar zog sich der *Oberallgäuer Haufen*, 7000 Mann stark, am Schussen zusammen, auf das Gerücht hin, daß die Truppen gegen die auch hier aufgetretenen Mißvergnügten heranzögen. Die Kemptner, die den ganzen Winter über mit ihrem Erzbischof im Streit gewesen, traten am 26. zusammen und vereinigten sich mit ihnen. Die Städte Memmingen und Kaufbeuren schlossen sich, unter Bedingungen, der Bewegung an; doch trat schon hier die Zweideutigkeit der Stellung hervor, die die Städte in diesem Kampf einnahmen. Am 7. März wurden in Memmingen die zwölf Memminger Artikel für alle Oberallgäuer Bauern angenommen.

Auf Botschaft der Allgäuer bildete sich am Bodensee, unter Eitel Hans, der *Seehaufen*. Auch dieser Haufe verstärkte sich rasch. Das Hauptquartier war in Bermatingen.

Ebenso standen im unteren Allgäu, in der Gegend von Ochsenhausen und Schellenberg, im Zeilschen und Waldburgschen, den Herrschaften des Truchseß, die Bauern auf, und zwar schon in den ersten Tagen des März. Dieser *Unterallgäuer Haufen* lagerte, 7000 Mann stark, bei Wurzach.

Diese vier Haufen nahmen alle die Memminger Artikel an, die übrigens noch viel gemäßigter waren als die der Hegauer und auch in den Punkten, die sich auf das Verhalten der bewaffneten Haufen zum Adel und den Regierungen bezogen, einen merkwürdigen Mangel an Entschiedenheit zur Schau tragen. Die Entschiedenheit, wo sie kam, kam erst im Laufe des Kriegs, nachdem die Bauern Erfahrungen über die Handlungsweise ihrer Feinde gemacht hatten.

Gleichzeitig mit diesen Haufen bildete sich ein sechster an der Donau. Aus der ganzen Gegend von Ulm bis Donauwörth, aus den Tälern der Iller, Roth und Biber kamen die Bauern nach Leipheim und schlugen dort ein Lager auf. Von 15 Ortschaften war jeder waffenfähige Mann, von 117 waren Zuzüge da. Der Führer des *Leipheimer Haufens* war Ulrich Schön, sein Prediger Jakob Wehe, der Pfarrer von Leipheim.

So standen anfangs März, in sechs Lagern, an 30000 bis 40000 insurgierte oberschwäbische Bauern unter den Waffen. Der Charakter dieser Bauernhaufen war sehr gemischt. Die revolutionäre – Münzersche – Partei war überall in der Minorität. Trotzdem bildete sie überall den Kern und Halt der Bauernlager. Die Masse der Bauern war immer bereit, sich auf ein Abkommen mit den Herren einzulassen, wenn ihr nur die Konzessionen gesichert wurden, die sie durch ihre drohende Haltung zu ertrotzen hoffte. Dazu wurde sie, als die Sache sich in die Länge zog und die Fürstenheere heranrückten, des Kriegführens überdrüssig, und diejenigen, die noch etwas zu verlieren hatten, gingen größtenteils nach Hause. Dabei hatte sich den Haufen das vagabundierende Lumpenproletariat massenweise angeschlossen, das die Disziplin erschwerte, die Bauern demoralisierte und ebenfalls häufig ab- und zulief. Schon hieraus erklärt sich, daß die Bauernhaufen anfangs überall in der Defensive blieben, in den Feldlagern sich demoralisierten und auch, abgesehen von ihrer taktischen Unzulänglichkeit und von der Seltenheit guter Führer, den Armeen der Fürsten keineswegs gewachsen waren.

Noch während die Haufen sich zusammenzogen, fiel Herzog Ulrich mit geworbenen Truppen und einigen Hegauer Bauern von Hohentwiel nach Württemberg ein. Der Schwäbische Bund war verloren, wenn die Bauern jetzt von der andern Seite her gegen die Truppe des Truchseß von Waldburg heranrückten. Aber bei der bloß defensiven Haltung der Haufen gelang es dem Truchseß bald, mit den Baltringer, Allgäuer und Seebauern einen Waffenstillstand abzuschließen, Verhandlungen einzuleiten und einen Termin zur Abmachung der Sache auf Sonntag Judika (2. April) anzusetzen. Währenddes konnte er gegen Herzog Ulrich ziehn, Stuttgart besetzen und ihn zwingen, schon am 17. März Württemberg wieder zu verlassen. Dann wandte er sich gegen die Bauern; aber in seinem eignen Heer revoltierten die Landsknechte und weigerten sich, gegen diese zu ziehn. Es gelang dem Truchseß die Meuterer zu beschwichtigen, und nun marschierte er nach Ulm, wo sich neue Verstärkungen sammelten. Bei Kirchheim unter Teck hatte er ein Beobachtungslager zurückgelassen.

Der Schwäbische Bund, der endlich die Hände frei und seine ersten Kontingente beisammen hatte, warf jetzt die Maske ab und erklärte, daß er «das, was die Bauern eigenen Willens sich unterfangen, mit den Waffen und mit Gottes Hülfe zu wenden entschlossen sei».[221]

Die Bauern hatten sich inzwischen streng an den Waffenstillstand gehalten. Sie hatten für die Verhandlung am Sonntag Judika ihre Forderungen aufgesetzt, die berühmten *zwölf Artikel.* Sie verlangten Wahl und Absetzbarkeit der Geistlichen durch die Gemeinden, Abschaffung des kleinen Zehnten und Verwendung des großen[222] zu öffentlichen Zwecken nach Abzug des Pfarrgehalts, Abschaffung der Leibeigenschaft, des Fischerei- und Jagdrechts und des Todfalls, Beschränkung der übermäßigen Fronden, Steuern und Gülten, Restitution der den Gemeinden und einzelnen gewaltsam entzogenen Waldungen, Weiden und Privilegien und Beseitigung der Willkür in Justiz und Verwaltung. Man sieht, die gemäßigte, verträgliche Partei wog noch bedeutend vor unter Bauernhaufen. Die revolutionäre Partei hatte schon früher im *«Artikelbrief»*[219] ihr Programm aufgestellt. Dieser offne Brief an sämtliche Bauernschaften fordert sie auf, einzutreten in die «christliche Vereinigung und Bruderschaft» zur Entfernung aller Lasten, sei es durch Güte, «was nicht wohl sein mag», sei es durch Gewalt, und bedroht alle Weigernden mit dem «weltlichen Bann», d. h. mit der Ausstoßung aus der Gesellschaft und aus allem Verkehr mit den Bundesmitgliedern. Alle Schlösser, Klöster und Pfaffenstifter sollen gleichfalls in den weltlichen Bann getan werden, es sei denn, daß Adel, Pfaffen und Mönche sie freiwillig verlassen, in gewöhnliche Häuser ziehn wie andre Leute und sich der christlichen Vereinigung anschließen. – In diesem radikalen Manifest, das offenbar *vor* dem Frühjahrsaufstand 1525 abgefaßt wurde, handelt es sich also vor allem um die Revolution, die vollständige Besiegung der noch herrschenden Klassen, und der «weltliche Bann» designiert nur die Unterdrücker und Verräter, die erschlagen, die Schlösser, die verbrannt, die Klöster und Stifter, die konfisziert und deren Schätze in Geld verwandelt werden sollen.

Ehe jedoch die Bauern dazu kamen, ihre zwölf Artikel den berufenen Schiedsrichtern vorzulegen, kam ihnen die Nachricht von dem Vertragsbruch des Schwäbischen Bundes und dem Herannahen der Truppen. Sogleich trafen sie ihre Maßregeln. Eine Generalversammlung der Allgäuer, Baltringer und Seebauern wurde zu Gaisbeuren abgehalten. Die vier Haufen wurden vermischt und vier neue Kolonnen aus ihnen organisiert, die Konfiskation der geistlichen Güter, der Verkauf ihrer Kleinodien zum Besten der Kriegskasse und die Verbrennung der Schlösser wurden beschlossen. So wurde neben den offiziellen zwölf Artikeln der Artikelbrief die Regel ihrer Kriegsführung und der Sonntag Judika, der zum Friedensschluß angesetzte Tag, das Datum der *allgemeinen Erhebung.*

Die überall wachsende Aufregung, die fortwährenden Lokalkonflikte der Bauern mit dem Adel, die Nachricht von dem seit sechs Monaten immer wachsenden Aufstand im Schwarzwald und von seiner Verbreitung bis an die Donau und den Lech reichen allerdings hin, um die rasche Aufeinanderfolge der Bauernaufstände in zwei Dritteln von Deutschland zu erklären. Aber daß Leute an der Spitze der Bewegung standen, die diese durch wiedertäuferische und sonstige Emissäre organisiert hatten, das beweist das Faktum der Gleichzeitigkeit aller einzelnen Aufstände. In der letzten Hälfte des März waren schon Unruhen im Württembergischen, am untern Neckar, im Odenwald, in Unter- und Mittelfranken ausgebrochen; aber überall wurde schon vorher der 2. April, der Sonntag Judika, als Tag des allgemeinen Losbruchs angegeben, überall geschah der entscheidende Schlag, der Aufstand in Masse, in der ersten Woche des April. Auch die Allgäuer, Hegauer und Seebauern riefen am 1. April durch Sturmläuten und Massenversammlungen alle waffenfähigen Männer ins Lager und eröffneten, gleichzeitig mit den Baltringern, die Feindseligkeiten gegen die Schlösser und Klöster.

In *Franken*, wo sich die Bewegung um sechs Zentren gruppierte, brach der Aufstand überall in den ersten Tagen des April los. Bei *Nördlingen* bildeten sich um diese Zeit zwei Bauernlager, mit deren Hülfe die revolutionäre Partei in der Stadt, deren Chef *Anton Forner* war, die Oberhand erhielt und Forners Ernennung zum Bürgermeister sowie den Anschluß der Stadt an die Bauern durchsetzte. Im *Ansbachschen* standen die Bauern vom 1. bis 7. April überall auf, und der Aufstand verbreitete sich von hier bis nach Bayern hinüber. Im *Rothenburgschen* standen die Bauern schon seit dem 22. März unter den Waffen; in der Stadt Rothenburg wurde am 27. März die Herrschaft der Ehrbarkeit durch die Kleinbürger und Plebejer unter Stephan von *Menzingen* gestürzt; aber da gerade die Leistungen der Bauern hier die Haupteinkünfte der Stadt waren, hielt sich auch die neue Regierung sehr schwankend und zweideutig gegenüber den Bauern. Im Hochstift *Würzburg* erhoben sich anfangs April die Bauern und die kleinen Städte allgemein, und im Bistum *Bamberg* zwang die allgemeine Insurrektion binnen fünf Tagen den Bischof zur Nachgiebigkeit. Endlich im Norden, an der thüringischen Grenze, zog sich das starke *Bildhäuser Bauernlager* zusammen.

Im *Odenwald*, wo *Wendel Hipler*, ein Adliger und ehemaliger Kanzler der Grafen von Hohenlohe, und *Georg Metzler*, Wirt zu Ballenberg bei Krautheim, an der Spitze der revolutionären Partei standen, brach der Sturm schon am 26. März los. Die Bauern zogen von allen Seiten nach der Tauber. Auch 2000 Mann aus dem Lager vor Rothenburg schlossen sich an. Georg Metzler übernahm die Führung und marschierte, nachdem alle Verstärkungen eingetroffen, am 4. April nach dem Kloster Schöntal an der Jagst, wo die *Neckartaler* zu ihm stießen. Diese, von *Jäcklein Rohrbach*, Wirt zu Böckingen bei Heilbronn, geführt, hatten am Sonntag Judika in Flein, Sontheim usw. die Insurrektion proklamiert, während gleichzeitig Wendel Hipler mit einer Anzahl Verschworner Öhringen überrumpelt und die umwohnenden Bauern in die Bewegung hineingerissen hatte. Zu

Schöntal wurden von den beiden, zum «*hellen Haufen*» vereinigten Bauernkolonnen die zwölf Artikel angenommen und Streifzüge gegen Schlösser und Klöster organisiert. Der helle Haufen war an 8000 Mann stark und hatte Kanonen und 3000 Handbüchsen. Auch *Florian Geyer*, ein fränkischer Ritter, schloß sich ihm an und bildete die Schwarze Schar, ein Elitekorps, das besonders aus der Rothenburger und Öhringer Landwehr sich rekrutierte.

Der württembergische Vogt in Neckarsulm, Graf Ludwig von Helfenstein, eröffnete die Feindseligkeiten. Er ließ alle Bauern, die ihm in die Hände fielen, ohne weiteres niedermachen. Der helle Haufen zog ihm entgegen. Diese Metzeleien sowie die eben eingetroffene Nachricht von der Niederlage des Leipheimer Haufens, von Jakob Wehes Hinrichtung und den Grausamkeiten des Truchseß erbitterten die Bauern. Der Helfensteiner, der sich nach Weinsberg hineingeworfen hatte, wurde hier angegriffen. Das Schloß wurde von Florian Geyer gestürmt, die Stadt nach längerem Kampf genommen und Graf Ludwig nebst mehreren Rittern gefangen. Am nächsten Tag, am 17. April, hielt Jäcklein Rohrbach mit den entschiedensten Leuten des Haufens Gericht über die Gefangenen und ließ ihrer vierzehn, den Helfensteiner an der Spitze, durch die Spieße jagen – den schimpflichsten Tod, den er sie erdulden lassen konnte. Die Einnahme von Weinsberg und die terroristische Rache Jäckleins an dem Helfensteiner verfehlten ihre Wirkung auf den Adel nicht. Die Grafen von Löwenstein traten der Bauernverbindung bei, die von Hohenlohe, die schon früher zugetreten waren, aber noch keine Hülfe geleistet hatten, schickten sofort das verlangte Geschütz und Pulver.

Die Hauptleute berieten darüber, ob sie nicht Götz von Berlichingen zum Hauptmann nehmen sollten, «da dieser den Adel zu ihnen bringen könne». Der Vorschlag fand Anklang; aber Florian Geyer, der in dieser Stimmung der Bauern und Hauptleute den Anfang einer Reaktion sah, trennte sich hierauf mit seiner Schwarzen Schar vom Haufen, durchstreifte auf eigne Faust zuerst die Neckargegend, dann das Würzburgische und zerstörte überall die Schlösser und Pfaffennester.

Der Rest des Haufens zog nun zunächst gegen Heilbronn. In dieser mächtigen freien Reichsstadt stand, wie fast überall, der Ehrbarkeit eine bürgerliche und eine revolutionäre Opposition entgegen. Die letztere, im geheimen Einverständnis mit den Bauern, öffnete während eines Tumults schon am 17. April G [eorg] Metzler und Jäcklein Rohrbach die Tore. Die Bauernchefs nahmen mit ihren Leuten Besitz von der Stadt, die in die Brüderschaft aufgenommen wurde und 1200 Gulden Geld sowie ein Fähnlein Freiwilliger stellte. Nur die Geistlichkeit und die Besitzungen der Deutschordensherren wurden gebrandschatzt. Am 22. zogen die Bauern wieder ab, nachdem sie eine kleine Besatzung hinterlassen hatten. Heilbronn sollte das Zentrum der verschiedenen Haufen werden, die auch wirklich Delegierte hinschickten und über gemeinsame Aktion und gemeinsame

Forderungen der Bauernschaften berieten. Aber die bürgerliche Opposition und die seit dem Einmarsch der Bauern mit ihr verbündete Ehrbarkeit hatten jetzt wieder die Oberhand in der Stadt, verhinderten alle energischen Schritte und warteten nur auf das Herannahen der fürstlichen Heere, um die Bauern definitiv zu verraten.

Die Bauern zogen dem Odenwald zu. Am 24. April mußte Götz von Berlichingen, der sich wenige Tage vorher zuerst dem Kurfürsten von der Pfalz, dann den Bauern, dann wieder dem Kurfürsten angetragen hatte, in die evangelische Brüderschaft treten und das Oberkommando des hellen *lichten* Haufens (im Gegensatz zum *schwarzen* Haufen Florian Geyers) übernehmen. Er war aber zu gleicher Zeit Gefangener der Bauern, die ihn mißtrauisch überwachten und ihn an den Beirat der Hauptleute banden, ohne die er nichts tun konnte. Götz und Metzler zogen nun mit der Masse der Bauern über Buchen nach Amorbach, wo sie vom 30. April bis 5. Mai blieben und das ganze Mainzische insurgierten. Der Adel wurde überall zum Anschluß gezwungen und seine Schlösser dadurch geschont; nur die Klöster wurden verbrannt und geplündert. Der Haufen hatte sich zusehends demoralisiert; die energischsten Leute waren mit Florian Geyer oder mit Jäcklein Rohrbach fort, denn auch dieser hatte sich nach der Einnahme Heilbronns getrennt, offenbar weil er, der Richter des Grafen Helfenstein, nicht länger bei einem Haufen bleiben konnte, der sich mit dem Adel vertragen wollte. Dies Dringen auf eine Verständigung mit dem Adel war selbst schon ein Zeichen von Demoralisation. Bald darauf schlug Wendel Hipler eine sehr passende Reorganisation des Haufens vor: Man solle die sich täglich anbietenden Landsknechte in Dienst nehmen und den Haufen nicht wie bisher monatlich durch Einziehung von neuen und Entlassung der alten Kontingente erneuern, sondern die einmal unter den Waffen befindliche, einigermaßen geübte Mannschaft behalten. Aber die Gemeindeversammlung verwarf beide Anträge; die Bauern waren bereits übermütig geworden und sahen den ganzen Krieg als einen Beutezug an, wobei ihnen die Konkurrenz der Landsknechte nicht zusagen konnte und wobei es ihnen freistehen mußte, nach Hause zu ziehen, sobald ihre Taschen gefüllt waren. In Amorbach kam es sogar so weit, daß der Heilbronner Ratsherr Hans Berlin die «Deklaration der zwölf Artikel», ein Aktenstück, worin selbst die letzten Spitzen der zwölf Artikel abgebrochen und den Bauern eine demütig supplizierende Sprache in den Mund gelegt wurde, bei den Hauptleuten und Räten des Haufens durchsetzte. Diesmal war die Sache den Bauern doch zu stark; sie verwarfen die Deklaration unter großem Lärm und beharrten auf den ursprünglichen Artikeln.

Inzwischen war im Würzburgischen eine entscheidende Wendung eingetreten. Der Bischof, der sich bei dem ersten Bauernaufstand anfangs April auf den festen Frauenberg bei Würzburg zurückgezogen und nach allen Seiten, aber vergeblich, um Hülfe geschrieben hatte, war endlich zur momentanen Nachgiebigkeit gezwungen worden. Am 2. Mai wurde ein

Landtag eröffnet, auf dem auch die Bauern vertreten waren. Aber ehe irgendein Resultat gewonnen werden konnte, wurden Briefe aufgefangen, die die verräterischen Umtriebe des Bischofs konstatierten. Der Landtag ging gleich auseinander, und die Feindseligkeiten begannen zwischen den insurgierten Städtern und Bauern und den Bischöflichen. Der Bischof selbst entfloh am 5. Mai nach Heidelberg; am nächsten Tag schon kam Florian Geyer und die Schwarze Schar in Würzburg an, mit ihm der *fränkische Tauberhaufen,* der sich aus Mergentheimer, Rothenburger und ansbachschen Bauern gebildet hatte. Am 7. Mai rückte auch Götz von Berlichingen mit dem hellen lichten Haufen ein, und die Belagerung des Frauenbergs begann.

Im Limpurgischen und in der Gegend von Ellwangen und Hall bildete sich ein andrer, der Gaildorfer oder *gemeine helle Haufen,* schon Ende März und Anfang April. Er trat sehr gewaltsam auf, insurgierte die ganze Gegend, verbrannte viele Klöster und Schlösser, u. a. auch das Schloß Hohenstaufen, zwang alle Bauern zum Mitzug und alle Adligen, selbst die Schenken von Limpurg, zum Eintritt in die christliche Verbrüderung. Anfang Mai machte er einen Einfall nach Württemberg, wurde aber zum Rückzug bewogen. Der Partikularismus der deutschen Kleinstaaterei erlaubte damals sowenig wie 1848, daß die Revolutionäre verschiedner Staatsgebiete gemeinsam agierten. Die Gaildorfer, auf ein kleines Terrain beschränkt, fielen notwendig in sich zusammen, nachdem sie allen Widerstand auf diesem Terrain besiegt hatten. Sie vertrugen sich mit der Stadt Gmünd und gingen mit Hinterlassung von nur 500 Bewaffneten auseinander.

In der *Pfalz* hatten sich auf beiden Rheinufern gegen Ende April Bauernhaufen gebildet. Sie zerstörten viele Schlösser und Klöster und nahmen am 1. Mai Neustadt a. d. Haardt, nachdem die herübergekommenen Bruchrainer schon tags vorher Speyer zu einem Vertrag gezwungen hatten. Der Marschall von Habern konnte mit den wenigen kurfürstlichen Truppen nichts gegen sie ausrichten, und am 10. Mai mußte der Kurfürst mit den insurgierten Bauern einen Vertrag abschließen, in welchem er ihnen Abstellung ihrer Beschwerden auf einem Landtag garantierte.

In *Württemberg* endlich war der Aufstand schon früh in einzelnen Gegenden losgebrochen. Auf der Uracher Alb hatten die Bauern schon im Februar einen Bund gegen die Pfaffen und Herren geschlossen, und Ende März erhoben sich die Blaubeurer, Uracher, Münsinger, Balinger und Rosenfelder Bauern. Die Gaildorfer fielen bei Göppingen, Jäcklein Rohrbach bei Brackenheim, die Trümmer des geschlagenen Leipheimer Haufens bei Pfullingen in württembergisches Gebiet ein und insurgierten das Landvolk. Auch in andern Gegenden brachen ernsthafte Unruhen aus. Schon am 6. April mußte Pfullingen mit den Bauern kapitulieren. Die Regierung des östreichischen Erzherzogs war in der größten Verlegenheit. Sie hatte gar kein Geld und sehr wenig Truppen. Die Städte und Schlösser waren im schlechtesten Zustand und hatten weder Besatzung nach Munition. Selbst der Asperg war fast schutzlos.

Der Versuch der Regierung, die Aufgebote der Städte gegen die Bauern zusammenzuziehn, entschied ihre momentane Niederlage. Am 16. April weigerte sich das Bottwarer Aufgebot zu marschieren und zog, statt nach Stuttgart, auf den Wunnenstein bei Bottwar, wo es den Kern eines Lagers von Bürgern und Bauern bildete, das sich rasch vermehrte. An demselben Tage brach der Aufstand im Zabergäu aus; das Kloster Maulbronn wurde geplündert und eine Anzahl von Klöstern und Schlössern vollständig verwüstet. Aus dem benachbarten Bruchrain zogen den Gäubauern Verstärkungen zu.

An die Spitze des Haufens auf dem Wunnenstein trat *Matern Feuerbacher,* Ratsherr von Bottwar, einer der Führer der bürgerlichen Opposition, aber hinreichend kompromittiert, um mit den Bauern gehn zu müssen. Er blieb indes fortwährend sehr gemäßigt, verhinderte die Vollziehung des Artikelbriefs an den Schlössern und suchte überall zwischen den Bauern und der gemäßigten Bürgerschaft zu vermitteln. Er verhinderte die Vereinigung der Württemberger mit dem hellen lichten Haufen und bewog später ebenfalls die Gaildorfer zum Rückzug aus Württemberg. Wegen seiner bürgerlichen Tendenzen wurde er am 19. April abgesetzt, aber bereits am nächsten Tag wieder zum Hauptmann ernannt. Er war unentbehrlich, und selbst als Jäcklein Rohrbach am 22. mit 200 Mann entschlossenen Leuten den Württembergern zuzog, blieb ihm nichts übrig, als jenen in seiner Stelle zu lassen und sich auf genaue Überwachung seiner Handlungen zu beschränken.

Am 18. April versuchte die Regierung mit den Bauern auf dem Wunnenstein zu unterhandeln. Die Bauern bestanden darauf, die Regierung müsse die zwölf Artikel annehmen, und dies konnten die Bevollmächtigten natürlich nicht. Der Haufen setzte sich nun in Bewegung. Am 20. war er in Lauffen, wo die Abgeordneten der Regierung zum letztenmal zurückgewiesen wurden. Am 22. stand er, 6000 Mann stark, in Bietigheim und bedrohte Stuttgart. Hier war der Rat größtenteils geflohen und ein Bürgerausschuß an die Spitze der Verwaltung gesetzt. In der Bürgerschaft waren dieselben Parteispaltungen zwischen Ehrbarkeit, bürgerlicher Opposition und revolutionären Plebejern wie überall. Die letzteren öffneten am 25. April den Bauern die Tore, und Stuttgart wurde sogleich besetzt. Hier wurde die Organisation des *hellen christlichen Haufens,* wie sich die württembergischen Insurgenten jetzt nannten, vollständig durchgeführt und Löhnung, Beuteverteilung und Verpflegung etc. in feste Regeln gebracht. Ein Fähnlein Stuttgarter unter Theus Gerber schloß sich an.

Am 29. April zog Feuerbacher mit dem ganzen Haufen gegen die bei Schorndorf ins Württembergische eingefallenen Gaildorfer, nahm die ganze Gegend in die Verbindung auf und bewog dadurch die Gaildorfer zum Rückzug. Er verhinderte so, daß durch die Vermischung mit den rücksichtslosen Gaildorfern das revolutionäre Element in seinem Haufen, an dessen Spitze Rohrbach stand, eine gefährliche Verstärkung erhielt. Von Schorndorf zog er auf die Nachricht, daß der Truchseß heranziehe, diesem entgegen und lagerte am 1. Mai bei Kirchheim unter Teck.

Wir haben hiermit das Entstehen und die Entwickelung des Aufstandes in demjenigen Teil Deutschlands geschildert, den wir als das Terrain der ersten Gruppe der Bauernhaufen betrachten müssen. Ehe wir auf die übrigen Gruppen (Thüringen und Hessen, Elsaß, Östreich und die Alpen) eingehn, müssen wir den Feldzug des Truchseß berichten, in dem er, anfangs allein, später unterstützt von verschiedenen Fürsten und Städten, diese erste Gruppe von Insurgenten vernichtete.

Wir verließen den Truchseß bei Ulm, wohin er sich Ende März wandte, nachdem er bei Kirchheim unter Teck ein Beobachtungskorps unter Dietrich Spät zurückgelassen. Das Korps des Truchseß, nach Herbeiziehung der in Ulm konzentrierten bündischen Verstärkungen nicht ganz 10000 Mann stark, wovon 7200 Mann Infanterie, war das einzige zum Angriffskrieg gegen die Bauern disponible Heer. Die Verstärkungen kamen nur sehr langsam nach Ulm zusammen, teils wegen der Schwierigkeit der Werbung in insurgierten Ländern, teils wegen des Geldmangels der Regierungen, teils weil überall die wenigen Truppen zur Besatzung der Festungen und Schlösser mehr als unentbehrlich waren. Wie wenig Truppen die Fürsten und Städte disponibel hatten, die nicht zum Schwäbischen Bund gehörten, haben wir schon gesehn. Von den Erfolgen, die Georg Truchseß mit seiner Bundesarmee erfechten würde, hing also alles ab.

Der Truchseß wandte sich zuerst gegen den *Baltringer Haufen*, der inzwischen begonnen hatte, Schlösser und Klöster in der Umgebung des Ried zu verwüsten. Die Bauern, beim Herannahen der Bundestruppen zurückgegangen, wurden aus den Sümpfen durch Umgehung vertrieben, gingen über die Donau und warfen sich in die Schluchten und Wälder der Schwäbischen Alb. Hier, wo ihnen die Reiterei und das Geschütz, die Hauptstärke der bündischen Armee, nichts anhaben konnte, verfolgte sie der Truchseß nicht weiter. Er zog gegen die Leipheimer, die mit 5000 Mann bei Leipheim, mit 4000 im Mindeltal und mit 6000 bei Illertissen standen, die ganze Gegend insurgierten, Klöster und Schlösser zerstörten und sich vorbereiteten, mit allen drei Kolonnen gegen Ulm zu ziehn. Auch hier scheint bereits einige Demoralisation unter den Bauern eingerissen zu sein und die militärische Zuverlässigkeit des Haufens vernichtet zu haben; denn Jakob Wehe suchte von vornherein mit dem Truchseß zu unterhandeln. Dieser aber ließ sich jetzt, wo er eine hinreichende Truppenmacht hinter sich hatte, auf nichts ein, sondern griff am 4. April den Haupthaufen bei Leipheim an und zersprengte ihn vollständig. Jakob Wehe und Ulrich Schön sowie zwei andere Bauernführer wurden gefangen und enthauptet; Leipheim kapitulierte, und mit einigen Streifzügen in der Umgegend war der ganze Bezirk unterworfen.

Eine neue Rebellion der Landsknechte, durch das Verlangen der Plünderung und einer Extralöhnung veranlaßt, hielt den Truchseß abermals bis zum 10. April auf. Dann zog er südwestlich gegen die *Baltringer,* die inzwischen in seine Herrschaften Waldburg, Zeil und Wolfegg eingefallen waren und seine Schlösser belagerten. Auch hier fand er die Bauern zersplittert und schlug sie am 11. und 12. April nacheinander in einzelnen Gefechten, die den Baltringer Haufen ebenfalls vollständig auflösten. Der Rest zog sich unter dem Pfaffen Florian auf den *Seehaufen* zurück. Gegen diesen wandte sich nun der Truchseß. Der Seehaufen, der inzwischen nicht nur Streifzüge gemacht, sondern auch die Städte Buchhorn (Friedrichshafen) und Wollmatingen in die Verbrüderung gebracht hatte, hielt am 13. großen Kriegsrat im Kloster Salem und beschloß, dem Truchseß entgegenzuziehn. Sofort wurde überall Sturm geläutet, und 10000 Mann, zu denen noch die geschlagenen Baltringer stießen, versammelten sich im Bermatinger Lager. Sie bestanden am 15. April ein günstiges Gefecht mit dem Truchseß, der seine Armee hier nicht in einer Entscheidungsschlacht aufs Spiel setzen wollte und vorzog zu unterhandeln, um so mehr, als er erfuhr, daß die Allgäuer und Hegauer ebenfalls heranrückten. Er schloß also am 17. April mit den Seebauern und Baltringern zu Weingarten einen für sie scheinbar ziemlich günstigen Vertrag, auf den die Bauern ohne Bedenken eingingen. Er brachte es ferner dahin, daß die Delegierten der Ober- und Unterallgäuer diesen Vertrag ebenfalls annahmen, und zog dann nach Württemberg ab.

Die List der Truchseß rettete ihn hier vor sicherem Untergang. Hätte er nicht verstanden, die schwachen, beschränkten, größtenteils schon demoralisierten Bauern und ihre meist unfähigen, ängstlichen und bestechlichen Führer zu betören, so war er mit seiner kleinen Armee zwischen vier Kolonnen, zusammen mindestens 25000 bis 30000 Mann stark, eingeschlossen und unbedingt verloren. Aber die bei Bauernmassen immer unvermeidliche Borniertheit seiner Feinde machte es ihm möglich, sich ihrer gerade in dem Moment zu entledigen, wo sie den ganzen Krieg, wenigstens für Schwaben und Franken, mit einem Schlage beendigen konnten. Die Seebauern hielten den Vertrag, mit dem sie schließlich natürlich geprellt wurden, so genau, daß sie später gegen ihre eignen Bundesgenossen, die Hegauer, die Waffen ergriffen; die Allgäuer, durch ihre Führung in den Verrat verwickelt, sagten sich zwar gleich davon los, aber inzwischen war der Truchseß aus der Gefahr.

Die Hegauer, obwohl nicht in den Weingarter Vertrag eingeschlossen, gaben gleich darauf einen neuen Beleg von der grenzenlosen Lokalborniertheit und dem eigensinnigen Provinzialismus, der den ganzen Bauernkrieg zugrunde richtete. Nachdem der Truchseß vergeblich mit ihnen unterhandelt hatte und nach Württemberg abmarschiert war, zogen sie ihm nach und blieben ihm fortwährend in der Flanke; es fiel ihnen aber nicht ein, sich mit dem württembergischen hellen christlichen Haufen zu vereinigen, und zwar aus dem Grunde, weil die Württemberger und Nekkartaler ihnen auch einmal Hülfe abgeschlagen hatten. Als daher der Truchseß sich weit genug von ihrer Heimat entfernt hatte, kehrten sie ruhig wieder um und zogen gegen Freiburg.

Wir verließen die Württemberger unter Matern Feuerbacher bei Kirchheim unter Teck, von wo das vom Truchseß zurückgelassene Beobachtungskorps unter Dietrich Spät sich nach Urach zurückgezogen hatte. Nach einem vergeblichen Versuch auf Urach wandte sich Feuerbacher nach Nürtingen und schrieb an alle benachbarten Insurgentenhaufen um Zuzug für die Entscheidungsschlacht. Es kamen in der Tat sowohl aus dem württembergischen Unterland wie aus dem Gäu bedeutende Verstärkungen. Namentlich rückten die Gäubauern, die sich um die bis nach Württemberg zurückgegangenen Trümmer der Leipheimer gesammelt und das ganze obere Neckar- und Nagoldtal bis nach Böblingen und Leonberg insurgiert hatten, in zwei starken Haufen heran und vereinigten sich am 5. Mai in Nürtingen mit Feuerbacher. Bei Böblingen stieß der Truchseß auf die vereinigten Haufen. Ihre Zahl, ihr Geschütz und ihre Stellung machten ihn stutzig; er fing nach seiner üblichen Methode sofort Unterhandlungen an und schloß einen Waffenstillstand mit den Bauern. Kaum hatte er sie hierdurch sicher gemacht, so überfiel er sie am 12. Mai *während des Waffenstillstandes* und zwang sie zu einer Entscheidungsschlacht. Die Bauern leisteten langen und tapferen Widerstand, bis endlich Böblingen dem Truchseß durch den Verrat der Bürgerschaft überliefert wurde. Der linke Flügel der Bauern war hiermit seines Stützpunktes beraubt, wurde geworfen und umgangen. Hierdurch war die Schlacht entschieden. Die undisziplinierten Bauern gerieten in Unordnung und bald in wilde Flucht; was nicht von den bündischen Reitern niedergemacht oder gefangen wurde, warf die Waffen weg und eilte nach Hause. Der «helle christliche Haufen» und mit ihm die ganze württembergische Insurrektion, war vollständig aufgelöst. Theus Gerber entkam nach Eßlingen, Feuerbacher floh nach der Schweiz, Jäcklein Rohrbach wurde gefangen und in Ketten bis Neckargartach mitgeschleppt, wo ihn der Truchseß an einen Pfahl ketten, ringsherum Holz aufschichten und so bei langsamem Feuer lebendig braten ließ, während er selbst, mit seinen Rittern zechend, sich an diesem ritterlichen Schauspiel weidete.

Von Neckargartach aus unterstützte der Truchseß durch einen Einfall in den Kraichgau die Operationen des Kurfürsten von der Pfalz. Dieser, der inzwischen Truppen gesammelt, brach auf die Nachricht von den Erfolgen des Truchseß sofort den Vertrag mit den Bauern, überfiel am 23. Mai den Bruchrain, nahm und verbrannte Malsch nach heftigem Widerstande, plünderte eine Anzahl von Dörfern und besetzte Bruchsal. Zu gleicher Zeit überfiel der Truchseß Eppingen und nahm den dortigen Chef der Bewegung, Anton Eisenhut, gefangen, den der Kurfürst nebst einem Dutzend anderer Bauernführer sogleich hinrichten ließ. Der Bruchrain und Kraichgau waren hiermit pazifiziert und mußten gegen 40000 Gulden Brandschatzung zahlen. Die beiden Heere des Truchsessen – auf 6000 Mann reduziert durch die bisherigen Schlachten – und des Kurfürsten (6500 Mann) vereinigten sich nun und zogen den Odenwäldern entgegen.

Die Nachricht von der Böblinger Niederlage hatte überall Schrecken unter den Insurgenten verbreitet. Die freien Reichsstädte, soweit sie unter die drückende Hand der Bauern geraten waren, atmeten plötzlich wieder auf. Heilbronn war die erste, die zur Versöhnung mit dem Schwäbischen Bund Schritte tat. In Heilbronn saßen die Bauernkanzlei und die Delegierten der verschiedenen Haufen, um die Anträge zu beraten, die im Namen sämtlicher insurgierter Bauern an Kaiser und Reich gestellt werden sollten. In diesen Verhandlungen, die ein allgemeines, für ganz Deutschland gültiges Resultat haben sollten, stellte sich abermals heraus, wie kein einzelner Stand, auch der der Bauern nicht, weit genug entwickelt war, um von seinem Standpunkt aus die gesamten deutschen Zustände neu zu gestalten. Es zeigte sich sogleich, daß man zu diesem Zweck den Adel und ganz besonders die Bürgerschaft gewinnen mußte. *Wendel Hipler* bekam hiermit die Leitung der Verhandlungen in seine Hände. Wendel Hipler erkannte von allen Führern der Bewegung die bestehenden Verhältnisse am richtigsten. Er war kein weitgreifender Revolutionär wie Münzer, kein Repräsentant der Bauern wie Metzler oder Rohrbach. Seine vielseitige Erfahrung, seine praktische Kenntnis der Stellung der einzelnen Stände gegeneinander verhinderte ihn, einen der in der Bewegung verwickelten Stände gegen die andern ausschließlich zu vertreten. Gerade wie Münzer, als Repräsentant der ganz außer dem bisherigen offiziellen Gesellschaftsverband stehenden Klasse, der Anfänge des Proletariats, zur Vorahnung des Kommunismus getrieben wurde, geradeso kam Wendel Hipler, der Repräsentant sozusagen des Durchschnitts aller progressiven Elemente der Nation, bei der Vorahnung der *modernen bürgerlichen Gesellschaft* an. Die Grundsätze, die er vertrat, die Forderungen, die er aufstellte, waren zwar nicht das unmittelbar Mögliche, sie waren aber das, etwas idealisierte, notwendige Resultat der bestehenden Auflösung der feudalen Gesellschaft; und die Bauern, sobald sie sich darangaben, für das ganze Reich Gesetzentwürfe zu machen, waren genötigt, darauf einzugehn. So nahm die Zentralisation, die von den Bauern gefordert wurde, hier in Heilbronn eine positivere Gestalt an, eine Gestalt, die von der Vorstellung der Bauern über sie indes himmelweit verschieden war. So wurde sie z. B. in der Herstellung der Einheit von Münze, Maß und Gewicht, in der Aufhebung der inneren Zölle etc. näher bestimmt, kurz, in Forderungen, die weit mehr im Interesse der Städtebürger als der Bauern waren. So wurden dem Adel Konzessionen gemacht, die sich den modernen Ablösungen bedeutend nähern und die auf die schließliche Verwandlung des feudalen Grundbesitzes in bürgerlichen hinausliefen. Kurz, sobald die Forderungen der Bauern zu einer «Reichsreform» zusammengefaßt wurden, mußten sie sich nicht den momentanen Forderungen, aber den definitiven Interessen der Bürger unterordnen.

Während diese Reichsreform in Heilbronn noch debattiert wurde, reiste der Verfasser der «Deklaration der zwölf Artikel», Hans Berlin, schon dem Truchseß entgegen, um im Namen der Ehrbarkeit und Bürgerschaft wegen Übergabe der Stadt zu unterhandeln. Reaktionäre Bewegungen in der Stadt unterstützten den Verrat, und Wendel Hipler mußte mit den Bauern fliehen. Er ging nach Weinsberg, wo er die Trümmer der Württemberger und die wenig mobile Mannschaft der Gaildorfer zu sammeln suchte. Aber das Herannahen des Kurfürsten von der Pfalz und des Truchseß vertrieb ihn auch von hier, und so mußte er nach Würzburg gehn, um den hellen lichten Haufen in Bewegung zu bringen. Die bündischen und kurfürstlichen Truppen unterwarfen indes die ganze Neckargegend, zwangen die Bauern, neu zu huldigen, verbrannten viele Dörfer und erstachen oder hängten alle flüchtigen Bauern, deren sie habhaft wurden. Weinsberg wurde, zur Rache für die Hinrichtung des Helfensteiners, niedergebrannt.

Die vor Würzburg vereinigten Haufen hatten inzwischen den Frauenberg belagert und am 15. Mai, noch ehe die Bresche geschossen war, einen tapfern, aber vergeblichen Sturm auf die Festung versucht. 400 der besten Leute, meist von Florian Geyers Schar, blieben in den Gräben tot oder verwundet liegen. Zwei Tage später, am 17., kam Wendel Hipler an und ließ einen Kriegsrat halten. Er schlug vor, nur 4000 Mann vor dem Frauenberg zu lassen und mit der ganzen, an 20000 Mann starken Hauptmacht unter den Augen des Truchseß bei Krautheim an der Jagst ein Lager zu beziehen, auf das sich alle Verstärkungen konzentrieren könnten. Der Plan war vortrefflich; nur durch Zusammenhalten der Massen und durch Überzahl konnte man hoffen, das jetzt an 13000 Mann starke fürstliche Heer zu schlagen. Aber schon war die Demoralisation und Entmutigung unter den Bauern zu groß geworden, um noch irgendeine energische Aktion zuzulassen. Götz von Berlichingen, der bald darauf offen als Verräter auftrat, mag auch dazu beigetragen haben, den Haufen hinzuhalten, und so wurde der Hiplersche Plan nie ausgeführt. Statt dessen wurden die Haufen, wie immer, zersplittert. Erst am 23. Mai setzte sich der helle lichte Haufen in Bewegung, nachdem die Franken versprochen hatten, schleunigst zu folgen. Am 26. wurden die in Würzburg lagernden markgräflich-ansbachschen Fähnlein heimgerufen durch die Nachricht, daß der Markgraf die Feindseligkeiten gegen die Bauern eröffnet habe. Der Rest des Belagerungsheers, nebst Florian Geyers Schwarzer Schar, nahm Position bei Heidingsfeld, nicht weit von Würzburg.

Der helle lichte Haufen kam am 24. Mai in Krautheim an, in einem wenig schlagfertigen Zustand. Hier hörten viele, daß ihre Dörfer inzwischen dem Truchseß gehuldigt hatten, und nahmen dies zum Vorwand, um nach Hause zu gehn. Der Haufe zog weiter nach Neckarsulm und unterhandelte am 28. mit dem Truchseß. Zugleich wurden Boten an die Franken, Elsässer und Schwarzwald-Hegauer mit der Aufforderung zu schleunigem Zuzug geschickt. Von Neckarsulm marschierte Götz [von Berlichingen] auf Öhringen zurück. Der Haufe schmolz täglich zusammen; auch Götz von Berlichingen verschwand während des Marsches; er war heimgeritten, nachdem er schon früher durch seinen alten Waffengefährten Dietrich Spät mit dem Truchseß wegen seines Übertritts unterhandelt hatte. Bei Öhringen, infolge falscher Nachrichten über das Herannahen des Feindes, ergriff plötzlich ein panischer Schreck die rat- und mutlose Masse; der Haufen lief in voller Unordnung auseinander, und nur mit Mühe konnten Metzler und Wendel Hipler etwa 2000 Mann zusammenhalten, die sie wieder auf Krautheim führten. Inzwischen war das fränkische Aufgebot, 5000 Mann stark, herangekommen, aber durch einen von Götz offenbar in verräterischer Absicht angeordneten Seitenmarsch über Löwenstein nach Öhringen verfehlte es den hellen Haufen und zog auf Neckarsulm. Dies Städtchen, von einigen Fähnlein des hellen lichten Haufens besetzt, wurde vom Truchseß belagert. Die Franken kamen in der Nacht an und sahen die Feuer des bündischen Lagers; aber ihre Führer hatten nicht den Mut, einen Überfall zu wagen, und zogen sich nach Krautheim zurück, wo sie endlich den Rest des hellen lichten Haufens fanden. Neckarsulm ergab sich, als kein Entsatz kam, am 29. an die Bündischen, der Truchseß ließ sofort dreizehn Bauern hinrichten und zog dann sengend und brennend, plündernd und mordend den Haufen entgegen. Im ganzen Neckar-, Kocher- und Jagsttal bezeichneten Schutthaufen und an den Bäumen aufgehängte Bauern seinen Weg.

Bei Krautheim stieß das bündische Heer auf die Bauern, die sich, durch eine Flankenbewegung des Truchseß gezwungen, auf Königshofen an der Tauber zurückzogen. Hier faßten sie, 8000 Mann mit 32 Kanonen, Position. Der Truchseß näherte sich ihnen hinter den Hügeln und Wäldern versteckt, ließ Umgehungskolonnen vorrücken und überfiel sie am 2. Juni mit solcher Übermacht und Energie, daß sie trotz der hartnäckigsten, bis in die Nacht fortgesetzten Gegenwehr mehrerer Kolonnen vollständig geschlagen und aufgelöst wurden. Wie immer, trug auch hier die bündische Reiterei, «der Bauern Tod», hauptsächlich zur Vernichtung des Insurgentenheers bei, indem sie sich auf die durch Artillerie, Büchsenfeuer und Lanzenangriffe erschütterten Bauern warf, sie vollständig zersprengte und einzeln niedermachte. Welche Art von Krieg der Truchseß mit seinen Reitern führte, beweist das Schicksal der 300 Königshofener Bürger, die beim Bauernheer waren. Sie wurden während der Schlacht bis auf fünfzehn niedergehauen, und von diesen fünfzehn wurden nachträglich noch vier enthauptet.

Nachdem er so mit den Odenwäldern, Neckartalern und Niederfranken fertig geworden, pazifizierte der Truchseß durch Streifzüge, Verbrennung ganzer Dörfer und zahllose Hinrichtungen die ganze Umgegend und zog dann gegen Würzburg. Unterwegs erfuhr er, daß der zweite fränkische Haufe unter Florian Geyer und Gregor von Burgbernheim bei Sulzdorf stand, und sofort wandte er sich gegen diesen.

Florian Geyer, der seit dem vergeblichen Sturm auf den Frauenberg hauptsächlich mit den Fürsten und Städten, namentlich mit Rothenburg und dem Markgrafen Kasimir von Ansbach, wegen ihres Beitritts zur Bauernverbrüderung unterhandelt hatte, wurde durch die Nachricht der Königshofener Niederlage plötzlich abgerufen. Mit seinem Haufen vereinigte sich der ansbachsche unter Gregor von Burgbernheim. Dieser Haufe hatte sich erst neuerdings gebildet. Der Markgraf Kasimir hatte in echt hohenzollerscher Weise den Bauernaufstand in seinem Gebiet teils durch Versprechungen, teils durch drohende Truppenmassen im Schach zu halten gewußt. Er hielt vollständige Neutralität gegen alle fremden Haufen, solange sie keine ansbachschen Untertanen an sich zogen. Er suchte den Haß der Bauern hauptsächlich auf die geistlichen Stifter zu lenken, durch deren schließliche Konfiskation er sich zu bereichern gedachte. Dabei rüstete er fortwährend und wartete die Ereignisse ab. Kaum war die Nachricht von der Schlacht bei Böblingen eingetroffen, als er sofort die Feindseligkeiten gegen seine rebellischen Bauern eröffnete, ihnen die Dörfer plünderte und verbrannte und viele von ihnen hängen und niedermachen ließ. Die Bauern jedoch zogen sich rasch zusammen und schlugen ihn, unter Gregor von Burgbernheim, am 29. Mai bei Windsheim. Während sie ihn noch verfolgten, erreichte sie der Ruf der bedrängten Odenwälder, und sofort wandten sie sich nach Heidingsfeld und von dort mit Florian Geyer wieder nach Würzburg (2. Juni). Hier ließen sie, stets ohne Nachricht von den Odenwäldern, 5000 Bauern zurück und zogen mit 4000 Mann – der Rest war auseinandergelaufen – den übrigen nach. Durch falsche Nachrichten über den Ausfall der Schlacht bei Königshofen sicher gemacht, wurden sie bei *Sulzdorf* vom Truchseß überfallen und total geschlagen. Wie gewöhnlich richteten die Reiter und Knechte des Truchsessen ein furchtbares Blutbad an. Florian Geyer hielt den Rest seiner Schwarzen Schar, 600 Mann, zusammen und schlug sich durch nach dem Dorf Ingolstadt. 200 Mann besetzten die Kirche und den Kirchhof, 400 das Schloß. Die Pfälzer hatten ihn verfolgt, eine Kolonne von 1200 Mann nahm das Dorf und zündete die Kirche an; was nicht in den Flammen unterging, wurde niedergemacht. Dann schossen die Pfälzer Bresche in die baufällige Mauer des Schlosses und versuchten den Sturm. Zweimal von den Bauern, die hinter einer inneren Mauer gedeckt standen, zurückgeschlagen, schossen sie auch diese zweite Mauer zusammen und versuchten dann den dritten Sturm, der auch gelang. Die Hälfte von Geyers Leuten wurde zusammengehauen; mit den letzten zweihundert entkam er glücklich. Aber sein Zufluchtsort wurde schon am nächsten Tage (Pfingstmontag) entdeckt; die Pfälzer umzingelten den Wald, in dem er versteckt lag, und hieben den ganzen Haufen nieder. Nur 17 Gefangene wurden während dieser zwei

Tage gemacht. Florian Geyer hatte sich mit wenigen der Entschlossensten wieder durchgeschlagen und wandte sich nun zu den Gaildorfern, die wieder an 7000 Mann stark zusammengetreten waren. Aber als er hinkam, fand er sie, infolge der niederschlagenden Nachrichten von allen Seiten, größtenteils wieder aufgelöst. Er machte noch den Versuch, die Versprengten in den Wäldern zu sammeln, wurde aber am 9. Juni bei Hall von Truppen überrascht und fiel fechtend.

Der Truchseß, der schon gleich nach dem Sieg von Königshofen den Belagerten auf dem Frauenberg Nachricht gegeben hatte, rückte nun auf Würzburg. Der Rat verständigte sich heimlich mit ihm, so daß das bündische Heer in der Nacht des 7. Juni die Stadt nebst den darin befindlichen 5000 Bauern umzingeln und am nächsten Morgen in die vom Rat geöffneten Tore ohne Schwertstreich einziehen konnte. Durch diesen Verrat der Würzburger «Ehrbarkeit» wurde der letzte fränkische Bauernhaufe entwaffnet und sämtliche Führer gefangen. Der Truchseß ließ sogleich 81 enthaupten. Hier in Würzburg trafen nun nacheinander die verschiedenen fränkischen Fürsten ein; der Bischof von Würzburg selbst, der von Bamberg und der Markgraf von Brandenburg-Ansbach. Die gnädigen Herren verteilten unter sich die Rollen. Der Truchseß zog mit dem Bischof von Bamberg, der jetzt sofort den mit seinen Bauern abgeschlossenen Vertrag brach und sein Land den wütenden Mordbrennerhorden des bündischen Heeres preisgab. Der Markgraf Kasimir verwüstete sein eigenes Land. Deiningen wurde verbrannt; zahllose Dörfer wurden geplündert oder den Flammen preisgegeben; dabei hielt der Markgraf in jeder Stadt ein Blutgericht ab. In Neustadt an der Aisch ließ er achtzehn, in Bergel dreiundvierzig Rebellen enthaupten. Von da zog er nach Rothenburg, wo die Ehrbarkeit bereits eine Kontrerevolution gemacht und Stephan von Menzingen verhaftet hatte. Die Rothenburger Kleinbürger und Plebejer mußten jetzt schwer dafür büßen, daß sie sich den Bauern gegenüber so zweideutig benommen, daß sie ihnen bis ganz zuletzt alle Hülfe abgeschlagen, daß sie in ihrem lokalbornierten Eigennutz auf Unterdrückung der ländlichen Gewerbe zugunsten der städtischen Zünfte bestanden und nur widerwillig die aus den Feudalleistungen der Bauern fließenden städtischen Einkünfte aufgegeben hatten. Der Markgraf ließ ihrer sechzehn köpfen, voran natürlich Menzingen. – Der Bischof von Würzburg durchzog in gleicher Weise sein Gebiet, überall plündernd, verwüstend und sengend. Er ließ auf seinem Siegeszug 256 Rebellen hinrichten und krönte sein Werk, bei seiner Rückkehr nach Würzburg, durch die Enthauptung von noch dreizehn Würzburgern.

Im Mainzischen stellte der Statthalter, Bischof Wilhelm von Straßburg, die Ruhe ohne Widerstand her. Er ließ nur vier hinrichten. Der Rheingau, der ebenfalls erregt gewesen, wo aber längst alles nach Hause gegangen war, wurde nachträglich von Frowin von Hutten, Ulrichs Vetter, überfallen und durch Hinrichtung von zwölf Rädelsführern vollends «beruhigt».

Frankfurt, das auch bedeutende revolutionäre Bewegungen erlebt hatte, war anfangs durch Nachgiebigkeit des Rats, später durch angeworbene Truppen im Zaum gehalten worden. In der Rheinpfalz hatten sich seit dem Vertragsbruch des Kurfürsten wieder an 8000 Bauern zusammengerottet und von neuem Klöster und Schlösser verbrannt; aber der Trierer Erzbischof zog den Marschall von Habern zu Hülfe und schlug sie schon am 23. Mai bei Pfeddersheim. Eine Reihe von Grausamkeiten (in Pfeddersheim allein wurden 82 hingerichtet) und die Einnahme von Weißenberg am 7. Juli beendeten hier den Aufstand.

Von sämtlichen Haufen blieben jetzt nur noch zwei zu besiegen: die Hegau-Schwarzwälder und die Allgäuer. Mit beiden hatte der Erzherzog Ferdinand intrigiert. Wie Markgraf Kasimir und andere Fürsten den Aufstand zur Aneignung der geistlichen Ländereien und Fürstentümer, so suchte er ihn zur Vergrößerung der östreichischen Hausmacht zu benutzen. Er hatte mit dem Allgäuer Hauptmann Walter Bach und mit dem Hegauer Hans Müller von Bulgenbach unterhandelt, um die Bauern dahin zu bringen, sich für den Anschluß an Östreich zu erklären, aber obwohl beide Chefs käuflich waren, konnten sie bei den Haufen weiter nichts durchsetzen, als daß die Allgäuer mit dem Erzherzog einen Waffenstillstand schlossen und die Neutralität gegen Östreich beobachteten.

Die *Hegauer* hatten auf ihrem Rückzug aus dem Württembergischen eine Anzahl Schlösser zerstört und Verstärkungen aus den markgräflich-badischen Ländern an sich gezogen. Sie marschierten am 13. Mai gegen Freiburg, beschossen es vom 18. an und zogen am 23., nachdem die Stadt kapituliert hatte, mit fliegenden Fahnen hinein. Von dort zogen sie gegen Stockach und Radolfzell und führten lange einen erfolglosen kleinen Krieg gegen die Besatzungen dieser Städte. Diese, sowie der Adel und die umliegenden Städte, riefen kraft des Weingarter Vertrags die Seebauern um Hülfe an, und die ehemaligen Rebellen des Seehaufens erhoben sich, 5000 Mann stark, gegen ihre Bundesgenossen. So stark war die Lokalborniertheit dieser Bauern. Nur 600 weigerten sich, wollten sich den Hegauern anschließen und wurden massakriert. Die Hegauer jedoch, durch den abgekauften Hans Müller von Bulgenbach veranlaßt, hatten bereits die Belagerung aufgehoben und waren, als Hans Müller gleich darauf floh, meist auseinandergegangen. Der Rest verschanzte sich an der Hilzinger Steige, wo er am 16. Juli von den inzwischen disponibel gewordenen Truppen geschlagen und vernichtet wurde. Die Schweizer Städte vermittelten einen Vertrag für die Hegauer, der indes nicht verhinderte, daß Hans Müller trotz seines Verrats zu Laufenburg verhaftet und enthauptet wurde. Im Breisgau fiel nun auch Freiburg (17. Juli) vom Bunde der Bauern ab und schickte Truppen gegen sie; doch auch hier kam bei der Schwäche der fürstlichen Streitkräfte am 18. September ein Vertrag zu Offenburg zustande, in den auch der Sundgau eingeschlossen wurde. Die acht Einungen des Schwarzwalds und die Klettgauer, die noch nicht entwaffnet waren, wurden durch die Tyrannei des Grafen von Sulz abermals zum Aufstand getrieben und im Oktober geschlagen. Am 13. November wurden die Schwarzwälder zu einem Vertrag gezwungen, und am 6. Dezember fiel Waldshut, das letzte Bollwerk der Insurrektion am Oberrhein.

Die *Allgäuer* hatten seit dem Abzug des Truchseß ihre Kampagne gegen Klöster und Schlösser wieder aufgenommen und für die Verwüstungen der Bündischen energische Repressalien geübt. Sie hatten wenig Truppen sich gegenüber, die nur einzelne kleine Überfälle unternahmen, ihnen aber nie in die Wälder folgen konnten. Im Juni brach in Memmingen, das sich ziemlich neutral gehalten hatte, eine Bewegung gegen die Ehrbarkeit aus, die nur durch die zufällige Nähe einiger bündischen Truppen, welche der Ehrbarkeit noch zur rechten Zeit zu Hülfe kommen konnten, unterdrückt wurde. Schappeler, der Prediger und Führer der plebejischen Bewegung, entkam nach Sankt Gallen. Die Bauern zogen nun vor die Stadt und wollten eben mit dem Brescheschießen beginnen, als sie erfuhren, daß der Truchseß von Würzburg heranzog. Am 27. Juli marschierten sie ihm in zwei Kolonnen über Babenhausen und Obergünzburg entgegen. Der Erzherzog Ferdinand versuchte nochmals die Bauern für das Haus Östreich zu gewinnen. Gestützt auf den Waffenstillstand, den er mit ihnen abgeschlossen, forderte er den Truchseß auf, nicht weiter gegen sie vorzurücken. Der Schwäbische Bund jedoch befahl ihm, sie anzugreifen und nur das Sengen und Brennen zu lassen; der Truchseß war indes viel zu klug, um auf sein erstes und entscheidendstes Kriegsmittel zu verzichten, selbst wenn es ihm möglich gewesen wäre, die vom Bodensee bis an den Main von Exzeß zu Exzeß geführten Landsknechte im Zaum zu halten. Die Bauern faßten Position hinter der Iller und Leubas, an 23000 Mann stark. Der Truchseß stand ihrer Front gegenüber mit 11000 Mann. Die Stellungen beider Heere waren stark; die Reiterei konnte auf dem vorliegenden Terrain nicht wirken; und wenn die Landsknechte des Truchseß an Organisation, militärischen Hülfsquellen und Disziplin den Bauern überlegen waren, so zählten die Allgäuer eine Menge gedienter Soldaten und erfahrener Hauptleute in ihren Reihen und hatten zahlreiches, gut bedientes Geschütz. Am 19. Juli eröffneten die Bündischen eine Kanonade, die von beiden Seiten am 20. fortgesetzt wurde, jedoch ohne Resultat. Am 21. stieß Georg von Frundsberg mit 3000 Landsknechten zum Truchseß. Er kannte viele der Bauernhauptleute, die unter ihm in den italienischen Feldzügen gedient hatten, und knüpfte Unterhandlungen mit ihnen an. Der Verrat gelang, wo die militärischen Hülfsmittel nicht ausreichten. Walter Bach, mehrere andere Hauptleute und Geschützmeister ließen sich kaufen. Sie ließen den ganzen Pulvervorrat in Brand stecken und bewegten den Haufen zu einem Umgehungsversuch. Kaum aber waren die Bauern aus ihrer festen Stellung heraus, so fielen sie in den Hinterhalt, den ihnen der Truchseß nach Verabredung mit Bach und den anderen Verrätern gelegt hatte. Sie konnten sich um so weniger verteidigen, als ihre Hauptleute, die Verräter, sie unter dem Vorwand einer Rekognoszierung verlassen hatten und schon auf dem Wege nach der Schweiz waren. Zwei der Bauernkolonnen wurden so vollständig zersprengt, die dritte, unter dem Knopf von Leubas, konnte sich noch geordnet zurückziehen. Sie stellte sich wieder auf dem Kollenberg bei Kempten, wo der Truchseß sie einschloß. Auch hier wagte er nicht, sie anzugreifen; er schnitt ihr die Zufuhr ab und suchte sie zu demoralisieren, indem er an 200 Dörfer in der Umgegend niederbrennen ließ. Der Hunger und der Anblick ihrer brennenden Wohnungen brachte die Bauern endlich dahin, daß sie sich ergaben (25. Juli). Mehr als zwanzig wurden sogleich hingerichtet. Der Knopf von Leubas, der einzige Führer dieses Haufens, der seine Fahne nicht verraten hatte, entkam nach Bregrenz; aber hier wurde er verhaftet und nach langem Gefängnis gehängt.

Damit war der schwäbisch-fränkische Bauernkrieg beendet.

VI

[Der thüringische, elsässische und östreichische Bauernkrieg]

Gleich beim Ausbruch der ersten Bewegungen in Schwaben war *Thomas Münzer* wieder nach *Thüringen* geeilt und hatte seit Ende Februar oder anfangs März seinen Wohnsitz in der freien Reichsstadt *Mühlhausen* genommen, wo seine Partei am stärksten war. Er hatte die Fäden der ganzen Bewegung in der Hand; er wußte, welch allgemeiner Sturm in Süddeutschland auszubrechen im Begriff war, und hatte es übernommen, Thüringen in das Zentrum der Bewegung für Norddeutschland zu verwandeln. Er fand einen höchst fruchtbaren Boden. Thüringen selbst, der Hauptsitz der Reformationsbewegung, war im höchsten Grade aufgeregt; und die materielle Not der unterdrückten Bauern nicht minder als die kursierenden revolutionären, religiösen und politischen Doktrinen hatten auch die benachbarten Länder, Hessen, Sachsen und die Harzgegend, für einen allgemeinen Aufstand vorbereitet. In Mühlhausen namentlich war die ganze Masse der Kleinbürgerschaft für die extreme, Münzersche Richtung gewonnen und konnte kaum den Moment erwarten, an dem sie ihre Überzahl gegen die hochmütige Ehrbarkeit geltend machen sollte. Münzer selbst mußte, um dem richtigen Moment nicht vorzugreifen, besänftigend auftreten; doch sein Schüler Pfeifer, der hier die Bewegung dirigierte, hatte sich schon so kompromittiert, daß er den Ausbruch nicht zurückhalten konnte, und schon am 17. März 1525, noch vor dem allgemeinen Aufstand in Süddeutschland, machte Mühlhausen seine Revolution. Der alte patrizische Rat wurde gestürzt und die Regierung in die Hände des neugewählten «ewigen Rats» gelegt, dessen Präsident Münzer war.

Es ist das Schlimmste, was dem Führer einer extremen Partei widerfahren kann, wenn er gezwungen wird, in einer Epoche die Regierung zu übernehmen, wo die Bewegung noch nicht reif ist für die Herrschaft der Klasse, die er vertritt, und für die Durchführung der Maßregeln, die die Herrschaft dieser Klasse erfordert. Was er tun *kann*, hängt nicht von seinem Willen ab, sondern von der Höhe, auf die der Gegensatz der verschiedenen Klassen getrieben ist, und von dem Entwicklungsgrad der materiellen Existenzbeziehungen, der Produktions- und Verkehrsverhältnisse, auf dem der jedesmalige Entwicklungsgrad der Klassengegensätze beruht. Was er tun *soll*, was seine eigne Partei von ihm verlangt, hängt wieder nicht von ihm ab, aber auch nicht von dem Entwicklungsgrad des Klassenkampfs und seiner Bedingungen; er ist gebunden an seine bisherigen Doktrinen und Forderungen, die wieder nicht aus der momentanen Stellung der gesellschaftlichen Klassen gegeneinander und aus dem momentanen, mehr oder weniger zufälligen Stande der Produktions- und Verkehrsverhältnisse hervorgehn, sondern aus seiner größeren oder geringeren Einsicht in die allgemeinen Resultate der ⟨gesellschaftlichen⟩[223] und politischen Bewegung. Er findet sich so notwendigerweise in einem unlösbaren Dilemma: Was er tun *kann*, widerspricht seinem ganzen bisherigen Auftreten, seinen Prinzipien und den unmittelbaren Interessen seiner Partei; und was er tun *soll*, ist nicht durchzuführen. Er ist, mit einem Wort, gezwungen, nicht seine Partei, seine Klasse, sondern die Klasse zu vertreten, für deren Herrschaft die Bewegung gerade reif ist. Er muß im Interesse der Bewegung selbst die Interessen einer ihm fremden Klasse durchführen und seine eigne Klasse mit Phrasen und Versprechungen, mit der Beteuerung abfertigen, daß die Interessen jener fremden Klasse ihre eignen Interessen sind. Wer in diese schiefe Stellung gerät, ist unrettbar verloren. In der neuesten Zeit noch haben wir Beispiele davon erlebt; wir erinnern nur an die Stellung, die in der letzten französischen provisorischen Regierung die Vertreter des Proletariats einnahmen[224], obwohl sie selbst nur eine sehr untergeordnete Entwicklungsstufe des Proletariats repräsentierten. Wer nach den Erfahrungen der Februarregierung – von unsern edlen deutschen provisorischen Regierungen und Reichsregentschaften nicht zu sprechen – noch auf offizielle Stellungen spekulieren kann, muß entweder über die Maßen borniert sein oder der extrem-revolutionären Partei höchstens mit der Phrase angehören.

Die Stellung Münzers an der Spitze des ewigen Rats von Mühlhausen war indes noch viel gewagter als die irgendeines modernen revolutionären Regenten. Nicht nur die damalige Bewegung, auch sein ganzes Jahrhundert war nicht reif für die Durchführung der Ideen, die er selbst erst dunkel zu ahnen begonnen hatte. Die Klasse, die er repräsentierte, weit entfernt, vollständig entwickelt und fähig zur Unterjochung ⟨und Umbildung⟩ der ganzen Gesellschaft zu sein, war eben erst im Entstehen begriffen. Der gesellschaftliche Umschwung, der seiner Phantasie vorschwebte, war noch so wenig in den vorliegenden materiellen Verhältnissen begründet, daß diese sogar eine Gesellschaftsordnung vorbereiteten, die das gerade Gegenteil seiner geträumten Gesellschaftsordnung war. Dabei aber blieb er an seine bisherigen Predigten von der christlichen Gleichheit und der evangelischen Gütergemeinschaft gebunden; er mußte wenigstens den Versuch ihrer Durchführung machen. Die Gemeinschaft aller Güter, die gleiche Verpflichtung aller zur Arbeit und die Abschaffung aller Obrigkeit wurde proklamiert. Aber in der Wirklichkeit blieb Mühlhausen eine republikanische Reichsstadt mit etwas demokratisierter Verfassung, mit einem aus allgemeiner Wahl hervorgegangenen Senat, der unter der Kontrolle des Forums stand, und mit einer eilig improvisierten Naturalverpflegung der Armen. Der Gesellschaftsumsturz, der den protestantischen bürgerlichen Zeitgenossen so entsetzlich vorkam, ging in der Tat nie hinaus über einen schwachen und unbewußten Versuch zur übereilten Herstellung der späteren bürgerlichen Gesellschaft.

Münzer selbst scheint die weite Kluft zwischen seinen Theorien und der unmittelbar vorliegenden Wirklichkeit gefühlt zu haben, eine Kluft, die ihm um so weniger verborgen bleiben konnte, je verzerrter seine genialen Anschauungen sich in den rohen Köpfen der Masse seiner Anhänger widerspiegeln mußten. Er warf sich mit einem selbst bei ihm unerhörten Eifer auf die Ausbreitung und Organisation der Bewegung; er schrieb Briefe und sandte Boten und Emissäre nach allen Seiten aus. Seine Schreiben und Predigten atmen einen revolutionären Fanatismus, der selbst nach seinen früheren Schriften in Erstaunen setzt. Der naive jugendliche Humor der ⟨revolutionären⟩[225] Münzerschen Pamphlete ist ganz verschwunden; die ruhige, entwickelnde Sprache des Denkers, die ihm früher nicht fremd war, kommt nicht mehr vor. Münzer ist jetzt ganz Revolutionsprophet; er schürt unaufhörlich den Haß gegen die herrschenden Klassen, er stachelt die wildesten Leidenschaften auf und spricht nur noch in den gewaltsamen Wendungen, die das religiöse und nationale Delirium den alttestamentarischen Propheten in den Mund legte. Man sieht aus dem Stil, in den er sich jetzt hineinarbeiten mußte, auf welcher Bildungsstufe das Publikum stand, auf das er zu wirken hatte.

Das Beispiel Mühlhausens und die Agitation Münzers wirkten rasch in die Ferne. In *Thüringen*, im *Eichsfeld*, im *Harz*, in den *sächsischen Herzogtümern*, in *Hessen* und *Fulda*, in *Oberfranken* und im *Vogtland* standen überall Bauern auf, zogen sich in Haufen zusammen und verbrannten Schlösser und Klöster. Münzer war mehr oder weniger als Führer der ganzen Bewegung anerkannt, und Mühlhausen blieb Zentralpunkt, während in Erfurt eine rein bürgerliche Bewegung siegte und die dort herrschende Partei fortwährend eine zweideutige Stellung gegen die Bauern beobachtete.

Die Fürsten waren in Thüringen anfangs geradeso ratlos und ohnmächtig gegenüber den Bauern wie in Franken und Schwaben. Erst in den letzten Tagen des April gelang es dem Landgrafen von Hessen, ein Korps zusammenzuziehn – demselben Landgrafen Philipp, von dessen Frömmigkeit die protestantischen und bürgerlichen Reformationsgeschichten so viel zu rühmen wissen und von dessen Infamien gegen die Bauern wir sogleich ein geringes Wörtlein vernehmen werden. Der Landgraf Philipp unterwarf durch ein paar rasche Züge und durch bestimmtes Auftreten bald den größten Teil seines Landes, zog neue Aufgebote heran und wandte sich dann ins Gebiet des Abts von Fulda, seines bisherigen Lehnsherrn. Er schlug den Fuldaer Bauernhaufen am 3. Mai am Frauen-Berg, unterwarf das ganze Land und benutzte die Gelegenheit, nicht nur sich von der Oberhoheit des Abts loszumachen, sondern sogar die Abtei Fulda in ein hessisches Lehen zu verwandeln – vorbehaltlich ihrer späteren Säkularisierung natürlich. Dann nahm er Eisenach und Langensalza und zog, mit den herzoglich-sächsischen Truppen vereinigt, gegen den Hauptsitz der Rebellion, gegen Mühlhausen. Münzer zog seine Streitkräfte, an 8000 Mann mit einigem Geschütz, bei Frankenhausen zusammen. Der thüringische Haufe war weit entfernt davon, die Schlagfähigkeit zu besitzen, die ein Teil der oberschwäbischen und fränkischen Haufen dem Truchseß gegenüber entwickelte; er war schlecht bewaffnet und schlecht diszipliniert, er zählte wenig gediente Soldaten und ermangelte aller Führer. Münzer selbst besaß offenbar nicht die geringsten militärischen Kenntnisse. Dennoch fanden es die Fürsten angemessen, auch hier die Taktik anzuwenden, die dem Truchseß so oft zum Sieg verholfen hatte: die Wortbrüchigkeit. Am 16. Mai leiteten sie Unterhandlungen ein, schlossen einen Waffenstillstand und überfielen dann plötzlich die Bauern, noch ehe der Stillstand abgelaufen war.

Münzer stand mit den Seinen auf dem noch jetzt so genannten Schlachtberg, verschanzt hinter einer Wagenburg. Die Entmutigung unter dem Haufen war schon sehr im Zunehmen. Die Fürsten versprachen Amnestie, wenn der Haufe ihnen Münzer lebendig ausliefern wolle. Münzer ließ einen Kreis bilden und die Anträge der Fürsten debattieren. Ein Ritter und ein Pfaff sprachen sich für die Kapitulation aus; Münzer ließ sie beide sofort in den Kreis führen und enthaupten. Dieser von den entschlossenen Revolutionären mit Jubel aufgenommene Akt terroristischer Energie brachte wieder einigen Halt in den Haufen; aber schließlich wäre er doch zum größten Teil ohne Widerstand auseinandergegangen, wenn man nicht bemerkt hätte, daß die fürstlichen Landsknechte, nachdem sie den ganzen Berg umstellt, trotz des Stillstands in geschlossenen Kolonnen heranrückten. Schnell wurde die Front hinter den Wagen formiert, aber schon schlugen die Geschütz- und Büchsenkugeln in die halb wehrlosen, kampfungewohnten Bauern, schon waren die Landsknechte bei der Wagenburg angelangt. Nach kurzem Widerstand war die Wagenlinie durchbrochen, die Kanonen der Bauern waren erobert und sie selbst versprengt. Sie flohen in wilder Unordnung, um den Umgehungskolonnen und der Reiterei um so sicherer in die Hände zu fallen, die ein unerhörtes Blutbad unter ihnen anrichteten. Von achttausend Bauern wurden über fünftausend erschlagen; der Rest kam nach Frankenhausen hinein und gleichzeitig mit ihm die fürstlichen Reiter. Die Stadt war genommen. Münzer, am Kopf verwundet, wurde in einem Haus entdeckt und gefangengenommen. Am 25. Mai ergab sich auch Mühlhausen; Pfeifer, der dort geblieben war, entkam, wurde aber im Eisenachschen verhaftet.

Münzer wurde in Gegenwart der Fürsten auf die Folter gespannt und dann enthauptet. Er ging mit demselben Mut auf den Richtplatz, mit dem er gelebt hatte. Er war höchstens achtundzwanzig Jahre alt, als er hingerichtet wurde. Auch Pfeifer wurde enthauptet; außer diesen beiden aber noch zahllose andre. In Fulda hatte der Mann Gottes, Philipp von Hessen, sein Blutgericht begonnen; er und die sächsischen Fürsten ließen unter andern in Eisenach 24, in Langensalza 41, nach der Frankenhauser Schlacht 300, in Mühlhausen über 100, bei Görmar 26, bei Tüngeda 50, bei Sangerhausen 12, in Leipzig 8 Rebellen mit dem Schwert hinrichten, von Verstümmelungen und anderen gelindern Mitteln, von Plünderungen und Verbrennungen der Dörfer und Städte gar nicht zu reden.

Mühlhausen mußte sich seiner Reichsfreiheit begeben und wurde den sächsichen Ländern einverleibt, gerade wie die Abtei Fulda der Landgrafschaft Hessen.

Die Fürsten zogen nun über den Thüringer Wald, wo fränkische Bauern aus dem Bildhäuser Lager sich mit den Thüringern verbunden und viele Schlösser verbrannt hatten. Vor Meiningen kam es zum Gefecht; die Bauern wurden geschlagen und zogen sich auf die Stadt zurück. Diese verschloß ihnen plötzlich die Tore und drohte sie im Rücken anzugreifen. Der Haufe, durch diesen Verrat seiner Bundesgenossen ins Gedränge gebracht, kapitulierte mit den Fürsten und lief noch während der Verhandlung auseinander. Das Bildhäuser Lager hatte sich längst zerstreut, und so war mit der Zersprengung dieses Haufens der letzte Rest der Insurgenten aus Sachsen, Hessen, Thüringen und Oberfranken vernichtet.

Im *Elsaß* war der Aufstand später losgebrochen als auf der rechten Rheinseite. Erst gegen die Mitte des April erhoben sich die Bauern im Bistum Straßburg, und bald nach ihnen die Oberelsässer und Sundgauer. Am 18. April plünderte ein niederelsässischer Bauernhaufe das Kloster Altdorf; andere Haufen bildeten sich bei Ebersheim und Barr sowie im Willertal und Urbistal. Sie konzentrierten sich bald zum großen Niederelsässer Haufen und organisierten die Einnahme der Städte und Flecken sowie die Zerstörung der Klöster. Überall wurde der dritte Mann zum Heer eingefordert. Die zwölf Artikel dieses Haufens sind bedeutend radikaler als die schwäbisch-fränkischen[226].

Während eine Kolonne der Niederelsässer sich anfangs Mai bei St. Hippolyte konzentrierte und nach einem vergeblichen Versuch, diese Stadt zu gewinnen, am 10. Mai Bercken, am 13. Rappoltsweiler, am 14. Reichenweier durch Einverständnis mit den Bürgern in ihre Gewalt bekam, zog eine zweite unter Erasmus Gerber aus, um Straßburg zu überrumpeln. Der Versuch mißlang, die Kolonne wandte sich nun den Vogesen zu, zerstörte das Kloster Maursmünster und belagerte Zabern, das sich am 13. Mai ergab. Von hier zog sie an die lothringische Grenze und insurgierte den anstoßenden Teil des Herzogtums, während sie zugleich die Gebirgspässe verschanzte. Bei Herbitzheim an der Saar und bei Neuburg wurden große Lager gebildet; bei Saargemünd verschanzten sich 4000 deutsch-lothringische Bauern; zwei vorgeschobene Haufen endlich, der Kolbenhaufen in den Vogesen bei Stürzelbronn, der Kleeburger Haufe bei Weißenburg, deckten Front und rechte Flanke, während sich die linke Flanke an die Oberelsässer anlehnte.

Diese, seit dem 20. April in Bewegung, hatten am 10. Mai Sulz, am 12. Gebweiler, am 15. Sennheim und Umgegend in die Bauernverbrüderung gezwungen. Die östreichische Regierung und die umliegenden Reichsstädte verbanden sich zwar sogleich gegen sie, waren aber zu schwach, ihnen ernsthaften Widerstand zu leisten, geschweige sie anzugreifen. So war, mit Ausnahme weniger Städte, bis Mitte Mai das ganze Elsaß in den Händen der Insurgenten.

Aber schon nahte das Heer, das den Frevelmut der Elsässer Bauern brechen sollte. Es waren *Franzosen*, die hier die Restauration der Adelsherrschaft vollzogen. Der Herzog Anton von Lothringen setzte sich bereits am 6. Mai mit einer Armee von 30000 Mann in Bewegung, darunter die Blüte des französischen Adels und spanische, piemontesische, lombardische, griechische und albanesische Hülfstruppen. Am 16. Mai stieß er bei Lützelstein auf 4000 Bauern, die er ohne Mühe schlug, und am 17. schon zwang er das von den Bauern besetzte Zabern zur Kapitulation. Aber noch während des Einzugs der Lothringer in die Stadt und der Entwaffnung der Bauern wurde die Kapitulation gebrochen; die wehrlosen Bauern wurden von den Landsknechten überfallen und größtenteils niedergemacht. Die übrigen niederelsässischen Kolonnen zerstreuten sich, und Herzog Anton zog nun den Oberelsässern entgegen. Diese, die sich geweigert hatten, den Niederelsässern nach Zabern zuzuziehn, wurden nun bei Scherweiler von der ganzen Macht der Lothringer angegriffen. Sie wehrten sich mit großer Tapferkeit, aber die enorme Übermacht – 30000 gegen 7000 – und der Verrat einer Anzahl Ritter, besonders des Vogts von Reichenweier, vereitelte alle Bravour. Sie wurden vollständig geschlagen und zersprengt. Der Herzog pazifizierte nun den ganzen Elsaß mit üblicher Grausamkeit. Nur der Sundgau blieb von seiner Anwesenheit verschont. Die östreichische Regierung brachte hier durch die Drohung, ihn ins Land zu rufen, ihre Bauern anfangs Juni zum Abschluß des Vertrags von Ensisheim. Sie selbst aber brach diesen Vertrag sogleich wieder und ließ die Prediger und Führer der Bewegung massenweise hängen. Die Bauern machten hierauf einen neuen Aufstand, der endlich damit endigte, daß die Sundgauer Bauern in den Vertrag zu Offenburg (18. September) eingeschlossen wurden.

Es bleibt uns jetzt noch der Bauernkrieg in den *östreichischen Alpenländern* zu berichten. Diese Gegenden sowie das anstoßende *Erzbistum Salzburg* waren seit der stara prawa[227] in fortwährender Opposition gegen Regierung und Adel, und die reformierten Lehren hatten auch hier einen günstigen Boden gefunden. Religiöse Verfolgungen und willkürliche Steuerbedrückungen brachten den Aufstand zum Losbruch.

Die Stadt *Salzburg*, unterstützt von den Bauern und Bergknappen, hatte schon seit 1522 mit dem Erzbischof wegen ihrer städtischen Privilegien und wegen der Religionsübung im Streit gelegen. Ende 1524 überfiel der Erzbischof die Stadt mit angeworbnen Landsknechten, terrorisierte sie durch die Kanonen des Schlosses und verfolgte die ketzerischen Prediger. Zugleich schrieb er neue, drückende Steuern aus und reizte die ganze Bevölkerung dadurch aufs äußerste. Im Frühjahr 1525, gleichzeitig mit der schwäbisch-fränkischen und thüringischen Insurrektion, erhoben sich plötzlich die Bauern und Bergleute des ganzen Landes, organisierten sich in Haufen unter den Hauptleuten *Praßler* und *Weitmoser*, befreiten die Stadt und belagerten das Schloß Salzburg. Sie schlossen, wie die westdeutschen Bauern, einen christlichen Bund und faßten ihre Forderungen in Artikeln zusammen, deren hier vierzehn waren.

Auch in *Steiermark, Oberöstreich, Kärnten* und *Krain*, wo neue ungesetzliche Steuern, Zölle und Verordnungen das Volk in seinen nächsten Interessen schwer verletzt hatten, standen die Bauern im Frühjahr 1525 auf. Sie nahmen eine Anzahl Schlösser und schlugen den Besieger der stara prawa, den alten Feldhauptmann Dietrichstein, bei Gryß. Obgleich es den Vorspiegelungen der Regierung gelang, einen Teil der Insurgenten zu beschwichtigen, blieb die Masse doch zusammen und vereinigte sich mit den Salzburgern, so daß das ganze Salzburgische und der größte Teil von Oberöstreich, Steiermark, Kärnten und Krain in den Händen der Bauern und Bergknappen war.

In Tirol hatten ebenfalls die reformierten Lehren großen Anhang gefunden; hier waren sogar, noch mehr als in den übrigen östreichischen Alpenländern, Münzersche Emissäre mit Erfolg tätig gewesen. Der Erzherzog Ferdinand verfolgte die Prediger der neuen Lehre auch hier und griff ebenfalls durch neue willkürliche Finanzregulationen in die Vorrechte der Bevölkerung ein. Die Folge war, wie überall, der Aufstand im Frühling desselben Jahres 1525. Die Insurgenten, deren oberster Hauptmann ein Münzerscher war, Geismaier, das einzige bedeutende militärische Talent unter sämtlichen Bauernchefs, nahmen eine Menge Schlösser und verfuhren namentlich im Süden, im Etschgebiet, sehr energisch gegen die Pfaffen. Auch die Vorarlberger standen auf und schlossen sich den Allgäuern an.

Der Erzherzog, von allen Seiten bedrängt, machte den Rebellen, die er noch kurz vorher mit Sengen und Brennen, Plündern und Morden hatte ausrotten wollen, Konzession über Konzession. Er berief die Landtage der

Erblande ein und schloß bis zu ihrem Zusammentritt Waffenstillstand mit den Bauern. Inzwischen rüstete er nach Kräften, um möglichst bald eine andre Sprache mit den Frevlern führen zu können.

Der Waffenstillstand wurde natürlich nicht lange gehalten. In den Herzogtümern fing Dietrichstein, dem das Geld ausging, an zu brandschatzen. Seine slawischen und magyarischen Truppen erlaubten sich zudem die schamlosesten Grausamkeiten gegen die Bevölkerung. Die Steirer standen also wieder auf, überfielen in der Nacht vom 2. zum 3. Juli den Feldhauptmann Dietrichstein in Schladming und machten alles nieder, was nicht deutsch sprach. Dietrichstein selbst wurde gefangen; am Morgen des 3. wurde von den Bauern ein Geschwornengericht eingesetzt und 40 tschechische und kroatische Adlige aus den Gefangnen zum Tode verurteilt. Sie wurden sofort enthauptet. Das wirkte; der Erzherzog genehmigte sofort alle Forderungen der Stände der fünf Herzogtümer (Ober- und Niederöstreich, Steiermark, Kärnten und Krain).

Auch in Tirol wurden die Forderungen des Landtags bewilligt und dadurch der Norden pazifiziert. Der Süden jedoch, auf seinen ursprünglichen Forderungen gegenüber den abgeschwächten Landtagsbeschlüssen beharrend, blieb unter den Waffen. Erst im Dezember konnte der Erzherzog hier die Ordnung durch Gewalt wiederherstellen. Er unterließ nicht, eine große Anzahl der in seine Hände gefallenen Anstifter und Führer des Aufruhrs hinrichten zu lassen.

Gegen Salzburg zogen nun im August 10000 Bayern unter Georg von Frundsberg. Diese imposante Truppenmacht sowie Zwistigkeiten, die unter den Bauern ausgebrochen waren, bewogen die Salzburger zum Abschluß eines Vertrags mit dem Erzbischof, der am 1. September zustande kam und den auch der Erzherzog annahm. Die beiden Fürsten, die inzwischen ihre Truppen genügend verstärkt hatten, brachen diesen Vertrag jedoch sehr bald und trieben dadurch die Salzburger Bauern zu einem erneuten Aufstand. Die Insurgenten hielten sich den Winter über; im Frühjahr kam Geismaier zu ihnen und eröffnete eine glänzende Kampagne gegen die von allen Seiten heranrückenden Truppen. In einer Reihe brillanter Gefechte schlug er – im Mai und Juni 1526 – nacheinander Bayern, Östreicher, schwäbische Bundestruppen und erzbischöflich-salzburgische Landsknechte und hinderte lange die verschiednen Korps an ihrer Vereinigung. Dazwischen fand er noch Zeit, Radstadt zu belagern. Von der Übermacht endlich auf allen Seiten umzingelt, mußte er abziehn, schlug sich durch und führte die Trümmer seines Korps mitten durch die östreichischen Alpen auf venetianisches Gebiet. Die Republik Venedig und die Schweiz boten dem unermüdlichen Bauernchef Anhaltspunkte zu neuen Intrigen; er versuchte noch ein Jahr lang, sie in einen Krieg gegen Östreich zu verwickeln, der ihm zu einem wiederholten Bauernaufstand Gelegenheit bieten sollte. Aber während dieser Unterhandlungen erreichte ihn die Hand eines Mörders; der Erzherzog Ferdinand und der salzburgische Erzbischof waren nicht ruhig, solange Geismaier am Leben war: Sie bezahlten einen Banditen, und diesem gelang es, den gefährlichen Rebellen 1527 aus der Welt zu schaffen.

VII

[Die Folgen des Bauernkriegs]

Mit dem Rückzuge Geismaiers auf venetianisches Gebiet hatte das letzte Nachspiel des Bauernkriegs sein Ende erreicht. Die Bauern waren überall wieder unter die Botmäßigkeit ihrer geistlichen, adligen oder patrizischen Herren gebracht; die Verträge, die hie und da mit ihnen abgeschlossen waren, wurden gebrochen, die bisherigen Lasten wurden vermehrt durch die enormen Brandschatzungen, die die Sieger den Besiegten auferlegten. Der großartigste Revolutionsversuch des deutschen Volks endigte mit schmählicher Niederlage und momentan verdoppeltem Druck. Auf die Dauer jedoch verschlimmerte sich die Lage der Bauernklasse nicht durch die Unterdrückung des Aufstandes. Was Adel, Fürsten und Pfaffen aus ihnen jahraus, jahrein herausschlagen konnten, das wurde schon vor dem Krieg sicher herausgeschlagen; der deutsche Bauer von damals hatte dies mit dem modernen Proletarier gemein, daß sein Anteil an den Produkten seiner Arbeit sich auf das Minimum von Subsistenzmitteln beschränkte, das zu seinem Unterhalt und zur Fortpflanzung der Bauernrace erforderlich war. Im Durchschnitt war also hier nichts mehr zu nehmen. Manche wohlhabenderen Mittelbauern sind freilich ruiniert, eine Menge von Hörigen in die Leibeigenschaft hineingezwungen, ganze Striche Gemeindeländereien konfisziert, eine große Anzahl Bauern durch die Zerstörung ihrer Wohnungen und die Verwüstung ihrer Felder sowie durch die allgemeine Unordnung in die Vagabondage oder unter die Plebejer der Städte geworfen worden. Aber Kriege und Verwüstungen gehörten zu den alltäglichen Erscheinungen jener Zeit, und im allgemeinen stand die Bauernklasse eben zu tief für eine dauernde Verschlechterung ihrer Lage durch erhöhte Steuern. Die folgenden Religionskriege und endlich der Dreißigjährige Krieg mit seinen stets wiederholten, massenhaften Verwüstungen und Entvölkerungen haben die Bauern weit schwerer getroffen als der Bauernkrieg; namentlich der Dreißigjährige Krieg vernichtete den bedeutendsten Teil der im Ackerbau angewandten Produktivkräfte und brachte dadurch und durch die gleichzeitige Zerstörung vieler Städte die Bauern, Plebejer und ruinierten Bürger auf lange Zeit bis zum irischen Elend in seiner schlimmsten Form herab.

Wer an den Folgen des Bauernkriegs am meisten litt, war die *Geistlichkeit.* Ihre Klöster und Stifter waren verbrannt, ihre Kostbarkeiten geplündert, ins Ausland verkauft oder eingeschmolzen, ihre Vorräte waren verzehrt worden. Sie hatte überall am wenigsten Widerstand leisten können, und zu gleicher Zeit war die ganze Wucht des Volkshasses am schwersten auf sie gefallen. Die andern Stände, Fürsten, Adel und Bürgerschaft, hatten sogar eine geheime Freude an der Not der verhaßten Prälaten. Der Bauernkrieg hatte die Säkularisation der geistlichen Güter zugunsten der Bauern populär gemacht, die weltlichen Fürsten und zum Teil die Städte gaben sich daran, diese Säkularisation zu *ihrem* Besten durchzuführen, und bald waren in protestantischen Ländern die ⟨Besitzungen⟩[228] der Prälaten in den Händen der Fürsten oder der Ehrbarkeit. Aber auch die Herrschaft der geistlichen Fürsten war angetastet worden, und die weltlichen Fürsten verstanden es, den Volkshaß nach dieser Seite hin zu exploitieren. So haben wir gesehen, wie der Abt von Fulda vom Lehnsherrn zum Dienstmann Philipps von Hessen degradiert wurde. So zwang die Stadt Kempten den Fürstabt, ihr eine Reihe wertvoller Privilegien, die er in der Stadt besaß, für einen Spottpreis zu verkaufen.

Der *Adel* hatte ebenfalls bedeutend gelitten. Die meisten seiner Schlösser waren vernichtet, eine Anzahl der angesehensten Geschlechter war ruiniert und konnte nur im Fürstendienst eine Existenz finden. Seine Ohnmacht gegenüber den Bauern war konstatiert; er war überall geschlagen und zur Kapitulation gezwungen worden; nur die Heere der Fürsten hatten ihn gerettet. Er mußte mehr und mehr seine Bedeutung als reichsunmittelbarer Stand verlieren und unter die Botmäßigkeit der Fürsten geraten.

Die *Städte* hatten im ganzen auch keinen Vorteil vom Bauernkrieg. Die Herrschaft der Ehrbarkeit wurde fast überall wieder befestigt; die Opposition der Bürgerschaft blieb für lange Zeit gebrochen. Der alte patrizische Schlendrian schleppte sich so, Handel und Industrie nach allen Seiten hin fesselnd, bis in die französische Revolution fort. Von den Fürsten wurden zudem die Städte verantwortlich gemacht für die momentanen Erfolge, die die bürgerliche oder plebejische Partei in ihrem Schoß während des Kampfes errungen hatte. Städte, die schon früher den Gebieten der Fürsten angehörten, wurden schwer gebrandschatzt, ihrer Privilegien beraubt und schutzlos unter die habgierige Willkür der Fürsten geknechtet (Frankenhausen, Arnstadt, Schmalkalden, Würzburg etc. etc.), Reichsstädte wurden fürstlichen Territorien einverleibt (z. B. Mühlhausen) oder doch in die moralische Abhängigkeit von angrenzenden Fürsten gebracht, wie viele fränkische Reichsstädte.

Wer unter diesen Umständen vom Ausgang des Bauernkriegs allein Vorteil zog, waren die *Fürsten*. Wir sahen schon gleich im Anfang unserer Darstellung, wie die mangelhafte industrielle, kommerzielle und agrikole Entwicklung Deutschlands alle Zentralisation der Deutschen zur *Nation* unmöglich machte, wie sie nur eine lokale und provinzielle Zentralisierung zuließ und wie daher die Repräsentanten dieser Zentralisation innerhalb der Zersplitterung, die Fürsten, den einzigen Stand bildeten, dem jede

Veränderung der bestehenden gesellschaftlichen und politischen Verhältnisse zugute kommen mußte. Der Entwicklungsgrad des damaligen Deutschlands war so niedrig und zu gleicher Zeit so ungleichförmig in den verschiedenen Provinzen, daß neben den weltlichen Fürstentümern noch geistliche Souveränitäten, städtische Republiken und souveräne Grafen und Barone bestehen konnten; aber sie drängte zu gleicher Zeit, wenn auch sehr langsam und matt, doch immer auf die *provinzielle* Zentralisation, d. h. auf die Unterordnung der übrigen Reichsstände unter die Fürsten hin. Daher konnten am Ende des Bauernkriegs nur die Fürsten gewonnen haben. So war es auch in der Tat. Sie gewannen nicht nur relativ, dadurch daß ihre Konkurrenten, die Geistlichkeit, der Adel, die Städte, geschwächt wurden; sie gewannen auch absolut, indem sie die spolia opima (Hauptbeute) von allen übrigen Ständen davontrugen. Die geistlichen Güter wurden zu ihrem Besten säkularisiert; ein Teil des Adels, halb oder ganz ruiniert, mußte sich nach und nach unter ihre Oberhoheit geben; die Brandschatzungsgelder der Städte und Bauernschaften flossen in ihren Fiskus, der obendrein durch die Beseitigung so vieler städtischen Privilegien weit freieren Spielraum für seine beliebten Finanzoperationen gewann.

Die Zersplitterung Deutschlands, deren Verschärfung und Konsolidierung das Hauptresultat des Bauernkriegs war, war auch zu gleicher Zeit die Ursache seines Mißlingens.

Wir haben gesehen, wie Deutschland zersplittert war, nicht nur in zahllose unabhängige, einander fast total fremde Provinzen, sondern auch wie die Nation in jeder dieser Provinzen in eine vielfache Gliederung von Ständen und Ständefraktionen auseinanderfiel. Außer Fürsten und Pfaffen finden wir Adel und Bauern auf dem Land, Patrizier, Bürger und Plebejer in den Städten, lauter Stände, deren Interessen einander total fremd waren, wenn sie sich nicht durchkreuzten und zuwiderliefen. Über allen diesen komplizierten Interessen, obendrein, noch das des Kaisers und des Papstes. Wir haben gesehen, wie schwerfällig, unvollständig und je nach den Lokalitäten ungleichförmig diese verschiedenen Interessen sich schließlich in drei große Gruppen formierten; wie trotz dieser mühsamen Gruppierung jeder Stand gegen die der nationalen Entwicklung durch die Verhältnisse gegebene Richtung opponierte, seine Bewegung auf eigene Faust machte, dadurch nicht nur mit allen konservativen, sondern auch mit allen übrigen opponierenden Ständen in Kollision geriet und schließlich unterliegen mußte. So der Adel im Aufstand Sickingens, die Bauern im Bauernkrieg, die Bürger in ihrer gesamten zahmen Reformation. So kamen selbst Bauern und Plebejer in den meisten Gegenden Deutschlands nicht zur gemeinsamen Aktion und standen einander im Wege. Wir haben auch gesehn, aus welchen Ursachen diese Zersplitterung des Klassenkampfs und die damit gegebene vollständige Niederlage der revolutionären und halbe Niederlage der bürgerlichen Bewegung hervorging.

Wie die lokale und provinzielle Zersplitterung und die daraus notwendig hervorgehende lokale und provinzielle Borniertheit die ganze Bewegung ruinierte; wie weder die Bürger noch die Bauern, noch die Plebejer zu einem konzentrierten, nationalen Auftreten kamen; wie die Bauern z. B. in jeder Provinz auf eigne Faust agierten, den benachbarten insurgierten Bauern stets die Hülfe verweigerten und daher in einzelnen Gefechten nacheinander von Heeren aufgerieben wurden, die meist nicht dem zehnten Teil der insurgierten Gesamtmasse gleichkamen – das wird wohl aus der vorhergehenden Darstellung jedem klar sein. Die verschiedenen Waffenstillstände und Verträge der einzelnen Haufen mit ihren Gegnern konstituieren ebensoviel Akte des Verrats an der gemeinsamen Sache, und die einzig mögliche Gruppierung der verschiedenen Haufen nicht nach der größeren oder geringeren Gemeinsamkeit ihrer eignen Aktion, sondern nach der Gemeinsamkeit des speziellen Gegners, dem sie erlagen, ist der schlagendste Beweis für den Grad der Fremdheit der Bauern verschiedner Provinzen gegeneinander.

Auch hier bietet sich die Analogie mit der Bewegung von 1848–50 wieder von selbst dar. Auch 1848 kollidierten die Interessen der oppositionellen Klassen untereinander, handelte jede für sich. Die Bourgeoisie, zu weit entwickelt, um sich den feudal-bürokratischen Absolutismus noch länger gefallen zu lassen, war doch noch nicht mächtig genug, die Ansprüche andrer Klassen den ihrigen sofort unterzuordnen. Das Proletariat, viel zu schwach, um auf ein rasches Überhüpfen der Bourgeoisperiode und auf seine eigne baldige Eroberung der Herrschaft rechnen zu können, hatte schon unter dem Absolutismus die Süßigkeiten des Bourgeoisregiments zu sehr kennengelernt und war überhaupt viel zu entwickelt, um auch nur für einen Moment in der Emanzipation der Bourgeoisie seine eigne Emanzipation zu sehen. Die Masse der Nation, Kleinbürger, Kleinbürgergenossen (Handwerker) und Bauern, wurde von ihrem zunächst noch natürlichen Alliierten, der Bourgeoisie, als schon zu revolutionär, und stellenweise vom Proletariat, als noch nicht avanciert genug, im Stich gelassen; unter sich wieder geteilt, kam auch sie zu nichts und opponierte rechts und links ihren Mitopponenten. Die Lokalborniertheit endlich kann 1525 unter den Bauern nicht größer gewesen sein, als sie unter den sämtlichen in der Bewegung beteiligten Klassen von 1848 war. Die hundert Lokalrevolutionen, die daran sich anknüpfenden hundert ebenso ungehindert durchgeführten Lokalreaktionen, die Aufrechthaltung der Kleinstaaterei etc. etc. sind Beweise, die wahrlich laut genug sprechen. *Wer nach den beiden deutschen Revolutionen von 1525 und 1848 und ihren Resultaten noch von Föderativrepublik faseln kann, verdient nirgend anders hin als ins Narrenhaus.*

Aber die beiden Revolutionen, die des sechzehnten Jahrhunderts und die von 1848–50, sind trotz aller Analogien doch sehr wesentlich voneinander verschieden. Die Revolution von 1848 beweist, wenn auch nichts für den Fortschritt Deutschlands, doch für den Fortschritt Europas.

Wer profitierte von der Revolution von 1525? Die Fürsten. – Wer profitierte von der Revolution von 1848? Die *großen* Fürsten, Östreich und Preußen. Hinter den kleinen Fürsten von 1525 standen, sie an sich kettend durch die Steuer, die kleinen Spießbürger, hinter den großen Fürsten von 1850, hinter Östreich und Preußen, sie rasch unterjochend durch die Staatsschuld, stehen die modernen großen Bourgeois. Und hinter den großen Bourgeois stehn die Proletarier.

Die Revolution von 1525 war eine deutsche Lokalangelegenheit. Engländer, Franzosen, Böhmen, Ungarn hatten ihre Bauernkriege schon durchgemacht, als die Deutschen den ihrigen machten. War schon Deutschland zersplittert, so war Europa es noch weit mehr. Die Revolution von 1848 war keine deutsche Lokalangelegenheit, sie war ein einzelnes Stück eines großen europäischen Ereignisses. Ihre treibenden Ursachen, während ihres ganzen Verlaufs, sind nicht auf den engen Raum eines einzelnen Landes, nicht einmal auf den eines Weltteils zusammengedrängt. Ja, die Länder, die der Schauplatz dieser Revolution waren, sind gerade am wenigsten bei ihrer Erzeugung beteiligt. Sie sind mehr oder weniger bewußt- und willenlose Rohstoffe, die umgemodelt werden im Verlauf einer Bewegung, an der jetzt die ganze Welt teilnimmt, einer Bewegung, die uns unter den bestehenden gesellschaftlichen Verhältnissen allerdings nur als eine fremde Macht erscheinen kann, obwohl sie schließlich nur unsre eigne Bewegung ist. Die Revolution von 1848 bis 1850 kann daher nicht enden wie die von 1525.

ANMERKUNGEN

1 «Der Ursprung der Familie, des Privateigentums und des Staats» entstand in der ersten Hälfte des Jahres 1884 unter Verwendung eines Konspekts, den Marx von L. H. Morgans Buch «Ancient society» (vgl. Engels' Fußnote S. 15) 1880/81 angefertigt hatte. Ursprünglich für eine Veröffentlichung in der theoretischen Zeitschrift der deutschen Sozialdemokratie «Die Neue Zeit» vorgesehen, wurde «Der Ursprung der Familie ...» auf Grund der Schwierigkeiten, die das Sozialistengesetz in Deutschland einer solchen Veröffentlichung entgegenstellte, im Oktober 1884 in Hottingen-Zürich in der Schweiz als selbständige Broschüre veröffentlicht. Die zweite und dritte Auflage (1886 und 1889) konnten jedoch dennoch bereits in Stuttgart herausgegeben werden. Die Ausgabe von 1884 erschien in den folgenden Jahren in polnischer, rumänischer, italienischer, dänischer und serbischer Übersetzung.

Die vierte, von Engels an Hand neuen wissenschaftlichen Materials ergänzte und überarbeitete Auflage erschien 1892 (Nov. 1891) in Stuttgart mit einem speziellen Vorwort von Engels. Sie wurde zu Engels' Lebzeiten (1892 und 1894) noch zweimal unverändert neu aufgelegt. 1893 wurde sie ins Französische und Bulgarische übersetzt, 1894 ins Russische und Spanische, 1902 ins Englische, um nur die wichtigsten Übersetzungen zu nennen. Besonders große Verbreitung fand «Der Ursprung der Familie ...» nach der Oktoberrevolution von 1917; das Werk ist inzwischen in nahezu alle Sprachen übersetzt.

Die vorliegende Veröffentlichung richtet sich nach der Ausgabe von 1892. Die Unterschiede zwischen den beiden Ausgaben von 1884 und 1892 sind von den Herausgebern kenntlich gemacht worden, und zwar nach folgenden Prinzipien: Passagen, die im laufenden Text in spitzen Klammern stehen und hinter der Schlußklammer mit einer Anmerkung versehen sind, hatten in der Erstausgabe von 1884 (bzw. im Abdruck des Vorworts von 1891 in der «Neuen Zeit») einen anderen Wortlaut; inwieweit, ist aus der Anmerkung ersichtlich, in der der fragliche Text von 1884 (bzw. 1891) ebenfalls in spitzen Klammern steht. Passagen, die im laufenden Text in spitzen Klammern stehen (häufig recht umfangreich, über mehrere Seiten hinweg) und hinter deren Schlußklammer keine Anmerkungsziffer steht, wurden von Engels 1892 hinzugefügt. Passagen, aus der Ausgabe von 1884, die von Engels 1892 weggelassen wurden, sind im laufenden Text durch eine Anmerkungsziffer gekennzeichnet; der weggefallene Text steht in der Anmerkung in spitzen Klammern.

2 Verweis auf E. A. Freeman, Comparative Politics, London 1873.

3 Dieses Vorwort zur vierten Auflage wurde bereits vor Erscheinen in «Die Neue Zeit» Nr. 41, IX, 2, 1890/91 unter dem Titel: «Zur Urgeschichte der Familie (Bachofen, McLennan, Morgan)» veröffentlicht.

4 J. H. W. Dietz.

5 ⟨neue Auflage die heute in der deutschen sozialistischen Literatur übliche, in andren deutschen Büchergebieten noch immer sehr seltne Stärke erhalten soll⟩

6 E. B. Tylor, Researches into the early history of mankind and the development of civilization, London 1865.

7 J. J. Bachofen, Das Mutterrecht. Eine Untersuchung über die Gynaikokratie der alten Welt nach ihrer religiösen und rechtlichen Natur, Stuttgart 1861.

8 Aischylos, Die Eumeniden.

9 J. F. McLennan, Studies in ancient history comprising a reprint of ‹Primitive marriage›. An inquiry into the origin of the form of capture in mar-

riage ceremonies, London/New York 1886, S. 124 f. «Primitive marriage» (Edinburgh 1865) war zunächst separat erschienen, wurde aber in der Erstausgabe der «Studies in ancient history . . .», London 1876, mit abgedruckt. Engels benutzte sowohl die Ausgabe von 1886 wie die von 1876 (vgl. Anm. 19).

10 R. G. Latham, Descriptive Ethnology, 2 Bde., London 1859.

11 Völkerschaft, deren Siedlungsgebiet heute in Westnepal liegt.

12 L. H. Morgan, League of the ho-dé-no-sau-nee, or Iroquois, Rochester 1851.

13 J. Lubbock, The origin of civilization and the primitive condition of man, London 1870.

14 L. H. Morgan, Systems of consanguinity and affinity to the human family, Washington 1871.

15 Vgl. Anm. 9; das Erscheinungsdatum ist 1876.

16 A. Giraud-Teulon, Les origines de la famille. Questions sur les antécédents des sociétés patriarcales, Genf/Paris 1874, und J. Lubbock, The origin of civilization and the primitive condition of man. Mental and social condition of savages, 4. Aufl., London 1882.

17 Siehe Engels' Fußnote S. 15.

18 L. H. Morgan, Die Urgesellschaft. Untersuchungen über den Fortschritt der Menschheit aus der Wildheit durch die Barbarei zur Zivilisation. Aus dem Englischen übertragen von W. Eichhoff unter Mitwirkung von Karl Kautsky, Stuttgart 1891.

19 J. F. McLennan, op. cit. (1876), S. 333.

20 L. H. Morgan, Ancient society, op. cit. S. 19.

21 Gruppe indianischer Stämme im heutigen USA-Bundesstaat New Mexico und im nördlichen Mexiko.

22 ⟨und die Deutschen des Cäsar oder, wie wir lieber sagen möchten, des Tacitus⟩

23 L. H. Morgan, Ancient society, op. cit. S. 435.

24 Soweit nicht anders angegeben, stammen die Zitate von Marx aus Marx' Konspekt (vgl. Anm. 1).

25 Ch. Letourneau, L'Évolution du mariage et de la famille, Paris 1888.

26 Giraud-Teulon zitiert Saussure, op. cit. S. XV.

27 E. Westermarck, The history of human marriage, London/New York 1891.

28 Ch. Letourneau, op. cit. S. 41.

29 Engels zitiert A. Espinas, Des sociétés animales, Paris 1877, nach A. Giraud-Teulon, op. cit. S. 518.

30 H. H. Bancroft, The native races of the pacific states of North America, 4 Bde., Leipzig 1875.

31 E. Westermarck, op. cit. S. 70 f.

32 ⟨Die Entdeckung dieses Urzustandes ist das erste große Verdienst Bachofens. Aus diesem Urzustand entwickelte sich⟩

33 Dieser Brief ist nicht erhalten geblieben.

34 Richard Wagner, Die Walküre, zweiter Aufzug.

35 Die Edda ist eine Sammlung von Helden- und Göttermythen der skandinavischen Völker, die in zwei unterschiedlichen Handschriften erhalten ist (die ‹ältere› und die ‹jüngere› Edda). «Ögisdrecka» ist ein Lied aus der ‹älteren› Edda: Engels zitiert hier Passagen aus Strophe 32 und Strophe 36.

36 Die Ynglinga Saga ist die erste von 16 Sagen aus dem Buch «Heimskringla» des isländischen Chronisten Sturluson aus der ersten Hälfte des 13. Jh.s. Engels zitiert hier aus Kapitel 4.

37 L. H. Morgan, Ancient society, op. cit. S. 425.

38 J. J. Bachofen, op. cit. S. XXIII, 385 u. a.

39 Cäsar, De Bello Gallico, V, 14.
40 ⟨Punaluafamilie⟩
41 ⟨Familienform⟩
42 J. F. Watson and J. W. Kaye, The people of India. A series of photographic illustrations. With descriptive letterpress, of the races and tribes of Hindustan, originally prepared under the authority of the government of India, and reproduced by order of the Secretary of State for India in council, Bd. 2, London 1868.
43 Eheklassensystem: Die meisten australischen Stämme bestanden aus vier «Klassen» mit je einem weiblichen und männlichen Teil; die Männer einer «Klasse» konnten nur Frauen einer bestimmten anderen «Klasse» heiraten, usw.
44 ⟨Punaluafamilie. Ihre Organisation steht jedoch zu vereinzelt, als daß wir darauf Rücksicht zu nehmen hätten⟩
45 L. H. Morgan, Ancient society, op. cit. S. 459.
46 Diesen Brief zitiert Engels aus L. H. Morgan, Ancient Society, op. cit. S. 455.
47 H. H. Bancroft, op. cit. Bd. I, S. 352 f.
48 Altrömisches Volksfest zur Feier des Gottes Saturn, zur Zeit der Wintersonnenwende, d. h. nach Abschluß der jährlichen Agrararbeiten. Während dieses Festes waren die Schranken zwischen Freien und Sklaven beseitigt, und es herrschte freier Geschlechtsverkehr.
49 D. i. die sogenannte Guadaluper Sentenz Ferdinands des Katholischen vom 21. IV. 1486, den ein Bauernaufstand in Katalonien zu Zugeständnissen an die Bauern gezwungen hatte.
50 S. Sugenheim, Geschichte der Aufhebung der Leibeigenschaft und Hörigkeit in Europa bis um die Mitte des neunzehnten Jahrhunderts, St. Petersburg 1861.
51 ⟨Ähnliche Reste aus der alten Welt sind bekannt genug, so die Preisgebung der phönizischen Mädchen im Tempel an den Festen der Astaroth; selbst das mittelalterliche Recht der ersten Nacht, das trotz neuromantischer deutscher Weißwaschungen eine sehr handfeste Existenz gehabt hat, ist ein vermutlich durch die keltische Gens (den Clan) überliefertes Stück Punaluafamilie⟩
52 ⟨Privateigentum⟩
53 ⟨zahlreiche Gattinen jetzt einen Wert⟩
54 ⟨Privatbesitz⟩
55 M. Kovalevskij, Tableau des origines et de l'évolution de la famille et de la propriété, Stockholm 1890.
56 L. H. Morgan, Ancient society, op. cit. S. 465 f.
57 Ebd. S. 470.
58 Siehe M. Kovalevskij, Pervobytnoe Pravo (Das Urrecht), Vypusk (Heft) 1, Moskau 1886.
59 Jaroslavskaja Pravda (Gesetzbuch des Jaroslav) ist der erste Teil der ersten Fassung der Russkaja Pravda, der ältesten russischen Gesetzessammlung aus der Zeit des Kiever Reichs, die im 11. und 12. Jh. auf der Grundlage der Kodifizierung des damaligen gesellschaftlichen Gewohnheitsrechts entstand.
60 Eine Gesetzessammlung, die vom 15. bis zum 17. Jh. im dalmatinischen Gebiet Poljica gültig war und unter dem Namen Poljizzer Statut bekannt ist.
61 A. Heusler, Institutionen des Deutschen Privatrechts, Bd. 2, Leipzig 1886.
62 Aus Strabos «Geographie», XV, 1.
63 Hausgenossenschaft der mexikanischen Indianer zur Zeit der spanischen

Eroberung. Nach Alonzo de Zurita, Rapport sur les différentes classes de chefs de la Nouvelle-Espagne, sur les lois, les mœurs des habitants, sur les impôts établis avant et depuis la conquête, in: Voyages, relations et mémoires originaux pour servir à l'histoire de la découverte de l'Amérique, publiés pour la première fois en français, par H. Ternaux-Compans, Bd. II, Paris 1840.

64 H. W. K. Cunow, Die altperuanischen Dorf- und Markgenossenschaften, in: Das Ausland. Überschau der neuesten Forschungen auf dem Gebiete der Natur-, Erd- und Völkerkunde (1828–1893), 20. und 27. X. und 3. XI. 1890.

65 Code Civil des Français, Art. 230.

66 G. F. Schoemann, Griechische Alterthümer, Bd. 1, Berlin 1855, S. 268.

67 W. Wachsmuth, Hellenische Alterthumskunde aus dem Gesichtspunkt des Staates, Theil 2, zweite Abtheilung, Halle 1830, S. 77.

68 ⟨in einer halbgefänglichen Abgeschlossenheit, um die richtige Vaterschaft der Kinder sicherzustellen. Der Mann dagegen vergnügt sich mit kriegsgefangenen Sklavinnen, seinen Zeltgenossinnen im Kriege. Kaum besser in der klassischen Periode. Man kann in Beckers «Charikles» [s. Anm. 92] des breiteren nachlesen, wie die Griechen ihre Frauen behandelten. Wenn nicht gerade eingeschlossen, so doch abgeschlossen von der Welt, waren sie die obersten Hausmägde ihrer Männer geworden, beschränkt auf den Verkehr vornehmlich der übrigen Hausmägde. Die Mädchen wurden direkt eingeschlossen, die Frauen gingen nur aus in Begleitung der Sklavinnen. Kam Männerbesuch, so zog sich die Frau in ihr Gemach zurück⟩

69 ⟨gesellschaftliche⟩

70 Karl Marx/Friedrich Engels, Die deutsche Ideologie, MEW Bd. 3, S. 31.

71 L. H. Morgan, Ancient society, op. cit. S. 504.

72 Sklaven und Sklavinnen im alten Griechenland und den griechischen Kolonien, die den Tempeln gehörten; die weiblichen Hierodulen waren häufig Tempelprostituierte.

73 Unter «Deutsche» versteht Engels hier und im Folgenden häufig die nord- und mitteleuropäischen germanischen Stämme.

74 Tacitus, Germania, Kap. 18 und 19.

75 ⟨und schwedische⟩

76 Sinngemäß zitiert aus Ch. Fourier, Théorie de l'unité universelle, Vol. 3, in: Œuvres complètes, T. 4, Paris 1841, S. 120.

77 Altgriechischer Hirtenroman, von dessen Verfasser nur der Name bekannt ist.

78 Mittelhochdeutsches Epos (13. Jh.).

79 H. S. Maine, Ancient law: its connection with the early history of society, and its relation to modern ideas, London 1866, S. 170.

80 Karl Marx/Friedrich Engels, Manifest der Kommunistischen Partei, MEW Bd. 4, S. 462–467.

81 Recht des Mannes bzw. der Frau.

82 L. H. Morgan, Ancient society, op. cit. S. 491 f.

83 Ebd. S. 85 f.

84 D. h. die Eroberung Mexikos durch die Spanier 1519 bis 1521.

85 L. H. Morgan, Ancient society, op. cit. S. 115.

86 G. L. v. Maurer, Geschichte der Dorfverfassung in Deutschland, Bd. 1–2, Erlangen 1865–1866.
– Geschichte der Fronhöfe, der Bauernhöfe und der Hofverfassung in Deutschland, Bd. 1–4, Erlangen 1862–1863.
– Geschichte der Markenverfassung in Deutschland, Erlangen 1856.
– Geschichte der Städteverfassung in Deutschland, Bd. 1–4, Erlangen 1869

bis 1871.

87 Bezeichnung für einen Bund von Indianerstämmen, die im 17. Jh. nördlich des Eriesees lebten; der Name rührt daher, weil die «Neutrale Nation» im Krieg zwischen Irokesen und Huronen zur Zeit der französischen Kolonialisierung Neutralität bewahrte.

88 Engels bezieht sich auf den Befreiungskampf der Zulus gegen die englische Kolonialmacht 1879–1887 und auf den Kampf der Sudanesen (Nubier und anderer Völkerschaften) ebenfalls gegen die Engländer unter Führung des sogenannten «Mahdi», der von 1881 bis 1899 währte.

89 G. Grote, A history of Greece; from the earliest period to the close of the generation contemporary with Alexander the Great, Vol. 3, London 1869, S. 54 f.

90 D. i. Demosthenes' Gerichtsrede gegen Eubulides.

91 Nach W. Wachsmuth, op. cit., Erster Theil, erste Abtheilung, Halle 1826, S. 312.

92 W. A. Becker, Charikles. Bilder altgriechischer Sitte. Zur genaueren Kenntnis des griechischen Privatlebens, Zweiter Theil, Leipzig 1840, S. 447.

93 G. Grote, op. cit. Vol. 3, S. 66.

94 Ebd. S. 60.

95 Ebd. Vol. 2, S. 58 f.

96 Homer, Ilias, Zweiter Gesang.

97 N. D. Fustel de Coulanges, La cité antique. Étude sur le culte, le droit, les institutions de la Grèce et de Rome, Paris/Strasbourg 1864.

98 Dionysios von Halikarnaß, Urgeschichte der Römer, II, 12.

99 G. F. Schoemann, op. cit., S. 27.

100 L. H. Morgan, Ancient society, op. cit. S. 248.

101 Homer, Ilias, Zweiter Gesang.

102 Thukydides, Geschichte des Peloponnesischen Krieges, I, 13.

103 Aristoteles, Politeia, III, 10.

103a ⟨die beiden andern Klassen keine besondern Rechte erhielten⟩

104 Die Reformmaßnahme, die der vierten athenischen Klasse, den freien, aber besitzlosen Theten den Weg zu den Staatsämtern öffnete, wird Aristides zugeschrieben.

105 Bezieht sich auf die sog. Metöken – Ausländer, die ständig in Athen lebten, aber dort politisch rechtlos waren.

106 L. H. Morgan, Ancient society, op. cit. S. 271.

107 Älteste römische Gesetzessammlung aus der Mitte des 5. Jh.s v. Chr.: Kodifizierung des damals bestehenden Gewohnheitsrechts.

108 ⟨in den Grabstätten der Gens Quinctilia (gentilitius tumulus) beigesetzt⟩

109 ⟨nicht notwendig⟩

110 Appius Claudius war einer der zehn Dezemvirn für das Jahr 451–450 v. Chr., eines Kollegiums mit außerordentlicher exekutiver Macht, das alljährlich erneuert wurde. Das Kollegium von Appius Claudius versuchte seine Amtszeit per Usurpation zu verlängern, wurde jedoch durch einen Aufstand der Plebejer gestürzt. Der Zweite Punische Krieg zwischen Rom und Karthago währte von 218–201 v. Chr.

111 Verlust der Familienrechte.

112 Lange führt eine Stelle aus Ph. E. Huschkes Dissertation: De privilegiis Feceniae Hipalae senatusconsulto concessis, Liv. XXXIX, 19, Göttingen 1822, an.

113 Th. Mommsen, Römische Geschichte, Bd. 1, Erstes Buch, Kap. 6, Leipzig 1854.

114 Dureau de la Malle, Économie politique des Romains, T. 1–2, Paris 1840.

115 Die Eroberung von Wales durch die englische Krone war militärisch 1283

beendet.
116 Siehe MEW 16, S. 459–498.
117 Ancient laws and institutes of Wales, Vol. 1, o. O., S. 93.
118 Engels machte im September 1891 eine Reise durch Schottland und Irland.
119 L. H. Morgan, Ancient society, op. cit. S. 357 f.
120 Beda Venerabilis, Historiae ecclesiasticae gentis Anglorum, Buch 1, Kap. 1; Beda lebte etwa 673 bis 735.
121 ⟨Dasselbe Recht – in Nordamerika kommt es im äußersten Nordwesten vielfach vor – galt auch bei den Russen, wo die Großfürstin Olga es im zehnten Jahrhundert abschaffte.

Die in Frankreich, besonders in Nivernais und der Franche-Comté bis zur Revolution bestehenden kommunistischen Haushaltungen leibeigner Familien, ähnlich den slawischen Familiengemeinden in den serbisch-kroatischen Gegenden, sind ebenfalls Reste früherer gentiler Organisation. Sie sind noch nicht ganz ausgestorben, man sieht z. B. bei Louhans (Saône-et-Loire) noch eine Menge großer, eigentümlich gebauter Bauernhäuser mit gemeinsamem Zentralsaal und Schlafkammern rings herum, von mehreren Generationen derselben Familie bewohnt.⟩
122 Cäsar, De Bello Gallico, VI, 1.
123 Ältester überlieferter deutscher Sagentext aus dem 8. Jh.
124 ⟨geschah noch nach Gentes. Im alamannischen Volksrecht des achten Jahrhunderts wird genealogia gradezu mit Markgenossenschaft gleichbedeutend gesetzt; so daß wir hier ein deutsches Volk, und zwar wiederum Sueven, nach Geschlechtern, gentes, angesiedelt und jeder Gens einen bestimmten Bezirk zugewiesen sehn. Bei den Burgundern und Langobarden hieß die Gens fara, und die Bezeichnung für Gentilgenossen (faramanni) wird im burgundischen Volksrecht gradezu gleichbedeutend mit Burgunder gebraucht, im Gegensatz zu den romanischen Einwohnern, die natürlich nicht in den burgundischen Gentes einbegriffen waren. Die Landteilung ging also auch in Burgund nach Gentes vor sich. So löst sich die Frage wegen der faramanni, an der sich die germanischen Juristen seit hundert Jahren vergebens die Köpfe zerbrochen. Dieser Name fara für Gens hat schwerlich allgemein bei den Deutschen gegolten, obwohl wir ihn hier sowohl bei einem Volk gotischer, wie bei einem andern herminonischer (hochdeutscher) Abstammung finden. Die im Deutschen für Verwandtschaft angewandten Sprachwurzeln sind sehr zahlreich und werden gleichmäßig für Ausdrücke angewandt, bei denen wir Beziehung zur Gens voraussetzen dürfen.⟩
125 Tacitus, Germania, Kap. 7.
126 Diodorus Siculus, Bibliothecae historicae quae supersunt, Vol. 4, Kap. 34, 43/44. Diodorus lebte etwa von 80 bis 29 v. Chr.
127 Völuspâ ist eines der Lieder aus der älteren Edda (vgl. Anm. 35).
128 A. Chr. Bang, Vøluspaa og de Sibyllinske Orakler. Christiania 1879 [1880]. S. Bugge, Studier over de nordiske Gude- og Heltesagns Oprindelse. Christiania 1881–1889.
129 Cäsar, De Bello Gallico, VI, 1.
130 Tacitus, Germania, Kap. 26.
131 Im vorliegenden Band S. 53.
132 Der Codex Laureshamensis ist das Kopialbuch des Klosters von Lorsch, das im 12. Jh. angefertigt wurde und in dem die Urkunden über Schenkungen an das Kloster, verliehene Rechte usw. aufgezeichnet sind, eine der wichtigsten Quellen zur Geschichte des bäuerlichen und feudalen Grundbesitzes im Deutschland des 8. und 9. Jh.s.
133 Plinius, Naturgeschichte, XVIII, 17.
134 Ebd. VI, 14.

135 Liutprand von Cremona, Antapodosis, VI, 6; Liutprand lebte etwa von 922 bis 972, seit 961 Bischof von Cremona in Oberitalien.
136 Salvianus (Bischof) von Marseille (ca. 390–484), De gubernatione dei, V, 8.
137 Amtsadel im fränkischen Reich, kaiserliche Exekutive in den Gauen, aus denen sich das Reich zusammensetzte; erst im Laufe der Entwicklung entstand aus den Gaugrafen (ab 877 war das Amt erblich) ein hoher Feudaladel.
138 Verzeichnis der Besitztümer des Klosters St. Germain-des-Prés, im 9. Jh. von Abt Irminon zusammengestellt.
139 Die Liten waren halbfreie, fron- und abgabepflichtige Bauern im Merowinger- und Karolingerreich.
140 Die Kommendation war ein im 8. und 9. Jh. verbreitetes Übereinkommen zwischen einem «Schwachen» und einem «Starken», in dem der erste sich dem zweiten unterstellte und gegen bestimmte Dienstleistungen «beschützt» wurde; bei den Bauern hatte dies meist den Verlust der persönlichen Freiheit zur Folge.
141 Ch. Fourier, Théorie des quatre mouvements et des destinées générales, in: Œuvres complètes, T. 1, Paris 1846, S. 220.
141a ⟨liefert den Ackerbauern Mittel zur *kollektiven und fortschreitenden* Befreiung⟩
142 Im Jahre 1066 schlug Wilhelm, Herzog der Normandie, mit seinen in England eingedrungenen Truppen das angelsächsische Heer unter König Harald und wurde als Wilhelm I. (der Eroberer) selbst König von England.
143 «Du hast es nicht anders gewollt, George Dandin» (Molière, George Dandin, ou le mari confondu, I, 9).
144 Siehe S. 100.
145 Dithmarschen ist ein Gebiet im südwestlichen Teil des heutigen Schleswig-Holstein, in dem auf Grund einer besonderen und von der europäischen Entwicklung vom Feudalstaat zum absolutistischen Staat weitgehend isolierten Geschichte die Gemeindeverfassung freier Bauern und partielle Selbstverwaltung bis in die Mitte des 19. Jh.s erhalten blieben.
146 B. G. Niebuhr, Römische Geschichte, 3 Bde., Berlin 1828[3].
147 G. W. F. Hegel, Grundlinien der Philosophie des Rechts, Berlin 1821, § 257 und § 360.
148 Bankier und Finanzberater Bismarcks.
149 ⟨Arbeitskraft⟩
150 Siehe F. Lassalle, Das System der erworbenen Rechte, 2 Bde., Leipzig 1861.
151 «Der deutsche Bauernkrieg» entstand im Jahre 1850 in London und erschien im gleichen Jahr in Heft 5/6 der «Neuen Rheinischen Zeitung. Politisch-Ökonomische Revue». 1870 erschien die Arbeit mit einem Vorwort von Engels als Broschüre; 1875 erschien eine zweite Auflage mit einem erweiterten Vorwort. Die vorliegende Ausgabe richtet sich nach der Ausgabe von 1875. Die inhaltlichen Unterschiede der Ausgaben von 1850 auf der einen und 1870 und 1875 auf der anderen Seite sind in Anmerkungen kenntlich gemacht, und zwar nach folgenden Prinzipien: Passagen, die 1870 und 1875 neu hinzugefügt wurden, stehen im laufenden Text in spitzen Klammern ohne Anmerkung; Passagen, die 1870 und 1875 gegenüber der Veröffentlichung von 1850 verändert wurden, stehen ebenfalls im laufenden Text in spitzen Klammern: Nach der Schlußklammer folgt eine Anmerkungsziffer, unter der im Anmerkungsapparat die Formulierung von 1850 ebenfalls in spitzen Klammern steht. Passagen der Ausgabe von 1850, die 1870 und 1875 weggelassen wurden, sind im laufenden Text durch eine Anmerkungsziffer gekennzeichnet; im Anmerkungsapparat befindet sich die weggefallene Passage in spitzen Klammern. Auf Unter-

schiede zwischen den Ausgaben von 1870 und 1875 wird in den Anmerkungen eigens hingewiesen.

Von der Veröffentlichung von «Der deutsche Bauernkrieg» in MEW Bd. 7 wurde die Betitelung der einzelnen Abschnitte übernommen.

152 Engels stützt sich bei seiner Arbeit nahezu ausschließlich auf Wilhelm Zimmermann, Allgemeine Geschichte des deutschen Bauernkriegs, Th. 1–3, Stuttgart 1841–1843; auch Luther, Münzer etc. sind nach diesem Werk zitiert.

153 Zusatz 1875.

154 D. i. K. Marx, Die Klassenkämpfe in Frankreich 1848–1850, MEW Bd. 7, S. 9–107; vgl. dazu auch die bekannte Einleitung von Engels von 1895 in Band 4 der vorliegenden Studienausgabe.

155 Siehe S. 232 im vorl. Band.

156 Nach dem Krieg von 1866 okkupierte Preußen das Königreich Hannover, das Kurfürstentum Hessen und das Herzogtum Nassau und entthronte die damaligen «Fürsten von Gottes Gnaden» dieser Fürstentümer; Schleswig-Holstein und die Freie Reichsstadt Frankfurt a. M. fielen ebenfalls in preußischen Besitz.

157 Die Leitha war der Grenzfluß zwischen der österreichischen und der ungarischen Reichshälfte der durch den österreichisch-ungarischen Ausgleich von 1867 hergestellten k.u.k. Doppelmonarchie; die beiden Reichshälften wurden seitdem häufig als trans- bzw. cisleithanisch bezeichnet.

158 In der Schlacht bei Sadowa (auch Schlacht bei Königgrätz genannt) entschied Preußen den preußisch-österreichischen Krieg von 1866 für sich.

159 1875 versehentlich «praktische».

160 Der internationale Arbeiterkongreß von Basel 1869 hatte die Notwendigkeit der Überführung des Privateigentums an Grund und Boden in Kollektiveigentum erklärt.

161 Persiflierung des «Heiligen Römischen Reichs Deutscher Nation».

162 Siehe Band 4 der vorliegenden Studienausgabe, S. 65 ff.

163 Der Krach von 1873 beendete die sogenannten Gründerjahre, in denen vor allem durch den Zufluß der französischen Kriegsreparationen eine hektische wirtschaftliche Scheinblüte eingesetzt hatte.

164 Schlachten während des deutsch-französischen Kriegs von 1870/71.

165 Vom 21. IX. 1870 an brachte «Der Volksstaat» diese Losung.

166 «Der Volksstaat» war das Organ der 1869 gegründeten Sozialdemokratischen Arbeiterpartei, der sogenannten Eisenacher, von 1869 bis 1876.

167 Bei den Reichstagswahlen vom 10. Januar 1874 erhielt die Sozialdemokratie über 350 000 Stimmen und neun Sitze im Reichstag.

168 Fußnote 1875.

169 ⟨und Hörigen⟩

170 ⟨Zivilisation⟩

171 ⟨souverän⟩

172 Reichssteuer, die vor allem die Bauernschaft zu tragen hatte.

173 Annaten (Jahrgelder) waren die Abgaben des Inhabers einer Kirchenpfründe an Papst und Kardinäle.

174 Außerhalb der Grenzpfähle einer Stadt, im Umkreis, Ansässige, denen die Stadt das Bürgerrecht verliehen hatte.

175 ⟨Faktoren⟩

176 D. i. die sog. «Peinliche Halsgerichtsordnung» Karls V. von 1532, die über drei Jahrhunderte hinweg Grundlage des deutschen Strafrechts bildete.

177 Losungswort, Zeichen.

178 Waldenser und Albigenser waren religiöse Sekten in Südfrankreich und Norditalien im 12. und 13. Jh., die sich vorwiegend aus der plebejischen

bzw. der handwerklichen und Kleinhandel treibenden Stadtbevölkerung rekrutierten; ihre Forderungen waren religiös verbrämte wirtschaftlich-soziale Forderungen gegen die sich durchsetzende feudale Wirtschaftsordnung; sie wurden von der offiziellen Kirche und ihren staatlichen Helfern aufs schärfste bekämpft und in langjährigen Kriegen ausgerottet. Arnold von Brescia war ein Vertreter der republikanischen Bewegung der oberitalienischen Städte und kirchlicher Reformator im 12. Jh., der als Ketzer hingerichtet wurde. John Ball, ein englischer Pfarrer, wurde 1381 als Führer eines Bauernaufstands hingerichtet. Meister Jakob war ein angeblich aus Ungarn stammender Prediger und Führer eines Bauernaufstands in der Picardie.

179 John Wycliffe war ein englischer Reformator im 14. Jh., der für eine nationale und von Rom losgelöste Kirche kämpfte; die Calixtiner bildeten den gemäßigten Flügel der Hussiten, der vor allem bürgerliche Interessen vertrat. Der Wat-Tylersche Aufstand war ein Bauernaufstand in England 1381, der sich gegen die Feudalherrschaft richtete. Die Taboriten stellten den zweiten, plebejischen Flügel der Hussitenbewegung dar. Die Geißler bildeten sich als religiös-asketische Sekte in Deutschland und Italien im 13. Jh. und wirkten bis ins 15. Jh.; sie glaubten, durch Selbstkasteiung ihre Sünden abbüßen zu können. Die Lollards waren eine radikale religiöse Bewegung, die die Lehre Wycliffes übernommen hatte und in religiöser Verbrämung revolutionäre Ziele verfolgte; sie wurden Ende des 14. Jh.s zerschlagen.

180 Lehre von der sichtbaren Wiederkunft Christi und der Errichtung eines «Tausendjährigen Reichs» des Friedens und des Wohlstands für alle, im frühen Christentum weit verbreitet und in den mittelalterlichen Sekten immer wieder auftauchend.

181 Zimmermann, op. cit. Th. 1, S. 364 f.

182 Ebd. S. 366.

183 Darlegung der Grundlagen des Luthertums auf dem Reichstag zu Augsburg 1530.

184 Versuch Friedrich Wilhelms IV. von Preußen, 1850 ein «Kleindeutschland» unter Ausschluß Österreichs unter preußischer Hegemonie zu schaffen.

185 Titel eines Pamphlets von Luther vom Mai 1525; das folgende Zitat ist Zimmermann, op. cit. Th. 3, S. 713, entnommen.

186 Ebd. S. 714.

187 Der Esel braucht Fressen, Last und Prügel.

188 Zimmermann, op. cit. Th. 3, S. 714.

189 Das Geburtsjahr Münzers liegt wahrscheinlich um das Jahr 1490.

190 Engels bezieht sich auf ein Luther-Zitat in Zimmermann, op. cit. Th. 2, S. 55.

191 Die Mitglieder dieser religiösen Sekte wurden auf Grund ihrer Forderung, die Taufe im Erwachsenenalter zu wiederholen, Wiedertäufer genannt.

192 Siehe Zimmermann, op. cit. Th. 2, S. 64–67.

193 Ebd. S. 69.

194 5. Buch Mose, 7, 5–6.

195 Aus der Antwort Th. Münzers an Martin Luther 1524.

196 Zimmermann, op. cit. Th. 2, S. 77 f.

197 ⟨ich habe dich heute über die Leute und über die Reiche gesetzt⟩ (1850 und 1870).

198 Zimmermann, op. cit. Th. 2, S. 76.

199 Ebd. S. 7.

200 Ebd. S. 81.

201 Hochverursachte Schutzrede und Antwort wider das geistlose sanftlebende

Fleisch zu Wittenberg ...; siehe Th. Münzer, Politische Schriften, Halle 1950, S. 71.

202 ⟨Wir folgen in den chronologischen Daten den Angaben Zimmermanns, auf die wir bei dem Mangel ausreichender Quellen im Ausland angewiesen sind und die für den Zweck dieses Artikels vollständig genügen⟩ (Fußnote 1850).

203 Zimmermann, op. cit. Th. 1, S. 118.

204 Independenten waren die radikalere, bürgerlich-revolutionäre Richtung der englischen Protestanten, der Puritaner, die der eigentliche Träger der bürgerlichen Revolution in England im 17. Jh. war.

205 Zimmermann, op. cit. Th. 1, S. 121 f.

206 Rudolf II. von Scherenberg.

207 Allgemeines kaiserliches Reichsgericht in Rottweil, das bis 1784 amtierte und das Recht hatte, Rechtssachen aus anderen Gerichtsbezirken zu entscheiden.

208 Der Schwäbische Bund (1488–1534) umfaßte die Fürsten, Adligen und patrizischen Oberschichten der Städte Südwestdeutschlands und war gegen die Bauernbewegung gerichtet.

209 Ungarische nationale Minderheit in Rumänien, deren nationale Herkunft stark umstritten ist.

210 Volksaufstand gegen die französische Fremdherrschaft im Jahre 1282 in Sizilien, bei dem das Vesperläuten als Zeichen zum Losschlagen abgemacht war.

211 Das sind die 95 Thesen Luthers.

212 Die Rosenkriege (1455–1485) waren der Kampf zweier englischer Adelsgeschlechter (der Yorks mit weißer Rose im Wappen und der Lancasters mit roter Rose im Wappen) um den englischen Thron; die Rosenkriege endeten mit der Vernichtung des größten Teils der alten Feudalgeschlechter. Sie wurden 1485 durch Heinrich VI. aus der neuen Dynastie der Tudors abgeschlossen.

213 ⟨seit 1830⟩

214 1850 und 1875 irrtümlich «Oktober».

215 Das sind die südwestdeutschen habsburgischen Besitzungen.

216 D. h. die schwarz-rot-goldene Fahne.

217 1521–1525 Krieg zwischen Franz I. von Frankreich und Karl V. um die Vormachtstellung in Italien. Der Krieg wurde nach der Schlacht von Pavia und der Gefangennahme Franz I. 1525 durch den Frieden von Madrid beendet.

218 Aus dem Ultimatum des Truchseß an die aufständischen Hegauer Bauern vom 15. Februar 1525, nach Zimmermann, op. cit. Th. 2, S. 33 f.

219 Siehe ebd. S. 99–106.

220 Siehe ebd. S. 113.

221 Siehe ebd. S. 167.

222 Zwei Arten von Feudalabgaben, die vor allem die Bauern trafen, den zehnten Teil des Produkts jedoch meist bei weitem übertrafen; der große Zehnt umfaßte in der Regel Getreide und Wein, der kleine Zehnt die übrigen landwirtschaftlichen Produkte.

223 ⟨industriellen⟩

224 Damit ist die Rolle Louis Blancs und Alexandre Martins, die in die bürgerliche provisorische Regierung als Vertreter des Proletariats eingetreten waren, nach der Februarrevolution von 1848 in Frankreich gemeint; vgl. dazu Karl Marx, Die Klassenkämpfe in Frankreich, MEW Bd. 7, S. 16 ff.

225 ⟨vorrevolutionären⟩

226 Die Artikel der elsässischen Bauern forderten, über die Forderungen der

«Zwölf Artikel» der fränkisch-schwäbischen Bauernschaft weit hinausgehend, die Abschaffung auch des großen Zehnten, die Abschaffung des Wucherzinses und das Recht der örtlichen Bevölkerung, Beamte, die den Unwillen des Volkes erregt hatten, durch neue zu ersetzen.

227 Vgl. hier S. 195.

228 ⟨Bistümer⟩

PERSONENVERZEICHNIS

Agassiz 49
Aischylos 18 f, 57, 89, Anm. 8
Albrecht von Sachsen 187
Alexander der Große 55
Ammianus 62, 80
Anakreon 68
Anaxandridas 57
Anthon von Lothringen 225
Appius Claudius 102, Anm. 110
Aristides 98, Anm. 104
Ariston 57
Aristophanes 58
Aristoteles 91, Anm. 103
Arnold von Brescia 171 f, Anm. 178
Artaxerxes 106
Augustus 101, 120

Bachofen, J. J. 18 ff, 21, 23, 25, 34, 40 f, 47 ff, 52, 72, Anm. 3, Anm. 7, Anm. 32, Anm. 38
Bakunin, M. 157
Ball, J. 171 f, Anm. 178
Bancroft, H. H. 37, 48 f, 130, Anm. 30, Anm. 47
Bang, A. Chr. 114, Anm. 128
Bebel, A. 10
Becker, W. A. 86, Anm. 68, Anm. 92
Beda Venerabilis 112, Anm. 120
Berlichingen, G. v. 206 ff, 214 f
Berlin, H. 214
Bismarck, O. v. 57, 140 f, Anm. 148
Blanc, L. Anm. 224
Bleichröder 141
Boccaccio, G. 172
Böheim, H. 184
Bucharin, N. 12
Bugge, S. 114, Anm. 128

Caesar, G. J. 23, 31, 41, 78, 110, 112, 116 f, 119 f, Anm. 39, Anm. 122, Anm. 129
Coulanges, N. D. F. de 88, Anm. 97
Cunow, H. W. K. 55, Anm. 64
Cuvier 33

Darwin, Ch. 8, 12, 24
Deborin, A. 12
Demosthenes 85, Anm. 90
Diodor 114, 120, Anm. 126
Dionysios von Halikarnaß 89, Anm. 98
Dózsa, G. 193 f

Espinas, A. 35 f, Anm. 29
Euripides 58

Ferdinand I. 201, 219, 226 f
Ferdinand der Katholische 49, Anm. 49
Feuerbacher, M. 209, 212
Fison, L. 43 f
Forner, A. 205
Fourier, Ch. 25, 63, 128, 145, 157, Anm. 76, Anm. 141
Franz I. von Frankreich 200, Anm. 217
Freeman, E. A. 16, Anm. 2
Friedrich Wilhelm IV. v. Preußen Anm. 184

Georg von Frundsberg 219, 227
Georg von Sachsen 182
Georg, Truchseß von Waldburg 201 ff, 206, 210 ff, 214 ff, 219 f, 223
Gerber, E. 225
Geyer, F. 206 ff, 214, 216 f
Giraud-Teulon, A. 24 ff, 35 f, 56, Anm. 16, Anm. 26, Anm. 29
Goethe, J. W. v. 39
Grebel, K. 183
Gregor von Tours 115
Grimm, J. 112
Groh, D. 12
Grote, G. 85 ff, Anm. 89, Anm. 93

Hegel, G. W. F. 138, 157, 179, Anm. 147
Heinrich VI. von England Anm. 212
Herodes 106
Herodot 41, 58
Heusler, A. 55, Anm. 61
Hipler, W. 205, 207, 213 ff
Homer 57, 88 f, Anm. 96, Anm. 101
Howitt 44
Hubmaier, B. 183, 200
Hus, J. 172
Huschke, Ph. E. 105, Anm. 112
Hutten, F. von 217
Hutten, U. von 175, 197 ff, 217

Jaroslaw 54, Anm. 59
Joachim von Fiore 178
Johann von Sachsen 181
Joß Fritz 189 ff, 195

Karl der Große 125 ff
Karl V. Anm. 176, Anm. 217

Kaye, J. W. 41, Anm. 42
Kleisthenes 98
Korsch, K. 12
Kovalevskij, M. 53 ff, 109, 116, Anm. 55, Anm. 58
Kunz von Thunfeld 186

Lange 105, Anm. 112
Lassalle, F. 144, Anm. 150
Latham, R. G. 21, Anm. 10
Lenin, W. I. 8
Letourneau, Ch. 34 f, Anm. 25, Anm. 28
Livius, T. 103, 105
Longos 68
Louis Bonaparte 148, 150
Lubbock, J. 22 ff, Anm. 13, Anm. 16
Ludwig XI. von Frankreich 161, 198
Luitprand von Cremona 123, Anm. 135
Lukács, G. 12
Lukian 39
Luther, M. 174–178, 180–184, 196, 199, Anm. 152, Anm. 185, Anm. 190, Anm. 195, Anm. 211

Maine, H. S. 70, Anm. 79
Malle, D. de la 108, Anm. 114
Martin, A. Anm. 224
Marx, K. 7 f, 12 f, 15, 24 f, 33, 39 f, 53, 57, 59, 61, 84, 86 f, 89, 91, 129, 134, 147, Anm. 1, Anm. 24, Anm. 70, Anm. 80, Anm. 154, Anm. 224
Maurer, G. L. v. 82, 114, 116, Anm. 86
Maximilian I. 188, 195
McLennan, J. F. 20–26, 32, 46, 75, 109, Anm. 3, Anm. 9, Anm. 19
Melanchthon, Ph. 181
Metzler, G. 205 ff, 213, 215
Molière, J. B. Anm. 143
Mommsen, Th. 86, 103 ff, Anm. 113
Morgan, L. H. 8, 15 ff, 21–28, 31, 33 f, 38, 40, 42, 45, 59, 73 f, 77, 82, 87, 90 ff, 99, 105, 111, 115, 129, 145, Anm. 1, Anm. 3, Anm. 12, Anm. 14, Anm. 18, Anm. 20, Anm. 23, Anm. 37, Anm. 45, Anm. 46, Anm. 56, Anm. 71, Anm. 82, Anm. 85, Anm. 100, Anm. 106, Anm. 119
Müller, H. 200, 202, 218
Münzer, Th. 167, 171, 173 f, 176–184, 188, 196, 200 f, 203, 213, 220–224, 226, Anm. 152, Anm. 189, Anm. 195, Anm. 201

Nearchos 55
Niebuhr, B. G. 86, 88, 106, 138, Anm. 146

Opitz, W. 12
Owen, R. 157

Philipp von Hessen 223 f, 229
Pisistratos 100
Plinius 117, 120, Anm. 133
Plutarch 57
Prokop 62

Rabmann, F. 183
Rohrbach, J. 205–210, 212 f

Saint-Simon, C. H. de 157
Salvianus von Marseille 124, 126, Anm. 136
Saussure 35, Anm. 26
Schappeler 183, 219
Schmid, U. 202
Schneider, G. 190
Schoemann, G. F. 58, 89, Anm. 66, Anm. 99
Schön, U. 203, 210
Schröder, W. 12
Scott, W. 111
Seeber, G. 12
Sickingen, F. von 175, 197, 199, 230
Solon 87, 93, 96 f, 107
Steinberg, H. J. 12
Storch, N. 178
Strabo Anm. 62
Sugenheim, S. 49, Anm. 50

Tacitus, P. C. 16, 23, 30 f, 61, 80, 113 bis 120, Anm. 74, Anm. 125, Anm. 130
Theoderich 106
Theokrit 68
Thukydides 91, Anm. 102
Tiberius 106
Trockij, L. 10 f
Tylor, E. B. 18, Anm. 6

Ulfilas 106
Ulrich von Württemberg 191 ff, 202 f

Varus 101
Vasco da Gama 160

Wachsmuth, W. 58, Anm. 67, Anm. 91
Wagner, R. 39, Anm. 34

Waitz 116
Watson, J. F. 41, Anm. 42
Wehe, J. 183, 203, 206, 210
Westermarck, E. 35, 37 f, 48, Anm. 27, Anm. 31
Wilhelm I. von England (der Eroberer) Anm. 142
Wolfram von Eschenbach 63
Wright, A. 46 f
Wycliffe, J. 172, Anm. 179

Zimmermann, W. 7, 147, 181, Anm. 152, Anm. 181, Anm. 185, Anm. 188, Anm. 190, Anm. 192, Anm. 196, Anm. 198, Anm. 202, Anm. 203, Anm. 205, Anm. 218
Zurita, A. de 55, Anm. 63

INHALT

EINLEITUNG DER HERAUSGEBER 7

DER URSPRUNG DER FAMILIE, DES PRIVAT-EIGENTUMS UND DES STAATS (IM ANSCHLUSS AN LEWIS H. MORGAN'S FORSCHUNGEN) 15
Vorwort zur ersten Auflage 1884 15
Vorwort zur vierten Auflage 1892 16
I. Vorgeschichtliche Kulturstufen 27
II. Die Familie 31
III. Die irokesische Gens 73
IV. Die griechische Gens 85
V. Entstehung des athenischen Staats 92
VI. Gens und Staat in Rom 101
VII. Die Gens bei Kelten und Deutschen 109
VIII. Die Staatsbildung der Deutschen 120
IX. Barbarei und Zivilisation 129

DER DEUTSCHE BAUERNKRIEG 147
Vorbemerkung [zur Ausgabe von 1870] 147
[Nachtrag zur Vorbemerkung in der Ausgabe von 1875] 153
I. [Die ökonomische Lage und der soziale Schichtenbau Deutschlands] 159
II. [Die grossen oppositionellen Gruppierungen und ihre Ideologien – Luther und Münzer] 169
III. [Vorläufer des grossen Bauernkrieges zwischen 1476 und 1517] 184
IV. [Der Adelsaufstand] 196
V. [Der schwäbisch-fränkische Bauernkrieg] 199
VI. [Der thüringische, elsässische und östreichische Bauernkrieg] 220
VII. [Die Folgen des Bauernkriegs] 228

ANMERKUNGEN 233

Marxistisch-Leninistisches Wörterbuch der Philosophie

Herausgegeben von Georg Klaus und Manfred Buhr

rororo handbuch

Band 1-3

Philosophie ist heutzutage öffentlich. Politische, soziale und ökonomische Auseinandersetzungen werden mit einem Begriffsapparat geführt, der die Zerrissenheit der Philosophie reflektiert. Die Inflation der Begriffe geht Hand in Hand mit der Inflation der Mißverständnisse, gesteigert durch die hohen Anforderungen der modernen Logik, Informatik, Kybernetik. Dieses auf marxistisch-leninistischer Basis erarbeitete Lexikon trägt zur Klärung der Begriffe bei.

rororo handbuch 6155; 6156; 6157

799/1

Texte zur Diskussion des Marxismus bei Rowohlt

Louis Althusser / Etienne Balibar, Das Kapital lesen Bd. I + II [rde 336 + 337]

Michail Bakunin, Gott und der Staat und andere Schriften = Texte des Sozialismus und Anarchismus [rk 240]

Eduard Bernstein, Die Voraussetzungen des Sozialismus und die Aufgaben der Sozialdemokratie = Texte des Sozialismus und Anarchismus [rk 252]

Ernst Bloch, Karl Marx und die Menschlichkeit. Utopische Phantasie und Weltveränderung [rde 317] – Freiheit und Ordnung. Abriß der Sozialutopien. Mit Quellentexten [rde 318]

Hans Christoph Buch (Hg.), Parteilichkeit der Literatur oder Parteiliteratur? Materialien zu einer undogmatischen Ästhetik [dnb 15]

Nikolaj Bucharin, Ökonomik der Transformationsperiode = Texte des Sozialismus und Anarchismus [rk 261]

Milovan Djilas, Die unvollkommene Gesellschaft. Jenseits der «Neuen Klasse» [rororo 1377]

Friedrich Engels, Studienausgabe =Texte des Sozialismus und Anarchismus Band 1 u. 2 [rk 292; rk 293]
– Band 3 u. 4 [rk 295; rk 296 – März 1973]
– Debatte um Engels. 1. Weltanschauung, Naturerkenntnis, Erkenntnistheorie [rk 294]
– Debatte um Engels 2. Philosophie der Tat, Emanzipation, Utopie [rk 297 – April 1973]

Friedrich Engels in Selbstzeugnissen und 70 Bilddokumenten dargestellt von Helmut Hirsch [rm 142]

Frantz Fanon, Die Verdammten dieser Erde. Vorwort: Jean-Paul Sartre [rororo aktuell 1209]

Ernst Fischer, Auf den Spuren der Wirklichkeit. Sechs Essays [RP 62]
– Die Revolution ist anders. Ernst Fischer stellt sich zehn Fragen kritischer Schüler [rororo aktuell 1458]

Die Frühsozialisten 1789–1848 II = Texte des Sozialismus und Anarchismus = [rk 280]

Roger Garaudy, Marxismus im 20. Jahrhundert – [rororo aktuell 1148] – Die ganze Wahrheit oder Für einen Kommunismus ohne Dogma [rororo aktuell 1403] – Kann man heute noch Kommunist sein? Eine historisch-dialektische Analyse [RP 72]

Garaudy/Metz/Rahner, Der Dialog oder Ändert sich das Verhältnis zwischen Katholizismus und Marxismus? [rororo aktuell 944]

Ernesto Che Guevara, Brandstiftung oder Neuer Friede? Reden und Aufsätze. Hg. und mit einem Nachwort versehen von Sven G. Papcke [rororo aktuell 1154]
– Aufzeichnungen aus dem kubanischen Befreiungskrieg 1956–1959. Mit einem einleitenden Text von Fidel Castro [RP 71]

Robert Havemann, Dialektik ohne Dogma? Naturwissenschaft und Weltanschauung [rororo aktuell 683]
– Fragen, Antworten, Fragen. Aus der Biographie eines deutschen Marxisten [rororo 1556]

Günter Hillmann, Die Befreiung der Arbeit. Die Entwicklung kooperativer Selbstorganisation und die Auflösung bürokratisch-hierarchischer Herrschaft [rde 342]

Werner Hofmann, Grundelemente der Wirtschaftsgesellschaft – Ein Leitfaden für Lehrende [rororo aktuell 1149]

Ho Tschi Minh in Selbstzeugnissen und 70 Bilddokumenten dargestellt von Reinhold Neumann-Hoditz [rm 182]

Joachim Israel, Der Begriff Entfremdung. Makrosoziologische Untersuchung von Marx bis zur Soziologie der Gegenwart [rde 359]

Leo Kofler, Perspektiven des revolutionären Humanismus [RP 70]

Lateinamerika – Ein zweites Vietnam? Texte von Douglas Bravo, Fidel Castro, Régis Debray, Ernesto Che Guevara u. a. Hg. von Giangiacomo Feltrinelli [RP 66]

Wladimir Iljitsch Lenin, in Selbstzeugnissen und 70 Bilddokumenten dargestellt von Hermann Weber [rm 168]

Georg Lukács, Russische Literatur. Russische Revolution. Puschkin / Tolstoi / Dostojewskij / Fadejew / Makarenko / Scholochow / Solschenizyn. Ausgewählte Schriften III [rde 314]
– Marxismus und Stalinismus, Politische Aufsätze. Ausgewählte Schriften IV [rde 327]

Gespräche mit Georg Lukács Hans Heinz Holz / Leo Kofler / Wolfgang Abendroth. Hg. von Theo Pinkus [RP 57]

Rosa Luxemburg, Schriften zur Theorie der Spontaneität = Texte des Sozialismus und Anarchismus [rk 249]
– Einführung in die Nationalökonomie [rk 268]

Rosa Luxemburg, in Selbstzeugnissen und 70 Bilddokumenten dargestellt von Helmut Hirsch [rm 158]

Mao Tse-tung, Theorie des Guerillakrieges oder Strategie der Dritten Welt. Einleitender Essay von Sebastian Haffner [rororo aktuell 886]

Mao Tse-tung in Selbstzeugnissen und 70 Bilddokumenten dargestellt von Tilemann Grimm [rm 141]

Karl Marx, Texte zu Methode und Praxis. Hg. von Günter Hillmann. I: Jugendschriften 1835–1841 [rk 194] – II: Pariser Manuskripte 1844 [rk 209] – III: Der Mensch in Arbeit und Kooperation. Aus den Grundrissen der Kritik der politischen Ökonomie 1857/58 [rk 218]

Karl Marx in Selbstzeugnissen und 70 Bilddokumenten dargestellt von Werner Blumenberg [rm 76]

Gajo Petrović, Philosophie und Revolution. Modelle für eine Marx-Interpretation. Mit Quellentexten [rde 363]

Pierre Joseph Proudhon, Bekenntnisse eines Revolutionärs um zur Geschichtsschreibung der Februarrevolution beizutragen = Texte des Sozialismus und Anarchismus [rk 243]

Jean-Paul Sartre, Kolonialismus und Neokolonialismus. Sieben Essays [RP 68] – Kritik der dialektischen Vernunft Band I. Theorie der gesellschaftlichen Praxis. Geb. – Marxismus und Existentialismus. Versuch einer Methodik [rde 196]

Josef W. Stalin, Schriften zur Ideologie der Bürokratisierung = Texte des Sozialismus und Anarchismus [rk 258]

Sergej Tretjakov, Die Arbeit des Schriftstellers. Aufsätze, Reportagen, Porträts. Hg. von Heiner Boehncke [dnb 3]

Leo Trotzki, Schriften zur revolutionären Organisation = Texte des Sozialismus und Anarchismus [rk 270]

Leo Trotzki in Selbstzeugnissen und 70 Bilddokumenten dargestellt von Harry Wilde [rm 157]

Hans Heinz Holz / Leo Kofler / Wolfgang Abendroth

Gespräche mit Georg Lukács

Diese drei Gespräche sind ein Versuch, zahlreiche Probleme im Werk des führenden marxistischen Literarhistorikers durch Fragen zu präzisieren, durch Diskussionen zu entfalten und durch Widerspruch weiterer Klärung zuzuführen. Es werden u. a. folgende Themen behandelt: Professor Hans Heinz Holz [Sozialwissenschaftler]: Der Zusammenhang der ästhetischen Konzeption mit ihren geschichtsphilosophischen Voraussetzungen; der Realismus-Begriff, Widerspiegelungstheorie, das Experiment in der Literatur. Professor Leo Kofler [Soziologe]: Gesellschaftstheorie und Ideologiekritik; Fortwirken des deutschen Irrationalismus in der Gegenwart, gesellschaftliche Ursachen und Auswirkungen. Professor Wolfgang Abendroth [Politologe]: Zusammenhang von Theorie und Praxis, autobiographische Beispiele aus Lukács' Tätigkeit während der Räterepublik und in der Emigration; das Verhältnis von Weg und Ziel; Unterschied Stalinismus-Marxismus.

Hg.: Theo Pinkus · Rowohlt Paperback 57 · 136 Seiten

Georg Lukács «Ausgewählte Schriften» in Taschenbuch-Ausgaben:

I: Die Grablegung des alten Deutschland. Essays zur deutschen Literatur des 19. Jhs. rde Band 276.

II: Faust und Faustus. Vom Drama der Menschengattung zur Tragödie der modernen Kunst. rde Band 285.

III: Russische Literatur – Russische Revolution. Puschkin / Tolstoi / Dostojewskij / Fadejew / Makarenko / Scholochow / Solschenizyn. rde Band 314.

IV: Marxismus und Stalinismus. Politische Aufsätze · rde Band 327

Georg Lukács dargestellt von Fritz J. Raddatz · rm Band 193

Rowohlt

446/3